民國歷史與文化研究

九 編

第 **6** 冊

一枝獨秀：
陳獨秀前期報刊實踐與傳播思想研究（1897～1921）

陳 長 松 著

花木蘭文化事業有限公司

國家圖書館出版品預行編目資料

一枝獨秀：陳獨秀前期報刊實踐與傳播思想研究（1897～
1921）／陳長松 著 — 初版 — 新北市：花木蘭文化事業有限
公司，2019〔民 108〕
序 2+ 目 4+284 面；19×26 公分
（民國歷史與文化研究 九編；第 6 冊）
ISBN 978-986-485-673-2（精裝）
1. 中國報業史
628.08   108001122

ISBN-978-986-485-673-2

9 789864 856732

民國歷史與文化研究
九 編 第 六 冊
ISBN：978-986-485-673-2

一枝獨秀：
陳獨秀前期報刊實踐與傳播思想研究（1897～1921）

作　　者　陳長松
總 編 輯　杜潔祥
副總編輯　楊嘉樂
編　　輯　許郁翎、王　筑　美術編輯　陳逸婷
出　　版　花木蘭文化事業有限公司
發 行 人　高小娟
聯絡地址　235 新北市中和區中安街七二號十三樓
　　　　　電話：02-2923-1455／傳眞：02-2923-1452
網　　址　http://www.huamulan.tw 信箱 hml810518@gmail.com
印　　刷　普羅文化出版廣告事業
初　　版　2019 年 3 月
全書字數　263738 字
定　　價　九編 9 冊（精裝）台幣 17,000 元

一枝獨秀：
陳獨秀前期報刊實踐與傳播思想研究（1897～1921）

陳長松　著

作者簡介

陳長松，江蘇海洲人，新聞學博士、教授，任職於復旦大學新聞學院博士後流動站，多年來一直從事與新聞傳播學相關的教學和研究工作，主要學術興趣是中國新聞傳播史，迄今已有 10 餘篇學術論文公開發表。

提　　要

　　陳獨秀作為中國近現代新聞傳播史上的重量級人物，其報刊實踐和傳播思想理應受到高度重視，然而由於種種原因，以往的研究遠未到位。本書以陳獨秀前期（1897～1921）報刊實踐與傳播思想為主要研究對象，從新聞傳播史的視角梳理其發展脈絡，在此基礎上深入探討陳獨秀獨具個性的傳播思想。

　　緒論部分闡明了本項研究的價值與意義，對陳獨秀前期報刊實踐與傳播思想的國內外研究現狀做了綜述，並指出已有研究的不足。同時，對本書的重點、難點與創新點作了交代，針對本書中的關鍵概念及幾個相關問題做了說明。

　　第一章以《揚子江形勢論略》一文為線索，追溯了維新時期陳獨秀從「士人」轉向維新的心路歷程，對其處於萌芽期的傳播實踐及傳播理念作了分析評點，指出這是陳獨秀涉足傳媒的「預演」，其報人生涯實際可上溯自此。

　　第二章考察了清末新政時期陳獨秀的報刊實踐活動，指出陳獨秀此時的報刊傳播旨趣是思想啟蒙，而非革命排滿。對兩次演說會進行了較為詳細的介紹；對陳獨秀在《國民日日報》的地位及貢獻做了嘗試性的討論，指出陳獨秀既是創刊人之一，也是總理編輯之一，《國民日日報》的「舒緩」特徵與陳獨秀的加盟密切相關，還考證了《發刊詞》、《近四十年世風之變態》兩篇文章的作者歸屬問題，指出這兩篇文章所具有的陳獨秀的思想色彩，為研究陳獨秀創辦《安徽俗話報》之前的傳播思想提供了可靠的文本；在介紹《安徽俗話報》內容的基礎上，分析刊物的宗旨與「同人刊物」性質，對其「論說」欄進行了重點研究，進而探討了《安徽俗話報》的歷史地位，指出該報是清末下層啟蒙運動中啟蒙報刊的佼佼者。

　　第三章研究了五四新文化運動時期陳獨秀的報刊實踐活動。《甲寅》部分對陳獨秀在《甲寅》的地位作了探究，認為《新青年》與《甲寅》存在著「揚棄」的關係，並對《愛國心與自覺心》一文中提出的主要論點「有惡國不如無國」進行了分析；《新青年》部分對雜誌的宗旨、作者、讀者、內容以及歷史地位等作了討論，針對當前的一些研究熱點，如作者群的「分裂」、五四青年的「分化」、「激烈」的言論態度等問題進行了討論，認為《新青年》不僅是陳獨秀報人生涯的巔峰，而且是中國啟蒙報刊的「典範」；《每周評論》部分在對雜誌宗旨、內容進行詳細介紹的基礎上，重點圍繞雜誌的評論性特徵、對傳播馬克思主義的貢獻，以及陳獨秀「隻眼」帶來「光明」的言論實踐等三個方面予以探討，認為《每周評論》不僅引領了該時期評論類報刊的「新潮流」，而且與《新青年》共同引領了五四新文化運動。

第四章著重評析了陳獨秀前期的傳播思想，指出其主要是由愛國憂民的傳播主題、思想啓蒙的傳播宗旨、自由主義的傳播思想等三部分組成，其中愛國憂民的傳播主題與思想啓蒙的傳播宗旨是貫穿其報刊實踐的兩條主線，自由主義則是其前期傳播思想的重要特徵。用「一枝獨秀」概括陳獨秀前期的傳播思想可以說是實至名歸。

　　結語在簡要回顧陳獨秀前期報刊實踐的基礎上，對其報刊實踐與傳播思想的獨特價值做了評析，指出其具有的「唯一性」特徵，並對構成「唯一性」的具體「質素」也作出了概括；同時，對陳獨秀的報刊實踐與其社會革命活動二者交替進行的事實予以高度評價，指出他是近代中國知識分子「知行合一」的踐行者和表率，其不乏眞知灼見的「知」，體現了知識分子獨立思考追求眞理的可貴品格，其不計得失、義無反顧的「行」，則彰顯出執著率眞的人格魅力。此外，對陳獨秀的「悲劇性」意義也嘗試性地進行了解讀。最後，對陳獨秀在中國近現代社會轉型期的變革中的獨特價值和歷史地位（包括其報刊實踐和傳播思想在新聞史上的地位）下了論斷：陳獨秀不僅是近代中國轉型期的思想巨人，也是變革社會的行動巨人，他不僅在領導革命活動、推動社會進步方面功不可沒，而且也給中國思想史、文化史和新聞史等諸多領域留下了一筆寶貴遺產。陳獨秀由於種種原因而被「封存」「遮蔽」的「本色」，將會在客觀公正全面的歷史研究與評價中逐步「顯影」，而他光彩的一面也將被越來越多的人所認識和認同！

謹以此書獻給我的母親——李加珍女士

本書獲江蘇省第五期「333 高層次人才培養工程」資助

序：有意義的「考證」與「發掘」，有價值的「讀解」與「商榷」——序《「一枝獨秀」：陳獨秀前期報刊實踐與傳播思想研究 1897～1921》

　　陳獨秀作為中國近現代新聞傳播史上的重量級人物，其報刊實踐和傳播思想理應受到高度重視，然而由於種種原因，以往的研究遠未到位。陳長松博士的專著《陳獨秀前期報刊實踐與傳播思想研究 1897～1921》，對這一在中國新聞史乃至中國歷史上都存在較大缺失的論題，進行了頗有學術價值的研究。

　　專著《陳獨秀前期報刊實踐與傳播思想研究 1897～1921》，以陳獨秀前期（1897～1921）報刊實踐與傳播思想為主要研究對象，從新聞傳播史的視角梳理其發展脈絡，在此基礎上，深入探討了陳獨秀獨具個性的傳播思想。作者分「維新時期」、「清末新政時期」以及「五四新文化運動時期」等三個時段，考察了陳獨秀的報刊實踐活動，在梳理史實的基礎上，對陳獨秀的報刊實踐活動進行了「還原」。這表現在兩個方面：一是對相關史料的「考證」與「發掘」。如對《揚子江形勢論略》一文的「細考」，為分析陳氏維新時期的傳播理念提供了可能；對《國民日日報發刊詞》、《近四十年世風之變態》作者的「考證」，在指出這兩篇文章具有陳氏思想色彩的同時，也為研究《安徽俗話報》前的陳獨秀傳播思想提供了較為可靠的文本。二是對相關史實的「讀解」與「商榷」。如對陳獨秀清末新政時期「思想啟蒙，而非革命排滿」的報刊傳播旨趣的論述，突破了以往「革命史」視角給陳獨秀報刊活動貼上的「革

命」標籤；對《新青年》與《甲寅》兩份報刊間「揚棄」關係的闡釋，對以往「《甲寅》對《新青年》全面影響」的論點進行了商榷；對《新青年》「激烈」的言論態度以及「五四青年」的「分化」等問題的討論，也有助於更為客觀地認識《新青年》雜誌。作者在第四章評析了陳獨秀的傳播思想，認為陳獨秀這段時期的傳播觀主要由愛國憂民的傳播主題、思想啓蒙的傳播宗旨、自由主義的傳播思想等三部分組成。其中，愛國憂民的傳播主題與思想啓蒙的傳播宗旨是貫穿陳獨秀報刊實踐的兩條主線，自由主義則是其前期傳播思想的重要特徵。作者在結語部分指出陳獨秀前期的報刊實踐與社會革命活動是「交替」進行的，這在同時代報人中具有「唯一性」，並由此高度評價了陳獨秀——不僅是近代中國轉型期的思想巨人，也是變革社會的行動巨人，不僅在領導革命活動、推動社會進步方面功不可沒，而且也給中國思想史、文化史和新聞史等諸多領域留下了一筆寶貴遺產。

　　該著思路清晰，結構合理，邏輯性強，史論結合，運用史料和引用文獻都頗為充分、翔實，分析與論述比較全面、到位。這反映出陳長松博士紮實的專業功底和較強的理論思辨能力。這樣紮實的基礎性研究，很值得鼓勵。

　　我是陳長松博士學位論文的答辯主席，與其導師曾建雄教授是老友。通過一定的渠道，我得知：在論文的寫作過程中，陳長松博士甘願坐「冷板凳」，並先後兩次去陳獨秀家鄉安慶進行實地考察，還就相關問題向陳獨秀研究專家、安徽大學沈寂教授求教。這充分反映出陳長松博士的嚴謹學風。

　　值此，作為書稿的最早讀者之一，我衷心祝賀《陳獨秀早期報刊實踐與傳播思想研究 1897～1921》順利出版，也祝願他在今後的學術研究中更上一層樓。

　　是為序。

丁柏銓〔註1〕

2015 年 1 月 18 日

〔註 1〕丁柏銓，南京大學新聞傳播學院學術委員會主任，南京大學新聞研究所所長、
　　　　教授，博士生導師。

緒 論

一、陳獨秀前期報刊實踐和傳播思想的研究價值

陳獨秀作爲中國近現代新聞傳播史上的重量級人物，其報刊活動和傳播思想本應受到高度重視，然而由於種種原因，對於陳獨秀的研究曾一度成爲學術禁區。改革開放後，國內有關陳獨秀的研究逐漸全面展開，還原陳獨秀作爲一個有血有肉、獨具個人魅力的歷史人物，成果斐然。但是，他作爲一個有重要影響的報人兼社會活動家，以往的研究遠未到位。正因如此，從新聞傳播的視角深入研究和探討陳獨秀前期報刊活動和傳播思想，有其獨特的價值。

本書將對陳獨秀前期（1897～1921）的報刊實踐展開較爲全面細緻地研究，以此考察、回顧陳獨秀前期的報刊實踐，在此基礎上，分析、歸納陳獨秀的傳播思想，力求從總體上對陳獨秀前期報刊實踐及傳播思想做出實事求是的解讀與評價，並闡明其在新聞史上的獨特價值和啓迪意義。

這項研究既有一定的理論創新價值，也有積極的現實意義。中國社會在從近代社會向現代社會的轉型進程中，陳獨秀發揮了不可替代的獨特作用。作爲引領潮流的一位思想巨人，其社會變革活動與報刊活動密不可分。探討陳獨秀前期報刊實踐和傳播思想，還原其歷史的眞實，在尊重史實的前提下得出正確的結論，有助於我們更好地認識報刊活動與中國近代啓蒙運動的關係。另外，深入系統地研究探討陳獨秀的前期報刊實踐和傳播思想，也是完善中國新聞史的研究和新聞傳播學的學科建設的需要。它既可以作爲學術成果彌補過去本學科專業相關領域研究存在的某些缺陷和不足，也可以爲當前

和今後的傳媒人提供有益的報刊業務與傳播思想方面的借鑒。這就是本課題研究的意義之所在。

二、國內外研究現狀述評

陳獨秀作爲中國社會大變革時期的一位舉足輕重的思想家和社會活動家，其一生都與報刊活動密切相關，在成爲中共領袖之前，他的社會活動更以創辦、編撰報刊爲主。研究中國近現代史包括新聞事業史，必然要研究陳獨秀，也必然要對陳獨秀的報刊活動及其對當時社會的影響進行系統深入的研究，這是無法迴避的歷史事實。同時，對陳獨秀的研究還應當採用多學科、綜合性的研究視角，因爲在中國社會轉型期能夠引領潮流的人物，大都具有某種歷史的複雜性和豐富性，然而令人遺憾的是，以往新聞傳播學科有關陳獨秀的研究，恰恰缺乏多學科、綜合性的研究視角，故而對其認識解讀也顯得平面單薄。

從現有的研究成果看，新聞傳播學界對陳獨秀報刊實踐的研究，論文雖多，但視角較爲狹窄，缺少宏觀視野和歷史眼光。這些研究或是在革命範式或啓蒙範式下對陳獨秀的報刊活動進行「爲我所需」的割裂式解讀，或是僅就陳獨秀的報刊活動進行孤立的鋪陳與論述，這勢必導致認識的片面性和表面化，也缺乏對歷史人物立體化的剖析和具有穿透力的解讀，未能揭示其本應具有的複雜性、豐富性和各種內在聯繫，以及蘊含其中的價值和意義。

據筆者查詢，海外及港臺學者專門針對陳獨秀報刊實踐活動及其傳播思想的研究成果基本沒有﹝註1﹞。原因有二：一是因爲關注點是更爲宏觀的思想史和政治史，研究對象主要爲五四運動及新文化運動；二是因爲研究陳獨秀的專論比較少，已有論著或爲政治視角、思想史視角的研究成果或爲回憶、

﹝註1﹞ 這個結論首先建立在陳邃《港臺及海外學者對陳獨秀的研究》（《安徽師範大學學報》，人文社會科學版，2005年第1期）的基礎上，在這篇論文中，作者根據已收集到的研究成果，認爲陳獨秀研究在海外及我國港臺地區已經成爲一門「陳學」，但這些研究成果中沒有專門研究陳獨秀的報刊實踐和傳播思想的成果。其次根據郭成棠《陳獨秀與中國共產主與運動》（臺北：聯經出版社，2006年9月初版第三刷），郭也認爲關於陳獨秀的研究成果較少，而且郭書列出的相關研究成果也沒有專門論述陳獨秀報刊實踐和傳播思想的專著或論文。當然，這種結論僅是在專門論述陳獨秀報刊實踐和傳播思想的意義上才成立，因爲任何研究陳獨秀的論著都無法繞開陳獨秀的報刊實踐，所以關於陳獨秀的研究成果雖多，但專門研究陳獨秀報刊實踐和傳播思想的研究成果則很少。

傳記性成果。當然任何有關陳獨秀的系統研究都必然或多或少涉及陳獨秀的報刊實踐，因此，儘管沒有專門論述陳獨秀報刊實踐活動及傳播理論的研究成果，但是海外及港臺的陳獨秀研究卻可爲本選題提供有益參考。以下是對相關論著最具代表性的觀點所作的簡要評述：

（一）關於《安徽俗話報》的研究

　　《安徽俗話報》是陳獨秀早年在安徽創辦的一份報紙，體現了陳獨秀早年的思想和主張。現有的新聞史著作，很少對《安徽俗話報》予以關注，或者僅在白話報刊章節中予以簡要介紹。方漢奇等編著的《中國新聞事業通史》對《安徽俗話報》進行了簡單的介紹。現有的研究論文也多爲《安徽俗話報》的簡單介紹，缺少深度，少數論文在分析俗話報的創辦緣起、主要內容、地位和影響的基礎上，分析俗話報的性質與陳獨秀的思想變化。其中胡明「陳獨秀表現於報刊的思想傾向主要是同情社會底層的勞苦大眾，嚮往西方的民主精神，企圖通過媒體改造國民的劣根性」〔註2〕與鄧偉「《安徽俗話報》在當時主要是一份面向地方大眾社會啓蒙性的綜合讀物，政治態度並不違背一般政府官員的觀念，並順應了當時社會危機下『開通民智』的文化共識」〔註3〕的結論具有一定的參考價值。現有的學位論文中，多數學位論文站在各自的學科視角對俗話報進行選擇性研究〔註4〕，另有兩本學位論文對《安徽俗話報》展開了詳細的文本研究〔註5〕。

　　已有文獻對《安徽俗話報》做了深入細緻的研究：（1）理清了俗話報的辦刊經過；（2）對俗話報的辦刊宗旨進行了深入地探討；（3）對俗話報的內容進行了較爲詳細的文本研究；（4）對俗話報的地位和貢獻也做了有益地探討；（5）對陳獨秀其時的思想也作了有益地探討。但也存在以下問題：（1）對刊物的性質缺乏深入地探討。現有研究或在革命範式或在啓蒙範式下研究

〔註2〕　胡明。論陳獨秀早期的報刊文字與輿論訴求〔J〕。西北大學學報：哲學社會科學版，2003，33（4）：129～134。

〔註3〕　鄧偉。晚清白話與白話文學的實現程度——重讀《安徽俗話報》〔J〕。江淮論壇，2006，（6）：121～126。

〔註4〕　韓彩玲。《安徽俗話報》研究〔D〕。開封：河南大學文學院，2006；孫傑。白話報與近代白話文運動——從《安徽俗話報》對五四白話文運動的影響〔D〕。合肥：安徽大學文學院，2007；轟曙廷。試論《安徽俗話報》對中下層民眾的啓蒙教育〔D〕。北京：北京師範大學教育學院，2008。

〔註5〕　丁苗苗。《安徽俗話報》研究〔D〕。合肥：安徽大學新聞學院，2005；黃曉紅。《安徽俗話報》研究〔D〕。合肥：安徽大學文學院，2010。

刊物的性質，帶有一定的局限性。（2）對《安徽俗話報》地位的研究有欠深入。必須在比較的視角下，對俗話報的地位進行研究。（3）對俗話報的文本研究也需要進行重新解讀。脫離宏觀語境的微觀解讀以及據此得出的結論缺乏堅實的基礎。

（二）關於《甲寅》與《新青年》關係的研究

陳獨秀在創辦《新青年》之前，曾受章士釗邀請去日本參編《甲寅》月刊，參編《甲寅》對創辦《新青年》存有重要影響，因此關於《甲寅》與《新青年》的關係問題也成為學界研究的熱點。

一些學者認為兩者之間存在明顯的傳承關係。岳升陽認為，《甲寅》不僅在組織上同《新青年》有著密切聯繫，在思想上對於《新青年》和新文化運動也有很大影響，《新青年》的許多思想都可以在《甲寅》月刊中找到它的原型〔註6〕。楊早認為，兩者之間雖存在差異，但並不能否定《新青年》與《甲寅》兩者之間存在著一定的傳承關係〔註7〕。甚至有學者認為《青年雜誌》沿襲《甲寅》月刊。莊森認為，陳獨秀創辦《青年雜誌》時並沒有成熟的辦刊思想，而是沿用《甲寅》的辦刊宗旨，相襲其編輯思路，依靠其作者隊伍〔註8〕。

另有一些學者認為《青年雜誌》與《甲寅》雜誌存有明顯差異。李永中認為，陳獨秀創辦《青年雜誌》並非出於謀生，而是經過了思想上的充分醞釀與準備〔註9〕。孟慶澍指出，《新青年》與《甲寅》月刊雖有很深的淵源，但一些看似勢所必至、理所應然的歷史現象，背後往往有偶然的社會性因素在發揮作用〔註10〕。他還認為，較之《甲寅》，《新青年》減少了政論的比重，轉而尋求從思想文化角度發表議論、影響社會，完成了從青年勵志刊物向新文化輿論載體的轉型〔註11〕。

〔註6〕岳升陽。《甲寅》月刊與《新青年》的理論準備〔J〕。清華大學學報：哲學社會科學版，1989，4（1）：24～39。

〔註7〕楊琥。《新青年》與《甲寅》月刊之歷史淵源〔J〕。北京大學學報：哲學社會科學版，2002，39（6）：124～129。

〔註8〕莊森。《青年雜誌》相承《甲寅》論〔J〕。學術研究，2005，（5）：133～136。

〔註9〕李永中。《甲寅》上《青年雜誌》廣告〔J〕。新文學史料，2007，（3）：206～207。

〔註10〕孟慶澍。《甲寅》與《新青年》淵源新論〔J〕。中國現代文學研究叢刊，2010，（5）：1～9。

〔註11〕孟慶澍。新文學緣何而來——從《新青年》與《甲寅》月刊的差異說起〔J〕。河南大學學報：社會科學版，2010，50（5）：1～5。

　　上述研究對《甲寅》與《新青年》，尤其是與《青年雜誌》的淵源關係作了深入探討，但卻存在一個問題，都在強調《甲寅》對《新青年》的影響，這種研究取向導致將兩個刊物的形式、內容進行比較，一般的論文僅從形式進行比較，較爲深入的論文則在前者的基礎上，對兩者的內容進行比較，由此得出《甲寅》對《新青年》的「全面影響」，甚至得出「陳獨秀爲了生計創辦《青年雜誌》」，「其時並沒有成熟的辦刊思想」，所以沿用《甲寅》金字招牌的研究結論。這忽視了陳獨秀的桀驁不群、不甘人後的性格因素，也忽視了陳獨秀對《甲寅》的貢獻，更沒有對發表於《甲寅》的《愛國心與自覺心》這一「逆文」進行分析。因此，有必要對《甲寅》與《青年雜誌》（《新青年》）的關係進行重新審視。

（三）關於《新青年》與《每周評論》的研究

1、關於《新青年》的研究

　　《新青年》作爲新文化的元典，目前已形成多元化的研究格局。本選題作爲新聞傳播視角的《新青年》研究，主要關注本學科的代表性文獻，兼及其他學科視角研究得出的有益於新聞傳播視角研究的相關論著。

（1）關於《新青年》創辦的背景研究

　　幾本代表性的中國新聞史著作在「『時代需要啓蒙』是《新青年》創辦的背景」這一點上達成了一致。〔註12〕另外章清「晚清以降，隨著中西思想衝突的加劇，傳統由『知識資源』向『學術資源』過度」的結論〔註13〕，對深入探討《新青年》的創辦背景也有所助益。

（2）《新青年》的宗旨與性質研究

　　關於《新青年》的宗旨與性質研究，郭漢民等在《1949年以來〈新青年〉研究述評》一文中已對這些觀點做了較詳細的評析。如關於《新青年》的辦刊宗旨主要有四種意見，即初期《新青年》以思想啓蒙爲宗旨，基本不涉時政；後期《新青年》是密切關心政治、議論時政的；《新青年》與時俱進，其

〔註12〕寧樹藩主編。中國新聞事業通史第二卷〔M〕。北京：中國人民大學出版社，1996年版；丁淦林。中國新聞事業史〔M〕。北京：高等教育出版社，2007年第二版；吳廷俊。中國新聞史新修〔M〕。上海：復旦大學出版社，2008年版；黃瑚。中國新聞事業發展史〔M〕。上海：復旦大學出版社，2009年版；賴光臨。中國近代報人與報業〔M〕。臺北：臺北商務印書館，1980年版。
〔註13〕章清。傳統：由「知識資源」到「學術資源」〔J〕。中國社會科學，2000，（4）：190～203。

辦刊宗旨是不斷演變、前後有別的；《新青年》有其始終如一的辦刊宗旨，這就是對青年的啓迪與教育。關於《新青年》的性質基本上可以分為三類，即政治角度的定位、文化角度的定位及其他角度的定位。〔註14〕

　　進入新世紀以來，學術界對這一問題仍十分關注，上述觀點各有市場。陳平原認為，《新青年》作為「同人雜誌」，已超越一般意義上的大眾傳媒，而兼及社會團體的動員與組織功能〔註15〕。莊森認為，《新青年》第8卷第1～5號還是新青年社團的「公同」刊物，而不是中國共產黨上海發起組織的機關刊物〔註16〕。吳廷俊認為，《新青年》前期從1915年創刊到1920年上半年為啓蒙刊物；後期則從1920年下半年到1926年終刊，為共產黨（先是發起組）的機關刊物〔註17〕。陳昌鳳認為，「發動思想改造運動，重建社會價值體系」是《新青年》的宗旨，「反傳統」是《新青年》的思想傾向，「同人雜誌模式」是《新青年》的組織形式〔註18〕。黃瑚認為，《新青年》屬於「文教性報刊」，是「提倡科學民主的新文化戰士」〔註19〕。

　　（3）《新青年》的內容研究

　　中國新聞史專著幾乎一致認為，文學革命、反孔非儒、白話文運動、提倡民主和科學、反對迷信是《新青年》的主要內容。但與其他學科相比，在深入研究方面則存在不足，因此，陳平原「『新青年』同人思維方式的最大特點，是力圖將文學革命與思想革命統一起來，用發起運動的方式來促進文學革新。無論是雜誌編排，還是話題設計，陳獨秀等人都是希望兼及思想與文學。這是《新青年》所倡導的「文學革命」的基本特色，也顯示了新文化人的盲點。這必然導致除了白話文的討論全面獲勝外，其他新青年議題充滿爭議，甚或失敗」的研究結論〔註20〕；嚴家炎「把『五四』新文化運動說成是

〔註14〕郭漢民，董秋英。1949年以來《新青年》研究述評〔J〕。近代史研究，2001，（6）：218～245。

〔註15〕陳平原。思想史視野中的文學——《新青年》研究（上）〔J〕。中國現代文學研究叢刊，2002，（3）：1～31。

〔註16〕莊森。《新青年》第八卷還是社團「公同」刊物——中國現代新聞傳播史重要史實辨正〔J〕。社會科學戰線，2008，（6）：120～130。

〔註17〕吳廷俊。中國新聞史新修〔M〕。上海：復旦大學出版社，2008：169～174。

〔註18〕陳昌鳳。中國新聞傳播史：傳媒社會學的視角〔M〕。北京：清華大學出版社，2009：139～145。

〔註19〕黃瑚。中國新聞事業發展史〔M〕。上海：復旦大學出版社，2009：138～139。

〔註20〕陳平原。思想史視野中的文學——《新青年》研究（上）〔J〕。中國現代文學研究叢刊，2002，（3）：1～31。

全盤否定傳統文化、造成『斷裂』的說法存在著問題」的觀點〔註21〕；楊紅軍對五四報刊文化批評的隱晦結構及其流弊的分析〔註22〕；黃華文「由於受制於具體國情和民主啓蒙運動代表人物的認識水平，五四民主啓蒙運動又明顯地存在著民主理論建構不足的缺憾」的分析〔註23〕。張寶明「《新青年》同人通過語言『斷裂』來實現現代性最大化的演進，昭示了《新青年》同仁在走向現代性過程中手段的殘酷性」的結論〔註24〕；陳方競「『橫行與標點』是《新青年》尚難以實現的目標，是一個改變上千年中文閱讀與寫作習慣而需要不斷啓蒙的話題」的研究〔註25〕；黃華關於「白話文」運動本身牽涉到「上層文化」（傳統文化）同「通俗文化」（胡適、陳獨秀等人提倡的白話文學）的文化霸權之爭，涉及到「知識壟斷」和知識生態結構的重組問題的研究分析〔註26〕，都可以爲深化《新青年》內容研究提供有益參考。

（4）《新青年》的欄目研究

　　現有的中國新聞史專著基本沒有對《新青年》的欄目展開分析。新世紀以來，對《新青年》欄目的研究論文主要集中於「通信」和「隨感錄」兩個欄目。李憲瑜認爲，由於「綜合主題的選擇、學術性的加強、編輯方式的改動」等，「通信」欄「由公眾論壇而趨向自己的園地」〔註27〕。劉震認爲，「通信」欄的演變過程，顯示了近代報刊民間化和政黨化的雙重影響，也從一個特定角度投影出了中國近代以來「公共空間」既建構又解構的悖論性狀況〔註28〕。丁曉原認爲，「隨感錄」是陳獨秀、魯迅等《新青年》作家進行文化與社會批

〔註21〕嚴家炎。「五四」「全盤反傳統」問題之考辨〔J〕。文藝研究，2007，（3）：4～11。

〔註22〕楊紅軍。五四報刊文化批評的隱晦結構及其流弊——以陳獨秀和《新青年》爲主線〔J〕。學術界，2010，（9）：186～194。

〔註23〕黃華文。對五四民主啓蒙運動的審視〔J〕。江漢論壇，2001，（9）：62～65。

〔註24〕張寶明。「文白不爭」引發的歷史悲情——從文化社會學的視角看現代性的兩副面孔〔J〕。學術界，2005，（2）：68～78。

〔註25〕陳方競。「橫行與標點」《新青年》新文化倡導的一個並非輕鬆的話題〔J〕。文藝研究，2009，（7）：45～53。

〔註26〕黃華。從文化霸權的角度分析「白話文運動」〔J〕。國際新聞界，2010，（5）：107～112。

〔註27〕李憲瑜。「公眾論壇」與「自己的園地」——《新青年》雜誌「通信」欄〔J〕。中國現代文學研究叢刊，2002，（3）：32～44。

〔註28〕劉震。《新青年》與「公共空間」——以《新青年》「通信」欄目爲中心的考察〔J〕。延邊大學學報，2003，36（3）：79～83。

評的一種主要方式〔註29〕。李輝認爲，「隨感錄」是《新青年》首創的講究時效性、新聞性的雜感類報刊專欄，是抨擊封建思想文化和不良時政的一種理想方式，類似報刊專欄的設立，爲當時知識分子開拓了一種新的批評空間，也爲日後以魯迅爲代表的雜文的成熟奠定了基礎〔註30〕。陳平原認爲，「通信」欄除了拉近與讀者的距離，更多的是爲了獲得獨立思考以及自由表達的權利。然而「通信」欄目並沒有成爲「公眾論壇」，其「對話狀態」不只是虛擬的，而且有明確的方向感。「通信」還具有穿針引線的作用，將不同欄目、不同文體、不同話題糾合在一起，很好地組織或調配。「隨感錄」的橫空出世，不僅僅爲作家贏得了一個自由揮灑的專欄「文體」，更凸顯了五四新文化人的一貫追求——政治表述的文學化〔註31〕。這些研究都可以爲《新青年》欄目研究提供參考。

（5）《新青年》的作者與讀者研究

相較於中國新聞史專著，《新青年》的作者研究也更多體現爲論文研究成果。章清認爲，分化後的「新青年」群體，其同人各自搭建起新的發言臺，匯聚成不同的政治力量。但思想界仍維持「我們」與「他們」的區分〔註32〕。張化冰認爲，《新青年》作者群是在文化和啓蒙的旗幟下形成的，這是中國的知識分子爲拯救民族危亡而選擇救國道路的歷史性發展〔註33〕。尤小立認爲，新文化派的老師輩沒有直接參與「五四」學生的運動，是因爲他們仍抱有啓蒙之念，更傾向于堅守思想革命、以輿論批評這種知識分子參與社會的方式影響社會。然而隨著新文化派中的激進成員逐漸接受和認同「社會革命」，新文化派徹底走向分裂〔註34〕。

〔註29〕 丁曉原。從新文體到「隨感錄」〔J〕。中國現代文學研究叢刊，2006，（1）：25～29。

〔註30〕 李輝。《新青年》「隨感錄」研究〔J〕。重慶工學院學報：社會科學版，2007，21（8）：102～147。

〔註31〕 陳平原。思想史視野中的文學——《新青年》研究（下）〔J〕。中國現代文學研究叢刊，2003，（1）：116～155。

〔註32〕 章清。1920年代：思想界的分裂與中國社會的重組——對《新青年》同人「後五四時期」思想分化的追蹤〔J〕。近代史研究，2004，（6）：122～160。

〔註33〕 張化冰。淺論《新青年》作者群的形成〔J〕。新聞與傳播研究，2005，12（4）：31～34。

〔註34〕 尤小立。五四新文化派的政治轉向及其思想差異——以《每周評論》時期爲中心的分析〔J〕。南京大學學報：哲學人文科學社會科學版，2006，（6）：87～96。

　　《新青年》的讀者研究也主要表現爲論文研究。李永中認爲，由於傳播機制的建立，《新青年》參與了對讀者的塑造，讀者之間形成了一定的閱讀網絡。一種基於讀者最內在的私人主體性和社會公眾聯繫在一起時，以理性話語霸權爲特徵的想像的共同體逐漸「浮出歷史地表」〔註35〕。鄧金明認爲，《新青年》的巨大影響是通過閱讀實現的。新讀者的主體是五四青年，它也是《新青年》雜誌的主要閱讀者。《新青年》通過大量的「青年論述」，闡釋了青年的性質；而五四青年通過對《新青年》的閱讀，也產生了自我意識。這種自我意識發展的結果就是「青年崇拜」〔註36〕。章清認爲，身處不同地域、不同身份個體對《新青年》及新文化運動的「閱讀」，頗有差異，呈現出新文化運動的多姿多彩性，及中國社會的多樣性〔註37〕。

　　（6）《新青年》的地位和貢獻研究

　　新聞傳播學科對《新青年》地位和貢獻的研究，多集中在兩個方面：一是論述《新青年》對新文化運動的貢獻，二是論述《新青年》在報刊業務改進方面的貢獻。

　　臺灣學者賴光臨認爲，《新青年》確然是中國思想界的一道界碑，劃分新舊兩個時代，而他的功過，都付出一份痛苦的代價〔註38〕。吳廷俊認爲，前期《新青年》對新文化運動的貢獻體現在三方面：以大無畏的精神向孔家店發起猛烈的攻擊；以昂揚的鬥志，倡導「文學革命」和「白話文運動」；廣泛介紹西方科學知識，進行反封建迷信的宣傳，卓有成效。《新青年》以民主和科學的態度辦報則表現爲：以「兼容並包」的方針組成同人編輯部；確立以「自由討論」、「各抒己見」爲原則編發稿件；提倡以充分說理的精神撰寫文章〔註39〕。黃瑚認爲，《新青年》對新文化運動的貢獻體現在：提倡自由民主，反對封建禮教，開展批孔鬥爭；提倡科學，反對迷信；發起文學革命運動。《新青年》在「新文化運動中報刊業務的重大改進」表現爲：自由討論風氣的出

〔註35〕 李永中。從傳播視閾看《新青年》對讀者的形塑〔J〕。文藝理論與批評，2007，（6）：73～77。
〔註36〕 鄧金明。從《新青年》到「新青年」──五四青年對《新青年》雜誌的閱讀研究〔D〕。北京：首都師範大學文藝學，2008。
〔註37〕 章清。五四思想界：中心與邊緣──《新青年》及新文化運動的閱讀個案〔J〕。近代史研究，2010，（3）：54～72。
〔註38〕 賴光臨。中國近代報人與報業〔M〕。臺北：臺北商務印書館，1980：505～563。
〔註39〕 吳廷俊。中國新聞史新修〔M〕。上海：復旦大學出版社，2008：169～174。

現與政論傳統的復蘇；以白話文爲核心的新文風的形成〔註40〕。

（7）《新青年》與陳獨秀研究

在《新青年》這場大劇中，陳獨秀集編劇、導演、演員於一身。因此有論文研究《新青年》與陳獨秀的關係。

莊森認爲，陳獨秀創辦《青年雜誌》並不是一個深思熟慮的計劃，而是一種困於生活的無奈選擇，並認爲《青年雜誌》的思想核心是個人主義〔註41〕。石鍾揚認爲，陳獨秀作爲主編，是雜誌的靈魂，他的主編意識、主編素質、主編操作能力，深刻影響著《新青年》的風格、路數甚至命運〔註42〕。張寶明認爲，《新青年》的輝煌一方面是其知識群體共同唱和的「實績」，同時也是「主撰」立於時代浪尖運籌帷幄、縱橫捭闔之引領的成就。從《新青年》創刊、轉折與發展的精神歷程來看，陳獨秀起到了舉足輕重的槓杆作用〔註43〕。歐陽哲生認爲，在《新青年》這場大劇中，陳獨秀扮演了他人不能替代的重要角色。陳的個人意志對《新青年》辦刊理論的演變和取向起有關鍵性作用，這一點在從同人刊物轉變爲中共機關刊物時尤爲明顯，過去人們對此似估計不足〔註44〕。

從上述研究可以看出，新世紀以來，《新青年》研究的深度和廣度都有所拓展，但從新聞傳播視角來看，則存在下列問題：（1）多數研究成果是從其他學科視角展開的，雖不乏識見，但也存在一些學科盲點。比如《新青年》的出場距近代第一份中文刊物《察世俗每月統計傳》整整一百年，百年的新聞實踐應該是《新青年》出場的重要背景和歷史資源，這一點多少被忽視。（2）不少研究成果是在既有理論框架下進行研究的，對《新青年》文本進行選擇性讀解，其論證邏輯和結論看似客觀、科學，但卻是封閉的、主觀的，研究結論缺乏效度。（3）新聞傳播學視角的《新青年》研究成果較少，已有成果研究範圍雖有所擴大，但缺乏研究深度。不但缺乏詳細的文本研究，而且研

〔註40〕 黃瑚。中國新聞事業發展史〔M〕。上海：復旦大學出版社，2009：142～144，150～151。

〔註41〕 莊森。陳獨秀和《青年雜誌》〔J〕。文藝理論研究，2004，（6）：2～16。

〔註42〕 石鍾揚。「改造青年之思想，爲本志之天職──《新青年》的主編意識」〔J〕。江淮論壇，2008，（1）：171～177。

〔註43〕 張寶明。「主撰」對《新青年》文化方向的引領〔J〕。中國現代文學研究叢刊，2008，（2）：90～99。

〔註44〕 歐陽哲生。《新青年》編輯演變之歷史考辨──以 1920～1921 年同人書信爲中心的探討〔J〕。歷史研究，2009，（3）：82～104。

究框架也多爲思想史、革命史框架，缺少學科創見。

2、關於《每周評論》的研究

相對於《新青年》研究，《每周評論》研究比較「落寞」，專門研究成果不多，且多被包含進《新青年》以及「五四新文化運動」的研究中。

現有的新聞史論著對《每周評論》多爲簡介，認爲其性質屬於統一戰線（報刊新陣線），促進了馬克思主義在中國的傳播，並對此後評論性刊物的創辦起到了示範作用。部分論文從不同角度研究了《每周評論》，結論具有一定的參考價值。胡明認爲，「問題與主義」之爭只是在馬克思主義部分內涵、俄國革命道路和「點滴改良」與「根本解決」等問題上存在著不同看法而已，不能割裂《每周評論》在「五四」新文化運動大潮中思想啓蒙政治啓蒙完整的進步業績〔註 45〕。尤小立認爲，五四新文化派受第一次世界大戰結束、協約國勝利激發轉向現實政治的標誌是創辦《每周評論》。《每周評論》與《新青年》雖有分工，但政治訴求上的關聯卻相當明顯〔註 46〕。周愛武認爲，《每周評論》在編輯方法、文體風格、欄目設置、出版發行等方面的探索，影響了大批五四時期的刊物；聚集了一批新文化運動的開拓者，形成了它的品牌效應；還注重有意識傳播，同時注重它的受眾群體；注意與商會結合，注意廣告的經濟效益與社會效益〔註 47〕。

相關論文基本理清了《每周評論》的創刊緣起及終刊原因，也對《每周評論》的內容進行了較爲詳細的文本分析。然而，總體上看，目前對《每周評論》的研究多從革命範式出發，將其與「五四新文化運動」進行聯動分析，這種分析雖有其合理性一面，但多少忽視了《每周評論》具有的多面向特徵。

（四）關於陳獨秀傳播思想的研究

關於陳獨秀傳播思想的研究，也是學者關注的焦點。一部分論著關注於陳獨秀的編輯思想。另一部分論著則關注於陳獨秀的新聞傳播思想，其中部分專著和論文側重討論陳獨秀的自由主義報刊思想，部分專著則從黨報角

〔註 45〕　胡明。《每周評論》與「五四」思想文化〔J〕。傳統文化與現代化，1999，（3）：21～28。

〔註 46〕　尤小立。五四新文化派的政治轉向及其思想差異——以《每周評論》時期爲中心的分析〔J〕。南京大學學報：哲學人文科學社會科學版，2006，（6）：87～96。

〔註 47〕　周愛武。《每周評論》的傳播學意義〔J〕。懷化學院學報，2007，26（5）：52～53。

度、政治視角論述陳獨秀的報刊思想。

研究陳獨秀編輯思想的文獻以李琴爲代表。她認爲，五四前後陳獨秀的報刊編輯思想表現在：編輯報刊應有明確的宗旨；編輯報刊應有針對性；編輯報刊要有明確的政治方向，要服務於現實鬥爭；編輯報刊應堅持「眞理以辯論而明」的宣傳方式；報刊編輯工作應具有創新意識；報刊編輯工作者應具有良好的職業素質和職業道德。五四前後陳獨秀報刊編輯思想的三大特色：廣納賢才，採百家之長，力求刊物特色鮮明；「以人爲本」的理論；與時俱進，順應時代發展的要求〔註48〕。

研究陳獨秀自由主義報刊思想的文獻以張育仁爲代表。他認爲，陳獨秀自由主義報刊思想，主要貫穿在「重新估定一切價值」的全新的思想文化努力當中。《新青年》發刊詞中的「六義」構成了陳獨秀報刊自由主義思想及特色的幾大重要義項。陳獨秀所追求的辦報境界，既不是孫中山所醉心的「黨報思想」，也不是于右任那種頂著「機關報」的幌子幹著「爲民請命」或者「監督政府」的勾當。陳獨秀報刊自由主義思想體系中最核心的部分是反對學術專制，倡導思想自由。陳獨秀的報刊自由主義主張是「超逾黨派政見，且具有普世性價值意義的」〔註49〕。

研究陳獨秀黨刊思想的則以鄭保衛爲代表。鄭保衛等人認爲，陳獨秀報刊思想包括：發揚民主輿論思想，敢於反抗輿論，善於引導輿論，敢於反抗把局部黨見與國民輿論相混淆的冒牌輿論，反抗那種長期封建思想禁錮下的世俗偏見輿論，反抗那種不合理的群眾盲目輿論；倡行爲宣揚眞理獻身的報人品格；力主報刊應干預政治，反對不談政治的主張；積極倡導聯繫實際，講求眞理的宣傳戰鬥風格；還展現了爲革命需要，學習和傳播馬克思主義，從研究書本走向實際鬥爭，由個人立言轉向爲集體立言，增強黨性，克服文人習性的政治家辦報的優秀風格〔註50〕。

另外，王積龍、安璐「陳獨秀早在 1903 年到 1905 年間就形成了較系統的新聞思想」的結論〔註51〕，劉峰「陳獨秀報刊思想有著明顯的政治功利色

〔註48〕 李琴。五四前後陳獨秀報刊編輯思想探析〔D〕。湖南師範大學文學院，2002。
〔註49〕 張育仁。自由的歷險——中國自由主義新聞思想史〔M〕。昆明：雲南人民出版社，2002：225〜239。
〔註50〕 鄭保衛主編。中國共產黨新聞思想史〔M〕。福州：福建人民出版社，2004：44〜50。
〔註51〕 王積龍，安璐。陳獨秀早年的新聞思想〔J〕。安慶師範學院學報：社學社會科學版，2003，22（4）：42〜44。

彩，以及這種功利取向在某種程度上破壞了新聞學作爲獨立學科的正常成長」〔註52〕的結論具有一定的參考價值。

　　上述研究文獻對陳獨秀的新聞傳播思想進行了詳細的研究，存在的問題是，絕大多數研究對「新聞思想」、「新聞傳播思想」、「傳播思想」、「編輯思想」等關鍵概念未作出明確界定，且研究視野存在局限，缺少跨學科視野和比較研究的方法，沒有反映出陳獨秀新聞傳播思想的豐富性、複雜性及其發展演變軌跡，因而無法客觀呈現陳獨秀的傳播思想在中國新聞傳播史上的獨特地位。

三、研究方法、研究思路與篇章結構

（一）研究方法

　　本選題的研究屬於橫跨新聞傳播學與歷史學的交叉性研究，因此在研究方法上也綜合運用新聞傳播學與歷史學的研究方法，主要採用比較分析法、文獻研究法和歷史研究法。

　　1、比較分析法

　　按照特定的指標體系將客觀事物加以比較，以更好地認識事物並做出較爲客觀、科學評價的方法。本書主要用於對陳獨秀創辦的報刊、參編的報刊與同時代有關報刊進行比較，也包含陳獨秀的傳播思想與同時代其他報刊活動家的傳播思想的比較。目的在於更爲客觀地分析陳獨秀報刊實踐的特點以及陳獨秀傳播思想的歷史意義。

　　2、文獻研究法

　　根據一定的研究目的或課題，通過調查文獻來獲得資料，從而全面地、正確地瞭解掌握所要研究問題的一種方法。主要運用於兩方面：一是對陳獨秀報刊活動的歷史存疑進行研究，二是對陳獨秀所撰部分文章的考辯。通過對陳獨秀存世文字的較爲準確、全面地分析，得出有關陳獨秀報刊實踐及傳播思想的可靠結論。

　　3、個案研究法

　　是指把研究者有興趣的領域置於特定的時間內，對客體的種種，作完整、詳盡的研究。〔註53〕本論題研究的是陳獨秀前期的報刊實踐與傳播思想，屬

〔註52〕 劉峰。陳獨秀傳播思想研究〔D〕。安徽大學新聞學院，2007。
〔註53〕 李茂政。當代新聞學〔M〕。臺北：正中書局，1987：26。

於個案研究，需要對陳獨秀在維新時期、清末新政時期以及五四新文化運動時期等前期的報刊實踐與傳播思想進行比較全面、系統地考察和分析。

（二）研究思路與篇章結構

本書的研究對象是陳獨秀前期的報刊實踐與傳播思想。本書研究的大體思路是：在新聞傳播學視角下，結合其他學科的研究成果，探討陳獨秀報刊實踐的動因是什麼？取得了什麼樣的傳播效果？表現出何種傳播思想？以及陳獨秀的報刊實踐與傳播思想在中國新聞史上佔有什麼樣的歷史地位？爲此，本書首先用三章對陳獨秀前期的報刊實踐進行梳理，在此基礎上，用一章專門論述陳獨秀前期的傳播思想。做這樣結構的原因在於：一是因爲陳獨秀的報刊實踐是分析陳獨秀傳播思想的基礎；二是出於系統考察陳獨秀報刊實踐及傳播思想發生、發展的需要。

全書分爲緒論、主體和結語三大部分。緒論部分主要指出本論題的研究價值與意義、國內外研究現狀評述、研究方法與研究的創新點、重點與難點。主體部分包括四章：第一章，維新時期報刊實踐初探；第二章，清末新政時期報刊實踐研究；第三章，五四新文化運動時期報刊實踐研究；第四章，陳獨秀前期傳播思想評析。結語部分主要是總結陳獨秀前期報刊實踐的特點，對陳獨秀前期傳播思想進行概括，指出其報刊實踐及其傳播思想之於中國新聞史、新聞傳播實踐的意義。

四、創新點、重點與難點

（一）創新點

1、以《揚子江形勢論略》一文爲線索，對陳獨秀維新時期的傳播實踐及傳播理念進行了初步探討。

2、對《會啓》、《國民日日報發刊詞》、《近四十年世風之變態》等文章的考證，將陳獨秀的報刊實踐及傳播思想研究，「眞正」推進到《安徽俗話報》創刊之前。

3、對陳獨秀報刊實踐的一些歷史存疑，進行了嘗試性地探討，如陳獨秀在《國民日日報》的地位及貢獻，《新青年》一二卷時期的「慘淡經營」問題；也對部分頗有影響的研究結論進行了學理商榷，如《新青年》與《甲寅》的關係，《新青年》同人「激烈」的言論態度，這些都有利於深化對陳獨秀報刊實踐的歷史認知。

4、對陳獨秀前期傳播思想的討論也是本書的創新之處。將愛國憂民的傳播主題，思想啓蒙的傳播宗旨，以及自由主義的新聞思想三者相互結合，指出陳獨秀前期的傳播思想，確實具有「一枝獨秀」的特點。

（二）重點與難點

1、「還原」史實既是本書的研究重點，也是本書的難點之一

儘管陳獨秀的一生幾乎都耗費在文字生涯中，也具有豐富的報刊實踐，但相較於梁啓超、章士釗、胡適等人，陳獨秀不甚「愛惜」自己的文字，生前並沒有將自己的文字結集出版，《獨秀文存》是應汪孟鄒之邀而選錄的部分報刊「時文」，《實庵自傳》也只寫了兩章，且帶有濃厚的反思色彩。陳獨秀雖與他人多有通信，但只有少量信件因胡適、蔡元培等收信人的妥善保存而存世，陳獨秀本人並沒有書信集留世。此外，直至目前，也沒有發現有關陳獨秀的日記、筆記之類的個人文字。這給研究陳獨秀的報刊實踐帶來了困難，不寧唯是，陳獨秀本人文字的「缺席」狀態，也爲其後，尤其是當代的各種「可能性解釋」提供了可能，這又增加了研究的難度。因此，研究陳獨秀的報刊實踐，既需要挖掘新的史料，也需要對現有的文獻資料進行深度解讀，努力「還原」史實，這構成了本書的研究重點與難點。

2、探討陳獨秀報刊實踐的歷史地位也是本書的重點與難點

以往對陳獨秀報刊實踐歷史地位的探討，主要集中於《新青年》與《每周評論》，且多採用了革命史的考察視角，甚至可以說，對《新青年》思想啓蒙特徵的解讀也深受革命史範式的影響。然而，考察陳獨秀這一時段的報刊實踐，革命，尤其是暴力革命，並不是陳獨秀報刊實踐的主要特徵，相反，其報刊實踐表現出濃厚的思想啓蒙的色彩，無論是其創辦的《安徽俗話報》、《新青年》、《每周評論》，還是其參與的《國民日日報》與《甲寅》（月刊），都表現出這一特徵。此外，圍繞思想啓蒙這一傳播宗旨，其報刊實踐多有創新，既有創設西學藏書樓，組織愛國學社，發表演講等傳播實踐活動，也有創辦雜誌、報紙的辦刊活動，且報刊形式也多有創新，這讓陳獨秀的報刊實踐往往能夠引領時代潮流。因此，在思想啓蒙的視角下，探討陳獨秀報刊實踐的歷史地位也是本書的重點與難點之一。

3、歸納、分析陳獨秀的傳播思想及歷史地位也是本書的研究重點與難點

應該說，陳獨秀豐富多彩的報刊實踐緣於其「一枝獨秀」的傳播思想。然而，以往對陳獨秀傳播思想進行的研究，既缺乏對傳播思想這一概念所作

的較爲清晰的界定，也往往沿用革命史的考察視角，得出的結論雖符合革命史的話語建構，但多少具有選擇性建構的特徵，缺乏歷時性的考察，在此種意義上，這種考察並不是「眞正」的歷史考察。事實上，陳獨秀的傳播思想有其發生、發展的演變過程。只有在較爲全面地「還原」史實的基礎上，通過研究陳獨秀的報刊文字，注重其思想的發展演變，才能歸納、分析陳獨秀的傳播思想，並指出其價值和意義，這是本書需要重點解決的問題之一，也是難點之一。

五、幾個核心概念的界定與相關問題的說明

（一）幾個概念的界定

1、報刊實踐

本書的報刊實踐，具有廣義與狹義之分，狹義的報刊實踐是指陳獨秀從事的報刊創辦、編輯出版以及報刊撰稿的活動，如創辦《安徽俗話報》、《新青年》、《每周評論》，參編《國民日日報》、《甲寅》月刊，以及他爲其他各類報刊的文字撰述活動。廣義的報刊實踐還包括維新時期刻印散發《揚子江形勢論略》，以及參編《國民日日報》前的兩次演說會等傳播活動。將上述活動納入報刊實踐的原因在於：刻印散發《揚子江形勢論略》，既反映了陳獨秀對《時務報》的閱讀與「接受」，也具有標示陳獨秀報人生涯「預演」的意義；第一次演說會期間，陳獨秀不僅發起創設「西學藏書樓」，而且組織勵志學社，更提出了擬辦《愛國新報》的主張；第二次演說會期間，陳獨秀不僅通過《蘇報》對相關活動予以報導，而且已有明確的辦報理念，這也見於《蘇報》的相關報導。事實上，這一時期陳獨秀的社會活動也是前後相關，密切相連的。因此，有必要將這兩次演說會納入報刊實踐考察的範圍。

2、傳播思想

傳播思想並不是一個界限清楚而又容易研究的主題〔註 54〕，然而，因爲傳播思想是本書研究的一個重點內容，因此，本書在關紹箕、許正林、戴元光等人對「傳播思想」界定的基礎上〔註 55〕，嘗試性地對「傳播思想」進行界定。

〔註 54〕 關紹箕。中國傳播思想史〔M〕。臺北：正中書局，民國 89〔2000 年〕：3。
〔註 55〕 應該説關紹箕《中國傳播思想史》，許正林《歐洲傳播思想史》，金冠軍、戴元光、余志鴻等《中國傳播思想史》（古代卷上）等三本著作是兩岸傳播學界研究「傳播思想史」的代表作品，雖存有一些缺陷，但直至目前，學界似乎

　　許正林認爲，貫穿西方傳播思想的核心要素是「信息的交流」，因此，傳播思想史也就是「人類對信息傳播的觀念表述的歷史描述」〔註56〕。關紹箕將「傳播思想」界定爲「思想家或個人對傳播現象或傳播問題所提出的見解、觀念、概念、主張、原理、學說或哲學」〔註57〕。戴元光等人認爲，「傳播思想」是「關於人類社會信息流動規律的概念、認知、理解和把握」〔註58〕。上述三種「界定」，許正林與戴元光的意見基本一致，都指向「信息傳播」，關紹箕的定義則指向「傳播現象與傳播問題」。此外，上述三本著述均爲傳播思想史著作，而且都採取了宏觀架構，因而對「傳播思想」外延的界定也是廣泛的〔註59〕。

　　應該說，上述三本著述在各自研究的框架內，對「傳播思想」的界定是合適的。作爲傳播思想史的著作，對傳播思想的歸納也必須依賴白紙黑字的關於傳播問題的文字表述。然而，本書研究的是陳獨秀前期的報刊實踐與傳播思想。陳獨秀作爲報刊活動家，有著豐富的報刊實踐，但其見諸文字的關於傳播問題的意見表達，尤其是較爲系統的理論闡述，則少之又少，若以轉向馬克思主義爲分界，轉向之前關於傳播問題的意見表達遠少於轉向之後的意見表達。這事實上給歸納陳獨秀傳播思想帶來了困難，而這也是陳獨秀傳播思想難以「彰顯」的重要原因。

　　從研究的實際需要出發，本書嘗試將「傳播思想」界定爲：指導報刊活動家進行報刊實踐的根本思想、價值追求，以及在此過程中報刊活動家表達的對信息傳播問題的見解、觀念、概念、主張、原理、學說或哲學。做出這

　　　　沒有更具代表性的研究論著出版。故本書對「傳播思想」的界定主要參考上述三本著述。

〔註56〕　許正林。歐洲傳播思想史〔M〕。上海：上海三聯書店，2005：3。
〔註57〕　關紹箕。中國傳播思想史〔M〕。臺北：正中書局，民國89〔2000年〕：3。
〔註58〕　金冠軍、戴元光主編，余志鴻。《中國傳播思想史》（古代卷上）〔M〕。上海：上海交通上學出版社，2005：8。
〔註59〕　許正林認爲「傳播思想史」至少包含兩個主要方面，其一是「信息的交流」的本體部分，這一部分包括交往、語言、符號、理解等；其二是影響「信息交流」的要素部分，這一部分包括影響交往與理解的社會、政治、經濟、文化等因素（見《歐洲傳播思想史》第3頁）。關紹箕則將「中國傳播思想」劃分爲五大範疇：語文傳播思想；傳播規範思想；人際觀察思想；人際關係思想；民意與報業思想（見《中國傳播思想史》第3頁）。金冠軍等認爲，「……。從橫的内容範圍來說，作爲近現代中國的傳播思想史論，主要包括政治傳播思想、新聞傳播思想、教育傳播思想，重點是大眾傳播思想」（見《中國傳播思想史》（古代卷上），第8～9頁）。

樣界定的理由有三點：一是根本思想、價值追求是具體見解得以產生的重要的思想根源，任何報刊實踐都是在一定的思想指導下進行的，即使報刊活動家並沒有發表任何關於傳播問題的具體見解和主張，其報刊實踐也可反映出報刊活動家本人的價值追求；二是清末民初占主導地位的大眾傳媒是報刊，雖然 1905 年電影就開始登陸中國，書籍在中國也有著悠久的歷史，但是，報刊無疑是這一時期占主導地位的大眾傳媒；三是相較於普通人，報刊活動家的傳播思想更具有學術意義，也更具有「代表性」。當然，做這樣的界定，也是爲了便於研究陳獨秀前期的傳播思想，畢竟與陳獨秀前期豐富的報刊實踐相比，其關於傳播問題的論述（特別是公開發表的相關論著）實在有限得很，只能根據其報刊實踐以及散見於各處的片語隻言歸納提煉其傳播思想。

3、關於「陳獨秀前期報刊實踐和傳播思想（1897～1921）」的時間界定

本論題的研究對象是「陳獨秀前期報刊實踐和傳播思想」，「前期」作爲特定時間段的界定詞，是指 1897 年～1921 年。將起始時間劃在 1897 年，是因爲該年陳獨秀刻印散發了《揚子江形勢論略》，該文既是陳獨秀存世最早的一篇文字，也具有標示陳獨秀傳媒人生涯「預演」的意義。將研究時段下限劃在 1921 年，尤指陳獨秀於中共一大被推選爲中共總書記之後。這主要是中共作爲組織嚴密的政黨實始於中共一大，之前的上海小組組織並不嚴密，對陳獨秀的報刊實踐基本沒有產生組織性的壓力。換句話說，此前的報刊傳播活動帶有濃厚的思想啓蒙的色彩，即使是上海小組的一年間，陳獨秀的報刊實踐也可以從思想啓蒙的角度進行考察。這明顯有別於中共正式成立，報刊成爲政黨發起組織、進行宣傳的媒介工具後，陳獨秀報刊實踐所具有的濃郁的政治色彩。從時間來看，從 1897 年至 1921 年，時間約爲 24 年，從 1921 年至 1942 年陳獨秀逝世，時間約爲 21 年，這個時間劃分也基本符合陳獨秀報刊實踐前後劃分的中線。需要指出的是，《新青年》（月刊，非季刊——筆者注）雖有 3 期刊於中共一大之後，但《新青年》的主體部分仍在前期。

這個時段含有三個歷史時期：一是維新時期；二是清末新政時期；三是五四新文化運動時期〔註 60〕。應該說，就本書研究內容來看，前兩個歷史時期的劃分基本沒有問題，陳獨秀在這兩個時期的報刊實踐也確實是在這兩個時段之內，存在問題的是「五四新文化運動時期」。這是因爲：首先，關於「五

〔註60〕 爲了便捷的需要，文中標題部分以及部分內容使用了「五四前後」，意義與「五四新文化運動時期」相同。

四新文化運動時期」的界定見仁見智，至今仍沒有統一的標準；其次，本書對陳獨秀報刊實踐研究的下限時間爲 1921 年。本書從啓蒙報刊的視角，將「五四新文化運動時期」界定爲 1914～1921 年。嚴格來說，這個界定並不嚴密，主要是爲了研究的便利，然而，這並不意味著沒有一定的「依據」。就上限時段 1914 年來說，雖然有觀點認爲早在 1912 年前，有關「新文化」運動的所有重要觀點幾乎在革命黨人和改良派的著述中都有所表述〔註61〕，但這種「溯源性」意義的「源頭」顯然不能成爲「新文化」運動的時間上限。也有觀點根據黃遠庸在《甲寅》（一卷十號，1915 年 10 月）所發文章中提到「中國的文藝復興」，將其視爲「新文化運動的先驅」〔註62〕，當然，黃遠庸提出這一觀點的時間，與陳獨秀創辦的《青年雜誌》一卷一期（1915 年 9 月 15 日）的發行時間相差無幾，據此，有觀點將「五四新文化運動時期」的上限劃在 1915 年〔註63〕。從啓蒙報刊的視角看，將上限時間劃定爲 1914 年，一個最重要的原因在於：1914 年是袁世凱解散國會、修改《臨時約法》，將辛亥革命建立的政治體制逐漸轉爲帝制體制的一年。事實上，這正是《甲寅》創辦的重要原因，這也是陳獨秀創辦《新青年》的一個重要的原因。從某種意義上說，正是因爲袁世凱稱帝野心的逐漸暴露，才使知識精英認識到思想啓蒙的重要性。就 1921 年這一時間下限來看，一方面是爲了本書研究的需要，這一原因已在前段予以說明；另一方面「五四新文化運動」中最重要的事件也都發生在「1917 年年初到 1921 年年底的五年間」，1921 年以後，「運動已發展爲直接政治行動，以後幾年裏，思想改革和社會改革多多少少遭受忽略」〔註64〕。綜上，本書將五四新文化運動的時間劃定爲 1914～1921 年。

〔註61〕　〔美〕夏洛特。弗斯。五四與近代思想文化〔C〕‖五四：文化的闡釋與評價
　　　　——西方學者論五四。太原：山西人民出版社，1989。

〔註62〕　這個觀點見於彭明《五四運動史》，周策縱在《五四運動的闡釋與評價》（見
　　　　王躍、高力克編《五四：文化的闡釋與評價——西方學者論五四》，第 15 頁）
　　　　一文中也表達了類似的觀點，當前各種旨在「發現」《甲寅》（月刊）的研究
　　　　論著也普遍使用了這一觀點。

〔註63〕　比如何乾之主張「五四運動」應始於《新青年》（《青年雜誌》）創刊的 1915
　　　　年（見周策縱《五四運動史》，第 6 頁），周策縱也認爲五四時代的有些民族
　　　　思想和新思潮早在 1915 年就已成雛形了（見周策縱《五四運動史》第 7 頁），
　　　　彭明也認爲「『五四』前的啓蒙運動——新文化運動的興起以《新青年》雜誌
　　　　的創辦爲標誌。」（見彭明《五四運動史》，第 131 頁）。

〔註64〕　〔美〕周策縱。五四運動史〔M〕。長沙：嶽麓書社。1999，7。

（二）相關問題的說明

1、本書沒有專章對陳獨秀指導創辦《勞動界》、《夥友》、《廣東群報》等報刊活動進行研究。這是因為，陳獨秀此時的身份已經逐漸由職業報人轉向社會活動家，並開始發起組織中共黨組織，辦刊活動逐步退居次要的地位。當然，這並不代表這部分報刊文字不重要。事實上，他在上述刊物發表的文字均被納入了本書考察的範圍，這不僅對考察陳獨秀轉向共產主義，發起組織中共是必要的，對研究陳獨秀的傳播思想也是必要的。

2、在本書論述陳獨秀報刊實踐的三章中，對《安徽俗話報》、《每周評論》進行了較為細緻的欄目介紹，一是因為其重要，二是由於目前已有研究對這兩份報刊的內容介紹不夠細緻、深入；對《國民日日報》、《甲寅》這兩份陳獨秀參編的報刊，本書也嘗試性地探究了陳獨秀在其中發揮的作用，以及其地位與貢獻；對《新青年》的研究，則主要針對當前學界關注的熱點問題展開討論。

3、本書沒有採用某種貫穿始終的特定的研究理論架構。採用特定的理論架構固然能夠提供有益的考察視角，進而得出某些合理的「創見」，但是也很容易淪為「後見之明」。事實上，在陳獨秀研究中，一些成果就具有「後見之明」的特徵。這既背離了歷史地同情，也對歷史人物提出了不能承受之重的「歷史責任」。當然，這並不意味著本書拒絕使用各種研究理論。本書是在尊重史實的基礎上，採用思辨方法運用相關理論，並對一些重要問題展開學理商榷。由此得出的結論筆者也並不認為是「惟一」的，畢竟陳獨秀本人相關文字的「缺席」狀態，為各種解讀都提供了可能性。筆者更傾向於認為通過學理商榷，能夠豐富我們對相關史實的「認知」。當然，學理商榷本身也更有利於逼近歷史真相。而本書努力追求的一個主要目標就是逼近歷史真相，以便使理性認識建立在更為堅實的史實基礎之上。

第一章　報人生涯的「預演」：維新時期傳播實踐初探

　　1894 年爆發的中日甲午戰爭，以中國戰敗、滿清政府與日本簽訂喪權辱國的「馬關條約」結束，中國社會受到極大震動，對中國士人的影響尤其深遠。救亡圖存成為當務之急，康梁順勢而起，宣傳維新思想。他們通過組建學會、創辦報刊，廣泛傳播變法主張，推動了中國新聞史上的「國人第一次辦報高潮」。維新派報刊特別是《時務報》影響了一大批傳統士人，陳獨秀即是其中一個。

　　1897 年南京鄉試的經歷讓陳獨秀在「一兩個鐘頭」內就完成了思想轉變。然而，此時的陳獨秀並沒有登上政治舞臺，也沒有開始辦報活動，其見諸文字的維新活動也很少，除了其自述為康梁辯護而被視為「康黨」、「名教罪人」之外，就是其 1897 年底刻印散發的《揚子江形勢論略》（下文簡稱《論略》）。

　　客觀地說，記載陳獨秀維新時期社會活動的史料少之又少。學界對維新時期陳獨秀的「形象建構」，基本都建立在《新青年》時期陳獨秀在批判康有為文章中對自己「維新舉動」的「描述」，以及陳獨秀 1930 年代寫於獄中的《實庵自傳》第二章的基礎上〔註1〕。儘管這個「基礎」所具有的「合理性」是無可置疑的，然而，無論是《自傳》，還是「描述」，都具有「回憶」的性質，這就讓維新時期刻印散發的「當下」文字——《論略》，具有了重要的研究價值。

〔註1〕　《實庵自傳》只寫了兩章，第一章為「沒有父親的孩子」，自述其家世，第二章為「江南鄉試」，自述江南鄉試促成了其思想的「迅速轉變」。

　　《論略》一文不僅反映出陳獨秀早年對報刊閱讀的興趣，也反映出陳獨秀積極傳播的心態，一定程度上，這是陳獨秀報人生涯的「預演」。因此，陳獨秀作爲傳媒人的生涯，實際可以上溯到此文的寫作與傳播活動。

第一節　由「選學妖孽」到「康梁派」

　　《論略》是目前發現的陳獨秀存世文字中最早的一篇。該文刊印於光緒二十三年（1897 年）冬，係木刻豎排本，署名「懷寧陳乾生、眾甫撰」〔註2〕。以下對《論略》的寫作背景分析，沒有採用以往宏觀的歷史背景分析，主要從個人的思想轉變，對《時務報》的精讀與接受，以及陳獨秀其時的人際交往圈子三個方面進行微觀分析。

一、鄉試見聞，讓陳獨秀徹底與科舉決裂

　　《論略》寫於光緒丁酉冬，即 1897 年冬天。1897 年 8 月，陳獨秀與大哥，大哥的先生，大哥的同學和先生的幾位弟兄，坐輪船去南京參加鄉試，這是陳獨秀初次出門，也是陳獨秀唯一一次參加鄉試。

　　鄉試的經歷對陳獨秀影響很大，在《實庵自傳》中，陳獨秀詳細描寫了 1897 年參加南京鄉試的經歷徹底讓他與科舉分道揚鑣的心路歷程。陳獨秀覺得，既然鄉試「這場災難是免不了的，不如積極地用點工，考個舉人以了母親的心願」〔註3〕，所以他對鄉試是「著實準備了」的，對討厭的八股文也「勉強研究了一番」。然而，趕考途中的觀感以及科場中見到的怪人怪事，讓他徹底與科舉分手。當絕意於舉業的陳獨秀從南京回到安慶後，自然面臨著人生之路的選擇：今後幹什麼？從時間上來推論，陳獨秀回到安慶後，即將精力投入到了《論略》的資料搜集、寫作及刻印散發上。

二、閱讀《時務報》，接受了康梁維新思想

　　1897 年是維新運動步步高漲的時期，作爲宣傳維新變法思想的刊物，《時務報》以其鮮明的變法態度，新穎的改革主張和潑辣的文風大受知識界的歡迎，於是行銷日廣，風靡全國。陳獨秀所作的《論略》正是得益於對《時務

〔註2〕爲陳獨秀私人刻印，僅存孤本，現藏於安慶市博物館。
〔註3〕《實庵自傳》，收於《陳獨秀著作選編：第 5 卷》，上海人民出版社，第 201
　　　～211 頁。

報》的閱讀。

陳獨秀接受康梁維新思想，成為「康梁派」的主要途徑是閱讀《時務報》。《實庵自傳》曾有這樣的描寫，陳獨秀在考場上由從徐州來的大胖子的怪異舉止「聯想到所有考生的怪現狀」，「最後感覺到梁啓超那班人們在《時務報》上說的話是有些道理呀！這便是我由選學妖孽轉變到康、梁派之最大動機。」陳獨秀的這段自述透露出這樣的信息：在此之前，他已經是《時務報》的讀者，正是因為先前閱讀《時務報》，才使他的轉變有一個合理的解釋。另據閻小波考證，《時務報》在安徽全省共有代銷點 9 處，其中安慶有 4 處。據該報第 50 冊（農曆 1897 年底出版）公佈的統計資料，安徽全省共代銷《時務報》25628 冊〔註4〕。因此，陳獨秀在寫作《論略》前後，是能夠讀到《時務報》的。而且陳獨秀對《時務報》的閱讀，不是一般意義上的泛讀，而是精讀：一是如前所述，陳獨秀思想轉變的最大動機是《時務報》上的道理；二是《論略》一文，有關長江防務下游幾處的文字論述均參考了《時務報》上的文字，而且文中夾註直接要求讀者參看《揚子江籌防芻議》。

三、鄉試前後，陳獨秀結識了一批維新志士

1895 年至 1898 年，是維新運動蓬勃發展的時期。各地進步人士紛紛從事結社、興學、辦報等活動。相較於京、滬、湘、粵、閩、浙、川諸省，安徽的維新運動「頗見沈寂」，「即在之後的立憲運動中，亦復如是」〔註5〕。儘管資料闕如，但此時的陳獨秀還是有所行動的。

當「舊派群起字詈言康梁為離經叛道，名教罪人」時，他與「吾輩後生小子，憤不能平，恒於廣座為康先生辯護，鄉里瞀儒，以此指吾輩康黨，為孔教罪人，側目而遠之」〔註6〕。可見，陳獨秀雖然年紀尚輕，但已經與安徽省一些維新人士相過從。南京鄉試期間，結識了汪希顏〔註7〕，回到安徽後，

〔註4〕閻小波。中國早期現代化中的傳播媒介〔M〕。上海：上海三聯書店，1995：87～91。

〔註5〕陳萬雄。新文化運動前的陳獨秀（一八七九年～一九一五年）〔M〕。香港：香港中文大學出版社，1982：24。

〔註6〕陳獨秀，《孔子之道與現代生活》，《新青年》，第二卷第四號，1916 年 12 月。

〔註7〕汪原放在《亞東圖書館與陳獨秀》（學林出版社，2006：5～6）中，根據汪希顏所寫的一封信（信中提到「今日皖城名士陳仲甫來會」，又說他只「18 歲」），認為，（汪希顏）與陳仲甫相識可能還在 1901 年之前，或者陳獨秀到南京鄉試時，已和汪希顏有過來往。

又認識了汪孟鄒、李光炯、鄧藝蓀、江暐等人〔註 8〕。儘管關於陳獨秀 1898 年是否入讀杭州「求是書院」存在爭議，但 1998 年陳獨秀離開安慶則是史實〔註 9〕。因此，陳獨秀的上述言行及與維新人士的交往應主要發生於 1898 年之前，尤在 1897 年下半年。這是陳獨秀寫作《論略》時的主要社會交往圈子。

應該說，閱讀《時務報》，陳獨秀初步接受了康梁的維新思想，而南京鄉試的經歷則成爲陳獨秀思想轉變的促發點，讓陳獨秀完成了由「選學妖孽」到「康梁派」轉變，並開始有所行動，不僅結識了一批維新志士，也開始了撰寫、刻印散發《論略》的傳播活動。

第二節　《揚子江形勢論略》考辯

1897 年南京鄉試的經歷，讓陳獨秀在「一兩個鐘頭」內就完成了思想轉變，由「選學妖孽轉爲康、梁派」。然而，現存維新時期陳獨秀言論活動的紀錄卻很少，除了陳獨秀自述爲康梁辯護而被視爲「康黨」、「名教罪人」活動之外，幾乎沒有其他言論活動。所幸的是，1982 年張湘柄提供了《揚子江形勢論略》（下文簡稱《論略》）一文〔註 10〕，這是目前發現的陳獨秀存世文字中最早的一篇。該文一經發表，即爲絕大多數研究陳獨秀的論著所關注。然而這些研究或多或少存在一些問題，本書在查閱原件的基礎上，結合相關文獻史料，對這些問題作一考證和澄清。

〔註 8〕 也有資料顯示，陳獨秀與李光炯、鄧藝蓀、江暐等人早有交往。許乘堯口述，鄭初民筆錄，《民元前徽州革命黨人之活動》，《中華民國開國五十年文獻》，1 編 12 冊：184。轉引自：陳萬雄，《新文化運動前的陳獨秀（一八七九年～一九一五年）》，（香港中文大學出版社，1982：49）。

〔註 9〕 關於入讀求是書院，學界存在爭議。一種觀點認爲，陳獨秀入讀杭州求是書院，只是求學時間尚短。可見於郭成棠，《陳獨秀與中國共產主義運動》，臺北聯經出版社，2006，43～44；唐寶林，林茂生，《陳獨秀年譜》，上海人民出版社，1988，12；王觀泉，《被綁的普羅米修斯——陳獨秀傳》，臺北業強出版社，1996，53～54；王光遠，《陳獨秀年譜》，重慶出版社，1987：5。後兩者甚至認爲，陳獨秀入讀求是書院是在 1898 年春。沈寂則認爲，陳獨秀沒有入讀杭州求是書院，而是直接去了東北嗣父陳昔凡處。見沈寂，《陳獨秀傳論》（安徽大學出版社，2007：143）。然而，無論陳獨秀是否入讀求是書院，其於 1898 年離開安慶的結論則是可靠的。

〔註 10〕 《揚子江形勢論略》刻印於光緒二十三年（1897 年）冬，現僅存孤本，藏於安慶市圖書館，爲木刻豎排線裝本，蝴蝶裝，共 21 頁，署名懷寧陳乾生、眾甫撰，無刊印單位名稱。

一、《論略》內容簡介 〔註11〕

　　《論略》共有六千九百四十八字，可分爲二部分。第一部分，自「按一統輿圖」起，至「亦不容其越雷池一步矣」。這是全文的主要內容，陳獨秀首先用百字概述了揚子江流經的區域、流程、主要江段的名稱。然後詳細介紹了揚子江由長壽縣東流直至吳淞口整個流程中水勢的緩急、江道的深淺、江底的暗礁淺灘、江岸的重鎮要隘以及整個長江流域軍事設防狀況。陳獨秀還根據長江水流的形勢，對各地在軍事上的利弊進行了分析，提出了改進揚子江沿岸的防禦佈署，加強各重要地段的軍事力量的意見。

　　第二部分，自「揚子江爲東半球最大之水道」起，至「共抱杞憂者」。主要闡明該篇論說文的主旨和目的，即「時事日非，不堪設想，爰採舊聞旅話暨白人所論，管蠡所及，集成一篇，略述沿江形勢，舉辦諸端，是引領於我國政府也，勉付梨災。願質諸海內同志，共抱杞憂者」。

　　文章最後落款爲「光緒丁酉冬懷寧陳乾生自識」。

二、《論略》考辯

（一）是《論略》而不是《略論》；正文是兩部分而不是三部分；是木刻本而不是石印本

　　文名是《論略》而不是《略論》。陳萬雄在《新文化運動前的陳獨秀（一八七九年～一九一五年）》中，把《論略》寫成《略論》〔註12〕，這應是誤寫。

　　正文是兩部分而不是三部分。《論略》的自然段落爲兩段，故應爲二部分。張湘炳將正文分爲三部分：文前百字概述作爲第一部分，其後的詳細描述部分作爲第二部分，闡明主旨和目的的第二自然段作爲第三部分〔註13〕。鄭學

〔註11〕　目前有三篇整理《論略》全文的代表文章：一是張湘炳 1982 年發表於《社會科學戰線》第 1 期 126 頁至 131 頁的整理稿；二是任建樹、張統模、吳信忠等於 1984 年編的《陳獨秀著作選（第一卷）》（上海人民出版社出版），第 1～12 頁刊登的整理稿；三是任建樹主編、李銀德、邵華任副主編於 2008 年出版《陳獨秀著作選編（第一卷）》（上海人民出版社），第 1～8 頁刊登的整理稿。比較孤本，這三篇整理稿，當以第二篇整理稿更忠實於原文。第一篇整理稿有少數錯字和添字，第三篇整理稿漏字達 600 餘字。第二篇整理稿，雖存在四處補漏，但基本符合原文，不影響文本的閱讀。

〔註12〕　陳萬雄。新文化運動前的陳獨秀（一八七九年～一九一五年）〔M〕。香港：香港中文大學出版社，1982：7。

〔註13〕　張湘炳。陳獨秀的第一篇著作——《揚子江形勢論略》評介〔J〕。社會科學戰線，1982，（1）：131～134。

稼在《陳獨秀傳》中沿用張湘炳的分法〔註 14〕。這種劃分不是按照《論略》的自然段落來劃分，作爲史料的還原，當以二部分劃分爲準。

是木刻豎排本而不是石印豎排本。唐寶林、林茂生在《陳獨秀年譜》中，認爲是「石印豎排本」〔註 15〕。這很容易考證，從原件上可以辨認出這是木刻本；其次，石印技術具有較高的技術含量，需要有專門的石印書局來主持印刷業務，而大部分的石印書局已在 19 世紀的最後幾年裏倒閉〔註 16〕，考察張靜盧輯注的《中國近現代出版史料》（2003 年版）、宋原放主編的《中國出版史料》（2001 年版）等近代出版史料，均沒有安徽尤其是安慶地區石印書局的出版資料；第三，直到 1904 年陳獨秀創辦《安徽俗話報》時，安慶地區仍沒有成熟的現代印刷技術，《俗話報》只能送到上海印刷。第四，最爲重要的是，文章第七頁，「由陽邏東南行，可由水道中界，又東南宜近右岸，以避白虎山左岸一帶淺灘。又東北折南流，小洲羅列曰新洲、曰搭帽洲、曰牛王洲」中「曰搭帽洲」的「曰」是從旁楔入的，這也足以證明是木刻版〔註 17〕。因此，《論略》只能是木刻本。

（二）《論略》與《揚子江籌防芻議》並非姊妹篇

《論略》中，四次提到《揚子江籌防芻議》（下文簡稱《芻議》），其中一次在正文，「若夫圖防形勢布置之法，揚子江籌防芻議言之甚詳」。其餘三次出現在夾註部分，分別爲：若於陽羅安置炮臺其造臺設炮諸法式見揚子江籌防芻議第八條，再屯陸軍於界埠，以防其由陸繞攻臺背，則陽邏之臺無隙可乘矣；其山背亦有山嘴向後面陸路凸出，於此設臺可遍擊山後全地，以制敵人繞攻臺背設防置臺之法俱見揚子江籌防芻議；崇寶沙爲四面受敵之地，非用德國格魯森廠所製硬鐵爲臺不可其造臺設炮諸式詳見揚子江籌防芻議。

對於文中提及的「揚子江籌防芻議」，有學者認爲，這是陳獨秀撰寫的《論略》的姊妹篇。如王觀泉認爲，「由於在《論略》的正文夾註中有『湖中水師

〔註 14〕 鄭學稼。陳獨秀傳（上）〔M〕。臺北：時報文化出版企業有限公司，民國 78：27。

〔註 15〕 唐寶林，林茂生。陳獨秀年譜〔M〕。上海：上海人民出版社，1988：11。

〔註 16〕 姚福申。中國編輯史〔M〕。上海：復旦大學出版社，2004：248。

〔註 17〕 米憐在《新教在華傳教前十年回顧》（大象出版社，2008 年）第 117 頁，以《新約》第二版的刊印爲例論述了中國木質雕版印刷的優點，認爲「彌補缺字漏字的方法」可以通過「在塞入的木條上更加緊密地書寫並刻上原來的字或新增的字」來實現，這種彌補方法是雕版印刷相對於活字印刷的一個優點。

當另議』，『其造臺設炮諸法式見揚子江籌防芻議第八條』，『揚子江籌防芻議言之甚詳』等提示，估計尚有姊妹篇《芻議》一書，可惜至今尚未發現。」〔註18〕任建樹認為，（陳獨秀）在1897年歲末，撰寫了《芻議》、《論略》兩篇論文，還準備寫一篇《湖中水師》。從這三篇文章的題目看，都是論述加強江防建設的，堪稱是姊妹篇，只是側重點有所不同罷了。《湖中水師》一篇不知是否寫成了，就是已經成文脫稿的《芻議》一篇，現在也難以尋覓。〔註19〕沈寂1992年也認為，陳獨秀撰《論略》，是「引領政府」條陳江防方案中的一部分，尚有二文，至今尚未發現。其一《芻議》一文成於《論略》之前，……其二，是專門討論在長江建立一支以洞庭湖為基地的水師，這是在論及洞庭湖形勢時，在夾註中說「湖中水師當另議」。此文在此時似為擬議之作，但卻也是整個防務方案中的組成部分〔註20〕。

　　閻小波指出，陳獨秀所撰的《論略》得益於1897年上半年《時務報》連載的兩篇文章，一是《芻議》（第21～22、24～26冊連載），二是《查閱沿江炮臺稟》（第28～30冊連載）〔註21〕。沈寂2007年修正了1992年的觀點，德人雷諾，應兩江總督劉坤一之聘，於1895年臘月，勘查吳淞口至南京一帶的防務。歷時四月，撰成此《芻議》，在1897年3月13日《時務報》第二十冊刊載，二十一、二十二、二十四、二十五、二十六冊連載。陳獨秀仿此而作條陳，並吸取其中要論〔註22〕。但上述文章影響似乎不大，近年來出版的陳獨秀傳記類論著中，雖多有討論《論略》，但很少涉及《芻議》，甚至沿用以前「姊妹篇」結論，驚詫於陳獨秀的現代長江防務知識〔註23〕。因此，有必要對這一問題進行詳細考證。

〔註18〕王觀泉。被綁的普羅米修斯——陳獨秀傳〔M〕。臺北：業強出版社，1996：53。

〔註19〕任建樹。陳獨秀傳——從秀才到總書記〔M〕。上海：上海人民出版社，1989：41。

〔註20〕沈寂。辛亥革命前的陳獨秀〔J〕。學術界，1992，（3）：45～52。

〔註21〕閻小波。論世紀之交陳獨秀的思想來源與文化選擇〔J〕。社會科學研究，2002，（4）：114～118。

〔註22〕沈寂。陳獨秀傳論〔M〕。合肥：安徽大學出版社，2007：60。在此章最後一頁標注：原載於《學術界》1992年第3期，可見原文被收入論文集前已進行了修正。

〔註23〕朱文華《陳獨秀傳》（紅旗出版社，2009：14～15）雖分析了《論略》，但絕口不提《芻議》與《覆稟》。任建樹《陳獨秀大傳》（上海人民出版社，2004：42～44）對《論略》的分析仍沿用其1989年的結論，這兩部應是大陸代表性的陳獨秀傳記。王觀泉《被綁的普羅米修斯——陳獨秀傳》（1996年版）雖出版時間較早，也沒有再版，但其在海外甚至大陸都有一定的影響，其對《論略》的分析結論對之後的陳獨秀研究來講，仍具有相當的影響。

　　根據《時務報》第 21 冊（光緒二十三年二月二十一日，即 1897 年 3 月
23 日）刊登的《芻議》正文前序，可知：德人雷諾於 1895 年臘月，「奉大帥
委勘吳淞至金陵一帶江防」，又於 1896 年 3 月撰成此《芻議》並由張永鏗譯
述。《時務報》第 21 冊（1897 年 2 月 21 日）開始刊載，並於 22 冊、24 冊、
25 冊、26 冊連載〔註24〕。

　　由此可見，閭小波關於《芻議》的日期記載是正確的，沈寂 2007 年修正
後的結論在日期方面也存有不確之處，即《時務報》首刊《芻議》是第 21 冊，
而非第 20 冊；大帥也不是劉坤一，而是張之洞。早在 1894 年 11 月，劉坤一
已北調主持軍務，兩江總督由張之洞署理，1896 年，劉坤一才回任兩江總督。
既然已經知道《論略》中提及的《芻議》，即為《時務報》連載的《芻議》，
那麼《論略》與《芻議》是姐妹篇的說法就不攻自破了。

（三）《論略》中圖山關、江陰、江口三地的江防論述參閱了《芻議》

　　《芻議》分為八篇，分別為：一，揚子江行船事宜並防務要略（6 頁篇幅）；
二，妄議沿江現在防備情形（2 頁半篇幅）；三，江口篇（13 頁篇幅）；四，
江陰篇（6 頁篇幅）；五，圖山關篇（4 頁篇幅）；六，鎮江篇（1 頁半篇幅）；
七，餘論（半頁篇幅）；八，論炮臺之布置形式工程物料（4 頁篇幅）。由篇幅
可知，4 篇江防中，鎮江部分論述最少。比照《芻議》，可以發現，《論略》對
圖山關、江陰、江口三地江防的論述，大量參閱了《芻議》。以下是兩者的比
較，正文為《論略》，用括號括起且加標下劃線的是《芻議》的內容〔註25〕。

1、圖山關江防的論述

　　又東北至三江夾，又東南至圖山關，江心有太平洲，分江道為二。其南
岸岡巒，濱江迤邐，約五里半（<u>察附呈之圖可見，其南岸岡巒，濱江迤邐，
與江線並行者，約有三千邁當之長，合華度五里半光景</u>），其山大都甚陡，山
背尤甚，無繞攻臺背之虞，山高之中數，約有三十餘丈（<u>其山大都甚陡，而
山背尤甚，山高之中數，約一百二十邁當，合華度約三十四丈</u>）。江面闊只三

〔註24〕　本書使用的《時務報》文獻（包括《芻議》、《覆稟》、《續稟》），均出自臺北
　　　　　文海出版社有限公司在民國七十六年（1987 年）影印的《時務報全編》，共 8
　　　　　冊。

〔註25〕　《論略》部分的標點由本書作者根據文意並參照《芻議》標注，《芻議》部分
　　　　　的句讀則沿用《時務報》。

里餘，其北岸係平原（江面闊約只一千九百邁當，合華里三里餘，故是處甚利於設防，其北岸係平陽〔註26〕）。宋時置寨以抗金人，明代設營以防倭亂，歷代兵爭號為長江內戶。今所有各炮臺係舊式，不足敷用（<u>圖關除東北方一臺……盡係舊式，不足副今日之用</u>），其東方一臺，雖稍優，又背倚山壁（<u>其東方一臺，雖屬見優，奈背倚山壁，凡敵人測擊之彈，失諸過高者，本已落空，今則適中石壁，而挾碎石片，回擊此臺，為害甚厲</u>）。至圖山西北對岸之營，夾江口之兩臺，且距圖山已遠，不得與主臺聯絡護助，敵來可以次毀也（<u>至圖山西北對岸三江營，夾江口之兩臺並炮，不但舊式無用，且距圖山之主防太遠，不能得其護助，敵來盡可先將此兩臺轟毀，而從容進擊主防也</u>）。若夫圖防形勢布置之法，揚子江籌防芻議言之甚詳。

2、江陰江防的論述

又東南迤江陰縣而東北，縣城在江南岸，倚江為險，自昔為控守重地。鵝鼻嘴江面既窄且長，敵難逃越。查自吳淞至金陵江面之窄且長者以此為最，此段窄江距江陰城北下游五里（<u>查自吳淞至金陵之間，江面之窄且長者，以江陰為最</u>〔註27〕<u>，即在江陰城下游一英里半之所</u>），其南岸石山，濱江迤邐，約有六里，其間峰巒起伏（<u>該處南岸石山，濱江綿亙……合華里六里光景，其間峰巒起伏</u>），更有兩處山嘴，凸出江邊，江面尤窄，只闊二里餘（<u>更有兩處山嘴，凸出江邊，而與山之本線，略成三角形，此兩處江面，因而尤窄，約只闊一千三百邁當至一千九百邁當，即合華里二里余至三里餘</u>），且山隨江岸迤斜，西首之山向前，東首者縮後，能使一帶炮臺會擊而不相礙（<u>……且其山隨江岸迤斜，西首之山向前，而東首者縮後，故使沿江一帶設臺，則各炮自可同時會擊一點，而各炮又不自相礙</u>）。其山背亦有山嘴向後面陸路凸出，於此設臺可遍擊山後全地，以制敵人繞攻臺背（<u>其山背亦有一山嘴，向後面陸地凸出，其地步適當前面兩山嘴之間，倘於此山嘴建臺，自能遍擊山後之全地，甚為便利，而扼制陸路拊背之攻</u>）設防置臺之法俱見揚子江籌防芻議。

3、江口江防的論述

又東江面極寬，又東南海門、崇明俱在江心，分江為南北二道，是為揚子江口。崇明本沿海一島，自西北至東南，長約百六里又三分里之二，寬約十六里餘至三十餘里，距吳淞口北約七十三里又三分里之一。其處入江之口，

〔註26〕 平陽，意為地勢平坦明亮，此意與「平原」同義。
〔註27〕 鵝鼻嘴即為江陰江段「窄且長」處。江陰現有鵝鼻嘴公園。

曰北洪，曰南洪，均在崇明之南，爲崇寶沙所隔，雖大艦亦可暢行（按該處由海入江之口，爲大艦所可行者，計有兩口，一曰北洪，一曰南洪，爲崇寶沙所隔分，而均在崇明之南）。北洪未有炮臺（其北洪於崇寶西北沙尖旁……今該處尚未有炮臺），南洪則頗有防禦，其江面最窄處在寶山與崇寶沙西北沙尖之間，尚有七里餘（至南洪，則防堵甚難，因其江面極窄處，在寶山岸與崇寶沙西北沙尖之間，約尚有四千一百邁當之闊，合華里七里半光景）。其南岸有三臺，長江進吳淞口處有吳淞臺，南石塘臺，另有一臺在獅子林下，距吳淞十六里（今該處南岸有三臺，其二臺在長江進吳淞口處，即吳淞炮臺南石塘炮臺是也，另一炮臺在獅子林下，距吳淞口約九千邁當，合華里逾於十六里之遠），去諸臺太遠，未能猗角（況此臺與吳淞南石塘兩臺，相距太遠，斷不能彼此相助也）。且崇寶沙無臺，則他臺皆成虛設（倘崇寶沙無防，則江口他處之臺，皆成虛設矣）。當以崇寶沙西北沙尖以爲主臺，可以兼顧北洪進路（鄙見崇寶西北沙尖，定需設防，且此處有防，則其炮火能兼制北洪進路）。再於下游南石塘、吳淞一帶之臺，切力整頓，既扼南洪進路，且能兼顧吳淞口，以遏敵船掩入吳淞江，登岸攻我上游臺背（……仍應於下游南石塘吳淞口一帶，建造三臺，配用中等口徑之快炮，既防長江口南洪進路，並使其自然能兼顧淞口，以遏敵船之掩入淞江登岸，攻我上游臺背）。崇寶沙爲四面受敵之地，非用德國格魯森廠所製硬鐵爲臺不可（況崇寶沙爲四面受敵之地，其主臺尤需甲臺……查海甲臺之料，以德國格魯森廠密製硬鐵爲最）其造臺設炮諸式詳見揚子江籌防芻議。崇寶沙爲咽喉扼要，無論如何需齎，如何經營，此防斷不可弛（竊因崇寶沙爲咽喉扼要，斷不可無防），果能如法布置，迨至大敵當前，方有把握總論全江大局。

由上可知，《論略》不僅參閱了《芻議》，甚至部分文字的篇章結構也沿用《芻議》，如關於江陰江防的文字，即是對《芻議》「江陰篇」之「論江陰形勢利於設防」部分的改寫。需要指出的是，這種改寫是一種文學改寫，即將枯燥的軍事文字轉變爲文學色彩濃厚、可讀性強的文字。這不僅反映出陳獨秀較強的文字駕馭能力，也反映了他對「白人所論」的接受能力，也反映了他對《時務報》的精讀。

（四）《論略》中關於鎮江江防的內容，主要參閱了《查閱沿江炮臺續稟》

根據《時務報》第28冊（光緒二十三年五月初一日）刊登的《查閱沿江

炮臺覆稟》（下文簡稱《覆稟》）正文可知，該文是德人來春石泰、駱博凱撰寫，鄭宗蔭譯述，是奉張之洞之令於光緒二十一年十月初九至十一月初七查閱沿江炮臺之後的覆稟。覆稟內容爲總述炮臺大弊（5 頁篇幅），主要刊載在《時務報》第 28 冊。《覆稟》之後即爲《查閱沿江炮臺續稟》（以下簡稱《續稟》），《續稟》在第 28 冊僅 1 頁篇幅，此後《時務報》第 29 冊（五月十一日）、第 30 冊（五月二十一日）連載《續稟》。

　　由此可知，沈寂有關「張之洞署兩江總督時，亦聘德人來春石泰考察長江防務，其向張之洞的《覆稟》發表較遲而未及採用」〔註28〕的結論是有誤的。首先，《覆稟》、《續稟》是由來春石泰與駱博凱共同完成，而不是來春石泰單獨完成；其次，《覆稟》在《時務報》第 28 冊首刊，時間爲光緒二十三年五月初一日，《續稟》最後見載於第 30 冊，時間爲光緒二十三年五月二十一日。《論略》的寫作時間爲 1897 年冬，而《時務報》從上海運達安慶也不用半年時間；最爲關鍵的是，《論略》中關於鎮江江防的內容，主要參閱了《查閱沿江炮臺續稟》。因此，「《覆稟》發表較遲而未及採用」的結論是不確的。

　　《續稟》共 13 頁篇幅，分別論述三處沿江炮臺，吳淞口炮臺（4 頁半篇幅）；江陰炮臺（5 頁篇幅）；鎮江炮臺（3 頁半篇幅）。與《芻議》相比，《續稟》對圖山關炮臺描述非常簡短，只有 3 行文字，且被納入江陰炮臺，但《續稟》對鎮江炮臺的描述甚爲詳細。比照《論略》與《續稟》兩文中對鎮江江防的論述，可以發現《論略》大量參閱了《續稟》。以下是兩者的比較，正文爲《論略》，括號括起且下劃線標注的是《續稟》內容。

　　焦山對面，南岸有象山，山在北固東，濱江與焦山對峙，若登此山，可窺焦山虛實。查鎮江一帶，炮臺頗不甚佳（<u>鎮江各臺，最爲陋下</u>）。新河口炮臺，尤爲無用，欲擊下游，乃爲象山山石所阻（<u>新河口炮臺，……均安置無用之地，其打下水之路，又爲象山山石攔阻</u>）。象山有暗臺一座（<u>象山又有暗臺一座</u>），布置未佳，焦山二臺，猶嫌近後都天廟之臺，其炮上掛線之路，製造未精（<u>惟炮上掛線之路，製造不精</u>），如能整頓得法，象山臺可以兼顧長江之南北二支，且能西顧北固府城。焦山之臺，可以擊江之北支，以保都天廟之沙頭鎮河（<u>焦山造一新臺，……一打江之北支，兼保都天廟相近之沙頭鎮河</u>），都天廟之臺亦可保長江南北二支（<u>都天廟原臺不用，……用保長江南北二支</u>），且可守八嚎口，以扼入運河揚州之路。若再於北固山屯以重兵，於金

〔註28〕 沈寂。陳獨秀傳論〔M〕。合肥：安徽大學出版社，2007：61。

口泊以彈艦，再於近丹徒口之魚山東面小山之上安設炮臺（將圖山九寸大炮四尊，移到近丹徒口之魚山東面小山之上），於丹徒溝亦造一臺，以禦上岸之兵（……又造一臺，在丹徒溝用六寸快炮四尊，以禦上岸之兵），新河口炮臺宜移從原臺往西，用擊焦象間水道（新河口炮臺，……此臺宜廢，另於往西一千密達之遙，興造一臺，以保焦山象山中間之水路），則諸險交錯防禦密矣。府西迤南岸金玉銀蒜諸山，地非不佳，但值開炮之時，彈子低斜下墜，勢必撞擊鎮城，且山皆狹窄，難造護牆（登鎮江銀台山眺望，迤南近廟宇處，地非不佳，第值開炮之時，彈子低斜下墜，勢必撞擊鎮城，廟宇之北一山，頗得地勢，惟山太窄狹，難造護牆）。北岸瓜州一口，地勢頗佳，宜左右各造一臺，以保運河兼防上岸之兵及擊下水之船（北岸近瓜州，臨水之濱，地勢甚佳……左右各造一臺……用保運河，兼防上岸之兵及打下水之船）。總計近丹徒口之四炮臺，以保長江南支（右計近丹徒口，有四炮臺，共大炮十八尊，用擊長江南支），當以魚山之臺為主臺，象山、焦山、都天廟、新河口迤西瓜州口諸臺，可保長江北支，兼擊下水（鄰近都天廟處二臺，焦山二臺，並象山新河口炮臺，共大炮廿八尊，用保長江北支，擊下水者），當以焦山為主，然後設德律風、電燈，使各臺消息全通，聯成首尾之勢，能如此布置，而金陵之門戶始固（又設一上下水總統帶，屯住焦山，此總統帶，須與各統帶電報德律風相連，消息始得靈通。誠照條陳辦理，則鎮江防守，已極嚴密，其至南京一路均可不復設防）。

由上可知，《論略》鎮江江防部分主要參照了《續稟》。因此，閻小波關於，《論略》得益於《查閱沿江炮臺稟》（第28～30冊連載）的結論就顯得不夠精確。《時務報》（第28～30冊）的目錄雖是《查閱沿江炮臺稟》，但正文卻是《覆稟》與《續稟》兩個條陳；目錄是《時務報》編輯編寫的，而《覆稟》、《續稟》卻是條陳的原稱；更為重要的是，《論略》主要參考的是《續稟》，而不是《覆稟》。這段文字，也同樣反映出陳獨秀的文字駕馭能力以及對「白人所論」的接受能力。

（五）「湖中水師」應為擬寫的《論略》姊妹篇，但這篇文章應該沒有寫成

《論略》在夾註中曾提到「湖中水師」，即「（長江）又折東，迤岳州府北，西南合洞庭湖水湖口入江處距漢口三百九十餘里，距岳州府城十六里又

三分里之二，南岸多小山，湖面長二百里，寬一百里，爲中國名湖之最大者。湘沅資澧並各小支之水皆匯歸焉。湖中水師當另議，下仿此。」

「湖中水師當另議，下仿此」的夾註引起了研究者的關注。如王觀泉、任建樹、沈寂等人就認爲，這是陳獨秀擬寫的另一篇防務文章，但不知是否寫成。根據「湖中水師當另議，下仿此」的文意，「湖中水師」應爲陳獨秀擬寫的《論略》姊妹篇，這一點沒有疑問。但這篇文章應該沒有寫成，以下僅從一個方面進行邏輯推論。

從《論略》的寫作來看，文章反映了陳獨秀高超的文字駕馭能力和對「白人所論」的接受能力。這種接受能力是建立在對《時務報》等維新報刊的精讀基礎上的，高超的文字駕馭能力也體現爲對報刊文字的文學化轉述上，亦即陳獨秀的生花妙筆是建立在報刊文字的「食材」基礎上。如果缺少「湖中水師」這方面的報刊「食材」，陳獨秀雖有生花妙筆，恐怕也難爲無米之炊。而查閱 1897 年的維新報刊以及目前研究長江水師的論著，基本沒有論述「湖中水師」的文字〔註29〕。因此，我們可以作這樣的邏輯推論，《湖中水師》雖是《論略》的姊妹篇，但應該沒有寫成。

1897 年 8 月，陳獨秀在南京鄉試科場完成由「選學妖孽到康梁派」的思想轉變後，回到安慶用了幾個月的時間撰寫、刻印、散發《論略》。《論略》不僅反映出陳獨秀對《時務報》等維新報刊的精讀態度，也表明了陳獨秀對「白人所論」的接受能力，也多少預示了陳獨秀對西方知識的接受態度。《論略》體現了陳獨秀深厚的選學功底和高超的文字駕馭能力，《論略》固然借鑒了《芻議》和《續槀》，但這種「借鑒」不是照搬，而是巧妙地消化了這兩篇「白人所論」，用文學化的語言轉述了枯燥的軍事文字，提高了可讀性，有利於安慶士人的閱讀和接受。《論略》也突破了「白人所論」的外防，增加了從長壽縣直至金陵的內防，呈現了完整的長江防務。當然，《論略》的最大亮點，是其濃厚的憂國憂民、救亡圖存的愛國主義色彩，這也是陳獨秀一生爲之奮鬥的目標。

〔註29〕　查閱了《時務報》，《知新報》，《湘學新報》，《國聞報》等維新時期報刊，胡海燕《晚清長江水師新探》，暨南大學碩士論文，2010；張彥輝《清季長江水師發展滯後問題研究》，河北師範大學碩士論文，2005 年。

第三節　《論略》的傳播學分析

　　《論略》作為陳獨秀的早期文字，一經發現，即被絕大多數論著所重視。在這些論著中，《論略》或被從愛國主義視角解讀，或者被當作陳獨秀由「選學妖孽到康梁派」轉變的注解。〔註30〕應該說，上述結論對《論略》的傳播學分析具有一定的啓發意義。

一、文章內容：獻策政府，希望見用

　　此處的內容分析主要是對第一部分進行分析，兼及第二部分。這是基於以下的考慮：第一，如《揚子江形勢論略》一文名稱，《論略》的主要內容、大部分篇幅都在論述揚子江的「形勢」及「防務」，全文共有六千九百四十八字，該部分即占六千七百二十三字；第二，文章第二部分，篇幅較短，主要是交待該篇文字的寫作目的，雖是畫龍點睛，但如果沒有龍，則談不上點睛。

　　《論略》第一部分，詳細介紹了揚子江由長壽縣東至吳淞口整個流程中水勢的緩急、江道的深淺、江底的暗礁淺灘、江岸的重鎮要隘，並參照歷代戰爭的得失，對各地在軍事上的利弊進行了分析，提出了改進揚子江沿岸的防禦佈署，加強各重要地段的軍事力量的意見。需要指出的是，在所有長江沿岸的江防布置中，對鎮江、圖山、江陰、吳淞口的江防作了最為細緻的介紹。

　　如前所述，陳獨秀對鎮江、圖山、江陰、吳淞口等地江防的論述「借鑒」了《時務報》刊登的兩篇「白人所論」——《揚子江籌防芻議》與《查閱沿江炮臺稟》。〔註31〕當然，陳獨秀的這種「借鑒」不是照搬，而是巧妙地消化

〔註30〕如張湘炳認為，《論略》反映出，在陳獨秀的改良主義思想中，帶有更強烈的反帝色彩，態度更鮮明、更激進，在保護中國主權方面要比其他改良主義者高出一籌，是陳獨秀由一個完全被封建禮教束縛而轉變為改良主義者後的第一個改良主義的思想成果，也是陳獨秀思想閃光的第一塊碑石。（《陳獨秀的第一篇著作——〈揚子江形勢論略〉評介》，《社會科學戰線》，1982 年第 1 期）；閻小波分析《論略》的目的在於說明的確是《時務報》「決定了我個人往後十幾年的行動」（《論世紀之交陳獨秀的思想來源與文化選擇》，《社會科學研究》，2002 年第 4 期）。任建樹認為《論略》一文的主旨，在抵抗列強的侵略，陳獨秀站在民族主義的立場，向清政府陳述加強江防建設的意見。所謂「防內亂」雖然是附帶一筆，但卻是站在清政府的一邊，是為維護它的安全而說話的。陳獨秀認為這時的清政府還是可以代表中華民族人民的利益，能抵抗外國侵略的（《陳獨秀傳——從秀才到總書記》，上海人民出版社，第43 頁）。
〔註31〕閻小波在《論世紀之交陳獨秀的思想來源與文化選擇》一文中對此有所論述。

了「白人所論」，使原本作為主要內容來源的「白人所論」變成《論略》的參照文，顯示了陳獨秀高超的文字駕馭能力。更為重要的是，《論略》突破了「白人所論」的外防，增加了從長壽直至金陵的內防，呈現了完整的長江防務，即不僅要防「外辱」也要防「內亂」，說此篇文字為軍事之作是合適的〔註32〕。

此時的陳獨秀已經「順利」完成了由「選學妖孽到康、梁派」的轉變，並且曾為翼教與維新之爭而被鄉儒指為「康黨」、「孔教罪人」，也「精讀」了承載康梁變法學說的《時務報》。然而，為何陳獨秀存世的第一篇文字竟是自己刻印散發的帶有現代傳播色彩的軍事防務文字？為何作為《時務報》核心內容的康梁變法學說沒有出現在這篇文字中，而兩篇「白人所論」卻成功地被這篇文字吸收與轉化呢？

愛國主義、救亡圖存的解釋是可行的，如王觀泉所述，「然而囿於社會思潮和時局對人們思想的控制，上世紀八九十年代的知識分子中，文的思變法維新，武的欲保衛國土，其最終目的仍在於安內攘外以維持清朝正統，康有為梁啟超如此，陳獨秀亦復如此」〔註33〕，然而這不足以解釋上述問題。任建樹的「陳獨秀這時還不認識國家政治制度改革的重要意義，他在政治思想的領域及其發展的高度均不及康梁」〔註34〕的結論也缺乏足夠的說服力。因為這篇文章既體現了陳獨秀的筆力，也表現出陳獨秀的「消化」能力，況且陳獨秀此時因實際的辯護行動而被鄉儒指為「康黨」、「孔教罪人」。最合理的解釋，應該是陳獨秀表明其參與「治國」的志向，希望能「引領於我國政府也」。因此，說此文是一篇「獻策文」是合適的。康梁已有功名，且見用於政府，能夠利用《時務報》宣傳變法主張，而陳獨秀雖是院試頭名，但只是貢生，充其量只是取得了進入科場的入場券，更何況陳獨秀此時已決絕於科場。如何才能宣傳自己的主張？如何才能將自己的主張化為實際行動？只能求助於刻印散發《論略》，獻策於政府，以期引起政府的注意和採納，被政府任用。

二、傳播方式：刻印散發，定向傳播

鴉片戰爭以後，西方先進的傳播技術、傳播理念進入中國，中國傳統出版業開始了近代化轉型。然而傳統出版業的真正轉型，是在戊戌維新時期。

〔註32〕 王觀泉認為這是陳獨秀的「第一部軍事著作」，沈寂認為這是一篇上乘的政治地輿學之作。

〔註33〕 王觀泉。被綁的普羅米修斯——陳獨秀傳〔M〕。臺北：業強出版社，1996：55。

〔註34〕 任建樹。陳獨秀大傳〔M〕。上海：上海人民出版社，2004：44。

這一時期，不僅官辦書局進行了改革，1896 年清政府將強學會創辦的強學書局改成京師官書局；中國的民族出版業也勃然興起，舊式書坊、書肆紛紛轉型爲民辦出版機構；國人辦報辦刊的熱情形成了「國人第一次辦報高潮」，新式報刊的出現、讀者來稿的刊登，對中國傳統士人的著述方式、傳播方式也產生了重要影響，傳統士人開始注重報刊傳播。

應該說，《論略》不是一本著作，而是一篇吸收「白人所論」的充滿文學色彩的討論江防的文字。如果從《論略》寫作的 1897 年的時代背景，以及《論略》中充滿的「焦慮感」來看，這篇文字具有一定的「時新性」，符合報刊「時文」的標準。結合前段論述的晚清出版大背景，我們不禁要問陳獨秀爲何要用私人刻印散發的傳統方式傳播一篇「時文」呢？

近代安徽的出版業是滯後的，或許陳獨秀此時不具備爲維新報刊撰稿的條件，或許陳獨秀將此文投給報刊，但報刊沒有刊發。這些都是陳獨秀採用私人刻印散發的可能性解釋。但是上述解釋都不能合理回答陳獨秀爲何要用私人刻印散發的傳播方式傳播一篇「時文」這一問題。因爲，《論略》採用的傳統士人私刻的傳播方式，不符合「藏之名山、傳之其人」的傳播理念，況且晚清私人刻書逐步在走向衰落〔註35〕。

這一問題的關鍵不在「私刻」，而在「散發」。《論略》採用了散發的傳播方式，這是針對特定讀者進行的定向傳播活動，它不同於現代意義上的面向所有讀者的無定向傳播。如果結合下文分析的《論略》的讀者是政府官員與「海內同志」，我們就可以很好地理解這一問題。《論略》是面向政府官員和「海內同志」撰寫的，刻印散發可以有效地到達這兩類人群，面向政府官員是爲了「見用」於政府，面向「海內同志」則可以以文會友，結識更多的「海內同志」，這反映出陳獨秀積極主動的傳播意識。

三、預期讀者：政府官員，海內同志

《論略》第一部分，陳獨秀根據長江水流的形勢，參照歷代戰爭的得失，對各地在軍事上的利弊進行了分析，提出了改進和加強揚子江沿岸防禦的意見。值得注意的是，《論略》雖對歷代戰爭得失做了考察，但唯獨沒有對「國朝」「洪楊亂事」的考察。「洪楊亂事」失敗時間距寫作《論略》只有 33 年，

〔註35〕史春風，李中華。晚清出版業的近代化歷程〔J〕。濱州教育學院學報，2001，7（2）：31～34。

安慶也是雙方廝殺爭奪的主戰場之一，陳獨秀的祖父陳曉峰及大伯陳衍藩更親身參與戰事並立有軍功。按理說，不僅陳獨秀一家對「洪楊亂事」感同身受，即使安徽官場、安慶士人對這場戰爭也應該留有深刻的「回憶」。然而，《論略》卻迴避了「洪楊亂事」。最應該寫、最容易寫的戰爭案例恰恰沒有寫，其中隱情只能以陳獨秀的「自我審查」來解釋。而《論略》第二部分中，「泊咸同間，粵逆蜂生，蠢流江表，曾胡諸公初出山時，即以通靖長江為平蕩東南之重計，卒不越其算中」的文字，也進一步證實了本書的這一猜想。

《論略》第二部分，闡明了該文的主旨和目的，「時事日非，不堪設想，爰採舊聞旅話暨白人所論，管蠡所及，集成一篇，略述沿江形勢，舉辦諸端，是引領於我國政府也，勉付梨災。願質諸海內同志，共抱杞憂者」。上述文字表明了文章的預期讀者是政府官員、「海內同志」、「共抱杞憂者」等讀者群。這個預期讀者群值得注意，按陳獨秀本人的話說，他此時已成為「康、梁派」，已結識一輩「後生小子」，因此「海內同志」當指「吾輩後生小子」，而「海內同志」與政府官員應是有所區別的兩個不同讀者群。不過，無論是「吾輩後生小子」還是政府官員都可以歸入「共抱杞憂者」之列，這正是陳獨秀的高明之處。如何同時兼顧這兩類不同的讀者群？選擇不涉政治改革的長江防務題材無疑是高明的選擇。

可見，《論略》的預期讀者是政府官員與「海內同志」，「共抱杞憂者」只有同時兼顧政府官員與「海內同志」才有意義。對政府官員這一讀者群的關注，讓陳獨秀「自我審查」，刻意迴避「洪楊亂事」，只以「粵逆蜂生，蠢流江表」一帶而過，忽略了這場戰爭在長江防務上的歷史意義；對「海內同志」預期讀者的關注，則讓《論略》充滿了「焦慮」與「救亡」意識，這正是陳獨秀的高明之處。

四、傳播效果：贏得文名，未被見用

本書的傳播效果是指狹義的傳播效果，即《論略》的刻印散發是否達到了陳獨秀的預期目標？有關《論略》傳播效果的具有史料價值的文獻幾乎沒有，這裡僅能根據有限的資料，並結合上述三方面的分析進行合乎邏輯的推論，《論略》並沒有達到陳獨秀預期的見用於政府的目標，但為其贏得了文名。

作為一篇獻策文，《論略》全文雖六千九百四十八字，但卻廣徵博引，縱論長江萬里防務，雖氣勢磅礡，文采出眾，但多少有點書生指點江山的頤氣，

不如《芻議》、《覆槼》顯得實際。因此，《論略》肯定不會被政府採納，況且晚清政府已經「冗員滿朝」，政府也不會「收編」陳獨秀，甚至連欣賞恐怕也無法做到。這篇文章沒有產生太大的影響，1898 年春，陳獨秀離開安慶就是明證。

作爲一篇以文會友的文章，《論略》還是取得了一些傳播效果，鞏固了陳獨秀「皖城名士」的稱譽。儘管陳獨秀獲譽「皖城名士」的緣由無從查考，但他在維新時期確被譽爲「皖城名士」。汪原放在《亞東圖書館與陳獨秀》中，回憶父親汪希顏所寫的一封家信，信中提到「今日皖城名士陳仲甫來會」，又說他只「18 歲」，並進一步解釋道，陳獨秀因院試第一名而被稱爲「皖城名士」〔註36〕。朱洪在《陳獨秀風雨人生》中也持上述觀點。王光遠《陳獨秀年譜》則記載，《論略》刻印散發後，陳獨秀文名遠揚，被譽爲「皖城名士」〔註37〕。不管「皖城名士」緣起如何，這篇文章是院試第一名公開刻印散發的文字，不僅顯示了陳獨秀的選學功底及其高超的文字駕馭能力，也幫助其贏得了「文名」，「皖城名士」當之無愧。

小結

陳獨秀徹底與科舉決裂正是緣於 1897 年南京鄉試的經歷，此番經歷導致他完成了由「選學妖孽到康、梁派」的心路歷程。陳獨秀決絕的態度是無可置疑的，但是，這種轉變不可能眞的在「一兩個鐘頭」內實現，需要一個「心理調適」的過程。1897 年底刻印散發的《論略》正是這種「心理調適」的反映。一方面，他期望《論略》能夠引起清政府的重視，獲得建功立業的機會，因此《論略》具有獻策文的色彩；另一方面，他也期望《論略》能夠引起維新志士的重視，該文充滿了憂國憂民、救亡圖存的愛國主義色彩，「海內同志」「共抱杞憂」是《論略》的主旋律，也是其最大亮點。而《論略》反映出的「憂患意識」、「愛國主義」、積極主動的傳播意識以及「知新主義」的傳播傾向，則貫穿了陳獨秀前期報刊實踐的始終。在一定程度上可以說，《論略》是陳獨秀報人生涯的「預演」，故而陳獨秀作爲傳媒人的生涯，實際上也可追溯到此文的寫作及相關的傳播活動。

〔註36〕 汪原放。亞東圖書館與陳獨秀〔M〕。上海：學林出版社，2006：5～6。
〔註37〕 王光遠、陳獨秀年譜〔M〕。重慶：重慶出版社，1987：4。

第二章 初涉報壇，牛刀小試：清末新政時期的報刊實踐

1901～1911 年是清政府風飄搖的最後十年，也是中國在 20 世紀迎來的頭十年。在這十年裏，清政府爲了適應國際國內的緊張局勢，扭轉由《辛丑條約》引發的財政困境，維護其危在旦夕的封建統治，1901 年，慈禧太后正式宣佈實行「新政」，自此長達十年的清末新政拉開了序幕。在這十年裏，清末新政的內容涉及軍事、教育、文化、經濟、政治等各個方面，對中國社會的發展有著深遠的影響，甚至可以毫不誇張地說，「新政」是一場多方面、深層次的自上而下的改革運動。滿懷愛國熱忱的青年陳獨秀，通過組織演說會，創辦、編輯報刊，積極「參與」了這場改革運動。

陳獨秀在這一時期的報刊實踐主要集中在前五年。1902 年發起的第一次演說會，儘管影響不大，但卻是安徽拒俄運動的「先聲」；1903 年春發起的第二次演說會，則標誌著安徽拒俄運動的興起；1903 年夏參與創刊、編輯的《國民日日報》，則是陳獨秀第一次參與辦刊實踐，具有「初涉報壇」的意義；1904 年初創刊的《安徽俗話報》，則讓陳獨秀有機會將其傳播思想「全面」付諸實踐，陳獨秀牛刀小試，成功地讓《安徽俗話報》成爲清末下層啓蒙報刊的佼佼者。這一時期，陳獨秀的報刊實踐已經表現出思想啓蒙的特徵，革命排滿並不是陳獨秀報刊實踐的旨趣。然而，隨著革命形勢的發展，陳獨秀最終轉向革命，放棄了《安徽俗話報》。

陳獨秀作爲《國民日日報》的「總理編輯」之一，肯定發表了相當數量的報刊文字，令人遺憾的是，陳獨秀在創刊《安徽俗話報》之前所寫的「確

切可考」的報刊文字卻很少。採用「既然陳獨秀與章士釗總理編輯事宜，那麼《國民日日報》的指導思想和它的重要言論，至少是得到陳獨秀的贊同或賞識的」〔註1〕觀點似乎是可行的，然而，本書想在此基礎上，嘗試性地討論《會啓》、《國民日日報發刊詞》、《近四十年世風之變態》、《論增琪被拘》等文字的作者歸屬問題，指出這四篇文字所反映出的陳獨秀的思想印跡，至少這是「眞正」得到陳獨秀贊同和賞識的文章，爲研究陳獨秀的傳播思想提供「可靠」的文本。

第一節　清末新政時期的社會環境

需要指出的是，陳獨秀這一時期的報刊實踐，除了第一次發起演說會外，其餘報刊實踐在時間上是前後相聯的，因此，此處分析的社會環境，事實上也是《安徽俗話報》的創辦背景。

一、報刊業的快速發展

清末「新政」的著力點主要在政治、經濟、軍事和教育等方面。爲了順利推行「新政」，清政府需要借助於具有溝通信息與輿論的社會功能的近代報刊，這是推進社會發展的有效手段。於是在新政初期，清政府改變了戊戌政變後對報刊業實施的嚴厲鎮壓政策，實行了較爲「寬鬆」的新聞出版政策，有限度地開放了「報禁」、「言禁」，給予人民以創辦報刊的自由權利，允許新聞輿論的合法存在。

當然這並不是清政府的本意，是不得已而爲之。首先，清政府力有不逮，此時清政府的注意力都在上述幾個晚清新政的「改革重心」上〔註2〕；其次，制定報律的客觀條件尚未成熟，「每個新的法律行爲起源於並反映努力產生、阻礙或改變該行爲的社會勢力。當力量對比推向改變，改變就發生了。當它不推向改變時，制度保持原狀。」〔註3〕因此，直到1906年7月，清政府才出臺有關新聞出版的專門法律《大清報律物件專律》，對報刊進行律法管理。

〔註1〕任建樹。陳獨秀大傳〔M〕。上海：上海人民出版社，2004：55。
〔註2〕如1901年，新政初期，御史張百熙在其《敬陳大計疏》（見王延熙、王樹敏輯《皇朝道咸同光奏議》卷6下，第18頁），即建議清政府應「初定報律」，向高層傳遞了新聞立法的必要性，但卻並沒有被清政府採納。
〔註3〕〔美〕勞倫斯。M。弗里德曼。法律制度——從社會科學角度觀察〔M〕。李瓊英，林欣，譯。北京：中國政法大學出版社，1994：173～174。

這種相對「寬鬆」的新聞出版政策極大地推動了報業的大發展。維新報刊、革命報刊以及民間報刊均獲得了較快地發展。據不完全統計，這一時期新創辦的報刊，1901 年爲 34 種，1902 年爲 46 種，1903 年爲 53 種，1904 年爲 71 種，1905 年爲 85 種〔註4〕。這些報刊的創辦，本身已經表明「清政府在事實上已經承認了近代報刊這一資本主義文明的表現形式的合法地位」〔註5〕。

「寬鬆」的新聞出版政策，也有利於形成相對自由的報刊言論空間。相較於維新時期，這一時期的報刊言論在範圍和深度兩方面都有了長遠的發展，而且顯示出多元化色彩。維新派與革命派可以通過報刊展開論戰，宣傳各自的政治主張，顯示出鮮明的政治色彩；民間報刊言論也顯出多元化的色彩，如《蘇報》以「鼓吹革命爲己任」〔註6〕，《中國白話報》也「不遺餘力地鼓吹反帝愛國和排滿革命的思想主張」〔註7〕，《大公報》言論雖傾向保皇，卻敢於揭露和攻擊清政府的一些弊政。《京話日報》言論傾向於啓蒙下層社會，但卻「替窮苦大眾說話」，顯示出鮮明的「鬥爭」色彩。總之，晚清「新政」初期，清政府實施的相對「寬鬆」的新聞出版政策推動了中國報業的迅速發展。

二、新型知識分子群體的初步形成

科舉時代，知識分子主要是指傳統的封建士大夫，即熟讀儒家經典，通過科考獲取至少是秀才功名的士人。進入科場、獲取功名，這既是檢驗一個人是否是讀書人的一條起碼的標準，也是一切讀書人夢寐以求的目標。然而，到了晚清，西方的堅船利炮不僅攻破了中國國門，而且送來了西學知識，前者讓清政府一敗塗地，後者則讓傳統儒家學說遭受質疑。在這樣的情勢下，「科舉」的合法性受到質疑，並逐漸走向末路窮途。這既是晚清廢科舉，辦學堂，

〔註4〕黃瑚。中國新聞事業發展史〔M〕。上海：復旦大學出版社，2001：61。

〔註5〕黃瑚。中國新聞事業發展史〔M〕。上海：復旦大學出版社，2001：61。

〔註6〕本書認爲對革命派報刊和維新派報刊的界定，應建立在創辦人、主辦人是否屬於黨派成員以及言論內容是否具有鮮明的黨派色彩基礎上，不能採用革命與維新（保皇）的兩分法給所有報刊定性。在這樣的視角下，《蘇報》、《中國白話報》、《安徽俗話報》就不能籠統地歸於《民報》一類的革命派報刊，《大公報》、《中外日報》也有別於《新民叢報》之類的維新派（保皇派）報刊，歸爲官紳士人創辦的民間報刊更爲合適。

〔註7〕曾建雄。中國新聞評論發展史（近代部分）〔M〕。桂林：廣西師範大學出版社，1996：208。

派留學的原因，也是二十世紀初年，「青少年紛紛進入新軍和新學堂的理由」
〔註8〕。

於是，在 20 世紀初年，新型知識分子群體就初步形成了。新型知識分子
的來源與構成基本上有三種：一是國內新式學堂的學生與教職員；二是留學
生，尤其是留日學生；三是由具有傳統功名的舊式士人轉化而來的趨新人士。
新型知識分子具有五個基本特徵：一是其幼年、少年時期接受過儒家經典教
育，甚至還獲取了科場功名；二是青年或中年時期轉向西學，或進入新學堂
或出洋留學或是通過譯書看報「自修」西學知識；三是接受的西學知識多爲
文科知識，這既與年少的文學訓練有關，也與工科、理科、醫科需要系統地
學習有關。四是其身份兼具現代與傳統特徵，少時接受的儒家經典讓其骨子
裏接受了「修身齊家治國平天下」的儒家理論，西學知識則讓其開闊了視域，
擁有了批判的武器。五是閱讀興趣主要爲西學譯書與新式報刊，上世紀初年
日本留學生的譯書熱以及第二次辦報高潮，即可證明新型知識分子的閱讀興
趣〔註9〕，他們甚至通過來函來書、讀報講報等形式，更密切地參與到新式書
報刊的傳播過程中。

傳統的科舉之路，既是一條艱辛之路，也是一條謀生之路。新型知識分
子選擇了西學，即意味著失去了傳統的謀生之路。在 20 世紀初年，科舉制度
雖窮途末路，但新式選拔制度並沒有建立，新型知識分子該往哪裏去實現他
們的理想抱負呢？報業無疑是新型知識分子就業的最佳選擇，既可以發揮所
長，也可以賴以謀生，更可以激揚文字，實現理想抱負。雖然，在此之前，
報館文人被認爲是「無賴文人以報館主筆爲末路」、「故一報社之主筆訪員，
均爲不名譽之職業。不僅官場仇視之，即社會亦以搬弄是非輕薄之」、「當時
社會所謂優秀份子，大都醉心科舉，無人肯從事新聞事業，唯落拓文人，疏
狂學子，或藉此以發抒其抑鬱無聊之意思。」〔註 10〕但隨著社會的發展，新
聞行業的成長，以及王韜、梁啓超等報人在新聞史上的開拓性貢獻，報業和
報人的社會地位逐漸提高。正如戈公振所說，「迨梁啓超等以學者出而辦報，

〔註 8〕 陳萬雄。新文化運動前的陳獨秀（一八七九年～一九一五年）〔M〕。香港：香
　　　　港中文大學出版社，1982：4。

〔註 9〕 李仁淵在《晚清的新式傳播媒體與知識分子：以報刊出版爲中心的討論》（稻
　　　　香出版社，民國 94 年）中，詳細論述了《清議報》的國內傳播情況以及海外
　　　　刊物的銷售管道與海外新學的影響範圍。由此，可見當時國內讀者對新式書
　　　　報刊的閱讀需求是很大的。

〔註10〕 戈公振。中國報學史〔M〕。上海：上海古籍出版社，2003：123。

聲光炳然，社會對於記者之眼光乃稍稍變矣。」〔註 11〕既然社會對新聞行業的職業歧視已經不復存在，那麼新型知識分子從事這一行業就是理所當然的了。章士釗、陳獨秀、劉師培、林白水等人就是晚清新型知識分子從事報刊職業的優秀代表。

三、白話報刊是下層啓蒙的最佳媒體

在對甲午戰敗、洋務運動破產引發的歷史反思中，維新派認為，失敗的原因，在於「新其政不新其民，新其法不新其學」〔註 12〕，在於「中國民氣散而不聚，民心默而不群，此其所以百事而不一效者也」〔註 13〕由此，維新派提出了「開民智」以提高國民素質的「文化啓蒙」這一命題。然而，「文化啓蒙」還未及實施，「百日維新」就以失敗告終。梁啓超避走日本，創辦《清議報》和《新民叢報》，雖帶有「文化啓蒙」的意味，但這種「啓蒙」面向的是具有西學傾向的知識分子，並不是嚴格意義上的「文化啓蒙」，也不能實現「開民智」的目的。

面向底層民眾的啓蒙運動注定要由新型知識分子來完成。義和團事件及其引發的八國聯軍侵華事件，雖最終以簽訂《辛丑條約》告終，但對新型知識分子的影響是深遠的。義和團民的「愚昧」與「迷信」讓他們認識到嚴復、梁啓超「開民智」的重要性，他們紛紛以各種形式投身於民眾啓蒙運動，啓蒙對象開始由中上層社會向中下層民眾轉移。由此，嚴復、梁啓超等「少數思想家的言論頃刻間轉化成一場如火如荼的社會運動」〔註 14〕。值得注意的是，與西方啓蒙運動中書籍是啓蒙的重要手段相比，20 世紀初年的中國啓蒙運動中，報刊扮演了重要的角色。以文言、「新文體」為語言手段的報刊面向中上層民眾，包括新型知識分子群體進行啓蒙，以「白話文」、「語體文」為語言手段的各類白話報刊面向的則是底層民眾。

面向下層民眾進行啓蒙的手段是多樣的，白話報刊就是其中最為重要的一種啓蒙手段〔註 15〕，無論是宣講、演說，還是閱報社、讀報社，其內容都

〔註 11〕戈公振。中國報學史〔M〕。上海：上海古籍出版社，2003：123～124。
〔註 12〕唐才常。唐才常集〔M〕。上海：中華書局，1980：32。
〔註 13〕麥孟華。《總論‧民主第一》，載《時務報》第 28 冊。
〔註 14〕李孝梯。清末的下層社會啓蒙運動：1901－1911〔M〕。石家莊：河北教育出版社，2001：15～16。
〔註 15〕李孝悌在《清末的下層社會啓蒙運動》中，歸納了白話報刊、白話宣傳品、閱報社、宣講、講報、演說、戲曲等啓蒙手段。

以報刊為主。中國的白話報刊雖早在 1870 年代就已出現，申報館於 1876 年 3 月發行白話報《民報》，維新時期也出現了《演義白話報》、《平湖白話報》、《無錫白話報》、《通俗報》、《女學報》等白話報刊，但維新時期的白話報無論在數量、地域分佈以及思想內容方面，都存在局限，不能真正深入「底層社會」。因此，維新時期白話報刊更多體現為開拓意義。

20 世紀初年，伴隨民族危機的進一步加深，報人們對報紙的認識提升到了報紙有益於中國文明進步的高度。中國歷史上，第一次真正面向下層社會的啟蒙運動由此展開，而引領這一歷史潮流的，則是世紀初年誕生的眾多白話報刊。這一時期，白話報刊在數量、地域、內容方面均獲得了快速地發展。據《大公報》1905 年的統計，標名為白話、俗話的報刊就有 20 多種，許多報刊開闢了白話專欄。香港學者陳萬雄曾將民國前國人編輯的 67 種白話報列表介紹，發現 1904～1905 年是白話報繼 1897～1898 年維新人士創辦白話報之後的又一個高潮年。這兩年共有 23 種白話報刊問世，1904 年出現了 15 種，1905 年出現了 8 種〔註16〕。

這一時期陳獨秀創辦、編輯的兩份刊物都表現出了啟蒙面向。不同的是，啟蒙只是《國民日日報》眾多面向中的一個面向，而對《安徽俗話報》來講，啟蒙則是其主要面向，甚至可以說是唯一面向。可以說，就啟蒙面向來講，這兩份刊物不僅順應了歷史潮流，更是其中的佼佼者。

四、拒俄運動與知識分子的革命轉向

1900 年，沙俄在八國聯軍進攻中國的戰爭中，武裝搶佔中國東北三省。此後，沙皇政府多次逼迫清政府與其簽訂出賣東北的條約。1902 年 3 月 12 日，沙俄提出約款十二條，企圖全面剝奪中國對東北的主權。3 月 15 日上海士商汪康年、蔣智由等二百人在張園集會，要求清政府「力拒俄約，以保危局」。江蘇、浙江、廣東、山東、澳門、香港等地士商和新加坡華僑紛紛響應。面對壓力，清政府駐俄公使拒絕在約款上簽字。沙俄逼簽條約失敗，再變花招，於 4 月 8 日與清政府簽訂《東三省交收條約》，規定將侵佔中國東北的俄軍分三期在十八個月內全部撤走。1903 年 4 月 8 日，是俄軍第二階段撤兵的最後期限，沙俄非但不撤兵，更提出七項新的侵略要求，妄圖從法律上確認其對

〔註16〕 丁苗苗。《安徽俗話報》研究〔D〕。安徽大學新聞學院碩士論文，2005：7。

東三省和外蒙古的佔領。4 月 27 日，在上海的江蘇等十八省愛國人士再次集會於張園，除指斥沙俄「吞併」政策外，還指斥推行親俄外交的清政府。同時分電各國外交部，申明中國人民的嚴正立場，指出「即使政府承允，我全國國民萬不承認」。會後由馮鏡如等發起組織「以保國土、國權爲目的」的「國民總會」。29 日，東京中國留學生五百多人集會，抗議沙俄對中國東北的侵略，並決定成立拒俄義勇隊，要求開赴東北，與侵略軍決一死戰。旋因受到日本政府干涉，改名爲軍國民教育會。在上海與東京拒俄浪潮的推動下，拒俄運動迅速發展到全國。北京、湖北、安徽、江西、福建、湖南等地的學生也紛紛集會，成立愛國組織。在全國普遍反對下，清政府拒絕了沙俄的七項要求。但是沙俄亡我之心不死，沙皇尼古拉二世決定廢除交還中國東北的條約，10 月，沙俄馬步兵、炮兵 1000 餘人，強行闖入奉天，佔領清行宮及將軍衙門等各署第，升起沙俄旗幟。與此同時，蔡元培等在上海組織對俄同志會，發刊《俄事警聞》，揭露沙俄侵華罪惡和清政府的賣國政策，廣泛報導各地拒俄消息，號召社會各界奮起拒俄。在各地拒俄團體領導下，抗俄鬥爭一直持續到日俄戰爭結束。

在整個拒俄運動中，清政府雖迫於輿論壓力對沙俄有所拒絕，但卻一直敵視並鎮壓拒俄運動。1903 年 5 月，湖廣總督端方指責上海張園會議與會諸人「議論狂悖」，密電拿辦。同月，再次指責愛國學生「名爲拒俄，實則革命」。6 月，《蘇報》刊出《嚴拿留學生密諭》，輿論譁然。清政府的這種態度激化了它同愛國知識分子的矛盾，使得最初願「在政府統治之下」，只採用請願、演說等方式的學生運動，迅速向排滿革命運動轉變，許多人由此轉入反清行列，革命書刊劇增。軍國民教育會改組爲秘密革命團體，華興會、科學補習所、光復會、岳王會相繼成立，愛國救亡熱潮遂轉變爲資產階級民主革命運動。拒俄運動的重大意義在於促使相當一部分知識分子從愛國走向革命，有力地促進了民主革命運動的發展。

陳獨秀 1902 年、1903 年兩次發起演說會，其目的均在拒俄。1903 年逃往上海參編《國民日日報》，也是因爲清政府的通緝。1904 年創辦的《安徽俗話報》也大力報導日俄戰爭，曉諭瓜分危機。1904 年底在上海參加暗殺團，1905 年則發起組織岳王會。可以說，這一時期陳獨秀的報刊實踐與拒俄運動密切相關，拒俄運動的重大意義在陳獨秀身上也表現得非常明顯。

第二節　安徽拒俄運動的興起：發起兩次演說會

　　1902 年 3 月上旬，陳獨秀與曾參加張園集會的何春臺等發起演說會。1903 年 4 月，陳獨秀、鄒容、張繼三人因「剪辮」事件「被遣返回國」。回到安慶，即與潘縉化、葛溫仲、張伯寅等籌組「安徽愛國社」，在藏書樓發起第二次具有三百多人規模的演說會〔註 17〕。這是陳獨秀早年有案可考的公開的報刊實踐。

一、1902 年，第一次演說會

　　1902 年 4 月，陳獨秀與何春臺、葛溫仲、張伯寅、柏文蔚等，爲了「傳播新知、牖啓民智，曾集資購買一些圖書，創設了一所藏書樓」〔註 18〕，「復於張伯寅家組織青年勵志學社……每周聚會，則各出所得錄爲筆記，以相勉勵。」〔註 19〕同年 9 月，陳獨秀偕葛溫仲、潘贊華等東渡留學。這次演說會有四點值得注意：

（一）擬辦《愛國新報》

　　《大公報》對此有所報導，《大公報》「地方新聞」欄中「紀愛國新報」這則新聞報導了此事，「有某某志士糾合同人擬開一報館名曰《愛國新報》。其宗旨在探討本國致弱之源，及對外國爭強之道，依時立論，務求喚起同胞愛國之精神。其內一本館論說；二本國新聞；三外國新聞；四本省新聞；五本城新聞；六外論；七詩論；八俗語叢編；九書籍介紹，來函。凡發告白者，如係關於文明事業概不收費。」〔註 20〕由此可見，此時陳獨秀已經有了辦報的意願。

（二）愛國拒俄的演說主旨

　　這次演說會，不是反對清政府，而是把矛頭指向外患沙俄，主要宣傳愛國主義精神，並沒有鼓吹革命。這從上述所引《紀愛國新報》關於《愛國新

〔註 17〕　沈寂。陳獨秀傳論〔M〕。合肥：安徽大學出版社，2007：145。
〔註 18〕　安徽省政協文史資料工作組：《辛亥前安徽文藝界的革命活動》，《辛亥革命回憶錄》（四）第 382 頁。轉引自陳萬雄《新文化運動前的陳獨秀（一八七九年～一九一五年）》第 25 頁，又見於唐寶林、林茂生《陳獨秀年譜》第 21 頁。
〔註 19〕　闕名。《安慶藏書樓革命演說會》，抄本，藏安徽省博物館。轉引於沈寂《陳獨秀傳論》第 62 頁。
〔註 20〕　《紀愛國新報》，《大公報》，1902 年 4 月 19 日，第 286 號。

報》宗旨的論述即可以看出。況且此時，革命排滿並沒有成爲愛國知識分子的主流追求，這與 1903 年由拒俄運動引發知識分子的革命轉向是有區別的。

（三）「傳播新知、牖啟民智」的藏書樓

陳獨秀等人創設的藏書樓又被稱爲「西學藏書樓」。《中外日報》1903 年 6 月 7 日所登載的譯自《字林西報》（五月十一日）的一則新聞——《安慶近事述函》對此有所報導，「西六月二日安慶來函云：此間開一西學藏書樓已一年有餘，其費用乃由數名開化明達之士所捐集。近又增開一西學堂，與藏書樓相輔而行，其經費亦由民間自行募集」〔註 21〕。因此，所藏的書籍應爲西學書籍，或以「西學書籍」爲主。

（四）演說會的影響並不大〔註22〕

其一，陳獨秀隨後偕葛溫仲、潘贊華去日本留學，行程是從容的，這有別於第二次陳獨秀被通緝匆忙逃往上海；其二，現有史料中沒有關於清政府與此次演說會的相關史料，這種史料闕如的情況與第二次演說會被禁、藏書樓被封、陳獨秀相關人等被通緝形成鮮明的對照。因此，這次演說會的影響並不大。

二、1903 年，第二次演說會

1903 年 4 月，陳獨秀與潘縉化、葛溫仲、張伯寅等籌組「安徽愛國社」，5 月 17 日，在藏書樓發起第二次具有三百多人規模的演說會。這一次演說會因爲事前有招貼——《會啓》，所以參與人數多，具有很大的影響，成爲「安徽省有史以來的第一次群眾大會」〔註23〕；演說會舉辦一周以後，5 月 24 日，安慶知府桂英親赴藏書樓查禁，不許學生「干預國事，蠱惑人心」〔註24〕。6 月 27 日，清政府電令逮捕陳獨秀等人，陳獨秀得吳汝澄密告，星夜逃往上海。第二次演說會有兩點值得注意：

〔註21〕　這條新聞引自楊天石、王學莊編《拒俄運動 1901～1905》（中國社會科學出版社，1979 年）第 272～273 頁。
〔註22〕　這是沈寂的觀點，參見《陳獨秀傳論》145 頁，但文中沒有給出判斷的論據。筆者贊同這一觀點，但對該論點進行了論證。
〔註23〕　任建樹。陳獨秀大傳〔M〕。上海：上海人民出版社，2004：51。
〔註24〕　《蘇報》，1903 年 5 月 29 日。

（一）再次擬辦《愛國新報》

此次演說會，陳獨秀仍有創辦《愛國新報》的主張，儘管報紙沒有辦成，但在《蘇報》刊登的《安徽愛國會演說》及《安徽愛國社擬章》中，表達了更爲具體的辦報主張。如《安徽愛國會演說》中，「據僕之意，有三要件：第一消息。如此次俄之密約，已在前月，本月初上海始知之，沿江沿海今始遍傳，再入內地，不知何日始可得此消息！若歐美、日本，前月已喧傳於各報。中國人尚不知之，其何以防之？第二思想。謂中國人天然無愛國性，吾終不服，特以無人提倡刺擊，以私見蔽其性靈耳。若能運廣長舌，將眾人腦筋中愛國機關撥動，則雖壓制其不許愛國，恐不可得。」〔註25〕再如《安徽愛國社擬章》中「本社既名愛國，自應遵守國家秩序，凡出版書報，惟期激發志氣，輸灌學理，不得訕謗詆毀，致涉叫囂。」〔註26〕

（二）主旨仍為愛國拒俄

如同第一次演說會，這次演說會的矛頭也指向外患沙俄，並沒有反對清政府，這種愛國拒俄的情緒在上述兩份文獻以及《會啓》中均有清晰的顯示。然而，當前學界普遍認爲，陳獨秀發起組織「安徽愛國社」、發起演說會等活動即已表明陳獨秀已在從事革命排滿活動。這個觀點是值得商榷的。這個觀點一方面是受《蘇報》有關報導的影響，以《蘇報》的革命排滿色彩給陳獨秀此時的活動貼上革命標籤；另一方面也受到陳獨秀後期作爲叱吒風雲的輿論領袖與革命領袖的影響，以陳獨秀後期的革命領袖身份給陳獨秀早期的傳播活動貼上革命標籤。

《蘇報》對這一時期陳獨秀的有關活動以及安徽的學潮報導共有以下幾處：5月25日，「要件代論」刊登《安徽愛國會之成就》（內含《會啓》——筆者注）；5月26日「學界風潮」刊登、《安徽省城大學堂第一次衝突之原因》；5月27日，「學界風潮」刊登《安徽愛國會演說》（王國植、潘進華的演說）；5月28日，「學界風潮」刊登《安徽愛國會演說》（潘旋華、葛光廷的演說）；5月29日，「時事要聞」刊登《安徽大學堂阻止學生拒俄情形》；5月30日，「時事要聞」刊登《再記安慶大學堂武備學堂桐城學堂衝突事》、《逼遷公學志要》；6月7日，「專件摘要」刊登《安徽愛國社擬章》。

〔註25〕 《蘇報》，1903 年 5 月 26 日。
〔註26〕 《蘇報》，1903 年 6 月 7 日。

　　因為陳獨秀是「安徽愛國會」的發起人並被公舉為負責人之一，擔任會章起草，故可斷定上述報導中《會啓》、《安徽愛國會演說》中陳獨秀的演說以及《安徽愛國社擬章》等三篇文字應出自陳獨秀之手，或至少是獲得陳獨秀的首肯〔註27〕，反映陳獨秀的觀點。值得注意的是，《安徽愛國會之成就》所刊內容由兩部分組成：《會啓》以及《會啓》之前的「代論」。然而，這兩部分內容存在不合之處，而且「代論」部分的觀點與陳獨秀、王國植、潘進華、潘旋華、葛光廷等人的演說，以及《安徽愛國會擬章》的內容也多有不合之處。

安徽愛國會之成就

　　頃得皖友來函：本月念一日（5 月 17 日——筆者注），皖省志士，開大演說於藏書樓，組織一愛國會。同時到者，大學、武備、桐懷公學各學堂學生約二百人，外來者合計三百人以外。（是日大雨，到者故止此數。書樓甚窄，多立門外而聽。）眾情躍躍，氣象萬千。由陳君仲甫開演，大旨謂，當今非提倡軍人精神，斷不足以立國。外患日亟，瓜分立至，吾輩恐有不足為牛馬奴隸之一日。詞情慷慨，滿座欷歔。繼各學堂魁桀均有演詞（演稿續寄），旨趣皆相同，而規則整嚴，精神團結。此吾皖第一次大會，而居然有如許氣象，誠為難得。大義演畢，仍由陳君仲甫發起愛國會，立經全體贊成。旋議會中分設演說、體操（刻已尋場）各會，並附設一報（名曰《愛國新報》）。即公舉七人（陳君仲甫、潘君縉華、大學二君、武備二君、桐城學堂體操教習楊君），立時起草，向眾宣佈，如辦有基礎，擬與上海愛國學社通成一氣，並連絡東南各省志士，創一國民同盟會，庶南方可望獨立，不受異族之侵凌雲云。既畢詞，與會者鼓掌歡散，俟下禮拜再開大會。開會之知啓如左：

　　啓者：俄夷窺伺北方，匪伊朝夕，乘我虛弱，狡焉思逞。本月之八日，為俄兵駐我東三省第二次撤退之期，乃俄人包藏禍心，忽背前盟，另以密約脅我政府，迫允簽押。其約之橫暴無理，無一非奪我主權，侵我國土，戕我人民者。上海各報記錄綦詳，聞者髮指。

〔註27〕王觀泉認為《會啓》由陳獨秀捉刀。（見王觀泉《被綁的普羅米修斯——陳獨秀傳》，第 77 頁）。此外，學界對陳獨秀的演說詞，以及《安徽愛國會擬章》兩文由陳獨秀撰寫已達成了一致。

　　嗚呼！事迫矣！勢亟矣！若我國人心稍懦，俄約一經許允，則東西各國執利益均霑之說，並起而圖，德索山東，法占兩粵，日據閩、浙，英取長江，我最可敬愛、最可有爲的大中國，豈不胥淪於異域，而尚有尺寸乾淨土哉？我神州血性男子，須知國與人民，利害相共，食毛踐土，具有天良。時至今日，若仍袖手旁觀，聽天待斃，則性命身家，演己身目前之慘，奴隸牛馬，貽子孫萬代之羞。神州大陸，忍令坐沉，家國興亡，在此一舉。故日東留學生及上海士商均已開會集議，熱誠所動，海內痛之。皖之國民，寂無聞焉。豈以此事爲僞而非眞耶？抑以爲政府之責任，而無關於人民之利害耶？思想言論，事實之母。同人特擬於月之二十一日，風雨無阻，開演說於藏書樓，公佈斯旨，且議補救之方、善後之策。凡寓皖諸公同斯義憤者，乞於是日下午一點鐘早臨會所，以冀眾志成城之效焉。

皖城愛國會同人敬啓〔註28〕

　　由上可知，《會啓》寫於二十一日演說會之前，應是陳獨秀等發起人於會前所寫，並張貼於安慶城內。這一點是沒有疑問的，問題是《會啓》前的那段內容是否出於陳獨秀之手呢？從「頃得皖友來函」以及刊登於「要件代論」欄等表面形式看，似乎是出自陳獨秀之手，然而考諸《會啓》內容，陳獨秀、王國植、潘進華、潘旋華、葛光廷等人的演說，以及《安徽愛國會擬章》等，這段內容則多有不合之處，尤其是「（立時起草，）向眾宣佈，如辦有基礎，擬與上海愛國學社通成一氣，並連絡東南各省志士，創一國民同盟會，庶南方可望獨立，不受異族之侵凌雲云」的文字。

　　上述這段話通常被當作陳獨秀發起安徽愛國會，即是從事革命排滿活動的證據。然而這段話根本不符合安徽愛國會諸位同人的旨趣。不僅陳獨秀的演說中沒有上述話語，《安徽愛國社擬章》中「本社既名愛國，自應遵守國家秩序，凡出版書報，惟期激發志氣，輸灌學理，不得訕謗詆毀，致涉叫囂」的文字也可證明陳獨秀此時也不可能有上述話語。其他發起人也不可能有此話語，如王國植「至於一切辦法，務要妥帖，不要那些大官說我們是造反，是康黨，不生枝節，於事方能有濟」的論述，葛光廷的演說主旨則強調國民獨立之精神，認爲「國可破，土可削，而國民獨立自主之精神，終不可沒。」雖然潘進華、潘旋華兩兄弟的演說有「自治」、「通聲氣」、「相連絡」的文字，

〔註28〕　《蘇報》，1903 年 5 月 25 日。

如潘進華認為，「即於今日合同人先結一大會，然後分途去辦：一、開演說以喚吾皖之夢夢；二、習體操以強吾人之身體；三、設報館以通各國之聲氣。無事可立自治之規模，有事可與外人抵抗。諸君！諸君若思實力去行，請先於今日結一大團體。」潘旋華則強調「共結大團體，與各省通聲氣，相連絡，以禦外侮，以保主權。此愚所願竭己力、拚死命，以從諸君子之後焉！」但是，潘氏兄弟的論述明顯有別於「連絡東南各省志士，創一國民同盟會，庶南方可望獨立，不受異族之侵凌雲云」的論述。因此，這一段論述並不代表陳獨秀等安徽愛國社同人的意見。

既然這段論述並不代表陳獨秀等安徽愛國社同人的意見，那麼只能是章士釗等《蘇報》同人所寫，且合於這一時期《蘇報》的革命排滿主張。儘管在中國近代史上陳獨秀的革命精神具有典型意義，但此時的陳獨秀並沒有革命排滿的活動，其思想仍以愛國拒俄為主。

第三節　初涉報壇：參與創刊、編輯《國民日日報》

陳獨秀因清政府通緝由安慶逃往上海時，「《蘇報》案」已接近尾聲，章士釗等正在籌辦《國民日日報》，以接替被封的《蘇報》，繼續革命宣傳。1903年8月7日，《國民日日報》創刊，1903年12月4日，《國民日日報》因內外交困停刊。《國民日日報》是陳獨秀第一次嚴格意義上的辦刊活動，雖然初涉報壇，但其對該報的貢獻絲毫不亞於章士釗。

一、既是創刊人之一，也是總理編輯之一

陳獨秀在《國民日日報》的地位問題，歷來都有爭論，爭論主要圍繞兩點，一是陳獨秀是否為《國民日日報》創刊人之一；二是陳獨秀在《國民日日報》是總理編輯之一還是僅為「文字編輯」。如果陳獨秀既是《國民日日報》的創刊人之一，又是總理編輯之一，且參與了報刊創辦的始終，那麼陳獨秀的地位當與章士釗不相上下，《國民日日報》也必然反映了陳獨秀的新聞傳播理念與思想印跡。

（一）馮自由、張繼、章士釗等人的文字表述

馮自由在《國民日日報與警鐘報》中稱，「是報初由章士釗、張繼、何靡施、盧和生、陳去病等籌辦數月，……擔任是報文字者，除章、何、張、陳

外，尚有蘇曼殊、陳由己、金天翮，柳棄疾諸人。」〔註29〕馮自由的上述表述對其後關於《國民日日報》的「歷史表述」是頗有影響的，如臺北中華民國史料研究中心編寫的《中華民國史紀要》，即在馮自由論述的基礎上，寫道，「本日（八月七日），張繼、章士釗、陳去病、盧和生等創辦《國民日日報》於上海，因慮易招清廷仇視，即以粵人盧和生爲發行人。……《國民日日報》發刊後，先後擔任撰述者有張繼、章士釗、何靡施、陳去病、蘇曼殊、陳由己、柳棄疾等人，主張與《蘇報》同，而篇幅及取材則較《蘇報》爲新穎。」〔註30〕這種說法對大陸的相關研究也存有影響，如祖艷雖承認陳獨秀對該報有一定的貢獻，但卻贊成馮自由的說法，即陳獨秀並不是該報的創刊人之一，認爲馮氏的說法並沒有錯，只是沒有突出陳獨秀的重要作用而已，關於馮自由有關陳獨秀的表述是別有用心，故意貶低或出於政治立場心存貶意的說法，有些不妥〔註31〕。

張繼在回憶錄中寫道，「其（陳夢坡）思想亦較開放，贊成革命，遂聘行嚴爲主筆。余與威丹得常至報館。太炎撰《駁康有爲政見書》，威丹著《革命軍》，大唱革命，《蘇報》和之。余不能文，僅將報內紀事多添『滿賊』而已。……江西謝小石出資，辦《國民日日報》，租新聞新馬路梅福里一樓一底。樓下安置印刷機及鉛字，樓上作編輯室。行嚴、由己及余皆任事。余撰《說君》一文，行嚴潤色之。偶與盧某涉訟，經費缺乏，停刊。」〔註32〕

章士釗在《雙枰記》中寫道，「後靡施復來自閩，余方經營某新聞社，即約與同居。……獨秀山民性伉爽，得靡施恨晚。吾三人同居一室，夜抵足眠，日促膝談，意義至相得。時更有社友燕子山僧善作畫，亦靡施劇譚之友」，又「蓋新聞脫版，速亦無前於十二句者。脫版後必更閱全稿，防有誤字。此役余與獨秀遞爲之。然一人爲之，余一人恒與相守，不獨往寢。故余與獨秀同逾十二句不睡以爲常。」〔註33〕章士釗於1926年又寫道，「（陳獨秀）東遊不得意，返於滬，與愚及滄州張溥泉、南康謝曉石共立《國民日日報》。吾兩人

〔註29〕馮自由。革命逸史（初集）〔M〕。北京：中華書局，1981：135。

〔註30〕中華民國史紀要編委會。中華民國史事紀要（初稿）民國紀元前十年（一九〇二）至八年（一九〇四）〔M〕。臺北：中華民國史料研究中心，1979：495。

〔註31〕祖艷。《國民日日報》研究〔D〕。山東師範大學中國近現代史專業碩士論文，2008：12。

〔註32〕張繼。張溥泉先生回憶錄・日記〔M〕。臺北：文海出版社，民國七十四年（1985）影印本：5～6。

〔註33〕爛柯山人（章士釗），《雙秤記》，《甲寅雜誌》（第一卷），1914年11月20日。

蟄昌壽里之偏樓，對掌辭筆，足不出戶，興居無節，頭面不洗，衣敝無以易，並亦不浣。一日晨起，愚見其黑色袒衣，白物星星，密不可計，愚駭然曰：『仲甫，是爲何耶？』獨秀徐徐自視，平然曰：『虱耳。』其苦行類如此。」〔註34〕章士釗於40年代又賦詩一首，追憶往事，「我與陳仲子，日期大義倡；《國民》即風偃，字字挾嚴霜。格式多創作，不愧新聞綱；當年文字友，光氣莽陸梁。」〔註35〕

（二）對上述文字的分析

以上論述，章士釗、張繼兩人是當事人。章士釗的論述明確肯定了陳獨秀的創刊人身份以及總理編輯身份；張繼的論述也提到了章士釗、陳獨秀及他本人均任事《國民日日報》。考慮到章士釗、張繼二人雖爲拜把兄弟，但民元後兩人政治身份不同，張繼與陳獨秀更是持不同政見者，因此張繼的記述是可信的。值得注意的是，在張繼的記述中，只提到了出資人謝曉石、章士釗、陳獨秀及其本人，其他人等不見記載。因此，結合兩人的論述，可以斷定，陳獨秀既是《國民日日報》的創刊人之一，也是報紙的總理編輯之一。

馮自由不是當事人，其論述雖提到陳獨秀，但存在不實之處。如「是報初由章士釗、張繼、何靡施、盧和生、陳去病等籌辦數月」，事實上，這份報紙不可能籌辦數月，因爲《國民日日報》8月7日創刊離《蘇報》7月7日被封前後相隔僅30天；陳獨秀於6月27日接吳汝澄密報星夜逃往上海，且按照章士釗的記載，章士釗籌辦《國民日日報》時，陳獨秀已在上海〔註36〕；又按照章士釗的記載，何靡施自閩來滬參與辦報，當在陳獨秀之後，因此，何靡施參與籌辦報紙的說法也是可疑的。此外，就馮自由列出的辦報人員來看，蘇曼殊此時的中文功底尚弱，尚需陳獨秀指導〔註37〕，而按照張繼自己的說法，張繼本人的文字功底也是不及章、陳二人的，因此也不可能與陳、章兩人一樣總理編輯事務。因此，陳萬雄「馮此文所記多失實，中僅說陳獨

〔註34〕孤桐（章士釗），《吳敬恒——梁啓超——陳獨秀》，《甲寅週刊》（第一卷），1926年1月30日。

〔註35〕章士釗，《初出湘》，《文史雜誌》第1卷第5期，1941年第5期。

〔註36〕章士釗在《孤桐雜記》一文中說：「是年（1903年）夏間，陳獨秀已在上海」（《甲寅週刊》，1926年12月15日）。

〔註37〕蘇曼殊與陳獨秀的終身友誼即是此時結下的。據記載「此時蘇曼殊漢文根基尚淺，文字亦不甚通順，仲甫隱然是他的老師」，這在當時是眾人皆知的事實。章士釗、陳獨秀、馮自由、柳亞子對此均有所論述。

秀曾擔任該報文字，不無貶意」〔註 38〕，以及鄧學稼，「大家都知道馮著常歪曲史實，貶陳可能由於國民黨的反共或記錯」〔註 39〕的結論有其合理性，那種認為馮氏說法沒有錯的觀點是錯誤的。

綜上可知，陳獨秀不僅是《國民日日報》的創刊人之一，也是《國民日日報》的總理編輯之一。

二、《發刊詞》、《近四十年世風之變態》、《論增祺被拘》、《中國魂》作者考證

《國民日日報》是陳獨秀參與創辦的第一份報刊，其地位與章士釗同等重要，且此時中國報紙仍處於政論時代，報紙主筆及其「論說」對報紙贏得聲譽至關重要。因此，「社說」欄肯定有陳獨秀撰寫的文章。然而，為了作者的人身安全，該報時論（主要為「論說」與「短批評」兩欄）一類的文章多不署名，這就給識別陳獨秀在《國民日日報》上所刊的文章帶來了困難。如前所述，採用「既然陳獨秀與章士釗總理編輯事宜，那麼《國民日日報》的指導思想和它的重要言論，至少是得到陳獨秀的贊同或賞識的」〔註 40〕觀點雖然可行，但是多少存有混沌含糊之處，不利於辨識陳獨秀、章士釗兩人的早期思想。因此，本書試圖在此基礎上，嘗試性地討論《國民日日報發刊詞》、《近四十年世風之變態》、《論增祺被拘》、《中國魂》等四篇文字的作者歸屬問題，指出這四篇文字所具有的陳獨秀的思想印跡，為研究陳獨秀的傳播思想提供「可靠」的文本。

（一）《發刊詞》應為陳獨秀、章士釗合撰

創辦於 1903 年 8 月 7 日的《國民日日報》，是繼《蘇報》之後又一份革命報刊，繼承了《蘇報》宣傳革命的宗旨，卻又「有所舒緩」，「發行未久，風行一時，時人咸稱為《蘇報》第二。」創刊號刊發的《發刊詞》不僅是指導辦報的綱領方針，也反映出報刊編輯的辦報理念。考證《發刊詞》的作者究竟為誰，不僅可以還原史實，也可以理清此時陳獨秀、章士釗二人的新聞

〔註 38〕 陳萬雄。新文化運動前的陳獨秀：一八七九至一九一五〔M〕。香港：中文大學出版社，1982：55。

〔註 39〕 鄧學稼。陳獨秀傳（上冊）〔M〕。臺北：時報文化出版企業有限公司，1989：61。

〔註 40〕 任建樹。陳獨秀大傳〔M〕。上海：上海人民出版社，2004：55。

理念，更可以爲研究陳獨秀早期的新聞理念提供「可靠」的文獻。關於《發刊詞》的作者，多數觀點認爲是章士釗，白吉庵、張之華、李開軍等人均認爲《發刊詞》由章士釗所寫〔註41〕。沈寂則認爲《發刊詞》應爲陳獨秀、章士釗合撰〔註42〕。前一種觀點建立在章士釗作爲報紙創辦人，《發刊詞》理應由章撰寫的基礎上；後一種觀點則建立在陳獨秀與章士釗一起創辦《國民日日報》的基礎上。上述觀點雖然不同，但都不是建立在細緻的文本比較的基礎上，猜想成分居多。本書通過比較分析相關文本，認爲《發刊詞》應爲陳獨秀、章士釗合撰。

對《發刊詞》作者的考證分爲三部分：第一部分對《發刊詞》表述的新聞理念進行分析，指出《發刊詞》中部分新聞理念來源於松本君平的《新聞學》及梁啓超的三篇文章；第二部分比較分析陳獨秀、章士釗創辦《國民日日報》前已有的新聞理念，指出《發刊詞》中部分內容暗合陳獨秀的理念，與章士釗則存在差異；第三部分比較陳獨秀、章士釗接觸松本、梁氏二人相關論著的可能性，指出相較於章士釗，陳獨秀接觸相關論著的可能性更大。

1、《發刊詞》對松本、梁啓超二人新聞觀念的引述

（1）《發刊詞》表達的新聞理念及對報界現狀的描述〔註43〕

《發刊詞》作爲指導辦報活動的方針，反映了作者的新聞理念，文中必然運用相關新聞理論作爲論據，也必然對報界現狀進行描述。《發刊詞》中涉及的新聞理念及對報界現狀的描述主要體現在以下幾方面：

A.輿論（言論）爲一切事業之母的輿論觀

文中有三處類似的表述：「輿論者，造因之無上乘也，一切事業之母也。故將圖國民之事業，不可不造國民之輿論。」「如林肯爲記者，而後有釋黑奴之戰爭，格蘭斯頓爲記者，而後有愛爾蘭自治案之通過。言論爲一切事實之母，是豈不然。」「雖然，言論者必立於民黨之一點而發者也。有足爲事實之母之言論，必先有爲言論之母之觀念。」

〔註41〕　白吉庵：《章士釗傳》〔M〕。作家出版社，2004 年版，第 23～24 頁；張之華編：《中國新聞事業史文選》〔Z〕。中國人民大學出版社，1999 年版，第 107 頁；李開軍：《松本君平〈新聞學〉一書的漢譯與影響》，《國際新聞界》〔J〕。2006 年第 1 期，第 70～73 頁。

〔註42〕　沈寂：《陳獨秀傳論》〔M〕。安徽大學出版社，2007 年版，第 306 頁注釋 4。

〔註43〕　本部分所有引文部分的文字均出自《國民日日報發刊詞》，《國民日日報》，1903 年 8 月 7 日。

以上表述時用「輿論」，時用「言論」，雖然表達的意思基本一致，即輿論（言論）爲一切事業之母，但「輿論」與「言論」的混用，表明這篇發刊詞應由報刊同人合作完成。

B.「第四種族」說

《發刊詞》對「第四種族」進行了詳細的闡述。首先對「第四種族」做了界定，所謂「第四種族者」，是「對於貴族、教徒、平民三大種族之外」，而「另成一絕大種族者」，亦即「由平民之趨勢，逶迤而來；以平民之志望，組織而成，對待貴族而爲其監督，專以代表平民爲職志」的所謂「新聞記者」。在此基礎上，《發刊詞》論述了「第四種族」與「輿論」的關係，「第四種族」爲「一切言論之出發地」，「輿論」由「第四種族」「屍之」，「自十九世紀歐洲有所謂第四種族之新產兒出世，而輿論乃大定。」

《發刊詞》還論述了「第四種族」的產生條件及其與「平民種族」的關係。「第四種族」必待「貴族與平民之界既分」，「平民得與於三大種族之列」，然後依「平民多數之志望」，「併合發表」，於是平民也得「足以抵抗貴族教會而立於平等之地位」。關於第四種族與平民種族的關係，文中作了這樣的論述：「新聞學之與國民之關切爲何如，故記者既據最高之地位，代表國民，國民而亦即承認爲其代表者。」此處把「新聞學」與「國民」的關係等同於「第四種族」與「平民」的關係，表明作者認爲「第四種族」與「新聞學（實指新聞界——筆者注）相同」，「平民」與「國民」相同。

《發刊詞》還批評了中國第三種族與第四種族的現狀，「中國民族之歷史，言之實可醜也……至於今日……號稱數萬萬，寧可當歐洲第三種族之一指趾哉？第三種族於沉淪，至於此極；而望第四種族之間起而勃興，胡可也！然第三種族之沉淪，至於此極，而不升高以望第四種族之間起而勃興，又胡可也！」上述批評性表述，其目的在於闡述報紙的宗旨，「願作彼公僕，爲警鐘適鐸，日聒於吾主人之側……」

C.「國民嚮導」說

《發刊詞》還表達了「嚮導國民」的志向，「嗚呼！中國報業之沿革如是，國民之程度如是，而欲蔚成一種族，吸取民族之暗潮，改造全國之現勢，其殆不能乎？其殆不能乎？故以吾《國民日日報》區區之組織，詹詹之小言，而謂將解脫「國民」二字，以餉我同胞，則非能如裁判官，能如救世主（松本君平之所頌新聞記者），誠未之敢望。……以此報出世之期，爲國民重生之

日。」作者認為，以區區《國民日日報》之詹詹小言，雖然努力解脫「國民」、嚮導「國民」，但不敢奢望做到松本君平稱讚記者像裁判官，如救世主的地步。

D.對中國報業沿革的批評性表述

《發刊詞》還對中國此前 30 年報業發展做了批評性的回顧，「中國之業新聞者，亦既三十年，其於社會有一毫之影響與否，比可驗之今日而知之者也。有取媚權貴焉者！有求悅市人焉者；甚有混淆種界，折辱同胞焉者。求一注定宗旨，大聲疾呼，必達其目的地而後已者，概乎無聞。有之，則又玉碎而不能瓦全也。」這種批評性的回顧，是為了表明中國報業不盡如人意，其目的在於表明該報的堅定宗旨。

（2）松本君平、梁啟超二人相關新聞理念的論述

此處主要對松本的《新聞學》以及梁啓超《清議報一百冊祝辭並論報館之責任及本報館之經歷》（簡稱《祝辭》）、《輿論之母與輿論之僕》（簡稱《輿論》）、《敬告我同業諸君》（簡稱《敬告》）等三篇文章進行分析。依據在於，上文舉列的《發刊詞》中相關新聞理念與上述兩人的著述關係密切，部分內容甚至為直接引用〔註44〕。

A.《新聞學》對「第四等級」及相關論述

松本在《新聞學》第一章「第四種族之發生」中，專門論述了第四等級的發生，原文如下：

> 第四種族者何謂也？貴族、僧侶（歐西之教徒）、平民，為構成國家之三大種族。而其稱第四種族者，發生於近世紀，而為社會之一大現象，一大革命家。其職任既非如貴族之誇耀人爵，又非如教徒之祈福未來，且非如平民之行尸走血，隸馬奴牛。彼蓋以明敏之才幹，靈秀之神經，握區區一管，以指揮三大種族之趨向，即構成國民之三大階級，而有天賦與使命之大種族也。其種族為何？即指新聞記者之一種族而已。英之普魯古氏，曾在英國下議院指新聞記者而喟然歎曰：是英國組織議會之三大種族之力（貴族、僧侶、平民），而有最偉大勢力之第四種族也！今者，無論貴族也、僧侶也、平民也，皆不得不聽命於此種族之手。彼若預言，則可以徵國民之

〔註44〕　需要指出的是，此處對上述松、梁著述的分析僅涉及與《發刊詞》內容相關的部分。

運命；彼若裁判，則可以斷國民之疑獄；彼若爲立法家，可以制定律令；彼若爲哲學家，可以教育國民；彼若爲大聖人，可以彈劾國民之罪惡；彼若爲救世主，可以聽國民無告之痛苦，而與以救濟之途。其視力所及，皆有無窮之感化，此新聞記者之活動範圍也。〔註45〕

　　近世新聞紙，所以有此大力者，蓋以新聞爲輿論之引火線，而又爲輿論之製造器也。故國民之意見，常隨有卓識之新聞記者爲轉移。以是其一抑一揚，足以決彼等運命之浮沉；其一毀一譽，即可爲最後輿論之宣告也。〔註46〕

該書《敘論》「近世文明與新聞之德澤」中，還有如下論述：

　　若夫乘此潮流，漲進之，充足之，喚發人類思想之自由，益助此文運進步者，則惟近世之新聞事業也。然新聞之於社會，所以有此猛大勢力者，全在創立近世文明之基礎與發達思想之自由，而使之永進化而不止。是則新聞之與社會，相爲因緣。社會之進運日益強大，而新聞之發達，已從可知也。〔註47〕

此外，該書《原序》〔註48〕中，還有相關文字論述此點：

　　……今也新聞紙，至能奪此能力。……此果何故耶？曰：在平民時代，不外代表國民中最聰強、最高尚之思想感情而已。蓋平民時代者，非謂以多數人民之意見爲國政之標準，乃以國民中之最聰強、最高尚之思想感情，爲多數國民之嚮導，且由其力而可疏通國政也。……曰言之，則新聞紙即國民之本身也。〔註49〕

　　由上可知，松本的《新聞學》較爲詳細地論述了「第四等級」（新聞記者）的定義、產生時間及作用，《序論》則闡釋了近世文明與新聞業之關係，認爲兩者相互因緣，互爲漲進。該書所附《原序》則特別強調了「平民時代」記者可爲多數國民之嚮導的重要性。

〔註45〕松本君平：《新聞學》〔M〕。余家宏、寧樹藩、徐培汀、譚啓泰編著：《新聞文存》〔Z〕。中國新聞出版社，1987年版，第9頁。

〔註46〕同上，第12頁。

〔註47〕同上，第7頁。

〔註48〕根據《原序》一文末段「我友松本世民君，少有大志，慧才能文。……此書乃其在政治學校中所講演者……余故爲之敘述，已告天下」，可知該序爲松本的友人所寫。

〔註49〕同上，第3頁。

B.《祝辭》有關「第四階級」的論述

梁氏的三篇文章只有此文論述了「第四階級」，內容如下：

清議報之事業雖小，而報館之事業則非小，英國前大臣波爾克，
嘗在下議院指報館記事之席而歎曰：「此殆於貴族教會平民三大種族
之外，而更爲一絕大勢力之第四種族也」（英國議員以貴族、教徒、
平民三階級組織而成，該英國全國民實不外此三大種族而已。）日
本松本君平氏著《新聞學》一書，其歌頌報館之功德也，曰：「彼如
預言者，謳國民之運命；彼如裁判官，斷國民之疑獄，彼如大立法
家，制定律令。彼如大哲學家，教育國民。彼如大聖賢，彈劾國民
之最惡。彼如救世主，察國民之無告苦痛而與以救濟之途。」……
無他，思想自由、言論自由、出版自由，此三大自由者，實爲一切
文明之母。

歐美各國之大報館，其一言一論，動爲全世界人之所注觀所聳
聽，何以故？彼政府採其議以爲政策焉，彼國民奉其言以爲精神焉，
故往往有今日爲大宰相大統領，而明日爲主筆者。亦往往有今日爲
主筆，而明日爲大宰相大統領者。美國禁黑奴之盛業何自成乎？林
肯主筆之報館爲之也。英國愛爾蘭自治案何以通過乎？格蘭斯頓主
筆之報館爲之也。……〔註50〕

比較該文與《新聞學》的論述，可知梁文關於「第四階級」的論點來源
於松本，但梁文對「第四等級」的論述則非常簡單，且用「報館」代替「新
聞記者」，把《新聞學》中對「新聞記者」的稱讚改爲對「報館」的稱讚，這
種替代反映了在梁的意識中，「新聞記者」與「報館」爲同一指稱。梁文又以
林肯、格蘭斯頓爲例論證歐美報館言論的重要性，這兩個事例是《新聞學》
所沒有的〔註51〕。值得注意的是，梁文提出了「思想自由」、「言論自由」及
「出版自由」，「實爲一切文明之母」的觀點。

C.《輿論》對「輿論之母」的論述

梁氏在該文中，論述了「輿論之母」與「輿論之僕」的辯證關係，內容
如下：

〔註50〕　梁啓超：《清議報一百冊祝辭並論報館之責任及本報館之經歷》《清議報》〔N〕。
　　　　第 100 期，1901 年 12 月。
〔註51〕　《原序》中也舉了格蘭斯頓的事例，但是所作的貢獻則是意大利的獨立，這與
　　　　梁文中格蘭斯頓對愛爾蘭的貢獻是根本不同的。見松本君平《新聞學》第 4 頁。

彼其造輿論也，非有所私利也，爲國民而已。苟非以此心爲鵠，則輿論必不能造成。彼母之所以能母其子者，以其有母之眞愛存也。母之眞愛其子也，恒願以身爲子之僕。惟其盡爲僕之義務，故能享爲母之利權。……故世界愈文明，則豪傑與輿論愈不能相離。然則欲爲豪傑者如之何？曰：其始也，當爲輿論之敵；其繼也，當爲輿論之母；其終也，當爲輿論之僕。敵輿論者，破壞時代之事業也；母輿論者，過渡時代之事業也；僕輿論者，成立時代之事業也。〔註52〕

這段文字辯析了輿論之母與輿論之僕的關係，但此處的「輿論之母」概念與上段「『思想自由』、『言論自由』以及『出版自由』，實爲一切文明之母」的觀點是不同的，「輿論之母」指向豪傑（或進步報館）；「文明之母」則指向「三大自由」。

D.《敬告》對報館「兩大天職」的論述

梁氏在本文論述了報館具有監督政府、嚮導國民等兩大天職的觀點：

所謂監督政府者何也？……輿論無形，而發揮之代表之者，莫若報館，雖謂報館爲人道之總監督可也。……而報館者即據言論出版兩自由，以實行監督政府之天職者也……拿破崙嘗言：「有一反對報館，則其勢力之可畏，視四千枝毛瑟槍殆加甚焉。」……報館者，非政府之臣屬，而與政府立於平等之地位者也。……故報館之視政府，當如父兄之視子弟，其不解事也，則教導之；其有過失也，則撲責之，而豈以主文譎諫畢乃事也。……

所謂嚮導國民者何也？……要之以嚮導國民爲目的者，則在史家謂之良史，在報界謂之良報。……報館者，救一時明一義者也。故某以爲業報館者既認定一目的，則宜以極端之義論出之，雖稍偏稍激焉而不爲病……大抵報館之對政府，當如嚴父之督子弟，無所假借。其對國民，當如孝子之事兩親，不忘幾諫，委曲焉，遷就焉，而務所以喻親於道，此孝子之事也。〔註53〕

（3）《發刊詞》與松本、梁氏相關論述的比較

對比《發刊詞》與松本、梁氏的相關表述，可知《發刊詞》的相關表述來自松本與梁氏。因此，可以做這樣的推論──上述兩人的論述爲《發刊詞》

〔註52〕 梁啓超：《輿論之母與輿論之僕》《新民叢報》〔N〕。第 1 號，1902 年 2 月。
〔註53〕 梁啓超：《敬告我同業諸君》《新民叢報》〔N〕。第 17 號，1902 年 10 月。

提供了理論來源，《發刊詞》作者應該讀過上述兩人的著述。當然，《發刊詞》的相關表述與松本、梁氏仍存有一些不同。

A.《發刊詞》對松本「第四階級」說進行了「發揮」

《新聞學》雖然論述了「第四等級」（新聞記者）的定義、產生時間及作用，但沒有交代「第四種族」產生的原因。該書所附《原序》對「平民時代」的強調雖可理解為平民時代是新聞記者（第四階級）產生的重要背景，但通觀《新聞學》，松本沒有對「第四種族」的產生作闡釋〔註54〕。《發刊詞》則指出，「第四種族」即所謂「新聞記者」，「第四種族」是由「平民之趨勢，透迤而來」，「以平民之志望，組織而成」，其職業志向為監督貴族、代表平民。《發刊詞》還認為，第四種族的產生必待「貴族與平民之界既分」，「平民得與於三大種族之列」，然後依「平民多數之志望」，「併合發表」而為「第四種族」，於是平民也得「足以抵抗貴族教會而立於平等之地位」。

應該說，這種關於「第四等級」形成的解釋是不科學的，但反映出作者嘗試運用域外新聞理論觀照中國現實問題的努力。如果考慮到清末社會語境下「國民」與「平民」的同構性，這種解釋也有一定的合理性，而且在民族危亡時期，「第四種族」與「平民」關係確實很密切，清末中國尤其如此。因此，《發刊詞》雖引用了松本「第四等級」的理論，但卻多有發揮。

B.輿論（言論）之母的論說與松本、梁氏論述的差異

上述松、梁二人的著述均對輿論的強大力量表示了懾服，如松本「故國民之意見，常隨有卓識之新聞記者為轉移」的表述，梁氏「歐美各國之大報館，其一言一論，動為全世界人之所注觀所聳聽」以及報館通過輿論手段監督政府、嚮導國民兩大「天職」說等表述。兩人也都論述了新聞與文明的關係，松本認為近世文明與新聞業互為因緣，相互漲進；梁啓超則進一步認為，「思想自由、言論自由、出版自由」，「實為一切文明之母」。可以說，梁氏的觀點是從松本的觀點發展而來，但兩人均沒有明確提出「輿論（言論）為一切事業之母」的觀點。

梁氏與《發刊詞》均使用了林肯、格蘭斯頓的例證，但兩者論證的觀點

〔註54〕　這裡僅是就「第四種族」而言，並不針對「新聞業」（新聞事業）。《新聞學》一書中對「新聞業」生成的原因作了詳細交待，對「第四種族」（新聞記者）的產生則沒有交代，似乎認為「新聞業」的生成原因與「第四種族」形成的原因是相同的，故沒有特別交待。

是不同的。梁氏的目的在於闡述「歐美各國之大報館，其一言一論，動爲全世界人之所注觀所聳聽」的原因；《發刊詞》則是爲了得出「言論爲一切事實之母」的結論。因此，《發刊詞》「輿論（言論）爲一切事業（事實）之母」的觀點，雖源自松本與梁氏的相關著述，但內涵卻存在很大差異。儘管《發刊詞》的觀點還比較模糊，比如「輿論」與「言論」不分、「事業」與「事實」混用，但這一觀點本身蘊涵的含義已經超出上述二人的相關論述。

由上述分析可知，《發刊詞》作者不僅讀過上述松本、梁氏的相關著述，而且進行了深入地思考。

2、創辦《國民日日報》前，陳獨秀與章士釗各自的新聞理念

創辦《國民日日報》前，陳獨秀與章士釗均發表過能反映其新聞理念的文字，這爲比較兩人的新聞理念提供了可能〔註55〕。

（1）陳獨秀創辦《國民日日報》前的相關新聞理念

陳獨秀在參與創辦、編輯《國民日日報》之前，雖沒有辦報，但卻留有相關報刊言論文字。如第二次演說會期間，發表於《蘇報》，署名爲「皖城愛國會同人」的《開會之啓》中即有「思想言論，事實之母」的文字〔註56〕，這八字與《發刊詞》中「輿論者，造因之無上乘也，一切事業之母也」，「有足爲事實之母之言論，必先有爲言論之母之觀念」暗合。此外，在陳獨秀擬定的《安徽愛國社擬章》中「本社既名愛國，自應遵守國家秩序，凡出版書報，惟期激發志氣，輸灌學理，不得訕謗詆毀，致涉叫囂」〔註57〕的論述與《國民日日報》1903 年 10 月 21 日所刊《近四十年世風之變態》〔註58〕一文對《清議報》、《新民叢報》所使用「揭」、「攻」、「詆」、「罵」、「嗤」、「聒聒」等詞所持的批判態度是一致的。第一點表明了陳獨秀在《國民日日報》之前即有「思想言論，事實之母」的觀點，後一點表明陳獨秀對《清議報》、《新民叢報》作了批判性的閱讀。

（2）章士釗創辦《國民日日報》前的相關新聞理念

章士釗在創辦《國民日日報》之前，曾任《蘇報》主筆。作爲《蘇報》

〔註55〕 需要指出的是，此處比較的是兩人能夠形成比照，且與《發刊詞》內容相關的部分。

〔註56〕 《安徽愛國會之成就》，《蘇報》1903 年 5 月 25 日，「要件代論」欄。

〔註57〕 《蘇報》，1903 年 6 月 7 日。

〔註58〕 該文作者爲陳獨秀將在下文展開論證。

主筆，以下三篇論說極有可能是章士釗所寫，即使不是其所寫，文章觀點也為其贊同，反映了他的新聞理念〔註59〕，具體如下：

論湖南官報之腐敗（5月26日）

報館者，發表輿論者也。……於是業報館者，以爲之監督……此報館之天職也……吾爲此言，非謂官場人人與國民反對，事事與國民反對也，若以報館而論，則官場視之當如神聖不可侵犯，而業報館者之應付官場，當如嚴父之教訓其劣子，絲毫不肯放過，則豈有官場與報館合而爲一者哉，以泰西憲法之精美權限之確立，而□報館猶視爲絕大之監督，拿破崙日，有一反對報館其勢力之可畏，比四千枝毛瑟槍尤甚焉……

報也者，文明之現象也，報歸官辦，文明國之所絕無者也，文明國之所無，野蠻國或有之。今吾國既出此野蠻之報，然則報尚得謂之文明之現象耶，嗚呼……

論報界（6月4日）

……夫報館者，與社會爲轉移者也……雖然以社會之進步爲報館之進步，非報館之性質也。報館之性質，乃移人，而非移於人者也，乃監督人而非監督於人者也。唯有此性質是必出其強硬之手段，運其靈敏之思想，無所曲循，無所瞻顧，對於政府爲唯一之政監，對於國民爲惟一之鄉道，然後可以少博其價值，而有國會議院之傾向。

吾國報館之無價值久矣，遷就於官場，遷就於商賈，遷就於新舊黨之間，下至遷就於蕩子狎客，而稍有不用其遷就者，必生出種種之反對，反對尤甚，莫如官場，以其性質本不倫，而今日又報界黑暗官場婪戾之時代……

讀新聞報自箴篇（6月30日）

今者若朝若野均有其捕拿革命之好名詞。以圖升遷，以謀異賞。

〔註59〕 這幾篇論說均爲章士釗主筆《蘇報》期間該報刊登的「論說」。《論湖南官報之腐敗》，根據文中對湖南報章以及李莘田等人情況的介紹，以及所用的語氣，可以肯定該文出自章士釗之手。《論報界》及《讀新聞報自箴篇》兩篇，文中對報界黑暗現狀的批判與《發刊詞》有暗合之處，且章士釗爲主筆，故也應出自章士釗之手，或至少代表了章士釗的觀點。

而爲此時代之交通機關者，實惟報章與新舊有直接之關係者。……
吾於是淨矚中國有名之報章，察其宗旨之果堅定與否。□論之果足
助長風潮與否，而不得不放聲爲報業哭……

細讀上述三篇論說，可以發現，章氏的持論與梁氏的論點有膠合之處，而且主要來源於梁氏的《敬告》，其對報刊監督政府的觀點以及所引拿破崙的言論，均表明《敬告》一文對章氏的影響。章氏對其時報業現狀的批評也源自於梁文，當然章文對報業現狀的批評顯然比梁文有所發展，而且與《發刊詞》中對報界現狀的批評相合。但是就《發刊詞》中最爲重要的「第四等級」與「輿論（言論）爲一切事業之母」的論點，則無一筆。這說明章士釗此時（1903 年 6 月）只受到了梁氏《敬告》一文的影響，似乎他只閱讀了《新民叢報》，而沒有閱讀過《清議報》與《新聞學》。

由上可知，章士釗肯定參與了寫作，而《發刊詞》部分內容也暗合陳獨秀的理念。

3、相較章士釗，陳獨秀接觸松本、梁啟超相關著述的可能性更大

前文第一部分指出，《發刊詞》的作者應該閱讀過松本、梁氏的相關著述。第二部分則從理論上證明陳獨秀參與寫作《發刊詞》是可能的，而章士釗則肯定參與了《發刊詞》的寫作。然而，這還不能排除章士釗獨撰的可能性。如果章士釗在《蘇報》停刊至《國民日日報》創刊的短短一個月內，閱讀了松本、梁氏的新聞著述，就有可能排除陳獨秀參與寫作的可能性。以下即對陳、章二人接觸松本、梁氏著述的可能性進行分析，以此論證陳獨秀參寫的可能性。

（1）兩次留日讓陳獨秀具備了閱讀松本、梁氏著述的可能性

陳獨秀第一次留學日本是在 1901 年 11 月，到東京後，陳獨秀就參加了當時留學生中唯一的團體「勵志會」，而「勵志會」即有專門的「譯書彙編社」，出版《譯書彙編》月刊〔註60〕。該刊第七期（1901 年 7 月 30 日）所載「已譯待刊書目錄」中，第 23 種即爲松本的《新聞學》。然而《新聞學》一書最終未刊載，陳獨秀也因政見不一退出了「勵志會」。因此，沒有直接證據證明陳獨秀在日本讀過《新聞學》。然而相較於章士釗，陳獨秀畢竟近水樓臺，而且

〔註60〕「譯書彙編社」是由 1900 年成立的留日中國學生組織「勵志會」發起的第一個留學生譯書團體，同年 12 月，《譯書彙編》月刊刊行。

陳獨秀對西學有著濃厚的閱讀興趣。1902 年 3 月在安慶發起藏書樓，該藏書樓被安慶官方及保守派稱爲「西學藏書樓」，所藏書籍也是陳獨秀第一次留日期間收集的西學書籍〔註61〕。不僅如此，陳獨秀此時辦報願望強烈，1902 年曾擬辦《愛國新報》，1903 年再次表達了創辦報紙的願望。因此，留日期間閱讀《新聞學》是極有可能的事。

梁啓超作爲近代知識分子的先覺者、啓蒙者，其創辦的《清議報》、《新民叢報》均在日本發行，且在留學生中間具有很大的影響。上述梁氏的三篇論述刊發時間分別爲，《祝辭》（《清議報》第 100 期，1901 年 12 月），《輿論》（《新民叢報》第 1 號，1902 年 2 月），《敬告》（《新民叢報》第 17 期，1902 年 10 月）。上述文章發表時，陳獨秀恰在日本留學。因此，陳獨秀閱讀《清議報》、《新民叢報》也是完全可能的。

（2）章士釗接觸松本《新聞學》、梁啟超《清議報》的可能性較小

由前述章士釗在《蘇報》上發表的論說可知，章氏接受了梁啓超在《敬告》中提出的新聞觀點。然而章氏是否在此之前接觸過梁氏其他兩篇論說呢？是否閱讀過松本的《新聞學》呢？又是否可能在短短的一個月內就接受了松本、梁氏的新聞觀點並有所創造發揮呢？

松本的《新聞學》雖由商務印刷館在 1903 年印行，但大範圍的發行、形成影響則應在 1904 年〔註62〕，而章氏民元前的辦報活動則主要集中於 1903 年。因此，理論上章氏是有可能看到《新聞學》，但是如果考慮到在短短的一個月內，閱讀、接受《新聞學》，進而有所創造發揮，實現思想資源的轉變，這種可能性則是微小的。

《蘇報》案的發生，章士釗義兄章炳麟、義弟鄒容作爲主犯牽涉其中，章氏必須出手營救，《國民日日報》對「沈藎案」的高度關注即是章氏出於營救章、鄒二人的考慮。不僅如此，按照白吉庵在《章士釗傳》中的論述，《蘇報》被封後，章即從事「實際工作，又開始與黃興加強聯繫，計劃如何開展

〔註61〕 王觀泉：《被綁的普羅米修斯——陳獨秀傳》〔M〕。臺灣業強出版社，1996 年版，第 75 頁。

〔註62〕 這可從該書的廣告發佈情況反映出來，1904 年 3 月 11 日《東方雜誌》創刊號刊登的新書廣告，1904 年 5 月 23 日《申報》及之後若干期所刊登的商務印書館售書廣告，1904 年 6 月 28 日《大公報》及此後若干期刊登的新書廣告都有該書書目。以上數據來源於李開軍：《松本君平〈新聞學〉一書的漢譯與影響》，《國際新聞界》〔J〕。2006 年第 1 期，第 70～73 頁。

革命工作」。他是在送走黃興後，才刊行《國民日日報》。而且即使在編輯《國民日日報》期間，章士釗還「抽出時間，去推行他與黃興議定好在南京方面的工作」〔註63〕。可以說，《國民日日報》創刊前後章士釗都在從事「實際工作」。這種情況下，用不到一個月的時間完成思想資源的轉換，由關注報館轉向關注記者，是有困難的，況且《新聞學》的大範圍傳佈則是在 1904 年。因此，章士釗在創辦《國民日日報》前，閱讀松本的《新聞學》並進而有所發揮是有困難的。

那麼，章士釗是否閱讀過《祝辭》、《輿論》兩篇文章呢？這種可能性也是微弱的。如前所述，上述兩篇文章分別發表於《清議報》（1901 年 12 月 21 日）和《新民叢報》（1902 年 2 月 8 日），《敬告》一文則發表於 1902 年 10 月第 17 期。需要指出的是，《敬告》與《輿論》發表時間相隔八個月，而且《新民叢報》一經創刊旋即取代《清議報》成爲新型知識分子閱讀的主要刊物。

章士釗則於 1902 年 3 月才東下南京，同年夏入讀江南陸師學堂，1903 年 4 月退學赴上海參加愛國學社，5 月任《蘇報》館主筆〔註64〕。東下南京前，章主要忙於生計，因而章士釗讀到《清議報》的機會非常微小，1901 年 12 月《清議報》即因火災而關張，新刊的《新民叢報》旋即取代了《清議報》的地位。入讀南京陸師學堂期間，章士釗是有可能閱讀《新民叢報》的〔註65〕，但讀過《新民叢報》並不意味著也看過《清議報》，甚至也不意味著讀過《新民叢報》創刊號。事實上，章士釗刊發於《蘇報》的論說在顯示梁氏《敬告》一文影響的同時，也透露出他沒有讀過《祝辭》一文。《蘇報》論說中用拿破崙的話作爲例證與《發刊詞》中用格蘭斯頓、林肯作爲例證，也可以證明這一點。更何況，退學去滬後的章士釗全力投入書報宣傳工作，在這種情況下，章氏能否重翻已經「落伍」的《清議報》是大可懷疑的。

由上可知，相較於章士釗，陳獨秀不僅有可能接觸松本、梁氏的相關著述，而且也有「充裕」的時間「改造」松本、梁氏的論點。

儘管沒有確切「史實」來「坐實」陳獨秀與章士釗合撰了《發刊詞》，但是通過對相關文本的比較分析，可以認爲陳獨秀參與了《發刊詞》的寫作。

〔註63〕 白吉庵：《章士釗傳》〔M〕。作家出版社，2004 版，第 33～34。

〔註64〕 白吉庵：《章士釗傳》〔M〕。作家出版社，2004 版，第 426。

〔註65〕 雖然南京陸師學堂規定不准閱讀《新民叢報》等新書報，但這種規定本身即證明了《新民叢報》在進步學生中的流行情狀。此處史實參見白吉庵：《章士釗傳》〔M〕。作家出版社，2004 版，第 10 頁。

這種討論是必要的，既有利於接近歷史的本來面目，也有於辨清陳、章二人的報刊主張，更有利於研究陳獨秀早年的報刊實踐及傳播思想。

（二）《近四十年世風之變態》為陳獨秀所寫

1、文章內容更符合陳獨秀該時期的思想主張

這是一篇具有現代媒介批評色彩的文字，文字是在「思想言論，事實之母」的視角下，對「過渡時代的思想言論」進行考察的，認為《格致彙編》、《經世文續編》、《盛世危言》、《時務報》、《清議報》以及《新民叢報》等書報倡導的思想言論，帶來了愈發悲慘的社會現實，即「由製造以至洋務，吾民之脂膏被人吸去者幾何，吾民之土地被人轉贈朋友者幾何；由洋務而時務而變法而保皇而立憲，吾民之脂膏被人吸去者幾何，吾民之土地被人轉贈朋友者幾何」〔註66〕。這篇文章批評的對象是過去的「歷史事實」，對「製造」、「洋務」有所批判，但這些都是過去的「政象」，早已成為政界的反思對象。而康梁此時仍為清政府的緝拿對象，對梁啓超維新派的報刊實踐進行批判也與批評「時政」無涉。因此，該文雖是一篇批判文章，但並不是一篇「激烈」文章，而且該文最終的立腳點並不是革命排滿，而是憂國憂民的人道主義情懷。

如前所述，兩次演說會的宗旨都是愛國拒俄，革命排滿不是陳獨秀的志趣。不寧唯是，陳獨秀還表現出了對國家秩序的服從，《安徽愛國社擬章》已經表明陳獨秀追求的報刊實踐，是在遵守國家秩序的前提下進行的，強調激發志氣，灌輸學理，反對訕謗詆毀，致涉叫囂。如前所述，清政府對拒俄運動的「不當處理」，促使了一部分知識精英的革命轉向，章士釗、劉師培、張繼、林獬等人為典型代表，這從他們的報刊言論中，可以輕鬆的尋找到這種轉變的思想軌跡。如章士釗、張繼在《蘇報》上進行的革命排滿的宣傳，劉師培、林獬兩人從《國民日日報》到《警鐘日報》再到《中國白話報》，態度愈趨「激烈」，劉師培更被稱為「激烈第一人」。反觀陳獨秀，不僅參與《國民日日報》之前強調書報出版應該遵守國家秩序，其後創辦的《安徽俗話報》也沒有出現反清排滿的「激烈」言論。因此，從文章的思想內容來看，在上述諸人中，陳獨秀寫作的可能性最大。

〔註66〕　《近四十年世風之變態》，《國民日日報》，1903 年 10 月 21 日，這一部分引文的文字均出自該文。

此外，另有一些文詞字句也顯示出該文爲陳獨秀所作。如首段「過渡時代之中，必有無量之思想以胚胎之，必有無量之言論以醞釀之，而此思想言論也，即爲其事其物之母，其言論其思想不可不察。」末段「雖然言論者事實之母也，吾民族無有此進步之世風則已也……以言現今之趨勢，則另有說。」首末兩段出現的「思想言論」的字句，無疑與署名爲「皖城愛國會同人」的《會啓》中「思想言論，事實之母」的觀點是相合的。末段中「以言現今之趨勢，則有另說」的寫作文風，早在《揚子江形勢論略》即已出現，該文即有「湖中水師當另議」；《安徽愛國社擬章》中也有「出報，另具專章」，這些「另議」、「另說」、「另具」的文字都只是計劃而已，並沒有完成，至少目前沒有相關存世文字，而且根據筆者對《國民日日報彙編》所收「論說」的閱讀，章士釗、劉師培、張繼所撰的論說沒有這個特點〔註67〕。

最爲重要的是，該文部分段落的遣詞造句及表達的主張符合陳獨秀的報刊傳播思想。陳獨秀在《安徽愛國社擬章》中強調了「不得訕謗詆毀，致涉叫囂」，但他本人並沒有對「訕謗詆毀，致涉叫囂」提供具體的例證。四個月後，《國民日日報》發表的《近四十年世風之變態》則提供了「訕謗詆毀，致涉叫囂」的具體例證，該文「清議報之世風」一段，「設清議報館以標其宗旨，康門弟子，乃收束其張三世通三統之門面語，而重張旗幟。三年之中，百號之內，有日日不可缺之述說焉，一揭宮中之淫事，以垂簾故；二攻榮祿之奸惡，以軍機大臣故；三詆剛毅之橫暴，以南下故；四罵張之洞之無知，以殺唐才常故；五嗤端莊之冥頑，以立大阿哥故」，「新民叢報之世風」一段，「嗚呼，彼自稱中國新民者，日在風潮漩渦之中，豈特爲是聒聒者耶？吾人鑒其苦心孤詣，其見識眞加人一等者。有數故焉，一聯合舊交（戊戌間所共事者）；二聯合立憲（如東京學生金邦平、吳止欺、章仲和之類）；三恐失保皇；四恐懼孫黨；五服康先生。若夫散佈南海先生最近政見書，則又彼秘密出版之妙策也」，上述引文中所用的「揭」、「攻」、「詆」、「罵」、「嗤」、「聒聒」、「恐」、「散佈」等詞無疑最合「訕謗詆毀，致涉叫囂」。

2、相較於其他報刊同人，陳獨秀撰寫此文的可能性最大

上述引文還表明該文作者是讀過梁啓超創辦的《時務報》、《清議報》、《新民叢報》，而且這種讀報行爲不是簡單的閱讀，而是一種深度閱讀，一種批判

〔註67〕 需要指出的是，此處所說的章士釗、劉師培、張繼所撰的論說，或是他們本人事後「認領」的文章，或是研究者考證出來的文章。

性的閱讀。不光如此，上述引文對「如東京學生金邦平、吳止欺、章仲和之類」的點名批評，透露出讀者熟知梁啟超與留日學生的「聯合」行爲。亦即寫作該文還要具備兩個條件，一是「熟讀」梁啟超創辦的《時務報》、《清議報》、《新民叢報》，二是「熟知」梁啟超在日本的行爲。

儘管馮自由關於《國民日日報》的描述多有謬誤，但他提供了一份先後爲報紙撰文的重要名單，即章士釗、張繼、何靡施、盧和生、陳去病、蘇曼殊、陳由己、金天翮，柳棄疾諸人。此外還要加上劉師培與林獬，這兩人肯定參與了報紙的文字工作。這份名單中，此時有留日經歷的只有陳獨秀（由己）、張繼、蘇曼殊、林獬、陳去病五人，其他幾人尚沒有留日經歷。上述人中，盧和生爲發行人，陳去病、金天翮、柳棄疾等人在《國民日日報》上發表了不少詩作，這些詩作均有署名。蘇曼殊英文最好，漢文較弱，主要是譯報，小說《慘社會》是由蘇曼殊、陳獨秀「合作」完成。何靡施來到上海後，與陳獨秀、章士釗三人「共居一室」，應該發表了一些文章，但在章士釗創作的小說《雙枰記》及陳獨秀、蘇曼殊兩人寫的序中，以及在何死後，章、陳二人發表的悼詩中，對何靡施的寫作能力均沒有提及，與此對照的是，章、陳二人對此時蘇曼殊中文功底較弱均有文字表述。因此，這篇文章應該不是何靡施所寫。剩下的人中，只有陳獨秀、章士釗、張繼、劉師培、林獬等五人。這五人中，除了張繼之外，其他四人都是近代著名的報刊活動家，即使是張繼，此時也是一位積極的報刊著述者。在這一點上，這五人也有別於蘇曼殊、陳去病、柳亞子等人。因此，該篇文章的作者極有可能在這五人中產生。

上述五人中，留學日本的只有陳獨秀、張繼以及林獬三人，但陳、張兩人留學時間不僅早，而且長，林獬留學日本是在 1903 年，而且時間很短。事實上，1901 年底，陳、張二人就一起加入了第一個中國留日學生組織「勵志會」，與「金邦平、吳止欺、章仲和之類」成爲同志，但不久即因意見不同與兩人又一起退出該會。因此他們是熟悉梁啟超與金邦平、吳止欺、章仲和等人的「聯合」行爲。但是，兩人相較，張繼宣傳革命的熱情是有，但其文筆相對較差，陳獨秀遵守「國家秩序」，但文筆較好。

就章士釗、劉師培來看，《國民日日報》的創辦，章士釗開始逐漸由「激烈」轉向「舒緩」，劉師培和林獬則愈發「激烈」。目前《章士釗全集》（章含之、白吉庵主編，文匯出版社，2000）收錄《國民日日報彙編》所收的《箴

奴隸》、《說君》以及《王船山史說申義》三篇論說；《劉申叔遺書補錄》（萬仕國輯校，廣陵書社，2008）收錄《國民日日報彙編》所收《論中國古代信天之思想》、《中國鬼神原始》以及《道統辨》三篇論說。這也多少表明在白吉庵、萬仕國等研究專家看來，該篇文章不合章、劉二人的寫作風格。

而就對梁啓超創辦的《時務報》、《清議報》、《新民叢報》等報紙的批判性閱讀來看，現有證據中，只有陳獨秀才有可能進行這種批判性閱讀。維新時期寫就的《揚子江形勢論略》不僅表明陳獨秀閱讀了《時務報》，而且這種閱讀是一種精讀，而文中只見《時務報》所刊的「白人所論」，不見梁啓超的變法思想，這也表明這種閱讀多少具有選擇性閱讀的意味。章士釗雖閱讀過《新民叢報》，但章士釗的相關論說中，透露出他對梁啓超新聞理論的膺服和崇拜，離批判的態度還有一定的距離。

綜上，根據文中的思想內容、遣詞造句以及報刊同人寫作此文的可能性，該文由陳獨秀獨撰的可能性最大。

（三）《論增琪被拘》應為陳獨秀所寫

《論增祺被拘》發表於 1903 年 11 月 15 日。該文分兩部分（自然段落）闡述增祺被拘的意義，第一部分為「順從外人之終不可免也」，第二部分為「政府之終不可長恃也」。這兩部分文字分別與陳獨秀參編《國民日日報》前後的報刊文字相類、相合，甚至有所生發。

1、該文第一部分所用論據與《安徽愛國會演說》所用論據相同

該文第一部分有如下論述，「不觀夫背祖國殺同胞以圖富貴者，非波蘭之貴族乎？其後受俄人之虐待也奚若？……吾國人抱增祺之目的者，不知其幾千萬也。吾願若獻媚外人，以冀瓜分後仍得保其官祿者，若學習外國語，以冀瓜分時仰外人保護者，若入外國籍，以冀與外人得平等之權益者，若存銀於外國銀行，以冀亡國後，尚不失為富翁者，若不知愛國獨立之道，惟定計瓜分時執順民旗以偷生者。蓋鑒諸今日增祺之被拘。」〔註68〕

陳獨秀寫作的《安徽愛國會演說》中有「相似」的文字，「記此等漠視國事之徒，約分四種：第一種，平日口談忠孝，斥人為叛逆，一遇國難，則置之不問，決不肯興辦公益之事，惟思積款於外國銀行，心中懷有執順民旗降敵一大保身秒策，是為國賊，是為逆黨。是等國賊、逆黨不殺盡，國終必亡。

〔註68〕論增祺被拘〔N〕。國民日日報：1903-11-15（2）

波蘭賣國貴族私通敵兵，攻擊義師，前車可鑒也。」〔註69〕

對比上述兩段文字，可以發現這兩段文字均以波蘭貴族的賣國行為為論據，對國人存款於外國銀行，以及執順民旗的偷生苟活行為進行了批判。因此，這兩段文字所用的論據是相同的。

2、該文第二部分的論點為《愛國心與自覺心》承繼並發展

該部分主要論述「政府之終不可長恃也」，以邊沁的「政府者，人民所立也，人民者，非政府所立也，若政府失德，不能保護人民，人民應有改造政府之權利」論點為論據，指出「夫政府者，保護人民，捍禦外敵」，方為「政治上善良之制度」。增祺被拘事件，反映了政府不能保護人民，何況當今政府外交上「割地失權」，內政上「縱吏剝民」，理財上「羅掘民脂，歲虞不足」，「國中盜賊充斥不過問」。因此，持國家萬能主義的人應該以此為鑒，亦即「時至今日，還復喪心病狂，無論何等之政府，皆視為全知全能，而蜷伏蟻行於其下，仰其保護，以為若泰山磐石之安者，蓋鑒諸今日增祺之被拘。」

應該看到，該部分文字雖然指出政府日趨腐敗，但其矛頭主要針對國民，尤其是「國家萬能主義者」，目的在於促進國民的警醒，希望國民與國家萬能主義（全知全覺）劃清界限，因而帶有啟蒙的意味，這顯然有別於其時章士釗、劉師培、林白水等人所持的「革命排滿」的「激烈」主張。

尤為重要的是，該文論點及論證方式為其後《愛國心與自覺心》所承襲並發展。《愛國心與自覺心》是陳獨秀 1914 年為《甲寅》月刊撰寫的唯一一篇論說。該文因為提出「殘民之禍，惡國家甚於無國家」的論點，一經發表即遭「詰問叱責」，「讀者大病，愚獲詰問叱責之書，累十餘通，以為不知愛國，寧復為人，何物狂徒，敢為是論。」〔註70〕然而，不堪形慕的時局很快讓知識精英認識到《愛國心與自覺心》一文的現實意義，於是知識界對該文的態度發生了根本逆轉。應該看到，該文既源自陳獨秀對民初社會現實的考察，也源自陳獨秀對國家、政府與國民關係的持續思考。事實上，《論增祺被拘》一文正是《愛國心與自覺心》論域的來源之一。首先，《論增祺被拘》提出的政府只有保護人民，捍禦外敵，才能成為「政治上善良之制度」的觀點，

〔註69〕 陳由己。安徽愛國會演說〔N〕。蘇報，1903-05-26（2）。

〔註70〕 《國家與我》，原載《甲寅雜誌》第 1 卷第 8 號（1915 年 8 月 10 日），見章含之、白吉庵主編《章士釗全集（第三卷）》（文匯出版社，2000 年）第 508～517 頁。

在《愛國心與自覺心》文中發展爲「殘民之禍，有惡國不如無國」的論點。陳獨秀認爲，國家是「爲國人共謀安寧幸福之團體」，國家必須保障國民的權利，謀益人民的幸福。如果一個國家不僅做不到愛民、保民，反而日益加重人民的生活苦難，給民眾帶來人道主義災難，民眾連最起碼的生命權都無法保障，以致不得不託身租界以存活，這樣的國家既喪失了存在的合法性，也不值得國民去愛，這樣的「惡國」不要也罷。上述兩個論點雖然存在一些差異，但其前提都是一樣的，即國家應該保民、安民，只是前文點到爲止，後文則以此作爲「國家可愛與否的標準」。其次，這兩篇文章的寫作目的也是相似的，都是爲了「警醒國民」。兩篇文章矛頭均不是指向政府，而是指向存在錯誤認知的國民，《論增祺被拘》主要針對迷信國家萬能主義（全知全能）者，《愛國心與自覺心》則針對盲動愛國主義者，兩篇文章也都表現出濃厚的啓蒙色彩。

綜上，《論增祺被拘》應爲陳獨秀所撰。

（四）《中國魂》〔註71〕一文應為陳獨秀所寫

該文以中國歷史史實爲論據論證「民族主義」是「中國魂」的觀點。文中表達的相關論點與陳獨秀《安徽俗話報》時期的論點相合，甚至部分文字只存在語體（指文言與白話——作者注）的差別。《國民日日報》同人中，陳獨秀、劉師培與林獬三人均撰寫過介紹中國歷史的白話文，此處將三者文章進行對比，以確證該文爲陳獨秀所撰。

1、該文歷史分期不合劉師培《中國歷史大略》中的分期，故不應為劉師培所撰

該文將中國歷史分爲三期，分別爲古代（自開國以迄周世）、中世（自周屬以迄近時）、近時（自甲午戰役以後），這與劉師培在《中國歷史大略》（《中國白話報》第 19 期）中將中國歷史分爲上古時代（秦以前）、中古時代（秦至唐）、近古時代（梁至明）、近世時代（滿清）的劃分截然不同。因此，此文應不是劉師培所撰。

2、文中對民族起源的論述合於陳獨秀的論述，不合於劉師培、林獬的論述

該文「古代期」部分有文，「……溯吾遠祖果於何地何時何人，得住此莊

〔註71〕 《中國魂》，《國民日日報》1903 年 8 月 26 日、27 日，下文有關此文的引述均來自此文。

嚴淨土，是固尚待研究之問題。然黃炎以前，吾遠處西北諸部落，沿黃河東下，侵入神州……」。

《安徽俗話報》第三期「歷史」欄陳獨秀撰寫的「開國源流」一節，內有「……卻說漢種人，從前也不住在中國，是從西方遷來的，當初第一個老祖宗，到底住在什麼地方，現在也查考不實，但是總在崑崙山以西，這是靠得住的，不知何年何月何日和人，過了崑崙山，來到現在新疆地方，隨後越向東走越見得天氣和暖，山清水秀，好一大塊肥美土地，比那崑崙山苦寒地方，真有天淵之別……」〔註72〕。

《中國白話報》第一期「歷史」欄林獬撰寫的「人種」一節，內有「……我們漢族從前不住在中國，住得是在西帕米爾地方，這帕米爾地方大得狠哩……」〔註73〕；同期「選錄」欄又刊登林獬的《盤古以來種族競爭的大勢》，內有「當先我們的祖宗，生在西方帕米爾高原一代，那時候就開化的了不得了，為什麼呢？那時西方最稱文明的，是埃及與加爾齊亞，我們祖宗所居地方，離加爾齊亞不遠」〔註74〕。

《中國白話報》第 19 期「歷史」欄劉師培撰寫的《中國歷史大略》「漢族動遷的事情」一節，內有「吾們漢族，原籍在亞細亞地方。現在的土耳其、波斯灣旁邊，在上古時候，有個加爾特亞國，是個頂大的。中國的民族，就生在那裡，後來搬到中國的。……況且中國所稱的三皇，都是加爾特亞的皇帝。……大約在三皇的時候，因為加爾特亞地方不好，時時的想闢殖民地……隨後過了帕米爾高原，東入中國……」〔註75〕。

比較上述幾段文字，可以發現，劉師培、林獬兩人都確定了漢族先祖居住的地方，並認為漢族先祖即已開化文明。陳獨秀則認為漢族先祖雖來自西方，但起先居於何地，何時遷入中國則尚待考證。此外「莊嚴淨土」、「神州」與「山清水秀」、「肥美之地」也相合。相較而言，陳獨秀刊於《安徽俗話報》的文字表述最合於上引《中國魂》相關文字，甚至可以說只是語體有別而已。所以，該文肯定不是劉師培、林獬所寫，陳獨秀撰寫的可能性最大。

〔註72〕三愛。《中國歷代的大事》，《安徽俗話報》第 3 期，1904 年 5 月。

〔註73〕白話道人。《第一章 人種》，《中國白話報》第 1 期，1903 年 12 月。

〔註74〕白話道人。《盤古以來種族競爭的大勢》，《中國白話報》第 1 期，1903 年 12 月。

〔註75〕光漢。《中國歷史大略》，《中國白話報》第 19 期，1904 年 7 月。

3、該文另有多處文字合於陳獨秀刊於《安徽俗話報》的文字表述

該文「更經湯武二次之革命，中央之集權，日益強大，文明之進步，國運之盛興，殆爲中國史中之黃金時代也矣。」與《安徽俗話報》第六期《湯武革命》中之「湯武二次之革命」〔註76〕，及第七期「十四年共和」中「行了十四年，國內太平，家家富足，人人有道，史書上稱作中國空前絕後的太平世界」，「殆爲中國史中之黃金時代也矣」相吻。

再如該文「諸侯而欲稱霸也，必假尊攘之美名，而後可以號召天下」與《安徽俗話報》第十期《春秋時代之五霸》「個個都有希望『尊王室』、『攘夷狄』兩種心思，後世稱做尊攘主義，春秋做五霸的諸侯，都是用尊攘主義，才能夠收攬人心，聯合諸侯，爭雄稱霸哩」相合；該文「微管仲，吾其披髮左衽矣」則與《春秋時代之五霸》「就是孔夫子也嘗說道，管仲相桓公，九合諸侯，一匡天下，微（就是沒有的意思）管仲，吾（就是我們）共披髮（就是把頭髮拖背後）左衽（衣衫大襟在左也）矣，你看管仲的功勞是大不大呢？」相合。

綜上，可知《中國魂》應出自陳獨秀之手。

儘管上述四篇文字的考證，不可避免的具有推論的成分，但是，退一步講，即使陳獨秀不是主撰，陳獨秀還是參與了這四篇文字的「寫作」，這四篇文字反映出陳獨秀這一時期的思想印跡。只有在這個意義上，「既然陳獨秀與章士釗總理編輯事宜，那麼《國民日日報》的指導思想和它的重要言論，至少是得到陳獨秀的贊同或賞識的」的結論也才更有效度。

三、《國民日日報》的「舒緩」與陳獨秀的加盟

《國民日日報》被時人贊評爲「《蘇報》第二」，但章士釗卻說《國民日日報》「論調之舒緩，即遠較《蘇報》之竣急有差」。《國民日日報》不但排版格式上多有創新，篇幅取材也有所更張，有社說、外論、講壇、中國警聞、南鴻北雁、談苑、小說等等，呈現出多面向的特徵。通常認爲，這是因爲吸取了《蘇報》被封的教訓，所以「論調較舒緩」，不求「爆炸性之一擊」，而且也認爲，這是章士釗出於自己的個人認知而獨立所爲，與陳獨秀無關。這

〔註76〕 劉師培在《中國古代限抑君權之法》則有，「以諸侯廢摯立堯例之，則湯武不足爲革命首功也明甚」的論述，因此，此處再次表明該文也不可能爲劉師培所撰。

個觀點是值得商榷的，事實上，陳獨秀對《國民日日報》的多面向特徵是有貢獻的。

　　章士釗此時是專心革命宣傳的，其激烈程度絲毫不亞於號稱「激烈第一人」的劉師培。按照白吉庵在《章士釗傳》中的論述，《蘇報》被封後，章士釗即從事實際的革命組織工作，章士釗是在送走黃興後，《國民日日報》才得以創刊，而且即使在編輯《國民日日報》期間，章士釗不僅參與實際的革命活動，如「抽出時間，去推行他與黃興議定好在南京方面的工作」，去南京出席北極閣「拒俄大會」〔註77〕；他還創設東大陸圖書譯印局，不僅出版許多革命書籍，如《猛回頭》、《攘書》、《皇帝魂》、《蘇報案紀事》等，而且自編《大革命家孫逸仙》，進行激烈的革命宣傳活動。

　　那麼，章士釗在專心革命宣傳的同時，是否可以舒緩其革命宣傳論調呢？個人的轉變可以是瞬間地、突然地，但是這種瞬間地、突然地轉變必須有一種內在的持續的思想根源為這種「突變」提供合法性。然而，思想的形成又是一個長期的過程，這就決定了思想資源的接受與轉變對任何人來說都需要一個過程，對於陳獨秀、章士釗等「思想者」來說，更是如此。「思想者」可以轉變，如陳獨秀由一個自由知識分子成為中共創始人，章士釗雖激烈宣傳革命，但卻拒絕加入「同盟會」，後又成為北洋政府的教育總長。但是，這種轉變並不意味著，一個人可以同時從事相互矛盾的兩件事。很難想像，章士釗在出版《大革命家孫逸仙》、《猛回頭》、《攘書》、《皇帝魂》等革命書籍宣傳革命的同時，在《國民日日報》卻「舒緩」其革命論調。事實上，章士釗在《國民日日報》所發文章的文辭也並不「舒緩」，章士釗輯錄的革命宣傳書籍《皇帝魂》中即收錄他發表於《國民日日報》的《漢奸辨》與《王船山史說申義》。因此，很難想像，章士釗以舒緩的形式宣傳激烈的革命內容。

　　相反，陳獨秀此時卻是專心報紙編輯工作的，無論創辦《國民日日報》之前，還是之後創辦《安徽俗話報》，革命都不是陳獨秀的志趣，當然更不談上激烈的革命。這也是陳獨秀相較於「暴得大名」的章士釗、劉師培、林獬等人，顯得默默無聞的重要原因，否則以陳獨秀的才思文筆，要想「暴得大名」是件輕鬆的事，這也表明陳獨秀有自己的追求、堅持與思考。因此，本

〔註77〕章士釗在《趙伯先事略》（《甲寅》1卷25號8頁）中記載了這一次集會，「癸卯秋，愚潛返寧，為會於北極閣，假借俄事，極言革命，南京學生咸集，為內地公開演說之嚆矢，聲勢甚盛。」

書認爲，《國民日日報》的「舒緩」與陳獨秀的加盟密切相關，儘管陳獨秀從沒有論及其在《國民日日報》的地位，也沒有認領過他在該報發表的文章。

第四節　牛刀小試：創辦《安徽俗話報》

1904 年 3 月 31 日，《安徽俗話報》（以下簡稱《俗話報》）第 1 期面世。《俗話報》的創辦，不僅讓陳獨秀有機會將積累的報刊經驗付諸實踐，也讓他擁有了可以系統闡釋思想主張的陣地。《俗話報》從創刊到停刊雖只有一年半，但陳獨秀小試牛刀，成功地讓《俗話報》成爲清末下層啓蒙報刊的佼佼者，不僅在《中國新聞史》上佔有一席之地，而且在晚清啓蒙運動中也佔有重要的地位。

一、前期與後期、停刊與終刊

《俗話報》先在安慶編輯，社址設在蕪湖長街徽州碼頭科學圖書社，科學圖書社並承擔發行業務，上海東大陸印書局負責印刷。《俗話報》於 1905 年 9 月 13 日終刊，共出版 23 期（現僅見到 1～22 期）。《俗話報》可以分爲前後兩個時期，在終刊之前，則經歷了三次停刊。

（一）前期與後期

《俗話報》的發展可以分爲前後兩個時期：前期（1～15 期），由於陳獨秀的專心打理，《俗話報》「風行一時」、「馳名全國」〔註78〕，「僅及半載，每期從一千份增至三千份，銷路之廣，爲海內各白話（報）冠」〔註79〕；後期（16～22 期），由於陳獨秀轉向革命，《俗話報》由同人勉強支撐，「停停歇歇」，以致終刊。

1、陳獨秀所發文章及篇幅，前後迥然有別

《俗話報》前期，陳獨秀不僅負責編輯業務，而且親自撰稿，其文章佔據了《俗話報》的重要位置。以下僅從文章篇幅角度進行統計分析，內容方面留待下文進行分析。

〔註78〕 房秩五。房秩五回憶《俗話報》詩一首〔C〕。安徽革命史研究資料（第 1 輯），1980：14。
〔註79〕 《本社廣告》，《安徽俗話報》第 12 期。

《俗話報》（1～15 期）陳獨秀文章一覽表〔註80〕

總頁數 期數	序號	欄目	名稱	篇幅	總頁數 期數	序號	欄目	名稱	篇幅
1/40	1	緣故	開辦安徽俗話報的緣故	8	8/40	20	論說	亡國篇 第一章 亡國的解說	4
	2	論說	瓜分中國	4		21	歷史	中國歷代的大事	2
2/42	3	論說	論安徽的礦務	6		22	兵事	東海兵魂錄	4
	4	實業	安徽的煤礦	4	9/40	23	論說	亡國篇	4
3/40	5	論說	惡俗篇	4		24	歷史	中國歷代的大事	2
	6	歷史	中國歷代的大事	4		25	兵事	東海兵魂錄	4
	7	地理	地理略	4	10/40	26	論說	亡國篇	4
	8	教育	國語教育	2		27	歷史	中國歷代的大事	4
4/40	9	論說	惡俗篇	4	11/40	28	論說	論戲曲	6
	10	歷史	中國歷代的大事	4		29	小說	黑天國	8
5/40	11	論說	說國家	4	12/40	30	論說	惡俗篇	4
	12	歷史	中國歷代的大事	4	13/40	31	論說	亡國篇	4
	13	地理	地理略	4		32	歷史	中國史略（原名中國歷代的大事）	6
6/40	14	論說	惡俗篇	4		33	小說	黑天國	4
	15	歷史	中國歷代的大事	4	14/40	34	教育	王陽明先生訓蒙大意的解釋	4
	16	地理	地理略	6		35	兵事	槍法問答	4
7/40	17	論說	惡俗篇	6		36	小說	黑天國	4
	18	歷史	中國歷代的大事	6	15/42	37	論說	亡國篇	6
	19	地理	地理略	4		38	兵事	槍法問答	4
						39	小說	黑天國	4

　　由上圖可以統計出：前 15 期《俗話報》，平均每期刊登陳獨秀文章 2.6 篇；其文章篇幅占每期總篇幅的 28.5%；如果把《俗話報》第 1 期《開辦安徽俗話報的緣故》看作論說，則前期陳獨秀的論說占前期全部 16 篇論說〔註81〕的 94%。

〔註80〕　主要是對署名「三愛」的文章進行分析，這部分不涉及新聞欄目的統計，也沒有對存有署名爭議的文章進行統計，如詩詞《醉東江。憤時俗也》。

〔註81〕　另有一篇論說爲一癡《說愛國》（第 14 期）。

　　爲了與前一部分形成對照，下圖統計了陳獨秀在《俗話報》（16～22 期）的文章及篇幅。

《俗話報》（16～22 期）陳獨秀文章一覽表

總篇幅期數	序號	欄目	內容	篇幅	備註
16/43	1	歷史	中國史略（原名中國歷代的大事）	4	接第十三冊
	2	教育	王陽明先生訓蒙大意的解釋	6	接第十四期
	3	兵事	槍法問答	4	接前
17/47	4	論說	亡國篇	4	第三章 亡國的原因
	5	兵事	中國兵魂錄	8	
18/48	6	歷史	中國史略（原名中國歷代的大事）	8	接 16 期第十一章
	7	教育	西洋各國小學情形（一）俄國	6	
	8	兵事	中國兵魂錄	6	
19/40	9	論說	亡國篇	4	第三章 接 17 期
20/42	10	兵事	中國兵魂錄	6	雎陽血戰、靴中短刀
21～22/39					

　　由上圖可以統計出：後 7 期《俗話報》，平均每期刊登陳獨秀文章 1.4 篇，其文章篇幅占每期總篇幅的 18.8%。相較於上文所列的 2.4 篇/每期，以及 28.5% 的篇幅比例，陳獨秀在《俗話報》後期刊登的文章及篇幅大幅減少。而且，陳獨秀在《俗話報》後期刊登的論說、教育、兵事等欄目的文章，主要爲前期文章的餘緒，《中國兵魂錄》也是受《東洋兵魂錄》啓發而作，至於《西洋各國小學情形（一）俄國》一文，僅爲普通的譯介文章，且僅發表了第一篇。陳獨秀在後期《俗話報》共發表論說 2 篇〔註82〕，而後期《俗話報》共發表論說 6 篇，陳獨秀論說所佔比例爲 33.3%。這個數字遠遠低於前期 94% 的比例。

2、新聞欄目前後也存有很大差異

　　按照《俗話報》第 1 期《開辦俗話報的緣故》，《俗話報》分 13 門，第 2 門爲「要緊的新聞」，第 3 門爲「本省的新聞」，可見新聞欄目是《俗話報》

〔註82〕　《亡國篇》第三章亡國的原因，分兩期連載，分別爲《亡國的原因之第一椿 只知道有家不知道有國》（第 17 期）、《亡國的原因之第一椿 只知道聽天命不知道盡人力》（第 19 期）。爲了方便統計，本書在數量上認定爲 2 篇。

的重點欄目。《俗話報》前 15 期，儘管欄目名稱略有變化，但刊登的都是嚴格意義上的「新聞」，《俗話報》後 7 期，雖然刊登了爲數不少的「時事」，但絕大多數都是「過時新聞」〔註83〕。

在《俗話報》總共刊登的 258 條「時事新聞」中，前 15 期共刊登 113 條；後 7 期（16～22 期）刊共刊登 145 條，其中「過期新聞」133 條，占同期刊登「時事新聞」總數的 91.7%，也占《俗話話》「時事新聞」總數的 51.6%。只有第 19 期刊登的「最近的時事」7 條，以及「按時」出版的第 20 期的 5 條「時事」稱得上是名副其實的「時事新聞」。

在《俗話報》總共刊登的 94 條「本省的新聞」中，前 15 期共刊登 55 條；後 7 期（16～22 期）共刊登 39 條（16、19 期沒有本省新聞——筆者注）。這 39 條新聞中，除了第 20 期刊登的 7 條本省新聞具有較強的時效性外，其他各期「本省的新聞」均有不少「過時新聞」〔註84〕。

造成這種情況的一種可能性解釋，是《俗話報》自第 16 期開始處於「停停歇歇」的狀態。第 16～18 期，封面日期雖標注爲「陰曆甲辰十月十五（11 月 21 日）、陰曆甲辰十一月朔日（12 月 7 日）、陰曆甲辰十一月望日（12 月 21 日）」，但根據第 19 期所附的「本報告白」，「眞正」的出版日期分別爲 1905 年 3 月、4 月、5 月。第 21～22 合期也延期了 3 個月發行。

值得注意的是，在「按時」出版的第 19 期與第 20 期，在刊登大量「過時新聞」的同時，也出現了少量的時效性較強的「新聞」，如第 19 期刊登的 7 條「最近時事」，第 20 期刊登的 7 條「本省新聞」。這表明，後 7 期完全有可能刊登名副其實的「新聞」，而不必刊登大量的「過時新聞」。因此，「停停歇歇」只是一種並不充分的解釋，眞正的原因在於後期的《俗話報》處於勉力維持的狀態。

〔註83〕 根據「按時」出版的第 1～15 期「新聞欄」所刊新聞的考察，《俗話報》的新聞週期爲一個月左右，刊登的新聞發生在 2 個月前即可被視爲「過期新聞」。

〔註84〕 有據可考的「過期新聞」如下，第 17 期（實際發行日期爲 1905 年 4 月，此期共有 17 條本省新聞）中，《歙縣學堂章程》、《推廣學額》、《裁缺詳誌》、《集設墾荒公司》、《濬河興利》、《籌解鋟麕鉅款》、《舒城改辦警察》、《請兵駐防》、《懲辦教民》等均爲前一年 10 月～12 月的事情；第 18 期（實際發行日期爲 1905 年 5 月）刊登的 2 條本省新聞也是前一年年底的事情。第 21～22 合期（實際發行日期爲 1905 年 9 月）中，《縣差爲盜》、《殺人報仇》、《礦事糾葛》等本省新聞則是本年 5 月的事情。考察的根據有兩個：一是根據新聞本身提供的時間，另一個是根據《北洋官報》刊登的「地方新聞」欄中涉及安徽省的地方新聞。

　　陳獨秀創刊《俗話報》前，曾與章士釗總理編輯《國民日日報》。《國民日日報》是一份日報，採用了現代報紙的版式。因此，在《俗話報》同人中，只有陳獨秀具有現代報刊的編輯經驗，這一點是其他《俗話報》同人所不具備的。因此，我們有理由相信，《俗話報》後期刊登的大量的「過時新聞」，並不符合陳獨秀的新聞理念，而是胡子承、汪夢鄒等人出於「發滿一年24期」的考慮。

3、胡子承的書信〔註85〕也暗示著《俗話報》前後有別

理事諸公均覽：

　　前寄孟鄒一函，諒經收到。本日回家，過棟處，乃悉《俗話報》事甚急。若篤原君不止，則好停停歇歇。篤君現丁母艱，業由鄙人及棟君兩處函懇，並未得覆。……今已由棟處函催，未知為何得覆。

　　《俗話報》於本社頗有關係，似難置之局外。萬一篤原君不肯獨任，擬由同人暫為各認一門（如尊處以為然，自何期起，速寄信來），由棟臣處匯齊寄來，似亦妥便。惟「時事」一門，可由國老或孟鄒任之，辭旨務取平和，萬勿激烈。現在民智低下，膽子甚小，毋寧伊驚破也。至《俗話報》出版以來，同人皆頗歡迎，而局外則頗多訾議，如「自由結婚」等語，尤貽人口實。其實此時中國人程度，至「自由結婚」當不知須經幾多階段。若人誤於一偏，不將「桑濮成婚」蓋目為文明種子乎？……　　　　　　十六日

　　考察這封信的內容，並結合《俗話報》的出版情況，可以確定，這封信應寫於1904年底，至少在第15期後。首先，信中所提「《俗話報》事甚急。若篤原君不止，則好停停歇歇」，表明《俗話報》面臨不能按時出版，即將停停歇歇的尷尬境地，需要另請篤原（程篤原）予以支持。「停停歇歇」則表明刊物不能按時出版的原因不在於外部壓力，而在於內部因素。而考察《俗話報》創辦全程，這個內部因素只有一種情況，即陳獨秀離開蕪湖前往上海參加楊篤生組織的暗殺團。陳獨秀雖在上海待了一個多月並於年底回到蕪湖，但他返回蕪湖後，即將主要精力投入革命活動。靈魂人物的離開，必然造成《俗話報》難以為繼的尷尬境地。所以胡子承另請程篤原，如果程篤原不能

〔註85〕 這封書信由安徽大學沈寂先生提供，抄錄於《六十多年：回憶亞東圖書館》原稿。但以往對這封信的引用並不是全文，普遍忽略了第一段，此處提供該信的前兩段內容。

按時接任的話，《俗話報》只能停停歇歇。而《俗話報》的停停歇歇正是在第15期之後，因此，這封信的寫作時間應寫於 1904 年底，應在第 15 期前後。

此外，胡子承特別交待，萬一程篤原不願意獨任編務，則由科學圖書社同人每人負責一門（一欄），編好後交由周棟臣匯齊寄給他。這表明胡子承要承擔最後審稿的任務，但是郵寄審稿的方式必然對《俗話報》的新聞欄產生「影響」，也必然導致新聞欄刊登大量的「過時新聞」。這種情況正好出現在後 7 期。因此，這也預示著《俗話報》15 期後必然有變。

由上可以看出，《俗話報》前 15 期與後 7 期確實存在很大的變化。這不僅充分反映出陳獨秀是《俗話報》的靈魂人物，《俗話報》之所以能在晚清白話報中佔有重要地位，就是因為陳獨秀的「獨特性」；也為探討《俗話報》終刊的原因提供有益的視角，多數論著雖指出《俗話報》停刊的原因之一是陳獨秀由辦刊轉向革命，但這個結論並非建立在分析《俗話報》文本的基礎上；也為釐清《俗話報》是否為「同人刊物」提供有益的參照。

（二）停刊與終刊

《俗話報》的發行過程中曾有過三次停刊。前兩次停刊，《俗話報》都通過「告白」予以交待，第三次停刊原因則沒有交代。《俗話報》終刊的原因也存在兩種說法，也需要予以釐清。

1、三次停刊

（1）第一次停刊

《俗話報》第 1 期（光緒三十年二月十五日，3 月 31）發行後，隔了一個月才發行第 2 期（光緒三十年三月十五日發行，4 月 30 日）。第 2 期由「社員某」撰寫的「本社特告」交代了停刊的原因，原文如下：

> 本社特告：本報第二期例應本月朔日發行，只因本社社員抱疾衍期，深負購閱諸君之望，愧悚無既，所有訂閱全年者均寄至明年二月十五第二十四冊，□足一年為止。　　社員某特此敬白〔註86〕

這裡的「社員某」應為陳獨秀。首先，根據上文分析，陳獨秀於《俗話報》前 15 期投入了很大的精力，甚至是專事辦報。《俗話報》剛出第 1 期，就停刊一月，陳獨秀理所應當於第 2 期交待原因。其次，陳獨秀此時正在生

病，且因獲知何梅士死信病情加重。2 月 16 日何梅士因腳氣病死於東京〔註87〕；3 月 31 日爲《俗話報》第 1 期發行日期；4 月 15 日陳獨秀《哭何梅士》與章士釗和詩《哭梅士》發表於《警鐘日報》〔註88〕。4 月 30 日爲《俗話報》第 2 期發行日期。考慮到《俗話報》爲半月刊，發行週期至少半月，《警鐘日報》則爲日報，因此根據上述日期可以推算出陳獨秀在第 1 期與第 2 期之間正在生病。結合第一點分析，可以斷定「社員某」正是陳獨秀。

（2）第二次停刊

第二次停刊是在第 15 期發行後，一直到第二年二月（陰曆）才刊出第 16 期。第 19 期的「本報告白」對停刊原因作了模糊交代，「本報告白」內容如下：

> 本報告白：本報自從去年二月出版以來，很蒙諸位看報的賞識，銷得不少。只恨去年十月因爲出了一件古怪事，耽擱了三個多月，沒有出版，一直到今年二月間，才把去年十月十五的十六期印出來。現在已經是五月了，中間還有十多期沒有出，一時補也補不齊。過去的光陰，也追不回來了，勉強補出來，也是今年說去年的話，就像以上十七十八兩期。明明是今年三四月間出版的，還要刻上去年十一月的日子，實在是名不副實。所以十九期報，決計老老實實寫了本月初一實在出版的日子。列位訂報的人，別說做報的，騙了你的錢，不給你臘正二三四等月的報。列位別記著月份，只要記了期數，出足二十四期，才算一年的報完了。由現在算起來，等到七月十五日，出到二十四期，才夠一年哩。本報謹白〔註89〕

「告白」告知了第 16、17、18 期的眞正出版日期爲 1905 年 3 月、4 月、5 月。「告白」還交待了報紙延期的原因——「只恨去年十月因爲出了一件古怪事」。當前學界對此「告白」中提到的「古怪事」的解讀主要有兩種觀點。沈寂認爲，所謂「古怪事」，是《俗話報》言辭激烈，刊登了觸怒英帝的新聞，

〔註87〕 唐寶林，林茂生。陳獨秀年譜〔M〕。上海：上海人民出版社，1988：31。

〔註88〕 陳詩無序，章詩有序，序中交待，「安徽陳由己，亦與余及梅士同享朋友之樂者也，梅士之立志與行事，由己知之亦詳。梅士之死也，由己方臥病淮南，余馳書告之。余得由己報書，謂梅士之變，使我病益加劇，人生朝露，爲歡幾何，對此能弗自悲。」（章士釗全集 1903.5.3〜1911.10.3 第一卷，文匯出版社，173 頁）

〔註89〕 《本報告白》，《安徽俗話報》第 19 期。

因此被封 3 個月〔註90〕。任建樹認為，「古怪事」是陳獨秀去上海參加了楊篤生組織的「軍國民教育會暗殺團」，雖然陳獨秀在上海「逗留了一個多月」，但《俗話報》卻因此耽擱了三個多月〔註91〕。「古怪事」是不能言明的事情，對性格剛烈的陳獨秀來講，因言辭觸怒英帝而被停刊三個月，應該不算「古怪事」；去上海參加「暗殺團」雖不能言明，但只逗留了月餘，旋即回蕪湖，按理可以繼續出報，《俗話報》不會因此耽擱三個多月。

　　然而，仔細分析上述兩種觀點，可以發現，兩者都建立在同一個前提假設基礎上，即認定這篇告白是陳獨秀撰寫的，或者代表陳獨秀的觀點。然而，這個前提假設不一定站得住腳，如果陳獨秀從上海回蕪湖後即投入「革命」的話，由「總編」變為「撰稿」的話，上述告白就不是陳獨秀寫的，也不代表陳獨秀的意見。陳獨秀於 1904 年 11 月去上海參加楊篤生組織的「軍國民教育會暗殺團」〔註92〕，在上海逗留了一個多月〔註93〕，並於 1905 年 1 月回蕪湖〔註94〕。隨即，陳獨秀動員李光炯將在長沙創辦的旅湘公學遷來蕪湖，「陳獨秀利用桐城文派的聲譽、皖籍官紳中開明之士的官力，幫助籌集經費、校舍、教員」〔註95〕。高語罕也說，「遷校運動的中心人物就是陳獨秀」〔註96〕。陳獨秀熱心此事與其上海之行是密不可分的，上海之行，陳獨秀與章士釗、黃興、張繼等人有密切來往，甚至可以說是革命同志。安徽旅湘公學由長沙遷至蕪湖，則與華興會起義有必然關係，甚至直接是由黃興事先安排遷離長沙，以避免不必要的犧牲，為革命黨人預備一個可供轉移的地方〔註97〕。1905

〔註90〕沈寂。陳獨秀傳論〔M〕。合肥：安徽大學出版社，2007：106。
〔註91〕任建樹。陳獨秀大傳〔M〕。上海：上海人民出版社，2004：69。
〔註92〕關於陳獨秀去上海參加暗殺團的時間存有一些爭議，王觀泉認為是 1904 年秋冬之交，唐寶林、林茂生認為 1904 年秋，任建樹認為是 1904 年 10 月，沈寂雖然沒有對陳獨秀在上海的時間作推斷，但他有「1904 年冬，陳獨秀動員李光炯將旅湘公學遷回蕪湖，易名安徽公學」的論述。唐、林二人是根據暗殺團的相關史實推斷的，任建樹則是根據上述《告白》中《俗話報》因「怪事」停刊三個多月往前追溯的，王、沈二人在其著作中沒有標明下判斷的依據。本書認為，陳獨秀去上海的時間為甲辰年 10 月間，即陽曆 1904 年 11 月間，逗留月餘後，大概於甲辰年 12 月間（陽曆為 1905 年 1 月間），亦即甲辰年冬，回到蕪湖。
〔註93〕陳獨秀，《蔡孑民先生逝世後感言》，重慶《中央日報》，1940 年 3 月 24 日。
〔註94〕任建樹。陳獨秀大傳〔M〕。上海：上海人民出版社，2004：69。
〔註95〕沈寂。陳獨秀傳論〔M〕。合肥：安徽大學出版社，2007：69。
〔註96〕高語罕：《百花亭畔》第 35 頁。轉引自任建樹，《陳獨秀大傳》（上海人民出版社，2004 年）第 71 頁。
〔註97〕歐陽躍峰。安徽公學的興辦及其影響〔J〕。安徽大學學報：人文社會學科版，

年 3 月（陽曆），安徽公學於蕪湖正式開學，陳獨秀隨即在該校擔任教職，並與柏文蔚、常恒芳等人籌備發起「岳王會」〔註 98〕。由上可知，陳獨秀由上海回到蕪湖，儘管仍為《俗話報》撰稿，但其已經不再是「主編」了，其工作重心已經由辦報轉向革命活動了。因此，上述告白並不是陳獨秀寫的，也不代表陳獨秀的觀點。

仔細分析這則告白，可以發現，「古怪事」只是《俗話報》延期的原因。但這個原因並不一定導致刊登「過期新聞」的出版行為。實際上，這則告白的重點在於後半部分，即「列位訂報的人，別說做報的，騙了你的錢，不給你臘正二三四等月的報。列位別記著月份，只要記了期數，出足二十四期，才算一年的報完了。由現在算起來，等到七月十五日，出到二十四期，才夠一年哩」。也就是說，因為擔心承擔「騙錢」的污名，所以「勉強補出來」，又因為「名不副實」的指責，所以「決計」從 19 期按時按期發行。可以這麼說，這則告白體現的是出版信用，尤其是科學圖書社的信用，是從《俗話報》發行處——科學圖書社的角度撰寫的。這與第一篇由「社員某」撰寫的「本報特告」「深負購閱諸君之望，愧悚無既」的出發點是迥然有別的。

既然陳獨秀已經不是編務了，那麼第 19 期告白所說的古怪事究竟是什麼呢？筆者認為，「古怪事」包含兩點：首先，陳獨秀去上海參與暗殺團以及返皖後的革命轉向，這是汪孟鄒等好友不能在「告白」中予以明說的。《俗話報》的創刊人是陳獨秀，在《俗話報》「風行一時」、「馳名全國」之際，陳獨秀卻要當甩手掌櫃，由缺少現代報刊編輯經驗的汪孟鄒等科學圖書社理事接手《俗話報》。其次，由上文對胡子承寫給科學圖書社理事的書信可知，陳獨秀與胡子承之間在《俗話報》的宗旨及編務方面存有矛盾衝突，這件事也是不能明說的。陳獨秀是汪孟鄒的好友，且是《俗話報》的靈魂人物；胡子承是汪孟鄒的授業恩師，又是科學圖書社的資金提供者。表面上看，上述兩件事似乎沒有關聯，但實際上兩者是密切相關的，陳獨秀的革命轉向給胡子承改良報紙提供了機會，而胡子承等科學圖書社理事對報紙的接手和改良也徹底讓陳獨秀專心於革命。這也就能解釋《俗話報》前 15 期與後 7 期的明顯分別。

（3）第三次停刊

第三次停刊是在第 20 期（乙巳年五月朔日，6 月 17 日）發行後，隔了 3

2005，33（6）：658～651。

〔註98〕 沈寂。陳獨秀傳論〔M〕。合肥：安徽大學出版社，2007：46。

個月才發行第 21～22 合期（乙巳年八月望日，9 月 13 日），隨後終刊〔註 99〕。第三次停刊的原因並沒有交代，但這三個月，正是陳獨秀參與密謀行刺五大臣，同時爲組織岳王會而偕柏文蔚等訪遊淮上，聯絡革命力量的時期。陳獨秀已全心全意投入革命工作，再也無暇爲《俗話報》撰稿了，事實上《俗話報》第 21～22 合期，已經不見了陳獨秀的文章。

　　2、終刊

　　關於《俗話報》停刊的原因，主要有兩個：一是登載外交消息，爲駐蕪英領事要求中國官廳勒令停辦；二是陳獨秀由靈魂人物到邊緣人物以至脫離《俗話報》。前者是外因，後者是內因，兩者的共同作用，最終導致了《俗話報》的終刊。

（1）登載外交消息，為駐蕪英領事要求中國官廳勒令停辦

　　根據房秩武的回憶，《俗話報》是因爲「登載外交消息，爲駐蕪英領事要求中國官廳勒令停辦」〔註 100〕。《俗話報》第 21～22 合期，確實有這麼一條「安徽本省新聞」符合所謂的「外交消息」。

　　礦事糾葛

　　　　銅陵縣銅關山的銅礦，經英商凱約翰，在外務訂了合同，歸他開採。這合同是去年四月二十二日簽的押。安徽的紳士，到了四月二十二日，看見凱約翰還沒有派人前來動工，便要照原約辦理，將前次合同作廢，本省人自己集股開辦。已經電稟外務部和兩江制臺了。不料四月二十五日，英商方才派人來銅陵縣，招呼地方官要開工了。銅陵縣因爲他過了期，沒敢答應他。英商到省裏來稟商務局。商務局也把過期作廢的話回了他，英商大不悅意。打算在上海延請律師，和中國官興訟。安徽的巡撫，也電稟了外務部，説英商過期才來，照理應該廢約。本省的紳士和日本留學生，也有電稟到北京商外二部，力請廢約自籌，好保本省的利權。但是聽説凱約翰從前和外部訂合同的時候，外部王大臣私下得了英商十萬兩銀子，恐怕這時候總要幫英商説幾句話哩。　　　　　　　　安慶來函

　　這條「安慶來函」，雖屬「本省新聞」，但確實牽扯到「英商」與「外務

〔註 99〕汪孟鄒回憶説《安徽俗話報》出有二十三期，但目前沒有發現這一期，很可能這一期被禁了。

〔註 100〕房秩五。浮度山房詩存〔C〕。安徽革命史研究資料（第 1 輯），1980：14。

部」，因此，說是「外交消息」也是可以的，此時正是「礦事糾葛」的關鍵時期，英方肯定極爲關注安徽士紳的反應。可以肯定的是，英國駐蕪湖領事館早就關注《俗話報》「銅關山銅礦」的相關報導。事實上，「銅關山礦事」是《俗話報》關注的一個重點。《俗話報》第 1 期刊登的本省新聞《全省礦山被賣的細情》開篇就講述了銅關山銅礦被賣時間；第 9 期開篇即特設「警告」一欄，全文轉發安徽籍補知縣劉子運大令的原稿《英商凱約翰開辦銅陵縣銅官山銅礦事略》，報中標題爲《銅關山事件》，起首以「警告！揚子江之危機！！安徽之致命傷！！！」黑體大字標示，突出警示之意；第 15 期刊登《英商開礦》（安慶友人來函），第 20 期刊登《挽回礦權》（南京來函）。

因此，《俗話報》因「登載外交消息，爲駐蕪英領事要求中國官廳勒令停辦」的記載是可信的。

（2）陳獨秀的革命轉向是《俗話報》終刊的另一個原因

如前所述，《俗話報》前期（1～15 期），陳獨秀作爲創刊人和主編，將其全部精力都投入了《俗話報》，其論說、編輯的新聞欄目都體現了鮮明特色，《俗話報》因之大獲成功。《俗話報》後期（16～22 期），因爲陳獨秀轉向革命活動，由靈魂人物變爲邊緣人物，雖仍住在科學圖書社，但僅爲《俗話報》提供文稿，並不參與《俗話報》的編務。甚至到後來，陳獨秀連文稿也不提供了，亦即汪孟鄒所說，「再出一期就是 24 期，就是足一年，無論怎麼和他（陳獨秀）商量，好說歹說，他始終不答應，一定要……到李光炯先生辦的學堂裏去教書，其實是幹革命工作去了。」〔註101〕

如前所述，陳獨秀是《俗話報》同人中唯一一位具有現代報刊編輯經驗的人，而且陳獨秀的文章、言論也是《俗話報》大獲成功的主要原因。這就決定了一旦陳獨秀離開《俗話報》，即使是暫時離開，都會對《俗話報》的發行產生重要影響，前述三次停刊多少都與陳獨秀有關係。陳獨秀由文化啓蒙轉向革命活動，決定了他必然徹底與《俗話報》這根「雞肋」分手，而離開了陳獨秀的《俗話報》，也必然走向終刊。

二、「三愛」：愛國、愛眞理與愛人道

作爲中國社會大變革時期的一位舉足輕重的思想家和社會活動家，陳獨秀一生都與報刊活動密切相關，而在其報刊活動中，陳獨秀曾使用過的筆名

〔註101〕汪原放。亞東圖書館與陳獨秀〔M〕。學林出版社，2006：18。

多達「38 個」〔註102〕，這些筆名反映了陳獨秀不同時期的心態與主張，有助於瞭解陳獨秀的生平與思想。「三愛」是《俗話報》時期陳獨秀使用的筆名，關於「三愛」的含義，現有研究傾向於認爲「三愛」是指「愛科學」、「愛國家」、「愛自由」，而根據《國民日日報》刊載的《慨論德人自戕事》、《自殺篇》兩篇論說，「三愛」實指「愛國」、「愛眞理」、「愛人道」。理清「三愛」筆名的來源及確切含義，有助於研究陳獨秀早期的思想主張。

（一）問題的提出

「三愛」是陳獨秀創辦《俗話報》時使用的筆名，反映了陳獨秀當時的思想主張。然而，關於「三愛」筆名的含義及來源，學界並沒有達成共識，這也勢必影響到對陳獨秀早期思想主張的研究。因此，討論「三愛」筆名的來源及確切含義，不僅有助於澄清客觀史實，也有助於探究陳獨秀早年的思想主張。

當前學界關於「三愛」含義的代表性觀點有三種：一是如沈寂認爲，「用『三愛』署名，是在民族危機的關頭，接受西方國家觀後，所表達的愛國主義激情，寓愛國家、愛科學、愛自由民主之意」〔註103〕；二是如任建樹認爲，「綜合陳獨秀《俗話報》期間的所發文章的內容，分析他所提倡和反對的，『三愛』的含義大約是愛祖國、愛科學、愛自由」〔註104〕。三是如唐寶林認爲，「從陳獨秀這一時期發表的文章來看，『三愛』似乎指『愛國家、愛人民、愛家庭』」〔註105〕。

上述觀點中，沈寂與任建樹對「三愛」含義的解釋基本一致，差別只在於前者是由當時的國家情勢與陳獨秀個人情況所做出的推論，後者則是根據陳獨秀刊於《俗話報》的文章內容做出的論斷。值得注意的是，唐寶林雖然也採用任建樹由報刊內容推論「三愛」含義的方法，但其結論除了在「愛國」這一點上相同外，「愛人民」與「愛家庭」兩層含義與沈寂、任建樹的解釋存在很大差異。需要進一步指出的是，上述三位學者的「論斷」都建立在一個共同的基礎上——對陳獨秀《俗話報》時期言行的考察，由此可以看出，他們據以「論斷」的「共同的基礎」並不「牢靠」。事實上，任建樹在論述時使

〔註102〕任建樹：《陳獨秀大傳》，上海：上海人民出版社，2004 年，第 12 頁。
〔註103〕沈寂：《陳獨秀傳論》，合肥：安徽大學出版社，2007 年，第 128 頁。
〔註104〕任建樹：《陳獨秀大傳》，上海：上海人民出版社，2004 年，第 9 頁。
〔註105〕唐寶林：《陳獨秀全傳》，北京：社會科學文獻出版社，2013 年，第 17 頁。

用了「大約」，唐寶林在論述時不僅使用了「似乎」，還明確標注「是否如此，待考」〔註106〕，這充分表明當前學界對陳獨秀「三愛」筆名的含義及來源尚不確定。

應該說，上述代表性觀點雖對「三愛」的含義做了一些合理的推測，但又都忽略了對陳獨秀在創辦《俗話報》前編輯《國民日日報》經歷的考察，尤其是忽略了對刊於《國民日日報》相關文章的考察。事實上，在《國民日日報》停刊前兩日發表的《慨論德人自戕事》、《自殺篇》等兩篇文章中已經明確論及「愛國」、「愛眞理」、「愛人道」。如果上述兩篇文章論及的「愛國」、「愛眞理」、「愛人道」即爲「三愛」的話，那麼「三愛」筆名應來源於此，這就爲重新解讀陳獨秀早年的思想主張及《俗話報》提供了新的角度。

（二）「三愛」筆名的考辨

對「三愛」的考辨分三步驟：首先從陳獨秀與章士釗共同主持《國民日日報》筆政的史實，推論該報連續發表的《慨論德人自戕事》與《自殺篇》兩篇時論提出的「愛國家」、「愛眞理」與「愛人道」的主張反映了陳獨秀的思想「印跡」。在此基礎上，通過對兩篇時論論及的「愛國家」、「愛眞理」、「愛人道」的「三愛」與前述三位學者由陳獨秀《俗話報》時期言行推論出的「三愛」含義進行比較，指出《俗話報》闡釋的「三愛」與「愛國家」、「愛眞理」、「愛人道」的「三愛」是「相合」的。最後，從陳獨秀「由己」到「三愛」筆名的變化，以及《俗話報》在創辦時間、內容方面與《國民日日報》的承繼性兩個方面，進一步指出筆名「三愛」是指《慨論德人自戕事》與《自殺篇》兩篇時論論及的「愛國家」、「愛眞理」與「愛人道」。

1、《慨論德人自戕事》、《自殺篇》與「三愛」的出現

如前所述，《俗話報》創刊前，陳獨秀曾與章士釗一起創辦、總理編輯《國民日日報》（1903 年 8 月 7 日～1903 年 12 月 4 日）。《國民日日報》儘管發行時間較短，但影響頗大，被時人贊評爲「《蘇報》第二」。該報在停刊前兩日連續刊發了《慨論德人自戕事》（12 月 2 日）與《自殺篇》（12 月 3 日）等兩篇時論，這兩篇文章對「愛國家」、「愛眞理」與「愛人道」均有論述。

朱臻仕是德國人，被清政府聘爲江陰炮臺總教習，三十年來一直「盡心於中國國事」。拒俄事件發生後，朱臻仕批評俄國違背公理卻被俄人、英人恥

〔註106〕唐寶林：《陳獨秀全傳》，北京：社會科學文獻出版社，2013 年，第 17 頁。

笑，告與華人「中國前途之苦」，華人「漫應之，且有目笑存之者」。1903 年
11 月，朱臻仕憤而自殺，死前猶大呼「中國不可救！中國不可救！」自殺前
留書「朱某自戕，與中國無涉，德人不得藉口與中國人爲難。」〔註 107〕朱臻
仕自殺一事對國人刺激頗大，一時引起熱議。〔註 108〕《國民日日報》也連續
刊發《慨論德人自戕事》、《自殺篇》等兩篇「論說」對這一事件展開評論。

　　《慨論德人自戕事》一文在體裁上類似新聞評論，篇首交待德國人朱臻
仕自戕詳情，文末以「記者曰」對此事件進行評論，論述了自殺與「愛國」、
「愛眞理」及「愛人道」的關係，「若中國爲奴之賤種，即令剷除淨盡，猶已
死有餘辜，果何足以眞理與人道而相衡度，故德人非愛中國也，愛眞理愛人
道也，蓋華族不足與眞理人道相支配，即不足以當德人之愛，若謂華族尚存
眞理人道於萬一，則以德人自戕之慘斷不致如木石之毫無感覺，戢戢以待死，
頑然而不知所爲，一至於是也，可斷言也。」〔註 109〕

　　《自殺篇》一文雖大半篇幅論述自殺問題，但在文章末段也論及德人朱
臻仕自殺一事，「近頃有德人朱臻仕，爲愛中國之故而自殺，昨已著論言之。
夫此德人不過中國之一教員耳，中國國事之危急，德人無可死之道也，而德
人者，乃以欲表其偉大之民族，強武之名譽，並愛眞理愛人道，如耶穌之有
迷信之故，而出於自殺。此德人適成其爲德人，若以種族之貴賤例之，則以
一外人而以愛眞理愛人道推以愛其國而自殺，則其國之果有一人否耶……今
以德人之自殺，因推論自殺之原理著於篇。」〔註 110〕

　　上述兩篇言論都圍繞德國人朱臻仕自殺事件展開立論，也都明確論及「愛
國家」、「愛眞理」與「愛人道」。然而，出於人身安全的考慮，《國民日日報》
的時論（主要爲「論說」與「短批評」兩個欄目）多不署名，所以很難斷定
兩篇文章的作者究竟是誰，也很難判定陳獨秀「三愛」筆名是指「愛國家」、
「愛眞理」與「愛人道」。但可以明確的是，這兩篇文章提出並討論了「愛國
家」、「愛眞理」與「愛人道」。然而，《國民日日報》的筆政是陳獨秀與章士

〔註107〕 陳子展。蓬蘆絮語〔M〕。北京：海豚出版社，2012：30。
〔註108〕 朱臻仕自殺後，江陰民眾立《朱臻仕碑》，現爲江陰博物館鎭館之寶；詩人陳
　　　　 澤也寫下哀詩兩首，「德人朱臻仕爲江南炮臺教習閔中國時勢日非憤而成疾用
　　　　 手槍自殺陳子哀之爲此二詩」；1933 年陳子展還撰寫《蕭特與朱臻仕》追憶
　　　　 三十多年前的「朱臻仕自殺事件」。由此可見，該事件對其時中國社會的影響。
〔註109〕 《慨論德人自戕事》，《國民日日報》1903 年 12 月 2 日。
〔註110〕 《自殺篇》，《國民日日報》，903 年 12 月 3 日。

釗共同主持的，而且相較於章士釗的「一心二用」〔註 111〕，陳獨秀則是全心全意投入報紙編輯工作，陳獨秀對《國民日日報》的成功做出了重要貢獻。因此，《國民日日報》必然反映了陳獨秀的思想印跡〔註 112〕。更為「巧合」的是，《國民日日報》與《俗話報》在時間上具有承繼性〔註 113〕，而且《俗話報》對「愛國家、愛真理、愛人道」進行了深入的闡釋。因此，我們可以認為陳獨秀是贊同或賞識這兩篇論說所提出的「三愛」的思想主張，甚至可以說，朱臻仕自殺一事是陳獨秀改名「三愛」的促因。

2、《俗話報》對「三愛」的闡釋

《國民日日報》停刊後，陳獨秀回到安慶籌辦《俗話報》。1904 年 3 月，《俗話報》第 1 期面世。《俗話報》的創辦不僅讓陳獨秀有機會將積累的報刊經驗付諸實踐，也讓其獲得了系統闡釋思想主張的報刊陣地。陳獨秀以「三愛」為名刊發了 50 餘篇文章〔註 114〕，這些文字不僅構成了《俗話報》的內容主體，也讓《俗話報》「風行一時，幾與當時馳名全國之《杭州白話報》相埒」〔註 115〕。當前學界雖然對「三愛」的確切含義還存有爭議，但都認為《俗話報》的內容反映了陳獨秀的「三愛」思想，那麼《國民日日報》停刊前提出的「愛國家」、「愛真理」及「愛人道」的「三愛」與《俗話報》的「三愛」是否「相合」呢？如果「相合」的話，則可以認為陳獨秀利用《俗話報》傳播的「三愛」是「愛國家」、「愛真理」與「愛人道」。

此處並不打算從文本分析角度分析《俗話報》闡釋的「三愛」，而是通過對兩篇時論論及的「三愛」（愛國家、愛真理、愛人道）與前述三位學者（即

〔註 111〕「一心二用」是指章士釗在辦報的同時還從事實際的革命活動，如赴南京參加北極閣大會，赴長沙與黃興等組織興中會。參見白吉庵《章士釗傳》（作家出版社，2004 年）第 32～34 頁。

〔註 112〕陳長松：《論陳獨秀於〈國民日日報〉的地位與貢獻》（《編輯之友》，2012 年第 12 期）。

〔註 113〕時間上的承繼性是指兩份報刊在創辦上前後相繼，《俗話報》是在《國民日日報》停刊後創辦的，意味著陳獨秀要通過《俗話報》繼續傳播自己《國民日日報》時期形成的思想主張。

〔註 114〕陳獨秀在《安徽俗話報》上所刊的 50 餘篇文章均署名「三愛」，此外在 1905 年 3 月《新小說》第 2 年第 2 號發表的文言體《論戲曲》也署「三愛」筆名。參見陳長松《陳獨秀前期報刊實踐與傳播思想研究（1897～1921）》（暨南大學博士論文，2012 年）第 49～50 頁。

〔註 115〕房秩五：《回憶〈俗話報〉詩一首》，《安徽革命史研究資料》1980 年第 1 輯，第 14 頁。

沈寂、任建樹與唐寶林等三位陳獨秀研究專家）對「三愛」含義的「界定」
進行比較，以此判定《俗話報》闡釋的「三愛」是否是「愛國家」、「愛真理」、
「愛人道」。〔註116〕從沈寂、任建樹、唐寶林等人關於「三愛」含義的論述看，
兩者是相合的。如上所述，沈寂認為，「三愛」寓指「愛國家、愛科學、愛自
由民主之意」；任建樹認為，「三愛」的含義大約是愛祖國、愛科學、愛自由；
唐寶林則認為，「三愛」似乎指「愛國家、愛人民、愛家庭」。應該看到，上
述三位學者歸納的「含義」與《國民日日報》後期提出的「三愛」在內涵上
是相合的。「愛國家」為三人共同承認，「愛真理」與沈寂、任建樹歸納的「愛
科學」相類，「愛人道」則與唐寶林歸納的「愛人民」、「愛家庭」相通。如果
考慮到「人道」定義的寬泛性，「愛自由」與「愛民主」也可以納入「愛人道」
的範疇。可以說，「愛國家、愛真理、愛人道」是對沈寂、任建樹、唐寶林等
人結論的高度概括。因此，從這個角度看，《國民日日報》停刊前提出的「愛
國家」、「愛真理」、「愛人道」的「三愛」與《俗話報》的「三愛」是「相合」
的。

　　如前所述，任建樹與唐寶林對各自所作的論斷並不確定，分別使用了「大
約」與「似乎」，唐寶林還進一步認為「是否如此，待考」。為何他們無法確
定呢？原因在於兩個方面：一是根據《俗話報》所刊內容做出的推論確實具
有不確定性，不同的人對同一內容往往可以作出不同的論斷；二是他們沒有
看到上述《國民日日報》末期刊登的兩篇文章。而這又是因為《國民日日報》
所刊時論多不署名，無法為考察陳獨秀《國民日日報》時期的思想提供具體
的「佐證」，也是因為考辨陳獨秀刊於《國民日日報》的文章是件費力不討好
的事情。事實上，如果研讀了《國民日日報》末期刊登的《慨論德人自戕事》
與《自殺篇》兩篇文章，就很容易確定《俗話報》時期陳獨秀的「三愛」筆
名應該來源於上述兩篇文章。

3、「由己」、「三愛」與兩份報刊的連續性

　　上述兩部分已經指出《國民日日報》末期刊登的兩篇時論所提出的「三
愛」與《俗話報》闡釋的「三愛」在內涵上的相合性，指出前者應該是陳獨

〔註116〕採用比較的方法，原因如下：沈寂、任建樹、唐寶林等三位學者是陳獨秀研
　　　　究的專家，多年潛心研究陳獨秀，他們的上述論斷也都建立在對《俗話報》
　　　　的內容以及該時期陳獨秀言行考察的基礎上，因而他們的論斷有相當的合理
　　　　性。

秀「三愛」筆名的來源，但這個結論仍然帶有很強的推論色彩。本部分主要從陳獨秀筆名從「由己」到「三愛」的變化，以及與此變化相伴的《俗話報》在創辦時間、內容上與《國民日日報》的承繼性兩個方面，進一步論證「三愛」筆名即是指「愛國家」、「愛眞理」與「愛人道」。

「由己」是陳獨秀《俗話報》創辦前使用的筆名。1902 年 9 月，陳獨秀第二次東渡日本，填寫塡登記表時，在沿用陳乾生名字的同時，又爲自己取名「陳由己」〔註 117〕。是年年底他在加入東京留學生界最早的革命團體──青年會時，也使用「陳由己」爲名〔註 118〕。1903 年春第二次愛國演說會期間陳獨秀署名「由己」在《蘇報》發表《安徽愛國會演說》（《蘇報》「學界風潮」欄，1903 年 5 月 26 日）。該年 8 月陳獨秀參編《國民日日報》，與章士釗一起總理報紙筆政。作爲總理編輯之一，陳獨秀理應發表了相當數量的文字，但因該報社說多不署名，所以只有兩篇詩作《哭汪希彥》（《國民日日報》，1903 年 8 月 9 日）、《題西鄉南洲遊獵圖》（《國民日日報》，1903 年 8 月 17 日）署名「由己」。〔註 119〕因此，儘管陳獨秀署名「由己」發表的文字很少，但我們可以認爲「由己」是陳獨秀創辦《俗話報》前的筆名，反映了陳獨秀當時的心態。沈寂認爲，「『由己』轉語法爲『自由』，即凡事由自己抉擇，也即獨立思考問題」〔註 120〕。因此，「由己」的筆名反映出陳獨秀對「個人自由」的主張。應該看到，上文沈寂、任建樹歸納的「愛自由」、「愛民主」主要受到了「由己」筆名的影響。

《國民日日報》停刊後，陳獨秀在上海逗留了一段時間後即回到安慶籌辦《俗話報》並使用「三愛」筆名。值得注意的是，《國民日日報》的停刊與《俗話報》的創辦在時間上是前後相繼的，兩個筆名在時間上也是相繼的。這種相繼性至少表明兩點：一是陳獨秀需要通過《俗話報》來完成《國民日日報》未竟的工作，傳播自己的思想主張；二是筆名從「由己」到「三愛」

〔註 117〕 參見房兆楹《清末民初洋學學生題名錄初輯》，轉引自任建樹《陳獨秀大傳》，上海人民出版社，2004 年版第 8 頁。

〔註 118〕 馮自由。中國革命運動二十六年組織史〔M〕。上海：上海書店，1990：61。

〔註 119〕 需要指出的是，陳獨秀在《安徽俗話報》創刊使用「三愛」筆名後，仍使用「由己」筆名發表了兩篇詩作──《哭何梅士》（《警鐘日報》，1904 年 4 月 15 日）、《夜夢忘友何梅士覺而賦此》（《警鐘日報》，1904 年 5 月 7 日），然而，考慮到這兩篇詩作是對忘友何梅士的哀悼，主持《警鐘日報》的也是蔡元培、劉師培、林白水等熟識，因而理應使用「由己」筆名。

〔註 120〕 沈寂：《陳獨秀傳論》，合肥：安徽大學出版社，2007 年，第 128 頁。

的變化，寓意陳獨秀思想主張的變化，表明陳獨秀即將展開「三愛」的宣傳。

應該看到，與《蘇報》被封不同，《國民日日報》的停刊來自於內部糾紛並具有一定的偶然性，「偶與盧某涉訟，經費缺乏，停刊」〔註121〕。報紙的停刊讓主筆稍稍論及的「三愛」失去了討論的媒介陣地，如果要繼續傳播「三愛」，就需要新的媒介陣地，而稍後創辦的《俗話報》事實上也成爲陳獨秀傳播「三愛」思想的媒介陣地。如果再考慮到章士釗、劉師培、林白水等《國民日日報》報刊同人停刊後的報刊實踐與社會活動〔註122〕，章士釗在報紙停刊後直至民元前再也沒有創辦報紙；劉師培、林白水則主持《俄事警聞》，後又創辦《中國白話報》，進行激烈地「排滿革命」宣傳，只有陳獨秀通過《俗話報》旗幟鮮明地對社會底層民眾進行「愛國家、愛眞理、愛人道」的「三愛」「啓蒙」。至此，我們有理由確定「三愛」來源於《國民日日報》末期刊登的《慨論德人自戕事》與《自殺篇》論及的「愛國家」、「愛眞理」與「愛人道」，甚至可以說這兩篇文章即爲陳獨秀所作。

（三）思想的變化：「由一己之欲」到「愛國家、愛真理、愛人道」

不同的筆名反映出主體思想主張的變化，「由己」到「三愛」筆名的變化，意味著陳獨秀從個人色彩強烈的「由一己之欲」轉向啓發民眾「愛國家、愛眞理、愛人道」，不僅預示著陳獨秀啓蒙思想的初步形成，也確立了陳獨秀爲之奮鬥一生的目標。

關於「由己」筆名的含義，陳獨秀本人並沒有進行解釋。《國民日日報》同人劉師培當時曾對「由己」作評，「由己，由己，由一己所欲」〔註123〕。應該看到，「由一己之欲」並不意味著「隨心所欲」。如前所述，沈寂也認爲「由己」轉語法爲「自由」，即凡事由自己抉擇，也即獨立思考問題。筆者認爲，「由一己之欲」更多地是指陳獨秀的「特立獨行」和「與眾不同」。當然，陳

〔註121〕 張繼：《張溥泉先生回憶錄·日記》，臺北：文海出版社，民國七十四年（1985）影印本，第5～6頁。

〔註122〕 此處選擇章士釗、劉師培與林白水等三位《國民日日報》報刊同人，是因爲章士釗是報紙的創辦人與總理編輯之一；劉師培與林白水則是該時期著名的兩位報人，兩人均在《國民日日報》發表過文章，報紙停刊後，兩人則先後參加《俄事警聞》的編輯工作，並創辦《中國白話報》，從事「激烈」的革命宣傳。

〔註123〕 《國民日日報》期間，陳獨秀曾將署名「由己」的手書條幅《題西鄉南洲遊獵圖》贈予劉師培，劉師培在詩下題「由己，由己，由一己所欲」。參見任建樹《陳獨秀大傳》，上海人民出版社，2004年版第8頁。

獨秀的「特立獨行」、「與眾不同」是建立在其獨立思想的基礎上的。在《國民日日報》同人中，陳獨秀的「特立獨行」尤其表現在與其時「革命排滿」的社會風潮保持一定的距離。陳獨秀與章士釗共同總理《國民日日報》筆政，章士釗在辦報的同時，不僅積極宣傳革命，如成立東大陸圖書譯印局，出版《猛回頭》、《攘書》、《皇帝魂》、《蘇報案紀事》，自編《大革命家孫逸仙》等革命書籍進行革命宣傳；還參與發起革命組織，從事「實際「的革命運動，如「抽出時間，去推行他與黃興議定好在南京方面的工作」，去南京出席北極閣「拒俄大會」並發表演講〔註124〕，1903 年 11 月更遠赴長沙與黃興等人發起華興會，其任務是「駐在上海，聯絡各方同志並負責長江一帶的組織聯絡工作」〔註125〕。其他報刊同人如劉師培、林白水等人，其時也是積極投身革命宣傳的，劉師培更被稱爲「激烈派第一人」。反觀陳獨秀，不僅沒有「實際」的革命行動，也沒有撰寫「激烈」的「排滿」文章。事實上，《國民日日報》的「舒緩」及其多面向特徵，正緣於陳獨秀的加盟。〔註126〕身受革命風潮的裹挾，卻與革命風潮保持距離，難怪劉師培稱其爲「由一己之欲」。應該說，身處革命風潮之中，陳獨秀的「由己」是「不合時宜」的，但這是一種緣於「獨立思考，自主抉擇」的「蟄伏」狀態。

「三愛」意指「愛國家」、「愛眞理」與「愛人道」，其中，「愛國家」是指對國家的熱愛，強調個人對於國家的責任；「愛眞理」是指對眞理的熱愛，強調個人應該追求眞理，「愛人道」則是指對人道主義的推崇，強調對於他人的人道主義關懷。如上所述，《俗話報》是陳獨秀主辦的第一份報刊，也是其系統闡釋「三愛」思想的報刊陣地。「愛國救亡」是《俗話報》的主調，各個欄目從多個角度傳播救亡意識、鼓吹愛國主義，希望喚起國民的愛國心以挽救國家危局；在《開辦安徽俗話報的緣故》中，陳獨秀高度強調「懂得學問」與「通達時事」的重要性，《俗話報》對「學問」與「時事」的偏重，雖與嚴格意義上的「眞理」樣態存在距離，但從啓蒙對象主要爲下層民眾來看，仍具有啓發民眾熱愛「新知」，追求「眞理」的意義；「揭批惡俗」也是《安徽

〔註124〕章士釗在《趙伯先事略》（《甲寅》1 卷 25 號 8 頁）中記載了這一次集會，「癸卯秋，愚潛返寧，爲會於北極閣，假借俄事，極言革命，南京學生咸集，爲內地公開演說之嚆矢，聲勢甚盛。」

〔註125〕白吉庵。章士釗傳〔M〕。北京：作家出版社，2004：35。

〔註126〕陳長松。論陳獨秀於國民日日報的地位與貢獻〔J〕。編輯之友，2012（12）：121～124。

俗話報》的重點內容，陳獨秀的《惡俗篇》即對底層民眾生活其中的各種惡俗展開了深入地批判，儘管這種批判通常被納入國民性批判的範疇，然而，如果從人道主義的角度看，陳獨秀對國民性的批判又具有啓發民眾「使之爲人」的意義，事實上，這才是《惡俗篇》主要關注底層民眾生活視域的主要原因。應該看到，陳獨秀此時對「愛國」、「愛眞理」、「愛人道」的認識存在一定的局限與模糊認識，然而，可貴的是陳獨秀認識到了「三愛」的重要性並努力宣傳。事實上，也正是由於陳獨秀對「三愛」的宣傳與啓蒙，《俗話報》才能在短時間內聲名鵲起，「風行一時，幾與當時馳名全國之《杭州白話報》相埒」〔註127〕，成爲清末下層啓蒙報刊的佼佼者。

綜上，陳獨秀筆名從「由己」到「三愛」的變化，意味著陳獨秀從個人色彩濃厚的「自我抉擇」的「蟄伏」狀態逐步轉向面向安徽民眾進行「愛國家、愛眞理、愛人道」的「三愛」思想啓蒙。這也意味著陳獨秀的辦刊思想逐漸清晰，《俗話報》對「愛國」、「愛眞理」及「愛人道」的「成功」傳播也表明「三愛」成爲陳獨秀獨立主辦一份報刊的指導思想。因爲時事的變幻以及章士釗、劉師培等革命同志的召喚，陳獨秀最終於1904年底投身實際的革命活動，《俗話報》由此成爲雞肋並最終停刊，但是，我們仍可以認爲「三愛」筆名意味著陳獨秀早年報刊思想的形成，也確立了陳獨秀爲之奮鬥一生的目標，表明陳獨秀是以啓蒙思想家的姿態登上報壇，這也預示著陳獨秀對思想啓蒙的特別關注，一餤時機成熟，陳獨秀將利用報刊進行更爲深入的思想啓蒙，這就爲創辦《新青年》，引領五四新文化運動埋下了伏筆。

三、開民智的辦報宗旨

《俗話報》的創辦順應了歷史發展的潮流，尤其是順應了晚清新政時期勃興的下層啓蒙運動。這一面向下層的啓蒙運動，既有因官方的支持而具有主流意識形態的一面，也有因中國讀書人受義和團運動的刺激而產生對下層社會進行啓蒙的自覺性的一面。正如李孝悌所述，由於義和團和八國聯軍造成的前所未有的危局，使得「開民智」的主張一下子變成知識分子的新論域，「開民智」三個字也一下子變成清末十年間最流行的口頭禪。〔註128〕陳獨秀

〔註127〕房秩五。回憶《俗話報》詩一首〔C〕。安徽革命史研究資料（第1輯），1980：14。

〔註128〕李孝悌。清末的下層社會啓蒙運動：1901～1911〔M〕。石家莊：河北教育出版社，2001：15。

創辦《俗話報》，正是秉承「開民智」的報刊宗旨，這一宗旨又主要表現爲時務知新主義，鼓吹愛國主義以及文化批判主義等三方面。

（一）時務知新主義

陳獨秀在《孔子之道與現代生活》中，首次使用「時務知新主義」〔註129〕。儘管這一名詞是陳獨秀於 1916 年提出，但這是陳獨秀自述其爲「康梁派」的唯一行動，而且《論略》的寫作也反映出陳獨秀對《時務報》所刊「白人所論」的「接收」能力，也預示著他對西方知識的「接受」態度。因此，我們可以對「時務知新主義」下個粗略的定義，即要通過報刊通曉時務，獲得新的知識，以此有利於個人、社會的發展。「時務知新主義」在兩個方面符合了晚清「開民智」的要求，一是「知新主義」本身蘊涵了對新知識的追求；二是這種知識的追求可以通過白話報刊來實現，亦即報刊是獲得新知的主要途徑。

在《開辦安徽俗話報的緣故》一文中，表達了懂得「學問」、通達「時事」的重要性。如「人生在世，糊裏糊塗的過去，一項學問也不懂得，一樣事體也不知道，豈不可恥嗎？」「若說起窮人來，越發要懂得點學問，通達些時事，出外去見人謀事，包管人家也看得起些，」但是對窮人來說，「上學攻書」是不現實的，但卻「有一樣巧妙的法子，就是買幾種報來家看看，也可以學點學問，通些時事，這就算事半而功倍了」。陳獨秀創辦《俗話報》，如同《中國白話報》，《杭州白話報》，《紹興白話報》等白話報一樣，爲的是讓「不能夠多多識字讀書」的同鄉，「學點學問，通些時事」，才「做出俗話報」。他進一步指出創辦《俗話報》的兩個主義，「第一是要把各處的事體，說給我們安徽人聽聽，免得大家躲在鼓裏，外邊事體一件都不知道。況且現在東三省的事，一天緊似一天，若有什麼好歹的消息，就可以登在這報上，告訴大家，大家也好有個防備。我們做報的人，就算是大家打聽消息的人，這話不好嗎？第二是要把各項淺近的學問，用通行的俗話演出來，好教我們安徽人無錢多讀書的，看了這俗話報，也可以長點見識。」在隨後所附的章程裏，陳獨秀又將這「兩個主義」歸納爲八個字，即教大家「明白時事」和「通達學問」，「讀書的人看了，可以長多少見識，而且本省外省本國外國的事體，沒有一

〔註129〕陳獨秀，《孔子之道與現代生活》，（《新青年》第二卷第四號，1916 年 12 月），原文爲「甲午之役，兵破國削，朝野惟外國之堅甲利兵是羨，獨康門諸賢，洞察積弱之原，爲貴古賤今之政制、學風所致，以時務知新主義，號召國中。」

樣不知道，這眞算得秀才不出門能知天下事了。教書的人看了，也可以學些教書的巧妙法子。種田的看了，也可以知道各處年成好歹。做手藝的看了，也可以學些新鮮手藝。做生意的看了，也可以曉得各處的行情。做官的看了，也可以明各白處（應爲明白各處──筆者注）的利弊。當兵的看了，也可以知道各處的虛實。女人孩子們看了，也可以多認些字，學點文法。」〔註130〕

　　以「時務知新主義」的視角考察《俗話報》的內容，可以發現《俗話報》的很多欄目都貫徹了這一宗旨。「論說」欄中《亡國篇》對時事的介紹，「時事新聞」與「本省的新聞」欄中對新聞、時事的報導，地理、實業、衛生、格致、博物等欄目對自然科學、養蠶、造紙等實用知識的介紹，教育欄中對婦女、兒童教育方法的關注，兵事欄中對水雷、槍法使用的介紹，甚至小說、戲曲、閒談等文學欄目中也爲讀者展示了「異域情境」〔註131〕。這一切都體現了陳獨秀「時務知新主義」的啓蒙主張。

（二）鼓吹愛國主義

　　如前所述，20世紀初年的民族危機直接引發了下層啓蒙運動，啓蒙運動的一項核心內容就是喚醒底層民眾的愛國救亡意識，而這需要先向底層民眾灌輸近代國家觀念。白話報刊因其抵達下層社會的有效性注定要承擔這一任務。

　　作爲晚清下層啓蒙運動的重要內容，愛國主義是《俗話報》貫穿始終的一條主線。《俗話報》從反抗外來侵略、維護國家利益、啓蒙民眾愛國救亡意識的角度出發，首先向下層民眾輸入近代國家觀念，在此基礎上大力鼓吹愛國主義。陳獨秀作爲《俗話報》的靈魂，通過論說以及「歷史」、「地理」欄的文章，系統闡述近代國家觀念。《俗話報》「論說」、「時事新聞」、「本省的新聞」、「小說」、「詩詞」、「戲曲」等欄目，也通過報導、揭露並譴責列強的侵略行徑及野心，向民眾傳播民族危機，鼓吹愛國主義。比如《俗話報》開篇論說《瓜分中國》，即將亡國危局呈現在民眾的面前，以引起民眾的關注和重視。「時事新聞」欄中對日俄戰爭的評述，使讀者切實感受到「這件事，關係我們中國很大。」再如「戲曲」欄所刊六部時事新戲的戲文，充滿了濃厚

〔註130〕本段引文均出自《開辦安徽俗話報的緣故》。
〔註131〕陳獨秀的小說《黑天國》提供了西伯利亞這一異域情境，戲曲《瓜種蘭因》對波蘭與土耳其開戰的描寫，「閒談」中「黃金世界之女名士」提供的西方國家的「奇聞軼事」。

的救亡圖存意識。總之，《俗話報》從不同角度傳播救亡意識、鼓吹愛國主義，兩者相互呼應，使《俗話報》愛國主義的宣傳成爲晚清白話報「愛國主義」宣傳的佼佼者。

（三）文化批判主義

啓蒙是離不開批判的，尤其是對文化的批判。德國哲學家卡西勒（Ernst Cassirer）認爲，所謂「哲學的時代」（即 18 實際發生在歐洲的啓蒙運動），根本上就是「批判的時代」（The Age of Criticism）〔註 132〕。這個見解說明了批判對於啓蒙的重要性，批判不僅是啓蒙的內在要求，在某種意義上，甚至是展開啓蒙的前提。所有的事物必須經由批判的態度加以檢驗，才能被拋棄或接受。西方啓蒙運動中，啓蒙領袖所遵奉的批判精神，一方面使得舊的政治、宗教權威漸漸式微，一方面也帶來了更多的自由和寬容〔註 133〕。儘管西方的西蒙運動與晚清中國下層社會的啓蒙運動存在諸多差異，但是在學理上，啓蒙離不開批判，批判是啓蒙的內在要求這一命題，在東西方的啓蒙運動中都是成立的。

陳獨秀創辦的《俗話報》作爲晚清下層啓蒙運動的典型，在文化批判這方面也是走在前列的。儘管陳獨秀以及《俗話報》對民俗、迷信以及國民性等方面的批判，並不是濫觴者，但陳獨秀確是較早對民俗與國民性進行系統地、淺顯地批判的報人之一。《俗話報》的文化批判不僅是自覺地實踐，而且也是一以貫之的，在這個意義上，稱其爲文化批判主義。

陳獨秀在發刊詞中一再強調，辦報的主義「是很淺近的，很平和的」，大家別要疑心「有什麼奇怪嚇人的議論」，「只管放心買來看著」，「別要當作怪物」。有觀點認爲，陳獨秀在發刊詞中的低調主要有兩個原因：一是當時報刊的生存環境並不寬鬆，若政治色彩過濃，語言過激，將可能重蹈《蘇報》的命運而被查封。二是啓蒙的對象是社會中下層民眾，消息閉塞，思想保守。若不考慮他們的心理承受能力，一開始就將激進的辦刊宗旨呈現在他們面前的話，很有可能將他們嚇跑。〔註 134〕這種解釋並不充分：首先，陳獨秀創辦

〔註 132〕Ernst Cassirer, The Philosophy of the Enlightenment, (Princeton University Press, 1951), p275。

〔註 133〕李孝梯。清末的下層社會啓蒙運動：1901～1911〔M〕。石家莊：河北教育出版社，2001：10。

〔註 134〕黃曉紅。《安徽俗話報》研究〔M〕。安徽大學歷史文獻學博士論文，2010：53。

《俗話報》的初衷並不以《蘇報》爲楷模，辦刊宗旨不是「激烈主義」，而是「開民智」的啓蒙宗旨，這就決定了文化批判勢不可免；其次，與劉師培、林獬的「激烈主義」相比，文化批判並不等於「奇怪嚇人的議論」，而是對民眾生活其中的不合理的文化現象進行批判，民眾完全有能力對這些議論進行「甄別」。可見，在陳獨秀看來，對文化進行批判與反思是合理合法的，既不是過激之論，也不是奇談怪論，而是進行底層啓蒙所必需的一項工作。

四、欄目及內容

《俗話報》的欄目設置體現了開民智的報刊宗旨。除論說與新聞類欄目比較固定外，其餘欄目均不固定，且不斷有新欄目出現。

《俗話報》先後共設置過 22 個欄目。在計劃設置的十三門中，「行情」一欄沒有開成〔註135〕。最早出現的計劃外欄目是第 3 期的「戲曲」一欄，其次是第 6 期的「圖畫」和「傳記」欄。第 8 期新添欄目最多，有「兵事」、「衛生」和「格致」三欄。第 14 期出現了「調查」欄。第 15 期出現了「博物」欄和「附錄」欄。第 16 期出現了最後的新欄目「學術」欄。所有欄目中，出現次數最多的是「論說」和「時事新聞」〔註136〕兩個欄目，每期均有，「博物」一欄則僅出現一次。因爲「新聞」欄目已經在上文予以介紹，「論說」欄將在下一小節予以重點分析，所以此處對這兩個欄目不再簡介。

（一）歷史、傳記、學術

將這 3 欄放在一起介紹，主要是後兩者也偏向於歷史的敘述。《俗話報》傳記主要介紹傳記人物的歷史活動，學術欄也主要是安徽學術史的介紹。

《俗話報》的歷史欄，「是把從古到今的國政民情、聖賢豪傑細細說來給大家做個榜樣」。該欄主要以「中國歷代的大事」爲題，分十一章介紹了中國

〔註135〕黃曉紅認爲，從「調查」欄登載的內容來看，第 14 期出現的「調查」欄，應是章程裏所介紹過而以往各期又未出現過的「行情」一欄。實際上，根據章程裏對「行情」一欄的解釋，「我們徽班的生意，在長江一帶要算頂大了，現在我要將本省外省本國外國各種的行情打聽清楚，告訴大家，全望主徽班的格外大發其財，我才歡喜哩。」可以看出，這一欄主要是商業行情，與「調查」一欄有嚴格的區別。

〔註136〕上文提到了《俗話報》「要緊的新聞」一欄名稱經歷了由「要緊的新聞」到「新聞」再到「時事」的演變，所以用上述任一個名稱似乎均不合適，根據其主要刊登時事新聞的特點，本書將這一欄稱作「時事新聞」。

自開國至戰國時期的歷史，內容有開國源流、漢苗交爭、大禹治水、湯武革命、周初之隆盛、王政復興、犬戎之禍、春秋五霸、吳越爭雄及戰國七雄等，該欄所有文章均由陳獨秀所作。晚清時期，清政府日益腐敗，民族危機日益加深。伴隨而起的是民族意識的勃興，知識分子利用報刊大力宣揚民族意識，這是當時的一股潮流。與劉師培、林獬等人在《中國白話報》刊登的介紹中國歷史的文章相比，陳獨秀對中國歷史的敘述呈現出一定的差異性。

《俗話報》的「傳記」欄最早出現於第 6 期，共刊登 4 期。分別為薙照（汪允中）《安徽名人傳》之《木蘭》；善之《安徽名人傳》之《朱元璋傳》。這個欄目不僅體現了《俗話報》的本省意識，也符合晚清時期白話報刊登漢族名人傳記的潮流。

《俗話報》的「學術」欄只出現於第 16 期與第 17 期，連載了瑟詹的《近代安徽學案》，介紹近三百年來安徽學術上的人物。按照文意，應為多篇連載，但只登載兩期，只介紹了江慎修〔註 137〕。這個欄目雖只存在兩期，對安徽學案僅開了個頭，但也體現了《俗話報》的省際意識。

（二）小說、詩詞、戲曲、閒談、圖畫

將這幾個欄目放在一起介紹，主要是考慮這些欄目所刊內容具有通俗文學的性質，不涉及學理層面。

《俗話報》的「小說」欄，「無非說些人情世故、佳人才子、英雄好漢」，但因為所刊登小說的內容具有時代性，所以「比水滸、紅樓、西廂、封神、七俠五義、再生緣、天雨花還要有趣哩」。「小說」欄共刊登了三部小說，分別為：守一（吳汝澄）的《癡人說夢》；三愛（陳獨秀）的《黑天國》；棠樾村人（汪鞠友）的《自由花彈詞》。上述三篇小說都是採用了白話章回體的通俗樣式，表達的也是曉諭瓜分危機、揭露朝廷腐敗、激發愛國意識的主旨。

「詩詞」欄是《俗話報》另一個宣傳和啟蒙民眾的重要欄目。二十二期共刊載各類詩詞 36 首，其中有 9 首標明了出處，20 首明確注明了作者，不過絕大多數作者的署名都是筆名。除房秩武、周祥駿、曾志忞、潘慎生、汪笑儂等人外，其他作者的真實姓名無從考證。《俗話報》詩詞的最大特點在於以民歌時調為主，通過「舊調譜新詞」的做法，在舊有的形式之下，導入時代

〔註 137〕 江永（1681～1762），字慎修，婺源（今屬江西）人。一生未曾居官，以教授生徒為業。學本朱子，著作甚豐，多達二十餘種，《四庫全書》多著錄之。《清史稿》有傳。其易學著作有《河洛精蘊》九卷。

所需的啓蒙內容，不僅於啓蒙思想的宣傳普及極爲有利，而且也體現出濃厚的批判色彩。

《俗話報》上「戲曲」欄共刊登六部戲曲，分別爲《睡獅園》、《團匪魁》、《康茂才投軍》、《薛蘆祭江》、《胭脂夢》、《瓜種蘭因》，其中前五部爲周詳駿所著，《瓜種蘭因》則爲汪笑儂所著。此外，陳獨秀在《俗話報》上曾發表《論戲曲》，表明了他對戲曲改良的態度。《俗話報》所刊登的這些戲文，都暗切時事，鮮明地表現了愛國救亡的主題。這些戲文無疑是陳獨秀戲曲觀的最好注解。

「閒談」欄，刊登的主要是趣事、怪事，「無論古時的現在的本國的外國的，凡是奇怪的事，好笑的事，隨便寫出幾條，大家閒來無事看看到也開心哩。」「閒談」主要刊登在第 4～6 期，共刊登了 15 條內容。「閒談」的主要內容雖爲外域見聞，不乏趣事和怪事，但其出發點仍然是愛國主義，希望通過域外見聞激刺國人的愛國熱情。

「圖畫」欄，並不是嚴格意義上的圖片新聞，只能算是宣傳畫，內容也主要爲揭露西方列強的侵略暴行，鼓舞國人的愛國熱情。

總之，《俗話報》的文學作品諸如小說、戲曲、詩詞、閒談、圖畫等，都是立足於現實，帶有鮮明的政治傾向，表現了愛國救亡這個共同的主題。

（三）教育、兵事

按照《俗話報》的章程，「教育」欄分爲二類：「一是讀書的法子，好教窮寒人家婦女孩子們不要花錢從先生，也能夠讀書識字通點文法；一是教書的法子，好教做先生的用些巧妙的法子，不至誤人子弟。」教育欄的作者主要爲房秩武、陳獨秀，關注的對象主要是小學教育、家庭教育、女子教育。其中，陳獨秀的《國語教育》以及《王陽明先生訓蒙大意的解釋》這兩篇文章，反映了陳獨秀早期的教育思想。

「兵事」一欄，自第 8 期出現以來，除了第 10 期刊登公因《說水雷》外，餘下文章均爲陳獨秀所撰。其中，《說水雷》與《槍法問答》基本爲兵器知識的介紹；《東海兵魂錄》主要是介紹日俄戰爭中日本國民的事蹟，《中國兵魂錄》則是介紹中國歷史上有名的壯士及烈婦的事蹟，兩篇《兵魂錄》的目的均在於給缺少尙武敢死精神的國人提供榜樣示範。值得注意的是，晚清白話報中，不乏針對軍人所作的文章，但陳獨秀的文章，不僅提供了兵器知識，

更提供了尚武犧牲的精神（兵魂）。考慮到陳獨秀及其發起組織的革命組織「岳王會」，這個欄目也有一定的現實針對性。

（四）地理、實業、衛生、格致、博物

「地理」欄是將「本省的、外省的、本國的、外國的山川城鎮、風俗物產都要樣樣寫出來」。該欄在二十二期中出現 8 次，有 4 期的文章署名「三愛」。其中《世界大略》介紹了太陽系的行星、地球上的溫度帶、五大洲、五大洋、人口及人種、宗教信仰及國家政體等內容。《本國大略》介紹了中國的疆土、山脈、河流、湖水、人口、民族、宗教、官制、兵制、海岸、地勢、氣候、物產、商業、交通等各方面情況。兩篇《安徽地理說略》雖未署名，但筆者同意黃曉紅的觀點，即這兩篇文章爲陳獨秀所作〔註138〕。這兩篇文章介紹了皖南所屬四府一州的山川水道以及米糧、茶葉等各種物產。作者原打算分皖南皖北兩部分進行說明，且第 13 期文章末尾還注有「沒有完」三字，可惜直到終刊，也未見下文。署名一圈的《安徽地理》，則分別從天文地理和地文地理的角度，對安徽所處的地理位置及山脈、水道、湖泊等內容作了較爲詳細的介紹。

「實業」欄的目的在於，「無論農工商賈，凡有新鮮巧妙的法子，學會了就可以發財的，都要明明白白告訴大家。」該欄主要刊載的是轉錄於《中國白話報》上《養蠶大發財》一文，還刊載了《稻草做紙新法》。另有一篇陳獨秀撰寫的《安徽的煤礦》，提供了安徽煤礦的產地、煤的種類及各地煤礦開採情況等方面的詳細內容。

《俗話報》的「衛生」欄，主要連載了鐵郎的《保養身體的法子》，分別從呼吸、睡覺、飲食、衣服、房屋、品行、養心、職業八個方面介紹了衛生學的有關知識。

《俗話報》的「格致」欄，主要刊登的是谷士的《益智啓蒙問答》系列文章，採用問答的形式，讓讀者瞭解了有關星、天、日、月以及風、空氣和水蒸汽等自然現象。

〔註138〕黃曉紅在其博士論文《〈安徽俗話報〉研究》（第 66 頁），根據三個原因做出推斷：第一，題目都是「說略」一類。第二，從世界說到國家再到本省，實爲一個系統。第三，《安徽地理說略》裏指出：「在下今所說的地理，……卻不是學那風水先生所說的地理」，這與陳獨秀在《安徽俗話報》的《章程》裏所指出的，該刊介紹的「地理」「不是什麼看墳山謀風水的地理」如出一轍。本書贊同這一觀點。

《俗話報》的「博物」欄，僅在第 15 期出現一次，且只刊載了尤谿的《通俗博物學講話》一文的上篇，對櫻的構造作了解析，餘下篇章再未出現。

上述欄目及所刊文章，除了陳獨秀關於安徽地理以及安徽礦產的文章外，其他文章均爲科普文章，雖體現了「開民智」的辦刊宗旨，但缺少原創性。

（五）要件、來文、附錄

《俗話報》的「要件」欄，主要刊登用「俗話寫出」的「各種的緊要章程、條約、奏摺、告示、書信、遊記」。「來文」一欄，則是選登「列位看報的」所做的「俗話的文章」。「附錄」欄只刊登了《兩江總督整飭學務箚文》與《安徽調查會的章程》兩篇文章。

「來文」與「要件」一欄，就刊登內容方面，並無太大的區別。區別在於「來文」都有署名，「要件」則很少署名；前者多少帶有一點私人來稿的性質，後者則具有公告的性質。在上述兩個欄目中，批判迷信思想、主張婦女放腳以及美國對中國公民的歧視成爲主要內容。這也是符合《俗話報》的宗旨。

（六）調查

「調查」一欄首次出現於第 14 期，但主要內容卻是在第 17 期以後，而且根據本期「附錄」中刊登的《安徽調查會的章程》，我們可以認爲，「調查」一欄主要爲刊登安徽調查會的稿件而設置的。調查的內容也是廣泛的，這也符合晚清伴隨下層啓蒙運動興起的社會調查熱，也是《俗話報》省際意識的表現。

五、報刊「同人」與「同人刊物」

本書認爲，《俗話報》的作者隊伍首先是指在《俗話報》上發表文章的人，其次也包括以胡子承爲首的科學圖書社理事。這是因爲，在《俗話報》上發表文章的作者，絕大多數人的眞實姓名不可考證，而在本章第一節對《俗話報》分爲前後兩期的論證中，已指明胡子承等人與《俗話報》有千絲萬縷的聯繫。此處首先對有名可考的作者進行介紹，在此基礎上論證《俗話報》並非同人報刊。

（一）「同人」介紹

陳獨秀（1979～1942），《俗話報》的創辦人、編輯，以「三愛」筆名在《俗話報》發表多篇文章。

　　吳汝澄（1873～1946），字守一，安徽桐城人。1904年春，在安慶協助陳獨秀創辦《俗話報》，負責小說欄目的編輯工作，撰寫小說《癡人說夢》並連載於《俗話報》。

　　房秩武（1877～1968），字宗岳，安徽樅陽人。1904年春，與陳獨秀、吳汝澄一起創辦《俗話報》，負責教育欄。以「飭武」筆名在教育欄發表有關蒙學用書和家庭教育方面的文章，以「浮渡生」爲名爲詩詞欄撰寫《從軍行》（仿十送郎調）一篇。

　　胡晉接（1870～1934），字子承，安徽績溪人。1903年，胡子承與鄉紳周棟臣（承柱）等人湊集了1200元股金，讓汪孟鄒到蕪湖開一家新式的書店，名叫蕪湖科學圖書社。

　　汪孟鄒（1878～1953），又名夢舟。安徽績溪縣人。1903年在蕪湖創辦科學圖書社，經營與新文化有關的書刊，並印製發行陳獨秀負責編輯的《俗話報》，也「兼編新聞欄」。

　　周棟臣，字承柱，應爲績溪縣人〔註139〕。蕪湖科學圖書社的捐資創辦人之一。胡子承的信中曾多次提及周棟臣，是《俗話報》的重要同人之一。

　　章谷士，亦作國士，安徽績溪人。南京路礦學堂畢業，與魯迅是同學，也是陳獨秀主辦《俗話報》時「朝夕晤談的好友」，主要負責「格致」一門，《益智啓蒙問答》即出其手。

　　薶照（？～1918），安徽歙縣人，一作旌德人。原名汪德淵，又名允宗、允中、定執，號曠公、薶照。《俗話報》傳記欄之《木蘭傳》的作者署名薶照，故該文應爲汪允中所寫。

　　程炎震（1886～1938），字篤原，號頓遲。安徽歙縣人。胡子承信中「萬一篤原君不肯獨任」中的篤原君，即爲程炎震。

　　汪律本（1867～1931），字鞠鹵、鞠友，安徽歙縣人。光緒舉人，廢科舉後，在南京接受西方科學教育，後任教南京兩江師範學堂和上江公學。小說《自由花彈詞》的作者棠樾村人，即爲汪律本。

　　曹復生。1922年陳獨秀在紀念蕪湖科學圖書社成立20週年的賀書中，提到「當日社中朝夕晤談的好友，章谷士、曹復生，可憐如今都沒有了！」可

〔註139〕 在汪原放《亞東圖書館與陳獨秀》一書第7頁，記錄了一封汪希顏給汪孟鄒的信，信上有「周棟臣開通有志，亦吾郡僅見之士。既願與弟往來，自當與之聯絡，以收攻錯之益」，可見應爲歙縣人。

見曹復生應是《俗話報》的重要同人。可惜生平已無可查詢。

此外還有以下三位作者的文章被刊登於《俗話報》。

汪笑儂（1858～1918），又名孝農，號竹天農人。滿族，生於北京。「天地寄廬主人」為汪笑儂的化名，《俗話報》「詩詞」欄刊登的《戒吸煙歌（仿梳粧檯五更）》即其所做，另外「戲曲」欄刊登的《瓜種蘭因》也是其作品。

周祥駿（1870～1914），字仲穆，世稱「風山先生」。江蘇睢寧人。清末民初學者、作家、詩人、劇作家。《俗話報》刊登的《胭脂夢》等五部戲曲以及詩詞《書恨（八首之二）》為其作品。

曾志忞（1879～1929），清末民初學堂樂歌時期重要的音樂教育家、活動家。《俗話報》「詩詞」欄中署名志忞的《螞蟻》即為他的作品。

（二）「同人刊物」？

黃曉紅認為，《俗話報》是具有同人性質的刊物。〔註140〕丁苗苗認為，該刊主要由科學圖書社的社員擔任寫稿任務，內部編稿基本上可以滿足報紙需要，因此《安徽俗話報》具有「同人報刊」的性質。〔註141〕然而仔細考察「同人報刊」的定義以及《俗話報》的作者隊伍，就可以發現《俗話報》並非「同人報刊」。

學界對「同人報刊」研究，主要集中在《新青年》（北大時期）、《語絲》、《努力週報》、《現代》、《觀察》等五四時期至建國前的報刊。這種研究實踐既表明了「同人報刊」的成功實踐出現在1917～1949年間，也表明了「同人報刊」相較於政黨報刊、商業報刊的存在意義。《俗話報》時期，儘管有革命報刊、維新報刊，但這些報刊並不是嚴格意義上的政黨報刊，也沒有對其他報刊形成擠壓。而且據筆者所知，對「同人報刊」進行研究的論著，幾乎沒有論及晚清時期的白話報刊。因此，認為《俗話報》是「同人刊物」的觀點，多少帶有套用概念的僵化意味。

余望在《解讀現代同人雜誌——以〈語絲〉為例》中歸納了「同人雜誌」的五個特點：1，同人雜誌辦刊宗旨與方針是由刊物的同人們共同的意志決定的；2，編輯主體也是創作主體，編者與著者的身份合一是同人雜誌的一大特色；3，同人雜誌在刊載內容上往往「百花齊放」，在一個共同的方向裏，各

〔註140〕黃曉紅。《安徽俗話報》研究〔D〕。安徽大學歷史文獻學博士論文，2010：74。

〔註141〕丁苗苗。《安徽俗話報》研究〔D〕。安徽大學新聞學碩士論文，2005：4。

抒己見；4，同人雜誌在辦刊資金上多表現爲集股制，在發行上走精英刊物路線；5，同人雜誌停刊的原因大多爲同人間思想分裂、矛盾加深所致。〔註142〕對照上述五點，可以發現，《俗話報》還是有一些不同的。辦刊宗旨方面，胡子承與陳獨秀是存在分歧的；刊載內容方面，雖然《俗話報》同人分管不同欄目，但總體上似乎也是陳獨秀一枝獨放，獨抒己見，其他人則是在陳獨秀設定的議題中進行補充而已；辦刊資金方面，《俗話報》的辦刊資金來源於科學圖書社，科學圖書社是「股份制」的，但《俗話報》卻不是「股份制」的，發行走的是下層路線，根本談不上精英刊物路線。此外，《俗話報》的作者隊伍也由籌辦者、科學圖書社社員（理事）以及選登文章的作者等三方面構成。以上幾點均表明《俗話報》並不是「同人報刊」。

六、論說：鼓吹愛國，揭批惡俗的主陣地

20 世紀初期的中國報壇仍處於政論時代，報紙上最重要的部分仍然是言論。這一時期幾乎所有的報刊都非常重視言論，主筆是報刊的臺柱，其言論質量的高低與報刊影響的大小成正比〔註143〕。因此，評論在那個時代是當之無愧的報紙的「靈魂」與「旗幟」。評論在不同種類的黨派報刊和非黨派報刊均得到了長足的發展，並且「日臻完善與成熟起來」。《俗話報》作爲面向下層開啓民智的啓蒙刊物，「論說」是其鼓吹愛國救亡，揭批惡俗的主陣地。《俗話報》的論說實踐，豐富和完善了這一時期的報刊評論實踐。

（一）內容簡介

「論說」是《俗話報》的第一門，主要是「就著眼面前的事體和道理講給大家聽聽」，每期一篇。《俗話報》論說欄共有 21 篇論說，其中論述國家問題的共有 10 篇，分別爲《瓜分中國》（1 篇），《說國家》（1 篇），《亡國篇》（7 篇），《說愛國》（1 篇）；論述風俗問題的共有 9 篇，分別爲《惡俗篇》（7 篇），《再論婚姻》（2 篇）；此外，還有兩篇論說，一篇爲論述礦務問題的《論安徽的礦務》，另一篇爲專門論述中國戲劇改良問題的《論戲曲》。

從數量上看，上述 21 篇論說中，陳獨秀獨撰 16 篇，此外 5 篇分別爲：

〔註142〕余望。解讀現代同人雜誌——以《語絲》爲例〔J〕。出版發行研究，2006，（3）：71～76。
〔註143〕曾建雄。中國新聞評論發展史（近代部分）〔M〕。桂林：廣西師範大學出版社，1996，224。

一癡《說愛國》（第 14 期）；雪聰《再論婚姻》（分上下於第 16 期，第 18 期刊登）；咄咄《論風水的迷信》（分上下於第 20 期，第 21～22 合期刊登）。這 5 篇論說主要是在陳獨秀論說的基礎上再發揮論證或從其他角度進行補充，其思想上的創新性仍要歸功於陳獨秀。這表明陳獨秀不但是《俗話報》論說的主要撰寫者，而且也是《俗話報》論說主題的設定者。

從內容上看，21 篇論說中，論述國家問題與風俗問題的論說共有 19 篇。這表明《俗話報》「論說」的主題主要是「愛國救亡」與「揭批惡俗」。事實上，論述礦務問題的《論安徽的礦務》，以及論述中國戲劇改良問題的《論戲曲》等兩篇論說，也是服務於「愛國救亡」這一主題的。因此，《俗話報》的 21 篇論說，都貫穿了啟蒙（開通民智）和救國（救亡圖存）這兩條主線，所有論說都圍繞上述主線展開。

總體來看，「論說」欄是刊登《俗話報》原創性內容的主要欄目，也是陳獨秀較為系統的闡述愛國救亡以及揭批惡俗的主陣地。

（二）特點

綜觀《俗話報》21 篇論說，論說主旨雖為迫切的愛國救亡主題，但論說的內容都為普遍的社會現象，論說作者尤其是陳獨秀在論說中闡述的都是自己的思想文化主張，而不是對具體新聞事件或社會問題的分析。因此，《俗話報》的論說並非是嚴格意義上的新聞評論。如果以梁啟超為代表的政論文體為參照，將《俗話報》論說歸為政論似乎是合適的，但仍存在不同之處，不僅有些論說與新聞評論有交匯，而且《俗話報》的論說尤其是陳獨秀的論說，關注點偏重於文化，採用的視角也是批判性的。因此，《俗話報》的論說呈現出與眾不同的特點。

1、思想新穎深刻

儘管《俗話報》論說的相關主題有其歷史來源，陳獨秀在《俗話報》的論說主題可以上溯到嚴復、梁啟超等人，而且陳獨秀也確實受了他們的影響。然而，這種影響應僅限於來源，陳獨秀《俗話報》的論說不僅深入開掘了相關主題，而且以其高超的傳播技巧「第一次」將這些主題傳遞給了安徽社會的底層民眾。正是在這個意義上，可以討論《俗話報》論說思想新穎深刻的特點。以下僅以《亡國的原因》以及《婦女的裝扮》兩篇文章作為代表探討這一特點。

對國民性的批判。梁啓超在《新民說》中將國民劣根性歸納爲「貪鄙之性、偏狹之性、涼薄之性、虛僞之性、諂阿之性、暴戾之性、偷苟之性」〔註144〕。他認爲，中國歷史上專制暴虐、戰亂摧殘、民生艱難是造成國民劣根性的根本原因，欲建設新國家，必先改造國民性。陳獨秀在此基礎上，將「亡國滅種之病根」直接歸因於「國民性」。在他看來，亡國的原因「不是皇帝不好，也不是做官的不好，也不是兵不強，也不是財不足，也不是外國欺負中國，也不是土匪作亂」，「凡是一國的興旺，都是隨著國民性質的好歹轉移。我們中國人，天生的有幾種不好的性質，便是亡國的原因了」，他進一步指出具體的原因──「只知道有家，不知道有國」、「只知道聽天命，不知道盡人力」。應該說，陳獨秀這番亡國原因的論述帶有濃厚的「反躬自身」的意味，在此種意義上，陳獨秀確是較早展開國民性批判的報人之一。陳獨秀的這番「歸因」論述，不僅在當時屬於振聾發聵之語，即使放在今天也是深具啓迪意義的。

再如《惡俗篇》之《婦女的裝扮》一文。此文批判了六樣打扮刑法，即裹腳的腳鐐刑法、戴手鐲的手銬刑法、掛耳環的穿孔刑法、套項鍊的鏈條鎖頭頸的刑法、披披肩的枷刑以及塗脂抹粉的打皮巴掌刑法。文章也作了歸因分析，「想來想去，想這般婦女們的裝扮，是甚麼意思？一向有些不明白，想到如今，想出一個緣故來了」，原來是「我中國的婦女們，還是幾千年前，被混帳的男人，拿女子來當做玩弄的器具」，但這班婦女卻自甘愚弄，「這班婦女們，受了這個愚，便永遠在黑暗地獄，受盡了萬般的苦楚，一線兒光亮都沒有，到如今越弄越愚，連苦惱都不曉得。相習成風，積非成是，像這樣壞風俗，眞是大有害於世道人心呀！」站在晚清婦女啓蒙的視角審視這篇文章，即可發現這篇文章的新穎之處：其一，文章的視角是批判的，這有別於苦口婆心的教育；其二，文章批判了六種打扮刑法，幾乎囊括了婦女的日常裝扮，這突破了婦女纏腳、婦女教育等晚清啓蒙運動有關婦女的中心話題；其三，對婦女裝扮惡俗的歸因分析，也是深刻而有趣的，既將矛頭對準了千年以來的男權，也批判了婦女的愚昧而不自知。即使從當代女權主義的視角，該篇文章作爲一篇 20 世紀初葉發表於報刊的由男性寫就的批判婦女裝扮的文章，也是有其當下意義的。

〔註144〕梁啓超。新民說·敍論〔C〕。梁啓超全集，北京：北京出版社，1999：620。

2、語言淺俗生動

從陳獨秀「由選學妖孽轉變為康梁派」的自述看，陳獨秀本人對文選是下了工夫的，具有深厚的古文功底，《揚子江形勢論略》一文也顯示了其高超的文字駕馭能力。然而，作為一份面向底層社會，開啟民智的啟蒙刊物，《俗話報》必須使用「俗話」，以便順利走入下層社會的閱讀生活。這就需要陳獨秀的語言創造，而陳獨秀也不負眾望，《俗話報》論說的語言，不僅淺顯易懂，而且生動活潑，攙入的方言俗語更增添了文章的表現力。

如《瓜分中國》，「中國官最怕俄國，<u>活像老鼠見了貓一般</u>，眼看了他佔了奉天，那敢道半個不字。各國人看中國這樣容易欺負，都道中國是一定保不住了。與其把這個<u>肥羊尾子</u>，讓俄國獨得，不如趁早我們也都來分一點吧。因此各國駐紮北京的欽差，私下裏商議起來，打算把我們幾千年祖宗相倚的好中國，<u>當作切瓜一般，你一塊、我一塊，大家分分</u>，這名目就叫做『瓜分中國』。」再如，《論安徽的礦務》「……他們做官的，幹了這些<u>黑心</u>的事體，他<u>糊籠糊籠</u>，走了就沒事。」「唉！有錢的人現在不肯出錢，……，那時眾人受苦不了，就是<u>剮守財奴的肉做元子吃</u>，也是不濟事的了。」再如《婚姻篇》，「倘若媒人從中說了謊話，衣服、首飾、禮物等件，有一樣<u>前言不符後語</u>，更要鬧得天翻地覆，把那班<u>王八蛋</u>做媒的兒子，<u>頭都罵呆了</u>，<u>腿都跑匾了</u>，<u>肚子都氣大了</u>，這時候男女兩家，就和仇人一般。」再如《惡俗篇》之《婦女的裝扮》。把女人穿的戴的裹的等等都比作是班房大牢中不同的刑法，既形象通俗，又具有說服性和諷刺性。「第一樣是腳鐐的刑罰。列位看我們中國的婦女，<u>拿一雙腳纏得像粽子一般</u>，<u>皮開肉綻</u>，不管痛，也不管癢，但曉得纏得極小，……我拿纏腳的婦女們，比<u>釘鐐</u>的犯人，不是嘲笑他們，<u>真真活像</u>的呢。第二樣便是手銬的刑法。什麼手銬呢？便是婦女們手上所帶鐲頭，好比犯人的手銬。……第四樣是鏈條鎖頭頸的刑法。我見女人家頭子上，<u>都要套一條兜兜鏈</u>……第五樣是一面枷……<u>不說虛話</u>足有六七斤重，壓在肩膀上，頭頸都不能動一動，背脊骨都不能曲一曲，……。第六是<u>打皮巴掌</u>。……拿了胭脂粉，用兩隻手在臉上亂拍亂打，<u>拍得通紅</u>。」

由上可見《俗話報》語言淺俗生動的特點。《俗話報》使用的白話語言，在中國現代語言發展史上是有其歷史意義的，即如朱文華所說，「如此的語言語調，比之當時的半文半白、文白相間的語言文字，顯然更進步；比之那些把文言文『譯』成白話文的篇什，也顯得更加新鮮活潑，並且已開始了向現

代漢語語法的過渡。」〔註145〕

3、論證系統有力

《俗話話》的論說具有系統性的特點。這體現在兩個方面：一，陳獨秀在「論說」欄刊登的文章具有系統的特點。從《瓜分中國》到《說國家》再到《亡國篇》，陳獨秀系統論述了愛國救亡這一核心主題。《瓜分中國》向讀者介紹了瓜分情勢，《說國家》則介紹了西方近代以土地、人民、主權等爲核心要素的國家概念，《亡國篇》分別分析了土地滅亡的現象、權利（鐵路、礦產、貨物）滅亡的現象、主權滅亡的現象，並指出亡國的原因在於「我們中國人天生的有幾種不好的性質」。再如《惡俗篇》之《婚姻篇》，陳獨秀分三章對舊式婚姻中存在的男女不平等問題進行了揭露和批判。他認爲，不僅「結婚的規矩不合乎情理」，而且「成婚的規矩不合乎情理」，連「退婚的規矩也不合乎情理」，文中還以西方婚姻方式爲參照系，大力提倡婚姻自由。這就徹底否定了傳統的婚姻惡俗。二，其他作者的論說均是對陳獨秀論說主題的補充論證，這有益於深化論說主題。比如，雪聰的《再論婚姻》就從先賢典籍《詩經》中引經據典來充當婚姻自由的論據，並搬出孔子即爲自由戀愛的愛情結晶的例子對《婚姻篇》進行補充論證。陳獨秀對傳統婚姻的批判，主要是就事說理，引入西方自由婚姻作爲參考，雪聰則從中國傳統資源論證自由婚姻的合理性，兩者相互補充，增強了對婚姻惡俗的批判力度；再如咄咄在《論風水的迷信》中，對迷信風水不僅影響本地經濟的發展、國家的富強，最終還可能被外國強盜霸佔的論述，這與陳獨秀《安徽的礦務》的主旨也是一致的。再如一癡的《愛國篇》，認爲日俄戰爭中日本人制勝的原因在於「知愛國，不怕死」，由此鼓勵國人要養成「知愛國，不怕死」的尚武精神，進一步闡明陳獨秀設定的愛國救亡的觀點和主張。

論說具有系統性，可以詳細深刻地闡明論說者的思想與主張，其他作者的補充論證則使說論說主題更具說服力。《俗話報》論說的系統性不僅有力地論證了愛國救亡的主題，而且也成就了陳獨秀，使其成爲中國近代史上系統論述愛國救亡思想的白話報人之一。

4、強烈的問題意識

如前所述，報刊言論是政論時代報紙的「靈魂」與「旗幟」，言論質量的

〔註145〕朱文華。陳獨秀是不是文學家〔C〕。陳獨秀研究第 2 輯，合肥：安徽大學出版社，2003：102。

高低決定報刊影響力的大小。決定言論質量高低的因素固然是多重的，但問題意識無疑是最爲重要的因素。強烈地問題意識不僅反映了作者的危機意識、責任意識和深入思考，思考的問題也都指向眞問題，具有急迫性和強烈的現實意義。以言論聞名的報刊，無一例外地都呈現了強烈的問題意識。《俗話報》論說的問題意識具有一定的獨特性，不僅作者具有強烈的問題意識，所有論說都是針對當時重要的社會問題，而且每篇論說都直接向讀者發問，努力將論者思考的問題轉換爲讀者思考的問題，希望以此引起「療救的注意」。

　　比如，《瓜分中國》篇首即提出，「我們中國人，又要做洋人的百姓了呵！這樣大禍臨門……」的大問題，篇末又要求「大家睡到半夜，仔細想想看看，還是大家振作起來，做強國的百姓好？還是各保身家不問國事，終久是身家不保，做亡國的百姓好呢？」再如，《惡俗篇》篇首，陳獨秀交待了寫作目的，「我們中國稀奇古怪的壞風俗，實在是多得很，一時也說不盡，現在我揀那頂要緊的，頂有關係國家強弱的，說幾件給列位聽聽。」再如《說國家》，「我十年以前，在家裏讀書的時候……那知道國家是什麼東西，和我有什麼關係呢？」「可憐我們中國，也算是世界上一個自古有名的大國，到了今日，這三件事是怎麼樣呢？列位細細地想想看呀！」再比如《亡國篇》七篇，每篇文末都有激刺讀者的言辭，「眼見得故國山河，已不是我漢種人的世界，既悲已往，又思將來，豈不是一件可惱可苦可驚可怕的事體麼？！」「唉！我們安徽人，個個還在睡覺哩，那裡曉得我們安徽省，已經在英國人勢力之下了，我哀我中國，我更哀我安徽！」「大利既去，大權既失，那時全國的人，只有供他奔走，仰他鼻息了，萬世子孫，那有翻身的日子呢？我所以說中國失了礦產的利權，便是一種已經滅亡的現象，列位以爲如何？！」「列位想想看，現在還有人用中國針和中國釘的麼？這兩樣中國貨已經是絕了種了嗎？！」「列位啊！照以上所說的看起來，我們中國土地、利權、主權，那一項不是已經滅亡的現象呢？」「像做這等種種黑心的事，不都是因爲不懂得愛國的大義嗎？我所以說只知有家，不知有國，是中國人亡國的原因哩！」「我們丟下不要的東西，旁人自然要拿去，這是一定的道理，那裡能怪得天怪得命呢？！」

　　《俗話報》做的是喚起民眾覺醒救亡圖存的啓蒙工作，它的讀者層次不一，且以中下層民眾爲主。這就要求《俗話報》不僅要提出問題，提供解決問題的可行辦法，更要努力將這種問題轉變爲讀者的問題，進入讀者的思考視域，這樣才能眞正引發「療救的注意」。

5、多種途徑抒發真摯感情

感情真摯強烈是《俗話報》論說的一個特色，細讀《俗話報》的論說，可以感受到文章中充滿的焦慮感，憂國憂民之情躍然紙上。然而，與面向士大夫鼓吹維新的半文半白的時務體不同，《俗話報》是面向社會中下層民眾的白話文章，所以筆端雖帶感情，但是表達感情的途徑卻不一樣的。

（1）「我」與「列位」的角色定位，迅速實現情感共鳴

《俗話報》的論說幾乎都以「我」第一人稱展開論述，陳獨秀與一癡用「我」，咄咄與雪聰則用「在下」，而所有論說中都以「列位」指稱讀者。以第一人稱展開論述，不僅便於論述的展開，而且因為「我」直接面向「列位」（讀者）發言，可以迅速實現情感共鳴。比如《論安徽的礦務》，「唉！我們中國人，只知道恨洋人，殺教士，……你道什麼是中國人的命脈呢？就是各處的礦山了。列位呀！要曉得礦山是地下的寶貝……」；《惡俗篇》，「我們中國稀奇古怪的壞風俗，實在是多得很，一時也說不盡，現在我揀那頂要緊的，頂有關係國家強弱的，說幾件給列位聽聽。列位要是覺得我的話說得有理，不說全改了，就是能改去一半，那怕把我的嘴說歪了，手寫斷了，我都是心服情願的。」《亡國篇》，「我中國土地雖大，也擋不住今朝割一塊，……今將北京政府，明明的訂個條約，把中國的土地送給各國的列表於後。列位請看呀！請看呀！！請看呀！！！」《婦女的裝扮》，「列位要知道我所說的是甚麼刑法，待我慢慢地一樣一樣說出來，給列位聽了，就可明白了」。這樣的論述方式在《俗話報》論說中，比比皆是。

（2）大量使用反問句與設問句，傳達了焦慮急迫的感情

比如《瓜分中國》文末，「大家睡到半夜，仔細想想看看，還是大家振作起來，做強國的百姓好？還是各保身家不問國事，終久是身家不保，做亡國的百姓好呢？！」據不完全統計，《惡俗篇》之《婚姻篇》約 22 處使用了反問句、設問句。如「唉，你想男女婚姻，乃終身大事，就是這樣糊塗辦法，天下做老子娘的，豈不坑害了多少好兒好女嗎？！」「男人沒有兒子，便要娶妾，恩愛鍾情的夫婦，普天下能有幾人呢？就是日本結婚的規矩，雖有由父母作主的，也要和兒女相商，二意情願才能算事。那有像中國強姦似的這樣野蠻風俗呢？！」「以上所說的三樁事，有一樁合乎情理嗎？第一樁，……這是合乎情理嗎？第二樁，……這是合乎情理嗎？第三樁，……就應該給人家糟蹋呢？……比妓女還不如呢，這是合乎情理嗎？」再如《亡國篇》之《權

利滅亡的現象》中關於鐵路的論述，「列位若是不相信，東三省就是個榜樣。東三省自從讓俄人造鐵路以來，東三省的土地，還算得是中國的土地嗎？東三省的人民，讓那俄國鬼子，糟蹋的還了得嗎？現在內地十八省，那一省不有洋人仿照俄國的主義，來造鐵路嗎？單說我們安徽，英國造的浦信鐵路，豈不是走鳳陽、穎州兩府經過嗎？唉！我們安徽人，個個還在睡覺哩，那裡曉得我們安徽省，已經在英國人勢力之下了，我哀我中國，我更哀我安徽！」類似的句式在論說中還很多，幾乎成為論說警醒民眾的主要論述方式。

值得注意的是，上述兩種抒發感情的手段在文章中，是綜合使用的，而且融合在一起，也正因為這樣，《俗話報》論說才能向讀者傳遞真摯強烈的愛國熱情，以此警醒國人。

七、清末下層啓蒙報刊的佼佼者

《俗話報》的創辦，順應了晚清社會下層啓蒙運動的歷史潮流。從創刊到停刊雖只有一年半，但已經顯示了《俗話報》的獨特之處，成為清末下層啓蒙報刊中的佼佼者。

（一）批判的啟蒙面向，引領了現代報刊文化批判的潮流

批判性是指對現實保持一種質疑的態度，並且通過報刊實踐活動對所批判的思想和言行予以批判，是一種富於洞察力、辨別力、判斷力，還有敏銳智慧的回顧性反思。《俗話報》的文化批判能夠成為一種特性呢？答案是肯定的。陳獨秀創辦的《俗話報》作為晚清下層啓蒙運動的典型，在文化批判方面是走在前列的。《俗話報》的特色之一就是其批判的啓蒙面向，這種批判不是簡單的批評，而是一種自覺地實踐，呈現出批判性的特徵。

如前所述，陳獨秀以及《俗話報》是較早以淺顯的筆調系統地對傳統文化展開批判的報人和報刊之一，不僅批判了社會惡俗，也批判了劣質的國民性；不僅「論說」欄中體現了批判精神，新聞欄與文藝等欄目中也充滿了濃郁的批判精神；不僅對下層民眾進行了批判，也將矛頭對準了官員士紳。可以說，《俗話報》的文化批判不僅是自覺地實踐，而且也是一以貫之的，在這個意義上，稱其為批判性。也只有在這個角度上，才能理解《俗話報》與陳獨秀的「言辭激烈」。

在 18 世紀西方啓蒙運動中，啓蒙的手段主要是沙龍、學院和書籍等，其

中以書籍最爲重要﹝註146﹞。這一時期，相較於書籍，西方的報刊業並不發達，政黨報刊的高潮階段要等到18世紀後期資產階級革命興起後才能出現，而廉價便士報更要遲至19世紀30年代才能出現。政黨報刊的主要功能是宣傳和鼓動革命，批判的矛頭雖是封建政治，但理論依據卻是啓蒙哲人的理論主張，批判的取向也與啓蒙批判精神一脈相承。在此種意義上，現代報刊的批評功能源於啓蒙運動。然而，西方啓蒙運動的文化批判主要以書籍爲主要載體，文化批判並不是報刊關注的焦點。與之相比，在清末下層社會啓蒙運動中，報刊則成爲文化批判的主要載體。

中國的近代報刊是舶來品，早期報人重視辦報的一個重要原因，是現代報刊的言論功能，王韜及其政論即是典型代表。戊戌時期，國人第一次辦報高潮中，報刊的宣傳功能受到重視，當然這種宣傳功能也是通過政論的寫作與傳播來實現的，梁啓超及其政論文是其代表。世紀初年的辦報高潮中，報刊仍以政論爲主。以革命派與維新派爲主的報刊形態，雖離成熟的政黨報刊形態尚遠，但兩派報刊尤其是革命派報刊已將現代報刊的宣傳鼓吹功能發揮到新的高度。兩派報刊相互攻駁，自由辯論，最終雖以革命派取勝而告終，但囿於時代的局限，兩派報刊都以政治宣傳爲主，啓蒙並不是兩派刊物關注的焦點。在這種背景下，《俗話報》展開的文化批判及體現出的批判性不僅具有時代意義，也具有歷史意義。

應該看到，《俗話報》的批判性是與現代報刊媒介的出現，以及現代報刊媒介的批評功能是相關的。雖然早在明季，李贄等人已經開始了對儒家文化的反思和批判，但這種影響主要通過書籍影響少數邊緣讀書人，對傳統文化的觸動是微弱的。批判只有與現代媒介聯繫在一起，才能發揮其批判的廣泛影響，在此種意義上，《俗話報》就具有了開啓現代報刊文化批判的意義，也預示了五四先賢利用報刊全面批判中國傳統文化的必然性。當然，如果從現代報刊的批評功能是源於啓蒙運動的批判精神的角度，《俗話報》的批判性也

﹝註146﹞ Robert Darnton 認爲，「依伏爾泰和達藍柏自己的意見，傳播啓蒙思想的策略應該由上流社會的沙龍、學院，向下漸漸滲透到小鎮的貴族和鄉間的士紳——但就到此爲止，他們從沒有打算進一步再向下發展。」他又指出，「最能代表啓蒙運動整個思想面貌的《百科全書》，其傳播範圍實較一般人想的要廣。」（轉引自李孝悌《清末的下層社會啓蒙運動》，第10～11頁）本書的相關論斷是建立在這個基礎上的，事實上，不光是《百科全書》，即使更面向社會底層的盧梭，其著述形式也是書籍。

是別具特色的，這種批判既有別於劉師培、林獬的「激烈主義」，也有別於彭冀仲直面權貴的言論態度，而是直接面向民眾及其生活其中的文化生活展開批判。在此種意義上，《俗話報》批判的啓蒙面向，確實開啓了現代報刊文化批判的先河。

（二）新穎的白話文體，促進了現代白話文體的發展

《俗話報》的創辦順應了晚清新政時期的「開民智」、「救亡圖存」的社會背景，選擇報刊作爲「啓蒙」的工具則源於現代報刊的媒介特性。相較於傳統書籍，現代報刊無疑具有更多的功能，能夠到達更多的讀者。而作爲面向下層民眾的白話報刊，也必須考慮底層民眾的閱讀興趣和文化水平，選取通俗的「白話語言」作爲交流工具勢所必然。

本書將白話文體〔註 147〕定義爲「使用白話語言的文體形式」，其中白話是指這種文體使用的語言形式，文體則意味著文章的文學性。通常認爲，成功的白話文體實踐是在五四時期，由胡適、魯迅分別從理論和實踐兩方面完成的，陳獨秀的功勞似乎僅僅是鼓吹響應；而在追溯知識界對白話問題關注的現代起源時，梁啓超、裘廷梁等則成爲研究焦點；對於 20 世紀初的白話報刊對白話文運動的貢獻，則主要是爲五四時期的白話文運動奠定了基礎，是中國語言文字與文學語言現代轉型鏈條中不可或缺的環節。以上論點普遍見於當前國內研究白話運動的專著。這種論述，幾乎忽略了陳獨秀及《俗話報》對於白話文運動的貢獻。《俗話報》白話文體的實踐雖談不上成熟，但是《俗話報》獲得成功的一大原因就是其使用的「白話」；陳獨秀在《俗話報》上的有些文章即使不是成熟的白話文體，也是具有文學性的，有些文章甚至可以認爲是五四時期報刊「隨感」的濫觴。

比如論說，作爲面向社會中下層民眾的《俗話報》，論說借鑑了「說書」這一民間曲藝的表達方式，如果再考慮到清末下層啓蒙運動中，白話報刊也

〔註147〕「白話文體」這個術語來自於曹而雲著的《白話文體與現代性──以胡適的白話文理論爲個案》（上海三聯書店，2006 年版）一書，但是該書並沒有對這個術語進行明確的概念界定。本書根據曹的相關論述對「白話文體」進行界定，根據的相關論述爲：「作爲一個歷史概念，現代白話是雅俗兼收的語言文體，必須從語言本身的規定性出發來創造自己的形式。」（第 119 頁）「換言之，促成文學革命的深層原因不在文字方面，而在於文體，只有文體的變革才是最徹底的變革。只有白話成爲文學語言，成爲文體，才能實現真正文學的變革。」（第 135 頁）

要適應宣講和講報的需要〔註148〕，論說借鑒「說書」的表現形式就是必然的。這種借鑒必然會對論說的文學性產生負面影響，然而，從俗文學的視角審視《俗話報》論說，可以發現，論說絕不是枯燥的說教文章，也不是聲嘶力竭的鼓吹文章。論說具有的文學性是不言而喻的，語言不僅淺俗生動，感情真摯強烈且通過多種手段抒發，文章的反問句式也是排比使用的，也大量使用了反諷修辭。

再如新聞的評述風格，這裡以《鐵良又來要錢》（第 12 期）與《每周評論》（第 19 號）上的《陸宗輿到底是哪國的人？》進行對比。

《鐵良又來要錢》（《俗話報》第 12 期）

　　己亥年秋間，剛毅從北京來到江南，搜刮銀錢以充武衛軍軍餉，每年約模得一百多萬，拿去練武衛兵。不多幾時，就有義和團出現，鬧得落花流水，賠了洋兵款項九萬萬兩之多，叫我們南省人，出這宗賠款，益發窮苦。這一件事，想必諸位早曉得了。現在朝廷，又派一個旗人，官為侍郎，名叫鐵良，到江南搜索錢財。一到上海，上海的製造局，就被他提去八十餘萬兩，現在鐵良又往蘇州去要錢，聽說尚要到杭州、南京、安慶、江西、湖北，各處要錢。他要去的錢，想必又是拿去練兵。聽說鐵良本領，比剛毅還大數倍。

《陸宗輿到底是哪國的人？》（《每周評論》第 19 號）

　　有人說中華匯業銀行是中、日合辦的，有人說完全是日本的銀行，我們實在弄不清楚。為了吉、黑兩省金礦森林借款的事，那中華匯業銀行總理陸宗輿，給中華民國農商總長、財政總長的信，滿紙的貴國、貴政府。這中華匯業銀行到底是哪國的銀行，陸宗輿到底是哪國的人，我們實在弄不清楚。

前一篇創作於 1904 年，後一篇創作於 1919 年；前一篇為《俗話報》新聞，後一篇則為《每周評論》的「隨感錄」，被認為是「現代雜文」的「先導」。然而，這兩篇文章的寫作風格是一致的，都是表面客觀平靜，語言不帶有價

〔註148〕 李孝悌認為，這個時代（晚清十年）的知識分子都肯定傳統的文藝形式在教化上的功能，但同時他們又對這些民間文藝裏所蘊含的思想深表不滿。新式白話報的出現正好填補了這個空隙。（《清末的下層社會啟蒙運動》，2001年），這是一個頗有見地的見解。儘管目前沒有發現關於宣講《俗話報》的歷史文獻，但由《俗話報》的發行數量和發行地域，以及陳獨秀的《論戲曲》，可以推論李孝悌的結論也適合《俗話報》和陳獨秀。

值判斷，但當這看似平靜的幾件事實信息組合在一起時，就揭示了事物的本質和要害，作者感情態度也隨之而出，極盡冷嘲熱諷之能。從這一點來看，《俗話報》在白話文體方面的實踐也是值得重視的。

又如，《俗話報》「詩詞」欄對民間「俚曲俗調」的借用。爲了更好地實現辦刊宗旨，使報刊順利進入下層社會民眾的閱讀生活，《俗話報》同仁的詩詞創作基本採用了流行於安徽民間的「俚曲俗調」，如五更調、十二月曲、十杯酒、十送郎君、梳粧檯等。《俗話報》同仁有意借助「俚曲俗調」這種媒介形式與普通民眾相溝通，拉近與普通民眾的距離，以求達到最大的啓蒙效果。雖然這種借用只是形式上的借用，但這種「借用」已經具有嶄新的時代意義。在清代文壇重地——桐城地區以及安慶、蕪湖、徽州等安徽經濟文化比較發達的地區，知識精英放棄身段，眼睛向下，有意借鑑民間「俚曲俗調」進行詩詞創作，其象徵意義是不言而喻的。

綜上所述，《俗話報》在白話文體方面的嘗試是不容小覷的，陳獨秀是五四先賢中最早嘗試白話文創作的人之一，在一定意義上，甚至可以稱爲「第一人」。陳獨秀及《俗話報》的白話文體實踐在中國語體演變發展史上也應佔有重要的地位，直接推動了現代白話文體的發展。

（三）準確的讀者定位，「開通」了安徽風氣

陳獨秀在《開辦〈安徽俗話報〉的緣故》中，將《俗話報》的讀者定位爲讀書的、教書的、種田的、做手藝的、做生意的、當官的、當兵的、婦女小孩、有錢的以及做小生意的人。以今天追求讀者細分的受眾定位理論考察上述《俗話報》的讀者群，《俗話報》的讀者定位似乎是不成功的，因爲它的讀者定位爲安徽人，涵蓋了整個社會群體。但如果從晚清底層社會啓蒙的視角考察這一定位，可以發現，這個讀者定位又是極爲成功的。因爲開民智與愛國救亡的啓蒙宗旨是全社會各個階層都必須面對的嚴肅話題，需要讀書的、教書的、種田的、做手藝的、做生意的、當官的、當兵的、婦女小孩、有錢的、做小生意的等各色人等廣泛參與。因此，說《俗話報》是面向安徽地區廣大受眾的大眾媒體是合適的。

當然，上述分析與《俗話報》重點傾向讀書的、教書的、當兵的以及本地士紳等讀者人群並不矛盾。不管《俗話報》的語言如何通俗，只有對於識文斷字的人來說，才能有效果，而且在清末下層啓蒙運動中，「婦孺盲塞」也

只有通過識文斷字之人的「兩級傳播」也才能取得啓蒙效果。事實上，《俗話報》也正是通過影響讀書的、教書的、當兵的以及本地士紳等讀者人群到達「婦孺盲塞」等底層人群。

《俗話報》的豐富內容不僅表明《俗話報》努力面向社會各層發表意見的意圖，也證明了上段分析的《俗話報》的讀者定位。《俗話報》作爲一份面向安徽地區廣大受眾的大眾媒體，報紙首先立足安徽本土，大力報導安徽本省時事與風俗人情，表現出很強的省際意識，這與當時省際意識的勃興有關。內容既有關係安徽前途命運的大事，也有百姓十分熟悉關心的身邊事，所以該報很受本省民眾的歡迎。報紙在關注安徽本土的同時，也關注國家大事，《俗話報》從開通民智，救亡圖存的辦報宗旨出發，對國家面臨的瓜分危機、日俄戰爭、清末新政等進行了及時、全面的報導。不僅開闊了安徽民眾的視野，也爲該報爭取了省外讀者，在省外的代派處逐步增加，甚至不斷再版〔註149〕。可以說，地方意識和全國觀念的相互觀照已成爲《俗話報》的一大特色，當然這也是《俗話報》成功的原因之一。

由上可以看出，《俗話報》的讀者定位是成功的。因此，該報存在時間雖然不長，但傳播較廣、影響較大，尤其對於安徽省，確實開了一省的風氣。辛亥革命時期由陳獨秀、柏文蔚等人組織發起的革命組織「岳王會」，組織成員以學堂學生、軍隊士兵爲主，這也足已證明《俗話報》的影響。而胡子承信中所提，「俗話報出版以來，同人皆頗歡迎，而局外則頗多訾議，如自由結婚等語，尤貽人口實」的語句也可以反證《俗話報》對本地士紳以及底層人群的影響。該報創辦人之一房秩五稱《俗話報》「風行一時，幾與當時馳名全國之《杭州白話報》相垺。」〔註150〕高一涵則稱《俗話報》在安徽地區的知識青年中，起了「組織革命和宣傳革命的作用」〔註151〕，直至二十世紀五六十年代，安徽耆老潘贊化、朱蘊山等人在回首往事時，對《俗話報》仍是讚不絕口，稱其「最開風氣」。

〔註149〕根據筆者對安徽省圖書館收藏的《俗話報》原件的查閱，從封面看，第 1 期與第 3 期至少再版 3 次，第 6 期至少再版 6 次。

〔註150〕房秩五。回憶《俗話報》詩一首〔C〕。安徽革命史研究資料（第 1 輯），1980：14。

〔註151〕高一涵。辛亥革命前後安徽青年學生思想轉變的概況〔C〕。辛亥革命回憶錄（四）。北京：文史資料出版社，1981：434。

小結

　　《國民日日報》雖是陳獨秀涉足報壇的起點，但在此之前，陳獨秀已經形成了自己的辦報主張，《擬章》中「本社既名愛國，自應遵守國家秩序，凡出版書報，惟期激發志氣，輸灌學理，不得訕謗詆毀，致涉叫囂」的論述，即是該時期陳獨秀辦報理念的體現。對激發志氣，輸灌學理的強調，對《清議報》、《新民叢報》訕謗詆毀，致涉叫囂的批判，表明陳獨秀希望在遵守國家秩序的基礎上，通過灌輸學理的方式激發國民的志氣，以此挽救國家危局。這是他這一時期從事報刊實踐活動的基調，也是他初涉報壇即能與「暴得大名」的章士釗共同主筆《國民日日報》的重要原因，更是他在《國民日日報》停刊後創辦《俗話報》，投身清末下層啓蒙運動的根本原因。事實上，無論是1902 年，1903 年的兩次演說會，還是《安徽俗話報》，陳獨秀都以愛國拒俄爲目標，革命排滿並不是他的辦報旨趣，甚至連頗具革命色彩的《國民日日報》也因他的加入而呈現出「舒緩」的特徵。

　　應該看到，清末新政初期的「改革」氛圍，以及拒俄運動的發生、發展是陳獨秀投身報刊實踐的重要背景。雖然陳獨秀於第二次演說會期間遭到通緝，並跑到上海參編《國民日日報》，但幾個月後即回到安徽創刊《俗話報》，不僅讓《俗話報》風行一時，海內聞名，而且也爲安徽這一內陸地區吹來一縷「開民智」的新風。然而，清王朝氣數已盡，天朝國民的愚昧也決定了《俗話報》雖能鼓吹新思想、開風氣，但根本無法扭轉頹勢。這與下層啓蒙運動是由清政府及各級士紳集團發起，爲清政府實行預備立憲的啓蒙目的是直接相關的。如果啓蒙的目的僅在於提高底層民眾「素質」的話，如果批判的論域只能圍繞民眾的生活視域展開的話，勢必無法對傳統文化進行較爲徹底、全面地反思，而對傳統文化進行徹底、全面地反思，則直接觸動清政府以及各級士紳的統治基礎。

　　在革命同志的召喚下，陳獨秀終於轉向了革命，《俗話報》成爲可有可無的「雞肋」。然而，相較於章士釗、張繼、劉師培、林白水等《國民日日報》同人，陳獨秀的革命轉向不僅「姍姍來遲」，而且「提前結束」，成爲「辛亥革命」的落伍者。促成這種轉變的原因是多樣的，但毫無疑問的是，這種轉變緣於陳獨秀的獨立思考，這是一名新型知識分子在清末革命大潮中做出的獨立選擇。有意思的是，章士釗、劉師培、林白水等三位報刊活動家，他們在清末革命的大潮中，也先後做出了自己的選擇，章士釗留日後拒絕加入同

盟會並赴英求學，劉師培於 1907 年「變節」，林白水則於 1917 年再操新聞「舊業」。不管後人如何評價，他們的選擇對於轉型期的中國知識精英，尤其是中國新聞業者，宣示著獨立進行價值判斷的重要性。

需要再次指出的是，以革命的視角審視這一時期陳獨秀的報刊實踐，會發現他的報刊實踐「微不足道」，充其量也就是對開通安徽一省的風氣起到了積極作用。但是，如果從思想啓蒙的視角審視，陳獨秀的報刊實踐則可圈可點，《俗話報》成爲清末下層啓蒙運動中啓蒙報刊的佼佼者即是明證。事實上，這也預示著陳獨秀對思想啓蒙的特別關注，一飭時機成熟，陳獨秀將利用報刊進行更爲深入的思想啓蒙，這就爲創辦《新青年》，引領五四新文化運動埋下了伏筆。

第三章　成就「元典」〔註1〕，引領潮流：
「五四」前後的報刊實踐

　　辛亥革命的勝利，結束了中國幾千年的帝王統治，成立了中華民國。然而，民元初年的政治社會現實不僅沒有按照民主共和的道路前進，而且大有退回封建帝制的可能。國際上，雖然第一次世界大戰爆發，西方各國無暇顧及中國，但是日本卻提出了滅亡中國的「二十一條」；國內方面，袁世凱不僅打壓國民黨，鎮壓「二次革命」，控制輿論，更利用「二十一條」愚弄民意；更爲可悲的是，在文化思潮方面，民國初年即已出現尊孔復古的反動思潮，這無疑讓袁世凱看到了復辟的可能性。中國社會亟需補課，如果民眾思想沒有根本轉變的話，「共和的招牌」是掛不長久的。陳獨秀順應歷史潮流，再次投身報刊實踐活動，掀起了中國近現代歷史上最爲動人的「思想革命」——「五四新文化運動」。

　　五四新文化運動時期，陳獨秀的報刊實踐主要由參編《甲寅》、創辦《新青年》與《每周評論》三部分組成。就參編《甲寅》來說，雖然他只在《甲寅》上發表了唯一一篇論說——《愛國心與自覺心》，但已顯示出「汝南晨雞，先登壇喚」的「早發性」，並預示著《新青年》創辦的必然性。《新青年》與

〔註 1〕 此處的「元典」，含有最經典的意思，且嚴格限制在「新文化運動」的語境中。
　　　　儘管，從時間上看，《新青年》的出版只有百年，「經歷」的時間考驗尚短，
　　　　然而，不可否認的是，《新青年》已經成爲探討「五四新文化運動」的至關重
　　　　要且無法迴避的重要節點，而且由於它的開放性面向，現代人文社會學科都
　　　　可以從中找到具有「發生」意義的文字。因此，將《新青年》稱爲「新文化
　　　　運動」的「元典」是可以的。

《每周評論》不僅成就了陳獨秀報人生涯的巔峰狀態，而且也引領了五四新文化運動，《新青年》成爲五四新文化運動的「元典」，《每周評論》則引領了這一時期評論類刊物的辦報潮流。

如果說，清末新政時期陳獨秀的報刊實踐屬於牛刀小試，啓蒙思想尚未成熟的話，那麼，這一時期陳獨秀則是以思想家的身份登上歷史舞臺，其報刊實踐表現出鮮明的思想啓蒙色彩，也成就了中國新聞史上啓蒙報刊的典範，在給「五四青年」帶來自由之光的同時，也將中國社會由近代社會「推進」到現代社會。陳獨秀提出的思想命題，不僅在其時發人深省，即使對於今日中國也仍有認眞對待的必要。與清末新政時期一樣，隨著革命形勢的發展，陳獨秀再次轉向革命，其報刊實踐的啓蒙色彩逐漸消退。

第一節　汝南晨雞，先登壇喚：參編《甲寅》

陳獨秀爲《甲寅》撰寫的唯一一篇論說《愛國心與自覺心》，一經發表，旋即遭到知識界的叱責，六個月後，知識界對此文的態度發生了根本的轉變。這不僅意味著陳獨秀「有惡國不如無國」論的思想價值，也預示著陳獨秀即將迎來屬於自己的歷史舞臺。

一、「謀生」的需要

（一）參編前的經歷

辛亥革命勝利後，1911 年 12 月 21 日，安徽軍政府成立，孫毓筠任都督。孫毓筠電邀陳獨秀回皖，就任都督府秘書長。1912 年 4 月，陳獨秀辭去秘書長一職，重辦安徽高等學堂並任校長，後自任教務主任。1913 年上半年，因學生鬧事被趕出學校。1913 年 7 月 12 日，二次革命爆發，10 月 21 日，倪嗣沖點名捉拿第一名「要犯」陳獨秀，陳獨秀逃往上海，以「編輯賣文爲生」。

革命雖然勝利，陳獨秀也受邀參與「新政府」，但陳獨秀在這兩年的日子並不如意。用陳獨秀自己的話說，一切如故，「亦非有救民水火之誠，則以利祿毀人如故也，敵視異己如故也，耀兵殘民如故也，漠視法制如故也，紊亂財政如故也，奮私無紀，殆更有甚焉！」〔註2〕他既受到舊勢力的反對（1912年在安徽高等學校任教務長時，就是被學生趕跑的），又遭到新興勢力的排

〔註 2〕陳獨秀，《愛國心與自覺心》，《甲寅》第一卷第四號，1914 年 11 月。

擠，最後在反袁鬥爭中還幾乎喪命於舊同志之手〔註3〕。

（二）參編原因

陳獨秀 1913 年 10 月逃到上海後，「本擬閉戶讀書，以編輯爲生」，然而民生凋敝，圖書出版業也很不景氣，他編輯的由亞東圖書館出版的《英文教科書》和《字義類例》，「銷路不及去年十分之一」，所得稿費甚少，不能維持家用，「故已擱筆，靜待餓死而已」。既然賣文也無以爲生，所以他「急欲學習世界語，爲後日謀生之計」〔註4〕。於是寫信給在日本的章士釗，請他推薦一本世界語的教材。章士釗接信後，不僅將陳獨秀的來信節錄於《甲寅》「通信」欄，且以「生機」爲名，加附按語。按語中章士釗邀請陳獨秀東渡日本參編《甲寅》，「折束邀愁人，相逢只說愁，以語足下，其信然否」。於是，1914年 7 月，陳獨秀第五次東渡日本。他到日本後，進「雅典娜法語學校」學習法文〔註5〕，同時幫助章士釗編輯《甲寅》，「度他那窮得只有一件汗衫，其中無數蝨子的生活。」〔註6〕由此看來，陳獨秀參編《甲寅》的確具有「謀生」的色彩。

（三）刊於《甲寅》的文章

陳獨秀雖然參編《甲寅》雜誌，但他在該刊發表文字甚少。除了由章士釗節錄署名 CC 生發表於「通訊」欄的《生機》（一卷二號）一文，其他的詩作及文章如下：

論說：《愛國心與自覺心》（一卷四號）。

序文：《〈雙枰記〉序》（一卷四號）；《〈絳紗記〉序》（一卷七號）。

詩作：《杭州酷暑寄懷劉三沈二》、《遊韜光》、《遊虎跑》（二首）、《靈隱寺前》、《詠鶴》、《雪中偕友人登吳山》（一卷三號）；《述哀》（一卷五號）；《遠遊》、《夜雨狂歌答沈二》（一卷七號）。

由上可見，陳獨秀在《甲寅》所發的文章不多，詩作均爲舊作〔註7〕，《〈絳

〔註3〕 沈寂。陳獨秀傳倫〔M〕。合肥：安徽大學出版社，2007：233。

〔註4〕 陳獨秀，《生機》（致《甲寅雜誌》記者），《甲寅雜誌》第一卷第二號，1914年 6 月。

〔註5〕 唐寶林，林茂生。陳獨秀年譜〔M〕。上海：上海人民出版社，1988：62。

〔註6〕 傅斯年，《陳獨秀案》，《獨立評論》第 24 號，1932 年 10 月。

〔註7〕 《甲寅》第一卷第三號刊登的詩作曾發表於 1911 年 1 月 20 日《民立報》；《述哀》中「宣統元年秋九月，陳仲志於瀋陽寓齋」表明該詩也爲舊作；《遠遊》、《夜雨狂歌答沈二》也是陳獨秀 1909 年前後所作，該時期陳獨秀詩酒豪情，

紗記〉序》也是舊作﹝註8﹞，考慮到《〈雙枰記〉序》是應章士釗之邀作的序文，內容本身也主要圍繞《雙枰記》，因此真正為《甲寅》所作的文章只有一篇，即《愛國心與自覺心》。

（四）貢獻

儘管陳獨秀沒有參與《甲寅》的創刊，但他參編後，應該扮演了重要的角色。吳稚暉在20年代指出：章陳交誼不是很淺，似乎南京陸師學堂曾做同學？今日章先生視《甲寅》為彼惟一物產，然別人把人物與甲寅聯想，章行嚴而外，必忘不了高一涵，亦忘不了陳獨秀。﹝註9﹞吳的話雖有意氣的成分，但說的是實情。

首先，《甲寅》雜誌可以分為前後兩個階段，其中前兩期為第一階段，可視做《甲寅》雜誌的草創階段，後八期為第二階段，其中第三期、第四期雜誌已經發展壯大﹝註10﹞，尤以第三期值得注意。陳獨秀參編《甲寅》應在第三期（1914年8月10日﹝註11﹞），第三期有其詩作，第四期有其論文，且《愛國心與自覺心》一經發表，即引起很大的反響。該文的「出籠」未嘗不可以看作是《甲寅》雜誌言論經營的需要。因此，《甲寅》的聲名大振，應該有陳

﹝註8﹞ 常與友人互作和詩，尤其是身居杭州時期，更與友人沈二（沈尹默）、劉三（劉季平）等人「時常做詩，互相觀摩」。
﹝註8﹞ 《〈絳紗記〉序》文末「乙卯六月，獨秀敍於春申江上」，按春申江即黃浦江，此文應寫於陳獨秀赴日參編《甲寅》之前。
﹝註9﹞ 吳稚暉，《陳獨秀·章士釗·梁啓超》，《吳稚暉先生文粹》第一冊，臺北華文書店影印本，1990年，第316頁。
﹝註10﹞ 袁甜在其碩士論文對這一觀點展開了論證，本書同意這一觀點。
﹝註11﹞ 國家圖書館出版社於2009年5月影印的《甲寅雜誌·甲寅週刊》（全五冊），其中第三號封面發行日期為民國三年七月十日。但王光遠編《陳獨秀年譜》（重慶人民出版社，1987年10月，第22頁），唐寶林、林茂生編《陳獨秀年譜》（上海新華書店出版社，1988年12月，第62頁），鄭學稼《陳獨秀傳（上）》（臺灣時報文化出版企業有限公司，民國七十八年，第130頁）等三本著作均認為第三號發行時間為八月十日；在《〈章士釗全集〉第3卷（1914.5.10－1916.1.10）（文匯出版社，2000年版）中，所收章在《甲寅》第三號所發文章時間均標注為1914年8月10日；在章士釗《甲寅雜誌存稿》（上卷）中，所收《自覺》一文時間標注為「民國四年八月」，該文也在《甲寅》第三號發表。筆者認為，可能國家圖書館所藏版本或為再版，時間有誤，或是主編章士釗出於報刊發行時間的連續性，而將發行時間標為7月，實際出版時間應為8月。而上述關於陳獨秀的年譜及其傳記著作，以及《章士釗全集》以及章本人的著述，時間均指向「八月」，兩相對照，根據已有的研究資料，「八月」的時間比較可靠，而陳獨秀7月即已來到日本參編《甲寅》。

獨秀的功勞。其次，吳虞詩作能刊登於《甲寅》，也緣於陳獨秀的「慧眼」，「尊著倘全數寄賜，分載《青年》、《甲寅》，嘉惠後學，誠盛事也」〔註12〕，由此可以斷定陳獨秀對文錄等文藝欄的編輯權。第三，通常認為，《甲寅》為隨後《青年雜誌》準備了作者群，這個論斷否認了陳獨秀對形成《甲寅》作者群的貢獻。高一涵、劉文典、鄧藝孫、程演生等人不僅是安徽籍，還是陳獨秀的熟識，前兩人還與陳獨秀有師生之誼，後兩人則是陳獨秀的舊識，何況這幾人的作品都刊登於《甲寅》後八期，與陳獨秀參編《甲寅》幾乎同時。最後，《甲寅》改在上海編輯發行後，陳獨秀可以同時編輯《甲寅》與《青年雜誌》，也可看出章士釗對陳獨秀的倚重。因此，陳獨秀對《甲寅》是有貢獻的。

二、揚棄：《甲寅》與《青年雜誌》（《新青年》）關係的再審視

　　《甲寅》與《青年雜誌》（《新青年》）的關係，這是當前學界研究的一個熱點。在緒論文獻綜述部分，已經指出相關研究雖對《甲寅》與《新青年》，尤其是與《青年雜誌》的淵源關係作了深入探討，但卻存在一個問題，都在強調《甲寅》對《新青年》的影響，這種研究取向導致對兩個刊物的形式、內容進行比較，一般的論文僅從形式進行比較，較為深入的論文則在前者的基礎上，對兩者的內容進行比較，由此得出《甲寅》對《新青年》的「全面影響」，甚至得出「陳獨秀為了生計創辦《青年雜誌》」，「其時並沒有成熟的辦刊思想」，所以沿用《甲寅》金字招牌的研究結論。因此，有必要對《甲寅》與《青年雜誌》（《新青年》）的關係進行重新審視。

　　本書認為，《甲寅》與《青年雜誌》（《新青年》）關係，既不是簡單的「傳承」、「沿襲」，也不是簡單的「和而不同」，更多地體現為「揚棄」。「揚棄」（英文 sublation；德文 Autheben）是黑格爾解釋範疇的發展過程的辯證概念。他認為，在範疇的推演和發展過程中，每一階段對於前一階段來說都是一種否定，但這種否定又不是單純的否定或全盤地拋棄，而是否定中包含著肯定，取消中包含有保存，從而使發展過程體現出對舊質既有拋棄又有保存的性質〔註13〕。「揚棄」是「否定之否定」，是「一種有肯定結果的否定」。這種否定的結果，既使新事物和舊事物之間有著本質的差別，又使新舊事物聯繫起來

〔註12〕《吳虞致陳獨秀》、《陳獨秀答吳虞》，《新青年》第二卷第五號「通信」，1917年1月。

〔註13〕蔣永福，吳可，岳長齡主編。東西方哲學大辭典〔M〕。南昌：江西人民出版社，2000：886。

成爲有機的整體而向前發展。〔註14〕在黑格爾看來，「概念和事物都可被揚棄」
〔註15〕。

「傳承」英文爲「Tradition」，希臘文爲「paradosis」，拉丁文爲「traditio」，
源自「tradere」，意爲「傳遞」、「傳話」，指被接受的學說和實踐的傳遞和繼承。
在基督教中特指由使徒和教會所傳承的上帝的神聖啓示的傳統，因而亦稱「聖
傳」、「教會傳統」、「使徒聖傳」。〔註16〕「傳承」在現代漢語中意爲「更替繼
承」，一般指承接好的方面，具有先傳再承的意味〔註17〕。由上可知，在東西
方的語境中，「傳承」的語義是相通的，無論是「傳遞」還是「更替」，目的
都是爲了「繼承」，而且「繼承」的都是原有學說或實踐的優良特質。換句話
說，「傳承」具有忠實於被傳承之物的實踐品格。

由上述對「揚棄」與「傳承」兩個概念的簡單介紹，可知兩者存在很大
的區別。「傳承」具有的忠實於被傳承之物的實踐品格，顯然有別於「揚棄」
「否定之否定」，「一種有肯定結果的否定」的特性。比如，《甲寅》的政論風
格，不僅充分反映了章士釗的「調和立國論」，而且也是《甲寅》的特色之一。
初創期的《青年雜誌》，雖刊有較多的政論文章，但與章士釗的「調和立國論」
存在很大的不同。而到了《新青年》，則以文化啓蒙爲追求，與「現實政治」
始終保持著一定的距離。由此可見，《甲寅》雖對《青年雜誌》以至《新青年》
存有一定的影響，但這種影響絕非是「傳承」、「承繼」，更非是「沿襲」。那
麼，《甲寅》對《青年雜誌》以至《新青年》的影響能否稱爲「揚棄」呢？「揚
棄」是黑格爾用來分析「範疇」發展過程的辯證概念，「範疇」是指最高級的
概念，能應用於任何事物、最普遍的、哲學的概念。因此，「揚棄」不僅可以
用來分析概念的發展，也可以用來分析事物的發展。以「揚棄」來考察《甲
寅》與《青年雜誌》、《新青年》的關係是可行的。

（一）兩份刊物在宗旨、內容、讀者定位方面存在根本不同

如前所述，「揚棄」是「否定之否定」，是「一種有肯定結果的否定」。這

〔註14〕 金炳華等編。哲學大辭典——修訂本（下）〔M〕。上海：上海辭書出版社，
　　　　 2001：1762。
〔註15〕 〔英〕布寧。西方哲學英漢對照詞典〔M〕。余紀元編著。北京：人民出版社。
　　　　 2000：962。
〔註16〕 基督教大辭典，http://bigyi.fudan.edu.cn/christDic/christContent.asp?id=2080004
〔註17〕 阮智富，郭忠新編著。現代漢語大詞典（上）〔M〕。上海：上海辭書出版社，
　　　　 2009：301。

種否定的結果，既使新事物和舊事物之間有著本質的差別，又使新舊事物聯繫起來成爲有機的整體而向前發展。考察《甲寅》與《青年雜誌》（《新青年》）之間的關係，可以發現，兩者雖有淵源，但兩者存有本質的差別，而且這種差別正是《新青年》大獲成功的重要原因。

陳獨秀認爲，無窮無盡的政治空談無濟於事，所以他要創辦《青年雜誌》，以此喚醒青年一代。他在《青年雜誌》創刊號即明示刊物宗旨，「改造青年之思想，輔導青年之修養，爲本志之天職。批評時政，非其旨也。」這表明，《青年雜誌》創刊之初，即確立以青年學生爲讀者對象的思想文化刊物的報刊定位。這不僅是《青年雜誌》與《甲寅》的最大區別，也是《新青年》矢志追求並終獲成功的重要因素。儘管創立之初的《青年雜誌》，爲了打開銷路，借鑒了《甲寅》，如稿件注重實務，政論較多，欄目設置相仿，編者與作者亦類，但是這並不能得出，《青年雜誌》與《甲寅》雜誌之間存在一定的「傳承」關係的論斷。因爲刊物整體上已經向「思想文化」類刊物轉變，無論是陳獨秀的《敬告青年》、《法蘭西人與近代文明》、《婦人觀》、《現代文明史》、《今日之教育方針》、《東西民族根本思想之差異》、《一九一六年》、《吾人最後之覺悟》等論說，還是高一涵《共和國家與青年之自覺》、《近世國家觀念與古相異之概略》、《民約與邦本》、《國家非人生之歸宿論》、《讀梁任公革命相續之原理論》、《自治與自由》等論說，以及易白沙的《述墨》、《我》、《戰雲中之青年》、《孔子平議》，高語罕的《青年與國家之前途》、《青年之敵》等文章，都表明《青年雜誌》以青年學生爲讀者對象的思想文化刊物的報刊定位，更不用說《青年雜誌》中刊登了大量的西方人物傳記以及西方青年組織的介紹，如《卡內基傳》、《佛蘭克林自傳》、《霞飛將軍》、《英國少年團規律》、《大飛行家譚根》、《英國少年團巡視》、《美國少年團記》、《麥剛森將軍》等等。

對大眾傳媒而言，內容與讀者是媒介定位的重要依據，不僅是媒介能否成功的重要因素，也是「此媒介」區分於「彼媒介」的重要參照標準。判定兩份刊物之間是否存在「傳承」關係，不能僅依靠欄目設置、作者群等外在形式進行論斷，而更應建立在對刊物的宗旨、內容、讀者等方面進行比較。因此，楊早論述的《甲寅》與《新青年》之間的差異，實際上正反映了兩份刊物在讀者定位、內容定位方面的本質不同。楊早的「章士釗始終堅持『政治救國』論，致使新文學運動未能在《甲寅》月刊上開展起來，而陳獨秀則高舉文學革命的旗幟，使《新青年》成爲發動文學革命和新文化運動的主要

興論陣地」〔註18〕論述，也反映了章、陳二人辦刊理念的根本差異。因此，僅依據《甲寅》中出現的某些「思想文化」方面的「質素」，就斷定《青年雜誌》的「思想文化」的刊物定位，以及其後《新青年》發起的「新文化運動」，即是「傳承」於《甲寅》的結論是缺乏「效度」的。

（二）《愛國心與自覺心》預示著《青年雜誌》創辦的必然性

如前所述，陳獨秀因「生計困頓」而受邀參編《甲寅》，多少帶有「以文謀生」的意味。按理說，「以文謀生」的陳獨秀應在《甲寅》發表較多的文字，而且憑陳獨秀的文筆才情為《甲寅》撰寫文章也不是件難事。然而，陳獨秀只為《甲寅》作了一篇文章──《愛國心與自覺心》。形成鮮明對照的是，陳獨秀在其創辦的《青年雜誌》前兩期發表了數量頗多的論說，而這一時期，陳獨秀仍是《甲寅》的編輯。為何擅長為文的陳獨秀只為《甲寅》撰寫了一篇文章？為何陳獨秀在編輯《甲寅》的同時，就急著創辦《青年雜誌》並發表大量文章？本書認為，這與知識界對《愛國心與自覺心》由「詰問叱責」到「接受推崇」的態度轉變存在重要的關聯。

《愛國心與自覺心》是陳獨秀為《甲寅》雜誌精心撰寫的一篇論說，也是陳獨秀在《甲寅》上正式推出的第一篇文章，章士釗刊登此文也表明章本人對此文是認同的。沒想到的是，該文一經刊出，即遭「詰問叱責」。儘管「詰問叱責」的信件是寫給主撰章士釗的，但作為編輯的陳獨秀肯定也知曉這些信件。這種「詰問叱責」無疑是對初以「獨秀」為名的陳獨秀的重大打擊。雖然，《愛國心與自覺心》是陳獨秀痛苦反思之後的「心得」，但其時知識精英並不領情，甚至主撰章士釗也沒有立即撰文予以辯解。因此，陳獨秀要想堅持自己的「心得」，就必然「失聲」，要想繼續「發聲」，就必然放棄自己的「心得」。以陳獨秀的個性，他不會放棄自己痛苦反思所獲的「心得」，於是只能選擇「失聲」，因此他雖擔任《甲寅》編輯，但他再也沒有為《甲寅》撰寫文章。這與李大釗、高一涵、高語罕、易白沙等人形成鮮明的對照。

然而，不堪形摹的時局很快讓知識精英認識到《愛國心與自覺心》一文的現實意義，於是知識界對該文的態度發生了根本逆轉。梁啟超發表的《痛定罪言》是知識界態度逆轉的一個標誌。梁啟超進一步從參政權、法律權、

〔註18〕楊琥。《新青年》與《甲寅》月刊之歷史淵源〔J〕。北京大學學報：哲學社會
科學版，2002，39（6）：124～129。

財政權、教育權等方面論證「有國不如無國」。章士釗對此評價道，「夫梁先生方以不作政談宣言於眾人者也，勸人不為煽誘激刺之論者也。今驟然與昨日之我挑戰，其所為驚人之鳴，竟至與舉世怪罵之獨秀君合轍，而詳盡又乃過之。此固聖者因時制宜之道，然而謹厚者亦復如是，天下事可知矣。」〔註19〕

　　梁啓超的文章發表於 1915 年 6 月 20 日，上距陳文發表的時間 7 個月。這 7 個月，陳獨秀雖身為雜誌編輯，卻沒有為其遭到「詰問叱責」的文章進行辯解，也沒有其他公開發表的文字，處於「失聲」狀態。這對個性鮮明的陳獨秀來說，無疑是一種煎熬。1915 年 6 月 19 日陳獨秀由日返滬，第二天即有與「通俗圖書局開會之約」，6 月 23 日，又在陳子壽家討論三家（群益、亞東及通俗三家書局）合辦，「終以分別籌款為主」，整個 7 月份，陳獨秀也為此多方聯絡，最終說服群益書社承辦《青年雜誌》〔註20〕。這說明陳獨秀早在 1915 年 6 月，即有創辦《青年雜誌》的想法。這個時間點與標誌知識界態度發生逆轉的梁啓超《痛定罪言》發表的時間暗合，這多少意味著，知識界的態度轉變具有推動和堅定陳獨秀另辦《青年雜誌》的意義。此外，這個時間點也表現出陳獨秀創辦《青年雜誌》的急切性。為何在編輯《甲寅》的同時，如此迫切的想另創一本雜誌？原因只能在於《甲寅》並不合乎陳獨秀的報刊主張，陳獨秀迫切需要一本屬於自己的刊物，以發出自己的聲音。因此，陳獨秀創辦《青年雜誌》是其深思熟慮的產物，這種深思熟慮既是對民元後「一切如故」的現實的反思，也是對《甲寅》的「揚棄」，決不是所謂「謀生」的需要，相反，陳獨秀參編《甲寅》卻帶有一定的「謀生」意味。

（三）《青年雜誌》（《新青年》）承繼了《甲寅》的開放姿態

　　如前所述，「揚棄」是「否定之否定」，但這種否定又不是單純的否定或全盤地拋棄，而是否定中包含著肯定，取消中包含有保存，從而使發展過程體現出對舊質既有拋棄又有保存的性質。上述兩點分析了兩份刊物在宗旨、內容、讀者定位方面都存在本質的差別，以及《愛國心與自覺心》一文所標示的意義。此處將分析兩份刊物的相同之處，指出在建構開放的報刊話語空間方面，《青年雜誌》（《新青年》）繼承了《甲寅》的開放姿態。

　　話語空間，是指話語言說的空間，亦即思想表達的空間。話語空間既可

〔註19〕章士釗，《國家與我》，《甲寅》第一卷第六期，1915 年 8 月。
〔註20〕以上史料來自於沈寂《陳獨秀傳論》（安徽大學出版社，2007）第 196 頁。

以表現爲物理空間，也可以表現爲報刊、廣播、電視、網絡等媒體空間。儘管話語空間的形式多種多樣，話語空間言說的話語也不一定就是「眞正」的話語，但空間對於話語言說卻是至關重要的，空間是話語言說及其效果生成的重要場域。任何空間都有一定的「邊界」，任何話語（或思想）也都帶有一定的傾向性，因此，「絕對」「開放」的話語空間是不存在的。但是，話語在本質上又具有對話性的特點，話語的生成以及效果的產生也都依賴於對話，這種對話性又反過來要求話語空間必須保持充分地開放。因此，話語空間的開放性是一種「有限」的開放性，任何話語空間都是如此。報刊作爲大眾傳媒，本身即是一種重要的話語空間，而且又因大眾傳媒的傳媒屬性，這種話語空間要求高度的「開放性」。當然，這種「高度」「開放」的特徵，並不意味著報刊話語空間的「開放性」是沒有「邊界」的「絕對開放」。事實上，任何一份報刊都無法做到絕對的開放。因此，本書所論報刊話語空間的開放性，是指報刊對其所關注的論域能夠吸納不同作者從不同角度進行多面向的討論，從而將其所關注的論域推向深入，並呈現一種「歷史」的「深度」。

近代中國，現代報刊雖是舶來品，但報刊作爲一種重要的話語空間，日益爲中國文人所關注，他們紛紛以各種形式介入報刊，進行各種各樣的話語言說。值得注意的是，近代國人報刊實踐是與日益嚴重的民族危機相伴而行的，甚至可以說民族危機是國人積極投身報刊實踐的直接原因，這就決定了近代國人報刊實踐必然具有強烈的政治色彩，報刊的政治功用成爲國人報刊實踐追求的首要目標。應該說，報刊具有強烈的政治訴求，本身並無可厚非，但這卻很容易造成報刊間的黨同伐異，導致報刊話語空間的閉合，使得相關論域無法向深度拓展。民初報壇，絕大多數報紙或爲政府控制，或爲黨派控制，成爲各黨各派相互攻訐，黨同伐異的政治工具。

在上述背景下，《甲寅》的開放姿態就具有開創性的意義。《甲寅》雜誌雖然出版時間不長，期數不多，但它通過建構開放的報刊話語空間，容納來自社會各界的不同話語，贏得了社會各界的好評與尊重，被譽爲「唯一不受政府或某一政黨控制的論壇」，黃遠庸在致《甲寅雜誌》的信中，稱讚章士釗是「一大改革家」,「今日稱以言論救世者，惟足下能副其實。」〔註 21〕《青年雜誌》(《新青年》)繼之而起，從改造青年思想入手，通過文化、思想的啓蒙實現救國之路，以其不斷的探索精神與對西方政治文化思想的引介和傳

〔註21〕 《通訊》,《甲寅雜誌存稿》下冊，臺灣文海出版社，第96頁。

播，成為民初先進知識分子表達自由思想的報刊話語空間，最終造就了中國新文化運動的「元典」。無論是《甲寅》的「調和立國」的政治主張，還是《青年雜誌》(《新青年》)的「思想啟蒙」的文化路線，兩者均因不同作者從不同角度進行的多面向討論，呈現出「歷史」的「深度」，作為一種「思想資源」，在歷史的長河中有其存在的價值。

《甲寅》與《青年雜誌》(《新青年》)雖有淵源，但兩者的關係既不是傳承關係，也不是沿襲關係，而是一種「揚棄」。從報刊的視角出發，兩者無論在宗旨、內容還是預期的讀者都有本質的不同；《愛國心與自覺心》一文也表明創辦《青年雜誌》(《新青年》)是陳獨秀深思熟慮的結果。從報刊話語空間來看，《青年雜誌》(《新青年》)承繼了《甲寅》的「開放姿態」，這也是兩份刊物獲得成功的根本原因。

三、「殘民之禍，惡國家甚於無國家」

客觀地說，陳獨秀「殘民之禍，惡國家甚於無國家」的論點有其存在的價值，不僅在當時具有鮮明的現實針對性，在中國思想史上也具有里程碑式的意義，反映了陳獨秀作為思想家思想的敏銳性和先見性。不過，前行者總是孤獨的，陳獨秀的這一論點不僅在當時為人所不解，即使當代學者也認為這一觀點存有偏頗之處，甚至以「偏激」形容陳的言辭。因此，有必要對陳獨秀這一觀點進行解讀，進而理解這一觀點的深刻性及其體現出的陳獨秀的思想軌跡。

（一）出發點：悲天憫人的人道主義情懷

通讀《愛國心與自覺心》一文，可以發現，陳獨秀「有惡國不如無國」論的出發點是悲天憫人的人道主義情懷，而且這種人道主義情懷所關注的對象是社會的底層民眾。陳獨秀認為，國家是「為國人共謀安寧幸福之團體」，國家必須保障國民的權利，謀益人民的幸福，「愛國心」的提倡，必須建立在國家保民、安民的基礎上。如果一個國家不僅做不到愛民、保民，反而日益加重人民的生活苦難，給民眾帶來人道主義災難，民眾連最起碼的生命權都無法保障，以致不得不託身租界以存活，這樣的國家既喪失了存在的合法性，也不值得國民去愛，這樣的「惡國」不要也罷。

陳獨秀對朝鮮、土耳其、日本、墨西哥、中國等「不知國家之情勢而愛之者」的批判，雖有偏頗之處，如將朝鮮反抗日本的民族主義運動視為「誠

見其損，未睹其益」，沒有看到朝鮮民族主義運動的正義性和合理性；因擔心土耳其一旦戰敗將引發國難而否定土耳其與意、俄等國的民族戰爭；對墨西哥國內民生日益凋敝的現狀開出的「附美爲聯」的藥方也是不合情理的。但是如果從「國家」應「爲國人共謀安寧幸福之團體」，「國家」不能給國內民眾帶來大規模人道主義災難的視角，陳獨秀的上述觀點又有其合理性，這些國家的民眾本已生活於水火之中，戰爭只能加劇底層民眾的生活苦難。

文章末段，陳獨秀又以中國人與印度、朝鮮、猶太人作比，指出國人「顛連無告之狀，殆不可道理計」，他還以「辛亥京津之變」，「癸丑南京之役」中「人民咸以其地不立化夷場爲憾」爲例，論證「此非京、津、江南人之無愛國心也，國家實不能保民而至其愛，其愛國心遂爲其自覺心所排而去爾。」這段論證同樣也反映了陳獨秀的「有惡國不如無國」的論點。

應該說，一個國家最基本的構成人群爲普通民眾，普通民眾非如知識精英，其趨利避害的功利主義取向是強烈的，其自我保護的能力又是微弱的。因此，任何一個國家，都必須保護普通民眾的生存權利，否則對民眾侈言愛國是無益的，民眾只會以「腳」證明國家可愛與否。民元初年，中國京、津、江南地區的民眾投奔租界以求苟活已經證明了這一點，而當今世界的難民潮以及某些國家與地區的「叛逃」人流也證明了這一點。陳獨秀在民元初年提出的「有惡國不如無國」的論點，確是「汝南晨雞，先登壇喚」。

（二）背景：政象日亂的社會現實與「僞國家主義」的宣傳

如前所述，《愛國心與自覺心》一文是陳獨秀反思的「心得」，既是對辛亥革命勝利後至參編《甲寅》前「政象日亂」的「反思」，也是對其由參與「新政府」到被迫流亡，以致賣文爲生的個人經歷的「反思」。作爲一本「政論刊物」，《甲寅》所刊文章必然關涉政治現實。《甲寅》中多篇文章均描述了社會政治日益混亂，認爲「今不如昔」。這種論調既見於章士釗、張東蓀等人的政論，也廣見於「通訊欄」所刊登的不同作者的來函。由此可見，其時政治確如陳獨秀所說的「一切如故」，甚至「今不如昔」。

針對日亂的政治社會現實，不同的人給出了不同的解決方案，「僞國家主義」即是其中的一種解決方案。「僞國家主義」把愛國等同於愛政府，利用民族主義危機，尤其是日本對中國提出的「二十一條」亡國條款，宣傳「亡國滅種」之「恐怖」，希望國人能夠發揚「愛國」精神，支持政府，擁護政府，

以幫助政府渡過「難關」。雖然，章士釗、張東蓀等人均撰文批判了「僞國家主義」，但「僞國家主義」確有其一定的影響。袁世凱能夠稱帝，「僞國家主義」未嘗不是其中的一個重要原因，甚至可以說袁世凱成功利用了民眾對於日本「二十一」條的抗議，獲得了輿論支持，使其看到了「復辟」的可能性。

應該說，陳獨秀對朝鮮、土耳其、墨西哥等「不知國家之情勢而愛之者」的批判，具有鮮明的現實針對性。表面上看，批判的是朝鮮、土耳其、墨西哥等國，實際上，這些批判均具有鮮明的現實指向，如對朝鮮「必欲興復舊主」的批判具有反對君主復辟的意義；對土耳其的批判也是從「國基未固，不自量度」，一旦戰敗，國難將作的角度；對墨西哥的批判則是在「恐其革命相循，而以兵得政，以政虐民之風不易革也」的角度。因此，與其說批評這些國家，不如說批評中國日亂的政治現實。

因此，陳獨秀的「有惡國不如無國」論，源自其對政象日亂的社會現實的深刻反思，是思想家經過痛苦反思後的肺腑之言，結論雖然尖銳，但卻直指政象日亂的社會現實以及「僞國家主義」的「救國」路線。

（三）「有惡國不如無國」不同於「有國不如無國」

如果說，「殘民之禍，有惡國不如無國」的論點，尚且容易接受的話，那麼文末最後一句，「嗚呼！國家國家，爾行爾法，吾人誠無之不爲憂，有之不爲喜。吾人非咒爾亡，實不禁以此自覺也。」則不容易被接受。在日本提出滅亡中國的「二十一條」，國人咸以「亡國爲奴，何事可怖」的危急時刻，這句話確實容易被理解爲「國家有無與己無關」的「有國不如無國」論。事實上，時人對此文的批評指責也正在於此點。然而，仔細考察原文，文末最後一句發出的「國家有無與己無關」的感慨與「有國不如無國」論並不能簡單地劃上等號，而且陳獨秀在文中也從沒有「有國不如無國」的文字表述，這種結論是讀者對陳獨秀有關文字的「誤讀」。

應該看到，與章士釗、張東蓀等人撰寫的結構嚴密的邏輯文相比，該文是一篇頗具文學色彩的論說。文章對文學性的追求必然要求作者要注重感性的表達，而直接的感性表達在提高作品易讀性的同時，也給讀者留下了較多的想像空間。在文本語境中，該句話既可以理解爲陳獨秀對京、津、江南民眾的行爲發出的慨歎，也可以理解爲陳獨秀將京、津、江南民眾的「心聲」付諸文字。因此，「國家有無與己無關」的感慨並不等於「有國不如無國」，

更不能表明陳獨秀反對愛國主義，主張無政府主義，甚或國家虛無主義。

「有惡國不如無國」論，並非反對愛國，而是強調什麼樣的國可愛，保民、愛民之國可愛，殘民之國不可愛。在民智不開的情況下，侈言愛國，「其愚益甚」，況且中國已有租界，租界居民的「安寧自由」，爲普通民眾提供了參照物，「辛亥京津之變」，「癸丑南京之役」中「人民咸以其地不立化夷場爲憾」已經證明了普通民眾的選擇。此種情況下，盲目的提倡愛國主義，效果只能適得其反，不但無益於「建設國家於二十世紀」，而且只能加重民眾的生活苦難。

「有惡國不如無國」論，也不是提倡無政府主義，更不是國家虛無主義。無政府主義，主張取消政府，國家虛無主義，則主張取消國家。文中，陳獨秀開出了國家自力更生、自強不息、生養教化以應對危局的藥方，這表明陳獨秀認識到政府的重要性，而「夫政府不善，取而易之，國無恙也」的表述，也表明陳獨秀認識到，政府可以取代，但政府之於國家仍是必要的，而政府之取易，則應以無恙於國爲標準，這就表明陳獨秀對於國家的重視，從而與國家虛無主義劃清界限。

因此，將該文及「國家有無與己無關」的表述理解爲陳獨秀公然非議愛國主義是錯誤的。事實上，陳獨秀不僅不反對愛國主義，相反，他所主張的愛國主義是更高層次上的愛國主義，是一種理性至上的愛國主義。在民國成立初年，當近代民族國家理念漸爲國人接受之時，陳獨秀卻發出「有惡國不如無國」論，這不僅體現出該論點的歷史意義，也表現出陳獨秀作爲思想家思想的敏銳性和先見性。

（四）目的：促使國民警醒自覺

晚清以來遭遇的瓜分危機以及晚清政府的日趨無能，注定了民族主義必然成爲清末革命的思想資源，黃帝、炎帝等由歷史符號轉化爲政治文化符號，用以號召國人推翻滿清政府、建立現代共和國家即是民族主義興起的例證，而無論晚清還是民元，建立民族國家都是進步知識分子所著力宣傳的重要內容，因此辛亥革命具有濃厚的「民族主義革命」色彩，革命後建立的新國家也以民族國家爲指向，以期立於世界民族之林。

辛亥革命的勝利，讓近代民族國家理念有了實現的可能，共和觀念也漸爲國人接受。然而，民元初年，國家面臨的內憂外患，袁世凱的個人野心，

知識精英應對危局的莫衷一是，讓「愛國主義」成了各方用以號召民眾的最佳「標語」。用「愛國主義」號召民眾以應對危局，本身無可厚非，然而對於忠君思想嚴重、家國不分的中國民眾來說，「愛國主義」又實是「政治強人」達成個人野心的絕佳途徑，更何況其時共和觀念、民族國家觀念雖漸入人心，但政府與國家的關係並沒有經過系統地闡釋，更沒有深入普通民眾的頭腦，封建王朝「朕即國家」的國家理念被簡單地替換為「政府即國家」。此時甚囂塵上的「開明專制」、「國家主義」的宣傳以及將二次革命歸罪為「黨爭」等論調，均證明了「政府即國家」在知識精英中大有市場，甚至章士釗、張東蓀等人於《甲寅》倡導調和立國，在一定意義上，也透露出「政府即國家」的潛意識。

事實上，政府與國家關係雖然密切，但一個政府能否代表國家，必須有其合法性。合法性的取得可以通過各種形式，然而，合法性的根源在於政府能否謀益人民幸福、保障民眾權利，這是現代民主政治的本義，也是任何政府據以執政的合法性所在。章士釗、張東蓀等人雖然也認為國家應保障多數人之幸福，但這是對執政當局提出的要求，而這種要求無異於與虎謀皮。陳獨秀則將國家應保障多數人之幸福作為政府是否具備合法性的根本要求，並將之作為國家是否可愛的前提，這並不意味著陳獨秀不懂得國家與政府之間的關係，相反正是因為他懂得兩者之間的密切關係，看到了愛國與愛政府的區別，才向國人宣告「有惡國不如無國」的論點。

因此，陳獨秀所主張的愛國主義是一種理性至上的愛國主義，與盲動的感性至上的愛國主義判然有別。在日本提出滅亡中國的「二十一條」的危急時刻，陳獨秀拋出此論，對國人尤其是知識精英來說，不啻於晴天驚雷，引起眾人的指責實屬必然。不過，時局很快證明了陳獨秀所見非謬，時人開始認識到此論的價值，紛紛以「自覺心自覺也」。在這個意義上，該論點促進了國民，尤其是知識精英的覺醒。

第二節 創辦《新青年》，成就五四新文化運動的「元典」

《新青年》在推動中國社會由近代進入現代的過程中，發揮了重要的作用，不僅其提出的諸多命題「具有曠日持久的原創魅力」，不斷「使歷史學家

們爲自己無法完整描述其意義而深感愧疚」〔註 22〕，而且《新青年》同人的
「分裂」、五四青年對不同道路的「選擇」、《新青年》的言說態度至今仍是學
界關注的熱點，《新青年》已經成爲中國歷史言說不盡的話題。

　　陳獨秀作爲雜誌的主編，以其「百家平等，不尙一尊」〔註 23〕的精神，
爲《新青年》建構了一個開放的報刊話語空間，使得《新青年》能夠吸納不
同作者從不同角度進行多面向的討論，將《新青年》打造爲中國新文化運動
的「元典」。陳獨秀的革命轉向也讓《新青年》隨之轉向，「顏色越來越濃」，
終至成爲革命宣傳刊物。一份刊物引領一場運動，無論是非功過，作爲雜誌
的靈魂，陳獨秀注定要與《新青年》一起接受歷史的「審視」。

一、時代需要啓蒙

　　前一章在論述《甲寅》與《新青年》的關係時，已經指出陳獨秀創辦《青
年雜誌》(《新青年》)是其深思熟慮的結果，既不是偶而爲之，更不是爲了謀
生的需要。《青年雜誌》(《新青年》)的創辦既緣於陳獨秀個人的反思，也緣
於其時不斷惡化的政治社會現實。

　　就陳獨秀個人來說，思想啓蒙是其一貫的價值追求。前一節在對《愛國
心與自覺心》的文本分析中，已經指出該文體現出濃厚的思想啓蒙的色彩。
這種思想啓蒙色彩，既延自《俗話報》時期面向底層社會的思想啓蒙，也預
示著陳獨秀創辦《新青年》面向青年展開啓蒙的必然性。因此，陳獨秀在編
輯《甲寅》的同時，就迫不及待地與汪孟鄒、陳子壽聯繫，表達另創一本思
想雜誌的想法。這表明《新青年》的創辦，是陳獨秀「思想啓蒙」價值追求
的必然結果。

　　就社會大背景來說，不斷惡化的社會現實讓知識精英認識到「文化啓蒙」
的必要性。如前所述，民元初年的政治社會現實不僅沒有按照民主共和的道
路前進，而且大有退回封建帝制的可能。政像日亂、一切如故的社會政治現
實，不僅讓知識精英無所適從，也讓普通民眾產生「今不如昔」的感覺。中
國社會亟需補課，如果民眾思想沒有根本轉變的話，「共和的招牌」是掛不長
久的。

〔註 22〕　許紀霖，陳達凱主編。中國現代化史（第 1 卷）（1800～1949）〔M〕。上海：
　　　　　學林出版社，2006：321。
〔註 23〕　《答程演生》，《新青年》第二卷第六號，1917 年 2 月。

　　在上述背景下創刊的《新青年》必然以「思想啓蒙」爲宗旨。儘管學界對《新青年》的宗旨，還沒有達成一致，但是就成爲上海共產主義小組機關刊物之前的一至七卷《新青年》的「思想啓蒙」性質，學界基本沒有異議〔註24〕，容易產生分歧的是成爲上海共產主義小組刊物的八九兩卷《新青年》。

　　作爲《新青年》的主編及靈魂人物，陳獨秀的革命轉向必然導致《新青年》的「顏色過於鮮明」，雖然後來陳望道有意抹淡顏色，北京的同人也發表了一些「無關痛癢」的文字，但第八卷、第九卷《新青年》傾向於社會主義宣傳是毫無疑問的。幾乎所有內容都是圍繞宣傳社會主義學說展開，更成立「俄羅斯研究」專欄，翻譯介紹俄羅斯的勞農專政情況，陳獨秀的駁論文也主要針對區聲白的無政府主義，帶有「正本清流」的色彩，「通信」欄的討論也基本以社會主義爲主。應該說，八九卷《新青年》成爲宣傳社會主義的主陣地，這是陳獨秀探討救國之路的必然選擇，也有助於共產主義的宣傳和組織的發動，但對社會主義的獨尊，必然背離平等探討各種學理的初衷，《新青年》也必然由「百花齊放」終至「一支獨秀」。然而，如果從輸入學理，教育青年，改造社會的角度出發，這一時期的《新青年》仍然是遵從了創刊之初確立的輸入學理，教育青年，改造社會辦刊宗旨。事實上，這個辦刊宗旨貫穿了《新青年》的始終。因此，本書認爲《新青年》是思想啓蒙刊物。

二、三個時期：陳獨秀主撰——北京同人雜誌——中共上海發起組刊物

　　《青年雜誌》（《新青年》）創刊於 1915 年 9 月 15 日，1922 年 7 月 1 日出版了第九卷第六號後休刊，共五十四冊。1923 年，《新青年》季刊在廣州創刊，爲中共中央理論性刊物，又出版四期。本書研究的是《新青年》月刊，本書將《新青年》分爲三個時期，第一時期爲第一卷－第三卷，爲陳獨秀主撰時期；第二時期爲第四卷－第七卷，爲同人雜誌時期；第三時期爲第八卷－第九卷，成爲上海中共發起組的機關刊物。

（一）陳獨秀主撰期：第一卷－第三卷

　　《新青年》第一卷～第三卷，由陳獨秀擔任主撰。其中，第一卷名爲《青年雜誌》，一卷六期出滿後，停刊近半年時間，1916 年 9 月第二卷第一期改名

〔註24〕可參看本書緒論中有關「《新青年》性質」的文獻綜述。

《新青年》出版，1917 年 2 月隨陳獨秀就任北京大學文科長而遷往北京編輯。

這一時期，相較於輸入學理，雜誌更偏重於思想性，這在第一卷《青年雜誌》更爲明顯。第一卷中，無論是陳獨秀、高一涵、易白沙的文章，還是汪叔潛的《新舊問題》，李亦民的《人生唯一目的》以及高語罕的《青年之敵》等文章，均以改革青年思想爲主要目的。即使是探討學理方面的文章，如陳獨秀《現代歐洲文藝史談》，高一涵《近世國家觀念與古相異之概略》、《讀梁任公革命相續之原理論》，易白沙《述墨》、《孔子評議》，劉叔雅《近世思想中之科學精神》、《叔本華自我意志說》、《美國人之自由精神》等文章，或是譯介西方學說，或是挖掘中國傳統學說，或是中西對比，其目的仍偏重於思想的改造與批判。其他譯介西方文學、名人傳記、西方社會風俗的文章也有助於開闊青年的眼界。

從第二卷開始，雜誌在注重思想性的同時，不僅加大了西方學理的輸入，而且提出了「自己的問題」，文章的思想性也注重通過思想的爭辯得以展現，而不再是編輯的「自說自話」。此外，新闢「讀者論壇」一欄，吸納社外文字，而「通信」欄也逐漸成爲讀者發表意見、商榷學理的「公共園地」。就思想性文字而言，陳獨秀《新青年》、《俄羅斯革命與我國民之覺悟》、《我之愛國主義》，李大釗《青春》、《青年與老人》，高一涵《樂利主義與人生》、《一九一七年預想之革命》，劉叔雅《歐洲戰爭與青年之覺悟》、《軍國主義》，吳稚暉《青年與工具》等篇文字均直接面向青年發言，提出思想革新的主張；辯駁性的文字主要由陳獨秀所作，如《駁康有爲致總統總理書》、《憲法與孔教》、《孔子之道與現代生活》、《袁世凱復活》、《再論孔教問題》，這些辯駁性的文字與易白沙《孔子評議》、吳虞《家族制度爲專制主義之根據論》、《讀荀子書後》、《消極革命之老莊》、《禮論》、《儒家主張階級制度之害》、《儒家大同之意本於老子說》等偏重於學理的文章相互參照，增強了批判的力度，傳播效果更好；就學理輸入而言，如馬君武《赫克爾之一元哲學》，陳獨秀《法國文明史》、《近代西洋教育》，陶履恭《人類文化之起源》、《社會》，惲代英《物質實在論》，章士釗《經濟學之總原則》，劉半農《詩與小說精神上之革新》，震瀛《結婚與戀愛》等文，在範圍及深度上也較第一期有了拓展；可喜的是，在批判孔教與輸入學理的同時，雜誌提出了「文學改良」與「文學革命」的議題，胡適《文學改良芻議》、《歷史的文學觀念論》，陳獨秀《文學革命論》，劉半農《我之文學改良觀》等幾篇理論文章以及胡適幾首「白話詞」的嘗試

均表明《新青年》努力提出「自己的問題」。此外，「通信」一欄也變得異常活躍，此欄不僅可以商榷學理，還可以發表自己的主張，不僅參與的人數眾多，這兩卷共有 57 人次參與通信，內容也是豐富的，從問學到商榷學理，從文學改良到孔教入學，從世界語到標點符號，學理的商榷也頗激烈。因此，二卷一號出版數月後，《新青年》的銷數增至一萬五、六千份〔註25〕。

　　總體看來，這一時期的《新青年》已經獲得了初步的成功，但離成為新文化運動的「元典」尚有一定的距離，離「一個刊物發起一場運動」也有一定的距離。

（二）同人雜誌時期：第四卷～第七卷

　　《新青年》第四卷～第七卷，為同人雜誌時期。其中四卷三期發佈《本志編輯部啓事》，表明四卷一期是《新青年》成為同人雜誌的起點。六卷一期正文前刊登的《本志第六卷分期編輯表》，表明六卷實行輪編制，但陳獨秀仍為靈魂人物。至於第七卷是否為同人刊物，歷來存有不同的爭論〔註 26〕，本書認為，第七卷仍為同人刊物，原因在於：

　　首先，七卷一期發表的由陳獨秀執筆的《本志宣言》，明確公開了全體社員的共同意見，而且該卷各期均有北京同人的大作，雖有「拼盤」的嫌疑，但這符合北大同人行事為文的風格，這是無法抹去的確證。七卷六期輯稿之後，陳獨秀即於 1920 年 4 月 26 日致信李大釗、胡適、錢玄同等 12 位北京同人，一面告知七卷六號即將付印出版，一面提出《新青年》之後的出版發行問題，尤其是「編輯人問題」，這也可以證明陳獨秀對北京同人的倚重。

　　其次，就陳獨秀個人的思想發展軌跡來看，七卷時期陳獨秀雖然傾向於勞工宣傳，但其並沒有接受、服膺共產主義，與八卷、九卷「顏色過於鮮明」相比，七卷的「顏色」並不鮮明，更何況關注勞工、對勞工進行宣傳與啓蒙是當時報刊界關注的焦點。學界普遍認為共產國際代表維津斯基於 1920 年五月才來到上海與陳獨秀接觸，發起組織中國共產黨，同月上海「馬克思主義研究會」成立，8 月份中共上海發起組成立，陳獨秀被推任臨時中央局的書記〔註27〕。這就是說從 5 月至 8 月的這段時間，是陳獨秀籌組中共上海發起組

〔註25〕汪原放。回憶亞東圖書館〔M〕。上海：學林出版社，1983：31。
〔註26〕代表性觀點認為第七卷的編輯復歸陳獨秀，內容也由思想學術刊物轉向勞工宣傳，如賴光臨將七到九卷歸為「宣傳工具時期」，李憲瑜認為第七卷作為《新青年》「從知識界到勞工界」分化的標誌。
〔註27〕唐寶林，林茂生。陳獨秀年譜〔M〕。上海：上海人民出版社，1988：120。

的時間，也是陳獨秀接受共產主義的時間。而考察陳獨秀在這一時期的著述〔註28〕，可以發現作為共產主義理論核心的「通過階級鬥爭建立勞農專政」的學說首次出現在《新青年》八卷一號《談政治》一文，同期《對於時局的我見》三次出現「吾黨」，「吾黨對於法律的態度，既不像法律家那樣迷信他，也不像無政府黨根本排斥他……吾黨遇著資本階級內民主派和君主派戰爭的時候，應該幫助前者攻擊後者；後者勝利時，馬上就是我們的敵人……因為吾黨雖不像無政府黨絕對否認政治的組織，也決不屑學德國的社會民黨，利用資本階級的政治機關和權力作政治活動。」〔註29〕這不僅表明中共發起組已經成立，而且表明陳獨秀公開利用《新青年》宣傳共產主義。而考察陳獨秀在 5 至 8 月見諸其他報刊的文字，如《我的解決中國政治方針》中「將來——社會革命後第四階級（即無產勞動階級）執政」〔註30〕，《在電工聯合會上的演說詞——工人與國家之關係》中「我們現在說消極的愛國，就是要打倒少數資本家底國家，建設勞動工人底國家」〔註31〕，這些文字也帶有馬克思主義階級鬥爭、勞工專政的意味。刊於《勞動界》的《兩個工人的疑問》（《勞動界》第一冊，1920 年 8 月 15 日）、《真的工人團體》、《霍亂與痢疾》、《老爺們的衛生》（《勞動界》第二冊，1920 年 8 月 22 日）等幾篇文章，陳獨秀則啟發工人思考自己的境遇，這也表明陳獨秀由要求社會關注工人，轉為對工人進行啟蒙。這也表明陳獨秀於 1920 年 5 月～8 月開始轉向馬克思主義，而這些文字都發表於《新青年》七卷六期發行之後。綜上，四卷到七卷仍為同人雜誌。

　　同人雜誌時期是《新青年》的輝煌期，這一時期不僅學理的輸入更為系統，而且更加多樣化。專號的設立有助於系統探討相關學說，如「易卜生專號」、「馬克思主義專號」、「人口問題專號」、「勞工專號」；輸入的學理更加多樣，如柏格森的哲學，彌爾的自由論，斯賓塞爾的政治哲學，羅素的社會哲學，尼采的宗教，赫克爾的靈異論，杜威的實驗主義等等，幾乎囊括當時盛行的西方哲學思潮；文學革命問題，有了周氏兩兄弟的加入，在理論和實踐方面都有了長足的發展；語言、標點問題，也因為錢玄同、沈尹默等人的提

〔註28〕 考察的文本，是任建樹主編的《陳獨秀著作選編》（上海人民出版社，2009
　　　　年），該選編是目前為此收錄陳獨秀文章最為全面的文集。
〔註29〕 《對於時局的我見》，《新青年》八卷一期，1920 年 9 月。
〔註30〕 《我的解決中國政治方針》，《時事新報 學燈》，1920 年 5 月 20 日。
〔註31〕 《在電工聯合會上的演說詞——工人與國家之關係》，《申報》，1920 年 7 月
　　　　12 日。

倡與討論，基本達成了共識，《新青年》不僅實現了白話文寫作，而且引領了標點符號應用的潮流；陳獨秀的駁論文已至爐火純青，三批《東方雜誌》，竟至《東方雜誌》銷量大減，終至更換編輯，改頭換面，爲《新青年》贏得了眾多的讀者；婦女問題也因對貞操的批判、婦女教育的提倡以及西方婚姻觀念的引介而日趨深入；此外批判靈學、改良戲劇、倡導新村和工讀互助、提倡社會調查等等都無疑引領了社會思潮。

（三）中共上海發起組刊物：第八卷～第九卷

《新青年》八九兩卷，爲中共發起組機關刊物。需要指出的是，這一時期《新青年》雖只出版了兩卷，但時間跨度較大，以 1921 年 7 月 23 日中共建黨爲界，之前共出版了 9 期雜誌（即至九卷三號）。因此，總體上說八卷、九卷爲中共發起組刊物是可行的。關於這兩卷雜誌的性質問題，前述宗旨部分已有論述，此處不贅。

三、作者群的演變、特點與北京同人的「分裂」

對一份刊物，尤其是思想性刊物，相對穩定的作者群不僅能夠保證稿源的供應，而且也能保證稿件都能圍繞刊物宗旨展開。事實上，也正是因爲不同作者，尤其是北京同人的廣泛參與，才使得《新青年》成爲中國新文化運動的「元典」。

（一）作者群的形成與演變

考察《新青年》作者群的發展演變，可以發現，《新青年》的作者群經歷了四個階段。

1、《青年雜誌》：皖籍鄉識

主要撰稿人絕大部分是皖籍作者，除了陳獨秀外、高一涵、劉叔雅、汪叔潛、高語罕、潘贊化等均爲皖籍同鄉，陳遐年是他的侄子，易白沙和謝无量雖非皖籍，但他們與安徽也有著千絲萬縷的聯繫，謝无量四歲即隨其父遷居蕪湖，易白沙則在陳獨秀主辦《俗話報》時期任教於蕪湖皖江中學，均爲陳獨秀舊識。

《青年雜誌》之所以以皖籍爲主的原因，一是得益於陳獨秀參編《甲寅》時期積累的人脈資源，前一節論述陳獨秀在《甲寅》雜誌的地位時已有論述，此處不贅；二是通過地緣、人緣關係組建雜誌的作者群也是此時雜誌界的通

行做法，《青年雜誌》如此，《甲寅》也如此，當然這是就相對固定的作者群而言；三是辦刊觀念的基本一致，這一點至關重要，如果觀念不合，斷不能湊在一起創辦一個雜誌。以高一涵、易白沙爲例，高一涵雖在《甲寅》發表了文章，但均刊在「通訊」、「評論之評論」等欄，其文從未成爲《甲寅》推出的主打論說，易白沙的文章雖被作爲主打論說推出過一次，但他的文章與《甲寅》的論政風格相差很大，章士釗、張東蓀等人的論證資源主要爲西方的政治思想資源，而易白沙的思想資源則主要爲中國傳統的儒、墨思想，而章、張二人均在《甲寅》發表了相當數量的論說，且全爲雜誌的主打論說。換句話說，高、易二人由《甲寅》的邊緣身份一變成爲《青年雜誌》的核心作者，其中的重要原因在於辦刊理念的相合。

2、二卷三卷：「當代名流」

一卷六期出滿後，停刊近半年時間，1916 年 9 月二卷一期改名《新青年》繼續出版。本期發表了兩個通告：

通告一

本志自出版以來，頗蒙國人稱許。第一卷六冊已經完竣。自第二卷起，愈益加策勵，勉副讀者諸君屬望，因更名爲新青年。且得當代名流之助，如溫宗堯、吳敬恒、張繼、馬君武、胡適、蘇曼殊，諸君，允許關於青年文字，皆由本志發表。嗣後內容，當較前尤有精彩。此不獨本志之私幸，亦讀者諸君文字之緣也。

通告二

本志自第二卷第一號起，新闢「讀者論壇」一欄，容納社外文字。不問其「主張」「體裁」是否與本志相合。但其所論確有研究之價值者。即皆一體登載。以便讀者諸君自由發表意見。〔註32〕

《通告一》含有兩個內容：一是告知讀者刊物改名爲《新青年》，二是告知當代名流將在本刊發表「青年文字」，因此刊物內容「當較前尤爲精彩」。《通告二》告知讀者，刊物將新闢「讀者論壇」一欄，以「容納社外文字」，希望讀者諸君自由發表意見。借助名流可以提高雜誌的知名度，「讀者論壇」則可以發掘潛在的作者，這兩則通告表現出陳獨秀渴望擴大雜誌的作者隊伍。

值得注意的是，《通告一》中所開列的溫宗堯、吳敬恒、張繼、馬君武、

〔註32〕《新青年》，二卷一期，1916 年 9 月。

胡適、蘇曼殊等「當代名流」及「關於青年文字」的表述。首先，從這份名單來看，陳獨秀對「當代名流」的劃分併沒有絕對的標準，吳敬恒、馬君武固是名流，蔡元培未嘗不是名流，張繼是名流，章士釗也應是名流，胡適是名流，李大釗、楊昌濟、吳虞、李次山等人也應是名流，而其時劉半農、錢玄同等人也頗有名氣，而上述諸人除了蔡元培、錢玄同之外，絕大多數尚與北大無關。其次，「關於青年文字」的表述，意味著並不是「當代名流」的所有文字都能在《新青年》刊發，只有符合刊物宗旨的文字才能發表，這表明主撰陳獨秀在擴大作者群方面的努力和堅持。因此，二三卷《新青年》的作者群實是以「當代名流」爲主。

3、四至七卷：北京同人（北大同人）

《新青年》第四卷～第七卷，爲同人雜誌。其中四卷三期發佈了《本志編輯部啓事》：

本志編輯部啓事

　　本志自第四卷一號起，投稿章程，業已取消。所有撰譯，悉由編輯部同人，共同擔任，不另購稿。其前此寄稿尚未錄載者，可否惠贈本志，尚希投稿諸君，賜函聲明，恕不一一奉詢。此後有以大作見賜者。概不酬貲。錄載與否，原稿恕不奉還。謹布。〔註33〕

此外，六卷一期正文前還刊登了《本志第六卷分期編輯表》，「第一期 陳獨秀；第二期 錢玄同；第三期 高一涵；第四期 胡適；第五期 李大釗；第六期 沈尹默」，這是分期編輯表首見於該刊。

儘管沒有直接證據表明四卷、五卷是否實行輪流編輯，但根據魯迅的回憶，四卷五卷應該實行了編前會議，「《新青年》每出一期，就開一次編輯會，商定下一期的稿件」〔註34〕，而上述《本志編輯部啓事》也足以表明雜誌的同人刊物性質。第六卷《分期編輯表》中的六位輪流編輯此時也確屬北大教員，因此，將其看作北京大學的同人雜誌也是可以的。既然是同人雜誌，那麼雜誌同人，尤其是北大同人當仁不讓地構成了雜誌的核心作者群。

值得注意的是，同人雜誌時期的北京同人，尤其是北大同人這一作者群的形成，與前一「當代名流」時期密切相關，甚至可以說，前一時期的「當代名流」直接構成了北京同人雜誌時期作者群的基礎。首先，陳獨秀在進入

〔註33〕《新青年》，四卷三期，1918年3月。
〔註34〕《憶劉半農君》，《魯迅全集》第六卷，第71頁。

北大之前已有「百家平等，不尚一尊」的辦報主張，這雖與蔡元培「思想自由，兼容並包」的辦學思想相類，但這並不意味著陳獨秀的辦報主張緣於蔡元培的辦學思想。只要符合刊物的宗旨，各種學說均有討論提倡的價值，這既是陳獨秀的主張，也是吸引眾多知識精英積極參與《新青年》的原因，而精英與名流之間也沒有絕對的劃分標準。其次，同人雜誌時期的北大同人中有相當部分之所以能進北大，陳獨秀是起了重要作用的，以六卷的五位編輯為例，除了錢玄同、沈尹默兩人，胡適、高一涵、李大釗進入北大均在陳獨秀就任北大文科長之後，他們三人進入北大，陳獨秀發揮了重要的作用。此外，吳虞、劉半農、周作人、周樹人也是由陳獨秀的延聘進入北大授課。第三，應該看到，北大引以為豪的「思想自由、兼容並包」，固然可以通過辜鴻銘、黃侃、劉師培等人得以表現，但如果沒有上述《新青年》名流的加盟，北大精神也是站不住腳的，更何況陳獨秀、胡適等人在北大精神的塑造中「著實」出了一把力。總之，同人雜誌時期是《新青年》的輝煌期，這固然要得益於北大同人的加盟，也得益於北大高等學府的地位，但不可否認的是陳獨秀及其《新青年》，以及二三卷時期眾多《新青年》「名流」對北大精神的貢獻。

4、八卷九卷：共產主義服膺者

如前所述，作為《新青年》的主編及靈魂人物，陳獨秀的革命轉向必然導致《新青年》的「顏色過於鮮明」，原來四至七卷的北大同人開始分裂，儘管沒有作公開聲明，但陳獨秀、陳望道與胡適等關於「顏色濃淡」的來往信件，已經預示了北大同人逐步趨於分裂，這也見於北大同人發表於《新青年》的文章。這一時期，北大同人為了不至於公開的分裂，仍為《新青年》撰稿，但除了李大釗、張崧年等人的文章帶有「顏色」之外，其餘多為詩歌、文藝、國語、教育問題，錢玄同則一字未發，而且文章數量大為減少〔註35〕，從這一點看北大同人確是「仍以趨重哲學文學為是」。

〔註35〕 北京同人除陳獨秀（9篇）、張崧年（7篇）、高一涵（3篇）以及周氏兄弟（周建人也發了3篇文章，魯迅、周作人數量均在5篇以上）外，其他人的發稿量大為下降，蔡元培（1篇）、胡適（2篇）、陶履恭（2篇）、王星拱（2篇）、朱希祖（1篇）、張慰慈（2篇）、李大釗（2篇）。相比之下，李漢俊（5篇）、震瀛（袁震英）（22篇）、周佛海（6篇）、李達（8篇）、沈雁冰（8篇）、李季（3篇）、陳公博（4篇），施存統（3篇）、沈玄廬（5篇）、陳望道（2篇）、楊明齋（2篇）、戴季陶（4篇）。

然而，這種以「哲學文學爲是」的「趨重」並不符合轉向革命之後《新青年》宣傳共產主義的要求，因此無論陳望道如何「抹淡顏色」，「顏色」仍然是存在的，而且愈趨鮮明。既然原有的作者群已呈分裂狀態，不能滿足辦刊要求，陳獨秀必然另建一個作者群，於是傾向馬克思主義、社會主義的知識分子迅速塡補了這一眞空。這既是宣傳的需要，也是發起組織的需要，而這個作者群中的絕大多數人也先後加入中共共產黨，成爲中共早期的一批黨員。李大釗、張崧年、沈玄廬、陳望道、袁震英、李達、李漢俊、周佛海、施存統、沈雁冰、李季、陳公博、高一涵、楊明齋等等先後都加入了中國共產黨，其中，李漢俊、周佛海、李達、陳公博爲中共一大代表。

這種情況表明，以《新青年》爲中心，聚集了最早一批服膺共產主義（社會主義）的知識分子，他們通過譯介馬克思學說及蘇俄國家情況，逐步接受了共產主義，並組建、加入中國共產黨，這也反映了《新青年》兼具的發起、組織作用。

總體上看，《新青年》的作者群經歷了由皖籍鄉識到「當代名流」再到北京同人終至共產主義服膺者的發展演變。這種演變既緣於陳獨秀「經營」《新青年》的需要，也反映出陳獨秀由啓蒙轉向革命的思想發展軌跡。

（二）前七卷作者群的特點〔註36〕

《新青年》一至七卷的作者群雖然處於變動狀態，但無論怎麼變化，構成作者群的作者多爲近代新型知識分子，這就決定了他們身上具有一些相同的特點。此處選取的作者共有22人，分別爲：陳獨秀、李大釗、胡適、張申府、錢玄同、顧孟餘、陶履恭、陳大齊、沈尹默、張蔚慈、王星拱、朱希祖、周作人、高一涵、魯迅、劉半農、蔡元培、吳虞、易白沙、劉叔雅、吳稚暉、高語罕。選擇這部分作者的標準有三個：一是根據陳獨秀寫給胡適、李大釗等北京同人商量《新青年》出版發行事宜及約稿的書信，從中可以看出主編陳獨秀對這部分人的倚重，根據《致李大釗、胡適等》、《致李大釗、錢玄同等》〔註37〕等書信確定李大釗、胡適、張申府、錢玄同、顧孟餘、陶履恭、陳大齊、沈尹默、張蔚慈、王星拱、朱希祖、周作人、高一涵、魯迅等14人。

〔註36〕此處只對前七卷作者群的特點進行研究，原因在於：同人雜誌時期是《新青年》的輝煌期，前三卷對同人雜誌的形成是重要的，此外北京同人的分裂也是學界關注熱點。此外八九兩卷的作者群特點已經在上部分作了交代。
〔註37〕這兩份書信均見於《〈胡適來往書信選〉上》。

二是劉半農雖於 1920 年出國留學，但因其在之前《新青年》中扮演了重要角色，所以應該加上劉半農。三是除去上述 15 人以及主編陳獨秀外，根據作者在《新青年》所發文章的數量，選取文章數量排在前六位的作者，這裡的文章不包括譯作，也不包括詩作，也不包括「讀者論壇」、「通信」兩欄的刊登的來稿、來信〔註 38〕，而是指體現刊物宗旨的文章，尤其是作爲雜誌推出的主打文章，因此加上蔡元培、吳虞、易白沙、劉叔雅、吳稚暉、高語罕等六人〔註 39〕。

《新青年》前七卷作者群部分作者情況一覽表

序號	姓名	出生年	留學時間、國家、專業	備註
1	陳獨秀	1879	清末先後三次留學日本，專業不詳	1917 年 1 月入北大
2	李大釗	1889	1913，日本早稻田大學，政治本科	1918 年 1 月入北大
3	胡適	1891	1910，美國康奈爾大學、哥倫比亞大學，農科、哲學	1917 年入北大
4	錢玄同	1887	1906，日本早稻田大學，師範專業	1913 年入北大
5	顧孟餘	1888	1906，德國萊比錫大學、柏林大學，電學、政治經濟學	1917 年入北大
6	陶履恭	1887	1906，東京高等師範學校，歷史、地理；1910，英國倫敦大學，社會學、經濟學，獲經濟學博士學位。	1913 年入北大
7	陳大齊	1886	1903，日本東京帝國大學，心理學，學士學位	1914 年入北大
8	沈尹默	1883	1905，日本京都大學，	1913 年入北大

〔註 38〕 這樣做的原因在於：一是「讀者論壇」本是容納社外文字而作，「通信」欄的設置目的更爲廣泛，除了問學，還可以進行學理商榷，雖然同人雜誌時期已成爲同人「自己的園地」，但這兩個欄目原本是針對社外文字而設，不論觀點是否符合刊物的宗旨；其二，這兩個欄目的設置還兼具發現作者的目的，亦即提供了讀者到作者身份轉變的可能性，但眞正轉型成功，且發表文字較多的爲傅斯年、常乃德兩人，前者在「讀者論壇」發了兩篇文字後，成功轉爲「作者」，發表了 3 篇關於中國學術思想以及戲劇改革問題的文章，後者的文字則涉及孔教問題，且主要刊登於「通信」，這兩個人的意義更在於轉型，因此本書此處不將二人放在此處考察，而將在後文讀者研究中予以考察。

〔註 39〕 上述六人高語罕文章最少，共 4 篇，分別爲《青年與國家之前途》（一卷五號）、《青年之敵》（一卷六號）、《青島茹痛記》（署名「淮陰釣叟」，二卷三、四、五號連載）、《蕪湖勞動狀況》（七卷六號），這幾篇文章尤其是前三篇都是《新青年》重點推出的文字。

9	高一涵	1885	1912，日本明治大學，政法	1918 年入北大，秀才
10	魯迅	1881	1902，日本弘文學院，仙臺醫科，醫學、文學	1920 年入北大兼課
11	周作人	1885	1902 前後，日本東京立教大學，希臘文	1917 年入北大
12	朱希祖	1879	1905，東京早稻田大學，史學	1913 年入北大，秀才
13	王星拱	1887	1909 前後，英國倫敦大學帝國科學技術學院，碩士	1917 年入北大
14	張蔚慈	1890	1912，美國埃瓦爾大學，哲學博士	1917 年入北大
15	張申府	1893	此時沒有留學經歷	1917 年北大留校任助教，截至 7 卷，共發 5 篇文章。新潮社社員
16	劉半農	1891	此時沒有留學經歷，中學肄業	1917 年入北大
17	蔡孑民	1868	1907，德國萊比錫大學，研修心理學、美學、哲學諸學科，1913 年赴法從事學術研究	1916 年底任北大校長，晚清進士
18	吳虞	1872	1905，日本法政大學	1920 年入北大
19	易白沙	1886	1913，遊學日本	1917～1918 年曾任天津南開大學、上海復旦大學教授。
20	劉叔雅	1889	1909	1917 入北大
21	吳稚暉	1865	1901，留學日本，1906 遊學法國	1919 年發起創辦中法大學，晚清舉人
22	高語罕	1887	1912 年，日本早稻田大學	中學教師，共發四篇文章，1904 年考中秀才

1、知識背景：傳統與新式教育參半，新舊學問兼備

　　由上表可以看出他們的知識背景具有新舊教育參半，新舊學問兼備的特點。他們雖然年齡有差，家庭背景也各不相同，但總體說來，大都有「書香門第」的家庭背景，幼年、少年時代接受過較為系統地儒家經典教育，以科考為直接目標，有的還進入過科場，甚至取得功名。比如蔡元培考中進士，吳稚暉中過舉人，陳獨秀、朱希祖則中過秀才，甚至 1887 年出生的高語罕於 1904 年也考中了秀才，周氏兄弟儘管沒有功名，但也進過科場。與此同時，受清末興辦新學的影響，他們也都進入過各種新式學堂，接受了初步的新式教育，甚至接受過專門教育，如魯迅入讀南京路礦學堂，周作人入讀南京水

師學堂，胡適、劉半農等稍晚出生的人在接受私塾的啓蒙教育後，直接進入了新式中學堂。此後，由於留學熱潮的興起，他們紛紛選擇出國留學，或去日本或去歐美，早期以留學日本爲主，如上表陳獨秀、吳稚暉、吳虞、周氏兄弟、朱希祖等人，稍後以歐美爲主，如胡適、張蔚慈，甚至蔡元培也選擇入讀德國萊比錫大學，留日學生主要選擇法政專業，留學歐美的學生選擇的專業更爲細化，哲學、文學、自然科學成爲留學生研究的重點。需要指出的是，這批留學生，尤其是留學歐美的留學生，都接受過較爲系統的現代西方的學術訓練，這爲他們歸國後進入大學教學、從事學術研究打下了基礎。

這種教育背景，讓他們集中外思想於一身，體現出現代與傳統的雙重特徵。少時接受的儒家經典讓其骨子裏接受了「修身齊家治國平天下」的儒家理論，西學知識及其所受的現代學術訓練不僅讓其開闊了視域，也讓其擁有了批判的武器。應該看到，雖然這批留學生選擇留學的目的各不相同，但總體上仍是抱了通過學習西方先進科學文化知識以療救日益凋敝的祖國的目的，而由法政轉向文學、哲學、經濟學以及教育科學，也表明這批人對西方文化的接受興趣更偏重於文化層面。此外，他們留學海外的時間，也正是西方國家（包括日本）第一次世界大戰前的「極度」繁榮時期，西方知識界此時尚沒有認識到展開「武器的批判」的重要性。因此，他們對西方文化的接受態度，回到國內觀察到的政治亂象，都讓他們很容易認同陳獨秀及《新青年》「介紹西方學說」，「改革青年思想」，進而「改造社會」的辦刊宗旨。於是，這批人以《新青年》爲中心，聚集在一起，對中國文化進行批判與反思就勢所必然了。

2、職業身份：教授（學者）與報人的雙重身份

由上表也可以發現，上述作者參與《新青年》的過程中，其身份基本上都是教師，除了高語罕任職於中學外，其他人均先後成爲大學教師，其中除了吳稚暉於法國里昂創辦並任教於中法大學、易白沙任教於南開、復旦之外，其餘人均先後進入北大任教，在就職於北大的作者中，除了錢玄同、陶履恭、陳大齊、沈尹默、朱希祖等五人於蔡元培就任北大校長之前即已任職北大，張申府作爲北大畢業留校任教外，其餘諸人均在蔡元培、陳獨秀任職北大後進入北大任教或代課。

另一方面，他們之中的絕大多數人在與《新青年》發生聯繫、進入北大之前，都有豐富的辦報經驗，甚至一些人早在清末即已投身報刊實踐，參與

了國人第二次辦報高潮。如蔡元培辦《警鐘日報》（1903 年），吳稚暉主筆《蘇報》（1903 年）、辦《新世界》（1906 年），胡適編《競業旬報》（1906），錢玄同辦《教育今語雜誌》（1910 年），吳虞主筆《蜀報》、《醒群報》（1907 年前後），周氏兄弟留日期間即為《河南》、《浙江湖》、《女子世界》等撰稿並積極籌備《新生》雜誌。另一些人則在民元後投身報刊實踐活動，如高一涵與李大釗留日期間即為《甲寅》撰稿，回國後兩人又一起辦《晨報》（1916 年），劉叔雅曾主筆《民立報》（1912 年），易白沙在加盟《新青年》之前，也曾與陳獨秀一起編輯過《甲寅》，劉半農 1912 年即在上海《時事新報》和中華書局擔任編輯工作，並在《小說月報》、《時事新報》、《中華小說界》和《禮拜六》等報刊上發表譯作和小說。即使沒有親身參與辦報的作者，其在戊戌變法之後興起的中國知識界大量介入報刊事業的時代潮流中，也是無法置身其外的，其報刊實踐活動則以積極的閱讀者的姿態而存在。他們擁有的豐富的報刊實踐活動經驗對造就《新青年》的輝煌提供了幫助。因此，陳平原「《新青年》的作者群與《清議報》、《新民叢報》、《甲寅》等清末民初著名刊物有著千絲萬縷的聯繫」，「陳獨秀等人所開創的事業，並不是建基於一張可畫最新最美圖畫的白紙，而是在已經縱橫交錯的草圖上刪繁就簡、添光加彩」〔註40〕的體認，有其合理性的一面。

　　然而，草圖固已存在，但為何卻由陳獨秀領銜北大群倫完成這一華采篇章呢？原因固然有很多，但北大同人的教授（學者）與報人的雙重身份無疑是其中最重要的原因之一。已有的報人經歷可以為其辦報提供很好的經驗，四卷、五卷的編前集議制度，第六卷的輪編制，都是建立在這一基礎上。更為重要的是，《新青年》以「介紹西方學說」，「改革青年思想」，進而「改造社會」為宗旨，其中以西方學理的輸入為基礎，而學理的輸入既要求系統化，也要求百家爭鳴，更要求提出自己的學理問題，這就需要不同學科背景學者的參與。這不僅有利於刊物內容的分工，也有利於深入、系統地輸入學理；而對學理的追求，既有利於提出自己的問題並做出嘗試解決的努力，也有利於增強文章的思辨性和戰鬥力。以這個視角考察《清議報》、《新民叢報》、《甲寅》等著名刊物，其對西方學理的輸入在深度和廣度上都不及《新青年》，《新青年》的成功確實是獨一無二的。

〔註40〕陳平原。觸摸歷史與進入五四〔M〕。北京：北京大學出版社，2005：53。

3、政治傾向：革命與啟蒙的矛盾結合

從上表可以看出，他們中有相當一部分人是辛亥革命的老將，如蔡元培、吳稚暉、陳獨秀、易白沙等人；其他如錢玄同 1907 年於日本加入同盟會；顧孟餘於 1906 年留德第一學期加入同盟會；王星拱於 1910 年留英期間加入同盟會歐洲支部；朱希祖留日期間，經常去同盟會總部聆聽孫中山三民主義的演講，於是萌生「用明季歷史，闡揚民族大義」的想法，1909 年學成回國，擔任嘉興第二中學教員時期，大力宣揚革命學說；魯迅留日期間，尤其是 1905～1907 年期間，也積極參加革命黨人的活動，這也見於魯迅本人的文字；劉叔雅則早在赴日留學之前的 1907 年加入同盟會，1912 年回國後，在上海擔任《民立報》編輯，宣傳民主革命思想，1914 年加入中華革命黨，並任孫中山秘書；高語罕辛亥革命前即是反清志士，他參加同盟會的外圍組織維新會，親歷熊成基發動的馬炮營起義，與韓衍創辦安徽《通俗報》，並冒死爲韓衍收屍〔註41〕。上述 11 人參與辛亥革命的事蹟均有案可考，這個人數已經佔了所列作者名單的一半。

其餘 11 人，雖沒有有案可考的革命事蹟。但是作爲時代的知識精英和歷史的見證人，在清末民元社會劇烈變遷的歷史大潮中，他們是無法置身事外的。相較於暴力革命，他們似乎更願意採取較爲溫和的方式改造社會，此時的胡適、李大釗、高一涵、張蔚慈等人多少傾向於此。胡適出國前主編的《競業旬報》以及參與《新青年》時期的「不談政治」，李大釗、高一涵參與《甲寅》月刊、《晨鐘報》（後改爲《晨報》）以及《甲寅日報》，雖談論政治，但卻容易妥協，離旗幟鮮明多少顯得有些距離〔註42〕。需要指出的是，上述結論是建立在激烈的暴力革命和較爲溫和的政治改良的兩分基礎上所作的分析。這種分析雖然較爲簡單，但可以分辨出讀者群在創辦、參與《新青年》之前的政治態度，進而指出這種態度對刊物的影響。在此意義上，可以發現《新青年》的革命與啟蒙的矛盾色彩，確實與前七卷作者群的革命與啟蒙雙

〔註41〕 王軍。高語罕傳〔M〕。北京：中共黨史出版社，2011：26～32。

〔註42〕 如前所述，《甲寅》月刊倡導調和有容，討論議會政治，本身已暗含著承認袁世凱政府的前提，這種想法無疑於與虎謀皮。回國後，李大釗約高一涵同編《晨鐘報》（後改爲《晨報》），雖然與湯化龍合不攏，但仍然堅持了 2 個月左右。1917 年他又與高一涵參編《甲寅日報》，雖然李大釗不顧情面，只顧眞理，但又「彼此談妥：不談內政，只寫國外新聞」（見於高一涵《回憶五四時期的李大釗》人民日報，1957 年 5 月 29 日），這種態度與陳獨秀的態度鮮明還是有一些區別的。

重角色密切相關。

通常意義上，革命與改良相互聯繫，啓蒙與理性相互聯繫，而革命與啓蒙，則是一對相互矛盾的詞語，但是，《新青年》卻體現出了如此矛盾的色彩。具體說來，《新青年》採用了革命家的「思維方式」推進文化啓蒙事業。通常認爲，文化啓蒙需要「理性」的「思維方式」，即使是批判，也必須是理性的批判。革命家的思維方式，是指陳獨秀、錢玄同、魯迅等人採取的語不驚人死不休，故意將問題推到極端，對其認定的主張必不容他人「匡正」，從而實現驚醒公眾的話語策略。這種思維方式雖似「極端」，但並不缺少理性色彩，因爲其在「警醒公眾的同時，也保留這種迴旋的餘地」〔註43〕。應該說，這種革命的思維方式，既源自於陳獨秀、魯迅等人對國民性的認知，即「中國人的性情是總喜歡調和，折中的……沒有更激烈的主張，他們總連平和的改革也不肯行」〔註44〕；也源自於陳獨秀、魯迅等人早期的革命經歷，正如胡適後來所說，「這樣武斷的態度，眞是一個老革命黨的口氣。我們一年多的文學討論的結果，得著了這樣一個堅強的革命家做宣傳者，做推行者，不久就成爲一個有力的大運動了」〔註45〕。可見，前七卷作者群的革命與啓蒙雙重角色對造就《新青年》的輝煌也是大有幫助的。

（三）北京同人的「分裂」

北京同人的「分裂」，意味著中國第一批新型知識分子選擇了不同的道路，這種「分裂」在中國思想史、中國革命史以及中國知識分子的發展史上具有重要的意義。

1、陳獨秀的革命轉嚮導致《新青年》「顏色過於鮮明」

如前所述，陳獨秀在 1920 年 5 月至 8 月間，較爲系統地學習了馬克思主義的有關理論，並且接受了馬克思主義，成爲一名共產主義者。作爲《新青年》的「靈魂」，陳獨秀的革命轉向必然對《新青年》產生重大的影響。在陳獨秀與李大釗、張申府等人商定黨名爲「中國共產黨」（大約在九月）後，隨即決定以《新青年》爲黨的公開機關刊物〔註46〕，於是雜誌不可避免地呈現出「鮮明的顏色」，不僅陳獨秀公開大談政治，倡導「通過階級鬥爭建立勞農

〔註43〕 陳平原。觸摸歷史與進入五四〔M〕。北京：北京大學出版社，2005：101。
〔註44〕 魯迅，《無聲的中國》，《魯迅全集》第四卷，第13～14頁。
〔註45〕 胡適，《逼上梁山》，《胡適文集》第一卷，163頁。
〔註46〕 唐寶林，林茂生。陳獨秀年譜〔M〕。上海：上海人民出版社，1988：120。

專政」，還設置「俄羅斯研究」專欄，介紹勞農俄國的社會現實，「羅素專號」
對羅素哲學的介紹也是從社會主義的視角出發的，對文化的批判也轉變爲對
資本主義、金錢階級的批判。陳獨秀的革命轉向以及由此導致的《新青年》
的內容偏向，已經預示了北京同人的分裂。

2、北京同人對「以哲學文學爲是」的堅持也必然導致分裂

目前學界在探討分裂的起點時，通常認爲「問題與主義之爭」已經表明
裂痕的存在。任建樹認爲，「問題與主義之爭」，已經表明「《新青年》編輯部
發生了裂痕」，且是「一個無法彌縫的裂痕」。他還認爲，七卷一號篇首陳獨
秀撰寫的《本志宣言》，目的是爲了彌合裂痕，求得社員思想的一致，但緊隨
其後刊登的胡適《新思潮的意義》卻提出「研究問題、輸入學理，整理國故，
再造文明」，這表明「兩位（陳獨秀、胡適）曾經並肩戰鬥的盟友，現在思想
深處默默地發生了裂痕」〔註47〕。他還認爲，六期編稿完成後，陳獨秀於 4
月 26 日給胡適、李大釗、錢玄同等 12 位北京同人商量《新青年》續出及編
輯人問題的信件，表明了分歧的存在。陳獨秀只是念及往日的盟友，故而徵
求北京同人的意見〔註48〕。

應該說，任建樹的觀點雖有一定的合理性，但多少具有「政治正確」的
意味。本書認爲，在當時的歷史語境下，「問題與主義之爭」既屬於正常的學
理爭辯，也符合《新青年》「以改革青年思想，輔導青年修養」的「天職」，「介
紹西方學說，改造社會」的「宗旨」。陳獨秀的宣言固然可以看作是爲了彌合
裂縫，但未嘗不可以看作主編再次重申刊物「百家平等，不尙一尊」的精神。
況且整個七卷時期仍爲同人雜誌，即使稍具「色彩」的「五一勞工專號」離
馬列的建黨學說也存在相當的「距離」，更何況關注勞工是其時的一種「潮
流」。4 月 26 日的信件，也不能簡單地看作「念及往日的盟友」，所以「自然
要徵求北京同人的意見」，《新青年》之所以成爲「金字招牌」，北京同人是有
很大貢獻的。雖然同人雜誌言「義」不言「利」，對於其時待遇優厚的北大教
授而言，那點稿費也確實不起眼，但不言「利」並不代表現實中「利」的不
存在，按照最初議定的每期 200 元的編輯費，即使有所開銷，同人雜誌時期
積累的編輯費也是比較可觀的，況且陳獨秀只要有繼續發行《新青年》的願
望，也必須藉重北京同人的支持，這從稍後 5 月間陳獨秀與胡適、李大釗等

〔註47〕 任建樹。陳獨秀大傳〔M〕。上海：上海人民出版社，2004：241～242。
〔註48〕 任建樹。陳獨秀大傳〔M〕。上海：上海人民出版社，2004：243～244。

北京同人書信中可以看出來，「我因爲以上種種原因，非自己發起一個書局不可，章程我已擬好付印，印好即寄上，請兄等協力助其成。」「群益對於《新青年》的態度，我們自己不能辦，他便冷淡倨傲令人難堪；我們認眞自己要辦，他又不肯放手，究竟應如何處置，請速速告我以方針。」「《新青年》八卷一號，到下月一號非出版不可，請告適之、洛聲二兄，速將存款及文稿寄來。興文社已收到的股款只有一千元，招股的事，請你特別出點力才好。適之兄曾極力反對招外股，而今《新青年》編輯同人無一文寄來，可見我招股的辦法，未曾想錯。文稿除孟和夫人一篇外，都不曾寄來。長久如此，《新青年》便要無形取消了，奈何！」〔註 49〕由上可知，無論是從辦刊的經費還是辦刊的稿件，陳獨秀對於北京同人都極爲倚重。因此，上述 4 月 26 日陳獨秀給胡適、李大釗等人的信應該是主編向同人告知報刊發行情況，雖可以看作徵詢意見，但決不是「念及往日的盟友」。事實上，直至年底 12 月 10 日前後，陳獨秀的心情都很好，絲毫沒有「分裂」的跡象，這可以從致李大釗、錢玄同、胡適等 9 位北京人的書信中看出，他說「日內即赴廣州，此間編輯事務已請陳望道先生辦理，另外加入編輯部者，爲沈雁冰、李達、李漢俊三人」，「弟（陳獨秀）在此月用編輯部薪水百元，到粵後如有收入，此款即歸望道先生用，因爲編輯事很多，望道境遇又不佳，不支薪水似乎不好」，「甚盼一涵、孟和、玄同諸兄能有文章寄來（因爲你們三位久無文章來了）。」〔註 50〕這幾封信如此前寫給北京同人的信一樣，主要履行告知功能，對編輯部薪水的解釋也表明陳對北京同人的尊重，對高一涵、陶孟和、錢玄同文章的期盼，也表明他對北京同人的倚重。

　　眞正標誌同人產生分歧的信件，是 1920 年底至 1921 年初同人間的一組二個回合的書信。第一個回合，即 1920 年 12 月 16 日，陳獨秀致胡適、高一涵的信，胡適給陳獨秀的回信〔註 51〕。第二個回合，是 1921 年 1 月 9 日，陳獨秀致胡適等 9 位北京同人的信，以及北京同人間針對陳的來信相互間寫的幾封信〔註 52〕。

〔註 49〕　以上書信均見於歐陽哲生，《新發現的一組關於〈新青年〉的同人來往書信》（《北京大學學報》（哲學社會科學版），2009 年 7 月，第 4 期）。

〔註 50〕　該封信見於《胡適來往書信選》上，根據文章內容考察，該信應寫於 1920 年 12 月上半月。

〔註 51〕　任建樹主編《陳獨秀著作選編 1919～1922》第二卷中，第 318～321 頁，列出了上述三封書信，北京 7 位同人的態度附於胡適給 7 位同人書信之後。

〔註 52〕　即李大釗致胡適、陶孟和致胡適、錢玄同致胡適（1921 年 2 月 1 日）、周作人

　　第一個回合以 12 月 16 日，陳獨秀致胡適、高一涵的信起，信中提到「《新青年》色彩過於鮮明，弟近亦不以為然，陳望道君亦主張稍改內容，以後仍以趨重哲學文學為是；但如此辦法，京中同人來文太少，也是一個重大的原因，請二兄切實向京中同人催寄文章。」根據上述內容，可知應是陳獨秀在上封信發出幾天後接到了北京同人（因為此封信只寄給胡適與高一涵，所以極有可能是胡適、高一涵所寫，胡適的可能性最大——筆者注）論及雜誌「色彩過於鮮明」，希望「仍以哲學文學為是」的來信。陳獨秀的回信，既委婉地接受了批評，同時也指出同人來文太少實是一個重大原因。然而，胡適接信後，雖認為陳的態度可以接受，「但此是已成之事實，今雖有意抹淡，似亦非易事。北京同人抹淡的工夫決趕不上上海同人染濃的手段之神速」，並提出了為人熟知的「三個辦法」。值得注意的是，陳獨秀的信是寫給胡適、高一涵的，胡適接信後，召開了一個「擴大會議」，他提出的「三個辦法」經過了高一涵、張蔚慈、陶孟和、李大釗、錢玄同、王星拱等人的傳閱。

　　第二個回合以 1921 年 1 月 9 日，陳獨秀致胡適等 9 位北京同人的信始，陳獨秀在信中，依次答覆了胡適的「三個辦法」，首先不贊同第三條「停刊」的辦法，也不贊成第二條「不談政治」的辦法，贊同第一條「另辦一個哲學文學」雜誌的辦法，但他認為「此事於《新青年》無關，更不必商之於弟」，他也提請同人注意，「若以為別辦一雜誌便無力再為《新青年》做文章，此層亦請諸君自決」，他希望同人中「仍有幾位能繼續為《新青年》做點文章，因為反對弟個人，便牽連到《新青年》雜誌，似乎不大好」。這封信鮮明地表明了陳獨秀的主張。此信應是由李大釗首先接信，並且傳觀諸人，胡適隔了幾日後才看到，為了防止誤會的「擴大化」，胡適寫信給李大釗、魯迅等 8 位北京同人，既對他所提的三個辦法進一步解釋，又對陳獨秀來信提及的「另辦雜誌」進行「評析」，在此基礎上，他又提出一個新的辦法，即「移回北京編輯」，如同上封信一樣，信尾附上了 8 位北京同人的表決意見，各人的表決意見是胡適根據李大釗致胡適、陶孟和致胡適、錢玄同致胡適（1921 年 2 月 1日）、周作人致李大釗（1921 年 2 月 25 日）、周作人致李大釗（1921 年 2 月27 日）等信歸納而成。

　　此後再也沒有陳、胡二人關於這一話題的信件，爭論的結果似乎是妥協

致李大釗（1921 年 2 月 25 日）、周作人致李大釗（1921 年 2 月 27 日）等信。這幾封信也見於歐陽哲生，《新發現的一組關於〈新青年〉的同人來往書信》。

的。北京同人出於種種考慮，沒有放棄這一「金字招牌」，陳獨秀、陳望道出於組稿的目的也需要北京同人的稿件，也試圖「抹淡顏色」，「仍以哲學文學為是」。其實，陳獨秀、胡適的爭論並不是在爭奪《新青年》這一金字招牌，其爭論的焦點實在《新青年》的宗旨，是仍以「哲學文學為是」還是作為「色彩過於鮮明」的宣傳刊物。《青年雜誌》創刊之初，確立的「以改革青年思想，輔導青年修養」的「天職」，「介紹西方學說，改造社會」的「宗旨」，「以涉時政，非本志範圍之所許」的「方針」，以及「百家平等，不尚一尊」的精神，既來源於陳獨秀對其時中國社會現實的深刻觀察，北京同人也對這個宗旨深以為是，這是雜誌同人能夠合作共事的基礎。當刊物宗旨改變後，同人的分裂就不可避免了。儘管「分裂」對於雜誌本身來說，必然帶來很大的損失，但「分裂」本身是符合《新青年》成立之初的精神的，也意味著五四導師們（自由主義知識分子）對不同道路的選擇。不管其選擇了何種道路，其本身蘊涵的價值追求仍然是值得後人學習借鑒的。

四、《新青年》的「閱讀」與「五四青年」的「分化」

對《新青年》的受眾進行研究，這是《新青年》研究中的難點，既牽涉到《新青年》的效果研究，也關涉到《新青年》的閱讀研究。在一定意義，上述三方面又是同一個問題，因為傳播效果的取得必須通過受眾的閱讀活動才能實現。就閱讀方式來說，存在泛讀、精讀、批判性閱讀等閱讀方式；就傳播效果來看，也存在認知、態度和行動三個層面；就受眾定位來說，也存在目標與非目標受眾之分；就地域定位來說，則存在中心區域與邊緣區域之分。這必然給《新青年》的受眾研究帶來困難。此處，只討論如下三個問題：一是《新青年》受眾的中心與邊緣問題；二是《新青年》的閱讀效果問題；三是「五四青年」的分化問題。

（一）受眾的「中心」與「邊緣」

章清指出，「中心」與「邊緣」的區分，亦可幫助後人更好認知新文化運動的「影響」機制——「中心」在向「邊緣」滲透，「邊緣」也發生著向「中心」的認同。應該說，以中心與邊緣來分析五四青年對《新青年》的閱讀，是頗有見地的視角。事實上，《新青年》在受眾定位、地域定位方面確實表現出很強的中心與邊緣的特徵。

1、受眾定位：「青年」與「師輩」、「老輩」等讀者的區分

就刊物受眾定位來看，雜誌成立之初，即以「青年」為預期讀者群，希望青年成為眞正的「新青年」。儘管「青年」一詞很難以明確的年齡時限予以界定，雜誌本身對「青年」的定義也不是以年齡作為區分的標準，而是以生理、心理作為判別的標準，但是任何對「青年」的定義總是繞不開年齡。因此，結合刊物的實際影響，對刊物的預期讀者「青年」稍稍細化，那麼，刊物的預期讀者應為五四時代以青年學生階層為主的知識青年〔註53〕。其中，五四時代表明了當下性，知識青年表明了可啟發性，而青年學生階層不僅是五四運動的主流，也是閱讀《新青年》的主流。

這個觀點已經成為不證自明的常識，各種形式對「五四」的紀念，以及不同人物對「五四」的「回憶」，雖含有意識形態的因素，但均承認五四運動與青年學生及《新青年》之間的密切聯繫〔註54〕。事實上，關於《新青年》的閱讀研究，也總是以青年讀者為主要研究對象，比如鄧金明的博士論文即以蔣介石閱讀《新青年》的案例展開緒論，將其視作一個「遲到的『新青年』」，其後許德珩、楊振聲、毛澤東、葉聖陶、惲代英、錢穆、馮友蘭、茅盾、傅斯年、羅家倫、張國燾、施存統、老舍、蘇雪林、羅常培、俞平伯、冰心、夏衍、曹聚仁、鄭超麟、川島、譚正璧、沈從文、汪靜之、陽翰笙、聶紺弩、巴金、丁玲、沙汀、艾蕪、李霽野、馮至、徐懋庸、金克木等人陸續出場，由此構成了五四青年閱讀《新青年》的論述。章清發掘的金毓黻、惲代英、陳昌標、舒新城等四個閱讀案例，雖地處邊緣，但都是青年讀者。儘管他們並不是在閱讀《新青年》中成長起來的那一代青年人的全部，但是通過他們對《新青年》的閱讀，卻可以窺見那個時代青年閱讀生活的一斑，尤其是具有歷史意義的一斑，而這種歷史意義，事實上與閱讀《新青年》是緊密相關的。

〔註53〕鄧金明在其博士論文中較為詳細地探討了「五四青年」的定義，提供了一系列數據證明其時中國社會已經形成了一個數量頗為可觀的青年學生階層。

〔註54〕舒衡哲認為，1919年事件的參加者、觀察者和批評者都學會了相當有選擇地使用他們的記憶。曹聚仁在回憶中也坦承，「我之回憶五四運動，已在五十年後，用今天的角度，來看那座紀念碑，觀感自有不同。」章清認為，「五四」的歷史是由「記憶」與「遺忘」建構的。因為《新青年》與「五四關係」的密切關係，所以，儘管上述觀點均是指向五四運動，但實際上均包含了對《新青年》的回憶。任何關於五四的「回憶」與「建構」，《新青年》均是其主要的內容。

　　當然，《新青年》的這個預期讀者群，只能表明其核心讀者（或主流閱讀人群）爲五四時代以青年學生階層爲主的知識青年，並不能排除其他讀者群體的存在。事實上，無論從雜誌的媒介特性，還是雜誌的思想文化刊物的內容定位，都需要其他閱讀群體的「存在」和「參與」。就媒介特性而言，大眾傳媒的媒介特性之一是傳播的非定向性，它對所有潛在的受眾都是開放的。《新青年》作爲大眾傳媒之一的報刊媒介，其傳播必然體現大眾傳播的非定向性特徵。這就決定了除了預期讀者群「青年」之外，必然還有其他的閱讀人群。事實上，如蔡元培、魯迅、胡適、李大釗等「師輩」，林琴南、杜亞泉、陳恨我等「老輩」，以及孫中山、蔣介石、戴季陶等政治人物都是《新青年》的讀者。就雜誌的思想文化刊物的內容定位來看，不僅需要蔡元培、魯迅、胡適、李大釗等「師輩」的積極參與，也需要林琴南、杜亞泉等「老輩」的「別樣」參與，還需要留日留美留歐的海外留學生的積極參與。這既緣於「師輩」、「老輩」對「青年」的爭奪，魯迅「救救孩子」的呼聲固然是對「青年」的重視，林琴南、杜亞泉的衛道姿態未嘗不是出於拯救「世道人心」的考慮；也緣於輸入西方學說，多面向推進雜誌論域的需要，無論是「師輩」與「老輩」的論戰，還是雜誌同人之間的相互辯駁，抑或是海外留學生的積極參與，目的均是爲了將雜誌的論域向縱深推進。然而，「師輩」、「老輩」、海外留學生的「參與」，以及其他非目標人群的閱讀，都改變不了「青年」這一目標受眾的地位，甚至於「師輩」、「老輩」的「參與」也直接服務於「青年」這一目標受眾。

　　對「中心」即「青年」的確認，表明「青年」成爲知識精英、思想界關注的重點，陳獨秀們希望雜誌能夠到達全國——無論中心城市還是邊遠鄉村——的知識青年手中，進入他們的閱讀生活，藉以改造他們的思想。對「邊緣」即其他閱讀群體的確認，則有助於分析這些群體與中心「青年」之間「距離」與「互動」。五四新文化運動的發生，證明《新青年》對青年的改造是有成效的，五四之後，經過改造的「新青年」成爲國共兩黨看重的國民革命的生力軍，這又再次證明《新青年》改造青年的有效性。

　　2、地域定位：北京、上海與其他發行地域的區別

　　就地域定位來看，《新青年》發行網絡雖然遍及全國，海外也有代銷處〔註55〕，

〔註55〕前期依靠群益書社的發行網絡，雜誌封底提供了發行網絡，遍及 46 個省市 76 個書局或公司，還有海外新加坡的普益印務公司、曹萬豐書莊。後期則依靠

但時其發行區域仍存在「中心」和「邊緣」之別，甚至這種區別的形成是客觀的，不以雜誌編輯及發行人的主觀意志爲轉移。本書認爲，中心即北京、上海等兩個中心城市，邊緣則是發行網絡中除了上述兩個城市以外的地域。相較於其他城市，其時的上海、北京確實是中心城市。本書此處，重點分析北京時期的《新青年》，上海時期將在下一小節展開論述。

相較而言，北京的城市化進程雖稍遜於上海，但其政治中心、文化中心的地位是鞏固的，高等教育尤爲發達，以七所高校引發席捲全國的五四運動，即是北京高等教育發達的明證。《新青年》自第三卷起，至第七卷第三期，是在北京編輯的〔註56〕。

如前所述，北京同人雜誌時期是《新青年》的輝煌期。雖然前文已經指出，單純突出北大於《新青年》的貢獻，忽略陳獨秀及《新青年》，以及二三卷時期眾多《新青年》「名流」對塑造北大精神的貢獻是不合理的，但不可否認的是，一校一刊的結合確是成就《新青年》輝煌的原因之一。如陳平原認爲，「《新青年》的成功，確實得益於其強大的學術背景……《新青年》主體乃北大教授這一事實，已足以提供強大文化資源──包括象徵性的以及實質性的。」〔註57〕本書此處無意分析北大這一文化資源提供的強大支持，只想從北京的中心城市地位考察《新青年》的成功。

起初陳獨秀是不願意去北京的，即使得到蔡元培可以「把雜誌帶到學校裏辦」的許可，也是抱了「試幹三個月」的想法。陳獨秀爲何最初不願去北大呢？陳獨秀本人說他「從來沒有在大學教過書，也沒有什麼學位頭銜，能夠勝任，不得而知」，因此，他願意「試幹三個月，如勝任即繼續幹下去，如不勝任即回滬」〔註58〕。這種原因看起來似乎合理，但卻值得玩味。一方面，這既不合陳獨秀不甘人後、敢言敢行的性格，也不合陳獨秀對教育的關注，畢竟辦刊的目的也是教育青年；另一方面，陳獨秀進入北大，是得到了「學兄」湯爾和、「老友」沈尹默的推薦，「革命同志」蔡元培在翻閱了幾本《青

伊文思圖書公司，也是面向全國發行的。關於《新青年》的發行網絡，章清的論文作了較爲詳細的介紹。

〔註56〕 從第七卷起，《新青年》復歸陳獨秀主編，七卷四號發行時，陳獨秀已到上海半月，故將七卷四期看作是在上海發行。

〔註57〕 陳平原。觸摸歷史與進入五四〔M〕。北京：北京大學出版社，2005：106。

〔註58〕 訪岳丹秋（岳相如之子）記錄，引自《陳獨秀生平點滴》，《文史資料選輯》（安徽）1980年第1輯。轉引自唐寶林、林茂生《陳獨秀年譜》，第76頁。

年雜誌》後，更是「僞造」〔註59〕了陳的「履歷」，這多少表明陳能進入北大也是「眾望所歸」。以編輯雜誌爲要務，固然是一種解釋，但這又解釋不了在獲得蔡元培把雜誌帶入北大的許可後，仍然抱了「試幹三個月」的想法。本書斗膽認爲，這個原因應該是陳獨秀對在北京辦刊的前景並不樂觀。《新青年》成立之初，即以「介紹西方學說」，「改革青年思想」，進而「改造社會」爲宗旨，且再三強調「批評時政，非其旨也」，二卷一號開篇之作《新青年》，勸誡青年要成爲「眞青年」，首當明白人生歸宿問題，「自不應以做官爲榮爲歸宿也」。上海遠離政治中心，陳獨秀尚且強調「批評時政，非其旨也」，一旦進入北京，想不涉「時政」則是不可能的事情。北京作爲千年帝都、其時的首都，政治氛圍總要強過其他城市，在這樣的政治氛圍中，從事高等教育、文化出版也必然關涉政治，更何況《新青年》以「介紹西方學說」，「改革青年思想」，進而「改造社會」爲宗旨。且不談「改革青年思想」與「改造社會」，即就「介紹西方學說」來看，在上海可以較爲單純的「介紹西方學說」，到了北京則必不可免地與政治問題相關涉，主編未必有意，讀者卻非常上心。以陳獨秀思想的敏銳性及其老革命黨人的政治經歷，他對此必然有著深切的認知。況且，此時北大的聲名並不太好，遺老固然不少，遺少也頗多，學生也多以當官爲其追求（這與陳獨秀要求青年不應以做官爲榮爲歸宿的觀點恰好相反），「簡直是一個污水潭」〔註60〕。在此種意義上，此時的北大正是象徵舊政治、舊文化、舊教育的堡壘。因此，北京的政治氛圍、北大的污名，應是陳獨秀起初不願來北京辦刊的重要原因。

　　然而，移師北京編輯的《新青年》很快便大獲成功，銷數猛增至一萬五、

〔註59〕當代學者認爲蔡元培幫陳獨秀填報的履歷「日本東京日本大學畢業，曾任蕪湖安徽公學教務長、安徽高等學校校長」，全屬虛構。其實，並不全屬虛構，陳任安徽公學教務長、安徽高等學校校長的時間雖然很短，但卻屬實。至於是否畢業於東京日本大學，陳獨秀自己說過，「我曾在日本留學，法律、政治、文學都學過，沒有畢業。」可見，陳獨秀雖多次留學日本，進過多所學校學習，但均沒有畢業。不過考慮到當時的歷史條件下，學歷並不像現在如此重要，而北大的質疑者對陳獨秀的質疑，也不在其學歷，而在其學術能力。事實上，其時北大的教師有不少人與陳獨秀是「舊識」，對陳獨秀留學的經歷也是相當清楚的，蔡元培也無法公然造假，這只能表明其時學歷並不像現在如此重要。

〔註60〕關於蔡元培就任北大校長之前的北大情形，散見於各種回憶。蔡元培、羅家倫、許德珩、顧頡剛、羅章龍等人對此均有論述。葉曙明則根據蔡元培、羅家倫、許德珩、顧頡剛、羅章龍等人回憶，將北大比作「一個污水潭」。

六千份，大獲成功，這確實出乎陳獨秀的意料。獲得成功的原因，除了獲得北大這一文化資源提供的強大支持外，也與北京的政治氛圍、北大的舊文化堡壘性質有著密切的關係。陳獨秀將刊物移至北京編輯，即將自己置身於舊堡壘之中，站在了思想鬥爭的最前沿，直接面對各種「反對聲音」。這種「置身其中」的辦刊實踐至少在以下幾方面可以帶來「成功」：一，帶來了創辦雜誌所需的強烈的現場感。此處的現場感，不是指雜誌通過文字營造出來的虛擬的現場感，而是指讀者生活於北大乃至北京的客觀現實環境爲讀者的閱讀所提供的現場感。如就北大來說，既有辜鴻銘的辮子、黃侃的八部經書、劉師培的國故，也有陳獨秀、胡適、錢玄同等人的白話文學及批孔批儒，這種客觀環境爲北大學生理解「新舊問題」提供了強烈的現場感，學生逐漸形成了「新」、「舊」兩派〔註61〕，傅斯年由「黃門侍郎」轉爲「《新潮》主將」即是例證。二，給雜誌披上了「合法」、「神聖」的外衣。這是指北京的政治中心地位，北大的最高學府地位給《新青年》的傳播帶來的便利。畢竟這是來自首都最高學府的一種聲音，不僅「合法」，而且「神聖」，以至於形成了「壟斷輿論」、「話語霸權」的印象〔註62〕。無論贊成反對，還是冷眼旁觀，都無法忽視它的存在，都要讀上一讀，甚至成爲了一種「時髦」〔註63〕。三，有利於將「改造青年思想」與教育青年的實踐相互結合。《新青年》本以「改造青年思想」爲「天職」，陳獨秀來到北大之後，《新青年》對青年的思想改造即與大學的教育實踐相互結合。以往單純的文字閱讀以及有限的通信問答，

〔註61〕 關於北大學生新舊之分的記載，馮友蘭在《新學生與舊學生》（《心聲》創刊號，1919年，《馮友蘭全集》卷13，鄭州：河南人民出版社，1994年，第619～623頁）有這樣的描述：（一）新學生專心研究學問，舊學生專心讀書。（二）新學生注意現在和未來，舊學生注意過去。（三）新學生之生活爲群眾的，舊學生之生活爲單獨的。（四）新學生注重實際，舊學生注重空談。楊振聲在《回憶五四》（中國社會科學院近代史所編：《五四運動回憶錄》，中國社會科學出版社，1979年，第260～261頁）也對此有所論述。

〔註62〕 「壟斷輿論」最早出自1922年梅光迪之口。陳平原也認爲《新青年》「確有走向『壟斷輿論』的情勢」，「話語霸權」是筆者對當下部分論文所持論調的總結，這些論文或用「霸權」或用「話語權」理論分析《新青年》。需要指出的是，這些評論均是對《新青年》的事後評價，屬於「後見之明」。

〔註63〕 贊成、反對者的例子已經很多，冷眼觀者如孫中山、蔣介石、嚴復，選擇性的贊成如柳亞子、易宗夔等等。鄧金明在其博士論文中列舉巴金、艾蕪、鄭超麟、丁玲等人的閱讀案例，從這些人的文字記述中，可以看到其時閱讀《新青年》儼然成爲一種「時髦」，一種潮流。

迅速被討論所取代，不僅師生間相互討論，同學間也相互討論，不僅課堂可以問學，宿舍也有可以商榷，甚至還有專供討論的「飽無堂」和「群言堂」〔註64〕。對於學生而言，觀點的公開討論與相互交鋒所帶來的傳播效果無疑要比單純的文字閱讀來得好，而這種效果又因為同學之間的異地通信被進一步放大。

對上海、北京兩個中心城市的確認，有助於分析中心城市在雜誌創辦過程中所起的地緣作用。事實上，無論是上海，還是北京在《新青年》的創辦過程中，均起到了重要作用，甚至連置身其中的編輯也在不經意間受到了環境的影響。陳獨秀由不談政治到談政治，原因固然有很多，但其置身的北京及北大也不能完全脫離干係。

（二）閱讀效果：前兩卷的「死活」，「記述」與「回憶」

無論是《新青年》的發展，還是讀者的閱讀，都有一個相當的「運動」的過程，不可能在短時間內一蹴而就，不寧唯是，這兩個「運動」的過程也不是步調一致的。這就導致以讀者閱讀的視角考察《新青年》的發展，雖能提供多姿多彩的表述，但這種表述往往是選擇性的表述，往往會對考察刊物產生偏離性的影響。此處討論兩個問題，一是前二卷《新青年》（上海時期）〔註65〕的「死活」問題；二是讀者當下的「記述」以及之後的「回憶」問題。

1、前兩卷的「死活」

學界公認北京同人雜誌時期是《新青年》的輝煌期，而對於《新青年》一、二兩卷（第一卷為《青年雜誌》，第二卷改名《新青年》）的經營狀況則存有不同觀點。有觀點認為雜誌前兩卷，已經「鋒芒畢露」、「聲名遠播」，陳平原即持此論〔註66〕，另一種觀點則認為前兩卷雜誌的經營是「慘淡」的，甚至有論者將雜誌第三卷也歸入「慘淡經營」的範圍。

張寶明認為，《新青年》第三卷第1號扉頁上登載的「全方位」的「廣而告之」，如將雜誌「所有目錄」「掛靠」在「顯赫位置」、「陳獨秀先生主撰」、

〔註64〕　羅家倫在《北京大學與五四運動》（《五四運動親歷記》，中國文史出版社，1999年，第58～60頁）一文中提供了關於「飽無堂」、「群言堂」以及宿舍間的激烈交鋒的文字描述。

〔註65〕　之所以選擇前兩卷12期雜誌，是因為陳獨秀就任北大文科長時間為1917年1月15日，第二卷第六號發行時間為1917年2月1日，考慮到組稿、刊印所需要的時間，所以認為第二卷第六號是由陳獨秀在上海完成組稿的。

〔註66〕　參見陳平原：《觸摸歷史與進入五四》，北京大學出版社2005年，第60頁。

「大名家數十執筆」、「定價一元」、「郵費九分」等細節在反映出版發行人「哄抬賣點」的同時，也反映出雜誌出版發行者「慘淡經營的苦心孤詣」〔註67〕。李憲瑜在其博士論文中寫道，「如果後來的《新青年》不經改革（指雜誌第二卷所作的調整——筆者注），首先在經濟上就難以爲繼了」，此外，在論及二卷一號出版數月後《新青年》雜誌的銷數增至一萬五、六千份時，他用「起死回生」一詞加以描述〔註68〕。章清也認爲，從「生意」的角度看，《新青年》最初的經營狀況確實是「慘淡」的。〔註69〕王觀泉認爲，《青年雜誌》出足第一卷後，停刊半年才出版第二卷，「發起青年運動的旗手大概陷入困境」，並認爲「停刊的原因是經費支拙」。〔註70〕王奇生在《新文化是如何「運動」起來的——以〈新青年〉爲視點》一文中，雖沒有使用「慘淡」、「困境」等詞語描述雜誌前兩卷的經營情況，但卻極力論證早期《新青年》（主要指 1～3 卷——筆者注）是一份「沒有多大影響」的「名符其實」的「普通雜誌」，他還用魯迅在給許壽裳的信中的文字——「《新青年》以不能廣行，書肆擬中止；獨秀輩與之交涉，已允續刊」——進一步指出雜誌出完 3 卷後仍然「發行不廣，銷路不暢」。〔註71〕

應該說，《新青年》從一份「普通刊物」發展成引領新文化運動的一塊「金字招牌」，確是經歷了發展到輝煌的過程，對於《新青年》這樣一份開風氣的思想性刊物來說，尤其如此。將「發展」視爲「慘淡」，以至「將死」，多少顯示出考察視角的局限。事實上，其時雜誌並不「慘淡」，更不至於「將死」。作爲一份「普通刊物」，雜誌的經營頗爲成功。與陳平原從內容上論證雜誌成功經營的視角不同，此處主要通過對相關史實的理清來討論雜誌的經營問題。

（1）停刊、改名≠慘淡經營

1915 年 9 月，《青年雜誌》出版發行，第一卷出滿 6 期後，雜誌停刊半年。1916 年 9 月，雜誌在內容、版式方面作了一些調整後，改名爲《新青年》繼

〔註67〕 張寶明：《多維視野下的〈新青年〉研究》，商務印書館 2007 年，第 13 頁。

〔註68〕 以上文字見於李憲瑜：《〈新青年〉雜誌研究》，北京大學中國現當代文學專業博士學位論文 2000 年，第 21 頁，第 25 頁。

〔註69〕 參見章清：《五四思想界：中心與邊緣——〈新青年〉及新文化運動的閱讀個案》，《近代史研究》2010 年第 3 期，第 54～72。

〔註70〕 王觀泉：《被綁的普羅米修斯——陳獨秀傳》，臺灣業強出版社 1996 年，第 122 頁。

〔註71〕 參見王奇生：《新文化是如何「運動」起來的——以〈新青年〉爲視點》，《近代史研究》2007 年第 1 期，第 321～334 頁。

續發行。持「慘淡經營」論者通常認爲雜誌的停刊與改名、改版存在必然的聯繫——因爲經營慘淡，雜誌難以爲繼，所以導致停刊，要想繼續經營，必須有所「調整」。實際上，這種觀點是有待商榷的。

《青年雜誌》停刊的原因，是因爲國內爆發了護國戰爭（1915 年 12 月～1916 年 7 月）。作爲一場內戰，護國戰爭的主戰場主要發生在川湘黔桂等省，然而戰事的發生，以及伴隨而來雲、貴、桂、粵、浙、陝、川、湘等省的相繼獨立，則讓「國家已陷入於極度混亂狀態之中」〔註 72〕。民國初年，書刊雜誌的發行主要依賴各個書局建立起來的發行渠道〔註 73〕。護國戰爭的爆發，必然對雜誌的發行人——群益書社所建立起來的發行渠道，產生重要影響。事實上，雜誌一卷 2 號列出的分佈於 49 個城市的 76 個「代派處」中，雲南、貴州、長沙、桂林、城都（成都）、瀘州、重慶等省市的代派處即地處交戰區域，如果算上先後獨立省份的城市則更多。陳獨秀在致胡適的信中明確指出，「護國戰爭」的爆發致使雜誌停刊，「《青年》（指《青年雜誌》——筆者注）以戰事延刊多日，茲已擬仍續刊」，護國戰爭導致「百業停滯，吾業尤甚，日夕彷徨，眞不知所以善其後，奈何奈何！」〔註 74〕可見，是護國戰爭導致雜誌停刊，而並非雜誌自身慘淡經營。

雜誌由《青年雜誌》改爲《新青年》，則是因爲《青年雜誌》的刊名與此前上海基督教青年會發行的《青年雜誌》同名，上海基督教青年會專門致信群益書社指責雜誌存有「冒名」的嫌疑。群益書社經理陳子壽爲此專赴陳獨秀處商議，最後決定將雜誌改名爲《新青年》。當時汪孟鄒也在場，他也贊成改名〔註 75〕。這件事發生在 3 月初，與雜誌停刊幾乎同時〔註 76〕。《新青年》第二卷第 1 號於同年 9 月發行，陳獨秀發表《新青年》一文，並在《通告》中告知讀者，「自第二卷起，欲益加策勵，勉副讀者諸君屬望，因更名爲《新青年》」〔註 77〕。由上可知，無論是雜誌更名的原因，還是更名的過程都是簡

〔註 72〕 〔美〕費正清編：《劍橋中華民國史，1912～1949》上卷，《中國社會科學出版社》1994，第 247 頁。
〔註 73〕 章清對此有所論述，參見《五四思想界：中心與邊緣——〈新青年〉及新文化運動的閱讀個案》一文。
〔註 74〕 《胡適來往書信選》上冊，中華書局 1980 年版，第 2～3 頁。
〔註 75〕 《孟鄒日記》（1916 年 3 月 3 日），見於汪原放《回憶亞東圖書館》，學林出版社，1983 年，第 32 頁。
〔註 76〕 事實上，根據汪孟鄒 3 月 10 日給胡適信中「青年雜誌已出至五期，六期不日即出」（胡適書信集）的內容，可以判定《青年雜誌》第 6 號應在 3 月份發行。
〔註 77〕 《通告》，《新青年》第 2 卷第 1 號，1916 年 9 月，無頁碼。

單的，未必如後世史家的「過度」解讀——「添加一個『新』字，以與其鼓吹新思想、新文化的內容名實相符」﹝註78﹞，當然也不能將之視爲陳獨秀設得一個「圈套」﹝註79﹞。事實上，改名的原因的確簡單，休刊的半年也確是中國社會極度混亂，開啓軍閥割據局面的半年。這段時間，陳獨秀完全可以根據親身觀察，給出自己的論斷。因此，改名及相關的調整是陳獨秀因時應勢的經營行爲，而非挽救經營危機的刻意之爲。

既然休刊的原因是因爲護國戰爭，那麼復刊時進行的調整，當屬正常的調整，而非爲了挽救經營遇到的危機，而且，二卷 1 號封面上已經響亮地標上了「主撰陳獨秀」的字樣，這都表明這一時期雜誌的經營並不慘淡。

（2）北上募資、婉拒蔡元培與雜誌的經濟困境

爲募集資本，1916 年底陳獨秀與汪孟鄒奔赴北京，並在北京待了一個多月。此間蔡元培多次登門拜訪，力邀陳獨秀出任北大文科學長。陳獨秀最終答應蔡的邀請並於 1917 年 1 月赴任。數月後，《新青年》的銷數增至一萬五、六千份，而雜誌最初的發行數只有一千份左右。由此，北上募資與數月後雜誌發行量的猛增成爲雜誌「出師不利」、「起死回生」的「可靠」證據。事實上，北上募資是陳獨秀的贊助行爲，陳獨秀對蔡元培的婉拒也表明雜誌此時已經頗有「聲名」。

應該說，此次陳獨秀北上募資不是因爲雜誌面臨經濟困境，而是爲了贊助「亞東」與「群益」兩個書社合併改爲公司之事。這段史實首見於《孟鄒日記》（1919 年 9 月 18 日）﹝註80﹞，這既表明陳獨秀北上募資的行爲是一種「贊助」行爲，也表明兩個書社的合併事宜是在雜誌第二卷第 1 號發行之後提出來的。此外，陳獨秀在 11 月間多次爲合併事宜「同飲共商」，並最終於11 月 26 日與汪孟鄒北上募資﹝註81﹞。陳獨秀爲此事在北京待了月餘，在此期間蔡元培曾多次拜訪並力約他出任北大文科學長。陳獨秀最終答應並於 1917年 1 月就任。需要注意的是，《新青年》第二卷第 4 號於 1916 年 12 月 1 日發行，第 5 號的發行日期爲 1917 年 1 月 1 日，第 6 號的發行日期爲 1917 年 2

〔註78〕 參閱蕭超然：《北京大學與五四運動》，北京大學出版社 1986 年版，第 38 頁。

〔註79〕 王奇生在其文章認爲這是陳獨秀爲擴大雜誌影響而設的一個圈套，參見《新文化是如何「運動」起來的——以〈新青年〉爲視點》一文。

〔註80〕 見於汪原放《回憶亞東圖書館》，學林出版社 1983 年，第 34 頁。

〔註81〕 以上史實見於唐寶林、林茂生，《陳獨秀年譜》，上海人民出版社，1988，74～75。

月 1 日。如果考慮到雜誌輯稿、排版、印刷所需的時間，以及陳獨秀 12 月、次年 1 月的行程，則可以推斷陳獨秀在赴北大之前，甚至是北上募資之前，二卷 6 號已經完成了輯稿。以上事實表明，陳獨秀北上募資是爲書社合併之事，而非爲《新青年》雜誌募集資本，雜誌的按期發行及陳獨秀的提前輯稿，也表明雜誌經營並沒有出現難以爲繼的局面。

值得注意的是，受邀之初陳獨秀即以編輯《新青年》婉拒了蔡元培的美意，甚至在蔡元培答應可以「把雜誌帶到學校裏辦」的許可之後，他仍抱有到北大「試幹三個月」〔註 82〕的想法。爲何陳獨秀最初不願去北大呢？爲何在得到蔡元培的許可後，仍抱了試幹三個月的想法呢？

可以說，陳獨秀能夠進入北大，一是得到了「學兄」湯爾和、「老友」沈尹默的推薦，二是蔡元培「又翻閱了《新青年》」〔註 83〕。朋友推薦固不可少，但是蔡元培對雜誌的閱讀更爲重要。事實上，陳獨秀的辦刊旨趣與蔡元培整頓北大的理路大體是一致的。爲了延聘陳獨秀，蔡元培「差不多天天要來看仲甫（陳獨秀）」〔註 84〕，甚至親自爲陳獨秀填報履歷，並親自答覆質疑陳獨秀學術水平的北大教工。這段史實表明，其時《新青年》已經頗有「聲名」，陳獨秀進入北大多少也是「眾望所歸」。當然，陳獨秀對蔡元培的「婉拒」，及「試幹三個月」的想法，也透露出雜誌的經營已經讓主撰看到了希望。如果雜誌是「慘淡經營」，甚至「將死」的話，相信陳獨秀即使有再多的熱情，也會接受蔡元培的美意，畢竟其時北大教授的待遇非常優厚。

（3）成功的地域定位與雜誌的有效經營

就地域定位來看，《新青年》發行網絡雖然遍及全國，海外也有代銷處，如新加坡的普益印務公司、曹萬豐書莊，但是其發行區域仍存在「中心」和「邊緣」之別。就前兩卷雜誌的地域定位來說，中心即上海，邊緣則是發行網絡中上海以外的地域。選擇上海作爲辦刊地，是因爲其時上海已經成爲出版重鎮，資金、讀者、交通、通訊、印刷等一系列創辦現代報刊所需的社會文化條件已經具備。

講求時間性是新聞媒介的一個重要特徵。表面看來，《新青年》（《青年雜

〔註 82〕 訪岳丹秋（岳相如之子）記錄，引自《陳獨秀生平點滴》，《文史資料選輯》（安徽）1980 年第 1 輯。轉引自唐寶林、林茂生《陳獨秀年譜》，第 76 頁。

〔註 83〕 蔡元培：《我在北京大學的經歷》，《東方雜誌》第 31 卷第 1 號，1934 年 1 月。

〔註 84〕 汪原放：《回憶亞東圖書館》學林出版社，1983 年，第 36 頁。

誌》）作爲一份思想性刊物，其對時間的要求並不明顯，事實並非如此，比如「通信欄」的設立。「通信欄」作爲主編與讀者互動的欄目，非常講求時間性。「問學」、「褒貶」類的信件可以不講求時間，但學術商討尤其是駁論性的來信對時間的要求則很高，唯其如此，才能顯示出讀者與雜誌互動的有效性和及時性。《新青年》是月刊，雜誌與讀者互動的最佳時效爲一個月。這個時限對上海、北京以及平滬線〔註85〕連接的一些城市（如天津、蘇州）最爲有利，而雜誌前兩卷 12 期的「通信欄」也證明了這一點。

前兩卷 12 期雜誌的「通信」欄，共刊登 40 人的 53 篇通信，具體如下：

《新青年》（1～2 卷）通信欄一覽表

期數	來信	來信地址	期數	來信	來信地址	期數	來信	來信地址
1.1	答王庸工		2.1	答沈慎乃	上海	2.4	答畢雲程	上海
	答章文治	安徽		答舒新城	湖南		答常乃悳	北京
1.2	答李平			答畢雲程	上海		答王統照	濟南
	答王珏	上海		答陳恨我			答孔昭銘	蕭山
1.3	答吳勤	天津		答程詩葛		2.5	畢雲程	上海
	答李平			答胡適之	美國		答李平	上海
	答李大魁			答王庸工			曄	
	黃劍花來函	上海		王醒儂來信			答吳虞	成都
1.4	答穗		2.2	答畢雲程	上海		答褚葆衡	
	答沈偉	上海		李平	上海		孫斌	揚州
	答張永言	上海		答法文專修學校一民	上海		答顧克剛	蘇州
1.6	答張永言	上海		答 T.M.Cheng			答 T.M.Cheng	
	答姚夢寬						答孔昭銘	蕭山
	答輝			答畢雲程	上海	2.6	答程演生	杭州
2.1	答汪叔潛	上海	2.3	答莫夫卿	上海		答葉挺	湖北
	貴陽愛讀貴志之一青年	貴陽		答李平	上海		程振基來信	倫敦
	答何世俠			答陳蓬心	上海		再答常乃悳	北京
				潘贊化			答陳丹崖	日本
							答錢玄同	北京

〔註85〕 其時，北平到上海鐵路分兩段，一段叫津浦鐵路，一段滬寧鐵路，到武漢沒有鐵路，當時的平滬快車算是比較好的。

由上表可知，有地址可考的共有 26 人，其中上海 10 人（如畢雲程、李平、張永言等）、北京 2 人（常乃德與錢玄同），其餘 14 人分散於國內各地（安徽、天津、貴陽、湖南、山東、成都、蕭山、揚州、蘇州、杭州、湖北等地區）以及美國、日本、英國等國；這 26 人的來信被刊發了 35 封，其中上海 10 人刊發 17 篇（如畢雲程 5 封、李平 4 封、張永言 2 封），北京 2 人刊發 3 封（常乃德 2 封、錢玄同 1 封），分佈在平滬線以及其他地區與國家的 14 人的來信則被刊發了 15 封。

儘管上述數據有欠精確，但足以反映出雜誌的地域定位是成功的並有效促進了雜誌的經營發行。上述來信的作者及其地域分佈，足以表明雜誌不是在「勉力維持」，更不是所謂的「慘淡」與「將死」。事實上，雜誌的經營是頗有成效的，不僅能夠依靠群益書社的發行網絡到達較廣的地域，更能夠引起讀者尤其是一些知識精英的關注與互動。

（4）雜誌的「普通」≠經營的「慘淡」

相較於北京同人雜誌時期（4～7 卷），以及隨後中共上海發起組刊物時期（8～9 卷），《新青年》前三卷尤其是前兩卷的確「普通」，不僅發行量維持在一千份左右，而且也容易因戰事而影響正常發行。然而，「普通」並不意味著雜誌經營的慘淡，因為「普通」而把「正常」的經營行為看成主編為了擺脫慘淡經營的苦心孤詣，多少偏離了客觀的歷史事實。

張寶明即將《新青年》第 3 卷第 1 號扉頁刊登的廣告指為「全方位」的「廣而告之」，用以論證雜誌經營的「慘淡」與出版發行者的「苦心孤詣」。雖然「雜誌出版發行者」是群益書社，但他明確指出陳獨秀是出版者，並列舉「陳獨秀先生主撰」、「大名家數十執筆」、「定價一元」、「郵費九分」等細節。可見，在他看來，這一切都是陳獨秀為了擺脫慘淡經營的苦心孤詣。事實上，「全方位」的「廣而告知」是其時雜誌經營的一種普遍行為，目錄「掛靠」式地哄抬「賣點」也是其時雜誌的一種普遍做法，標明「陳獨秀先生主撰」也非陳獨秀獨創﹝註 86﹞，而「定價一元」、「郵費九分」等具體的經營行為更與發行人──群益書社直接相關。

作為一份開風氣的思想性刊物，《新青年》必然有一個發展、輝煌到衰敗的發展過程，陳獨秀也預見到了雜誌要發生「很大的影響」，需要「十年、八

﹝註 86﹞如《甲寅》月刊的封面上即標有「章士釗主撰」。

年的工夫」。這意味著雜誌在輝煌之前，必然有一個「普通」的時期，不能因為其後的「輝煌」而「拔高」此前的「普通」。在此種意義上，王奇生的結論是富有創見性的。「普通」固然存在，但「普通」並不意味著王文中使用周氏兄弟的書信，鄭振鐸、張國燾等人的回憶來論證雜誌「普通」的論點具有「普遍」的「效度」。一方面，知識精英對雜誌的觀感並不能代表所有人，尤其是普通讀者的觀感；另一方面，即使是知識精英，他們對雜誌的觀感也是存在差異的，錢玄同、胡適、常乃德等人便較早地與雜誌發生了「聯繫」。事實上，無論是中心地域，還是邊緣地域，都有知識精英和普通讀者參與到與主撰的互動之中，而且正如上文所述，這種「互動」已經表明雜誌的經營頗為成功。

《新青年》1～3卷雖然「普通」，但其經營並不慘淡，其時雜誌已經頗有「聲名」。希望雜誌甫始就能「一炮打響」、「洛陽紙貴」，那只是後世研究者的一廂情願。同樣，將「發展」視為「慘淡」，甚至「將死」，也多少偏離了客觀的史實。

2、「記述」與「回憶」

提出這個問題，是因為無論是讀者當下的「記述」還是之後的「回憶」，對於研究《新青年》的閱讀都是至關重要的。當前已有論者指出當下的「記述」（「詮釋」）及之後的「回憶」對於建構五四新文化運動的重要性：王奇生曾指出，新文化人的當下詮釋與後來史家的言說敘事實際上有相當的出入〔註87〕。章清認為，對於新文化運動的「影響」，林林總總的「回憶」，所提供的即是「有」的情況〔註88〕。舒衡哲也指出，1919年事件的參加者、觀察者和批評者都學會了相當有選擇地使用他們的記憶〔註89〕。如前所述，任何關於五四新文化運動的「言說」總是與《新青年》（尤其是同人雜誌時期的《新青年》）相關的，因此，上述觀點也適用於對閱讀《新青年》的「回憶」。既然「回憶」總是有目的的，有選擇性的，帶有劉易斯所謂的「被創造的歷史」的特徵，那麼，挖掘當下的「記述」對於考察《新青年》的閱讀就別有意義。

〔註87〕王奇生。新文化是如何「運動」起來的——以《新青年》為視點〔J〕。近代史研究，2007，（1）：321～334。

〔註88〕章清。五四思想界：中心與邊緣——《新青年》及新文化運動的閱讀個案〔J〕。近代史研究，2010，（3）：54～72。

〔註89〕〔美〕微拉。舒衡哲。五四：民族記憶之鑒〔C〕//五四運動與中國文化建設——五四運動七十週年學術討論會論文選（上冊）。北京：中國社會科學出版社，1989。

事實上，這正是章清認爲的，如能在更爲廣泛的視野下發掘具體的閱讀經驗，即將問題轉換爲新文化運動是如何被「閱讀」的，則對此的認知，或能提供新的視野〔註90〕。儘管如此，本書此處無意於發掘具體的閱讀體驗，只想指出，無論是之後的「回憶」還是當下的「記述」，對於研究《新青年》的閱讀都是同等重要的。

　　如前所述，受眾研究、閱讀研究以及效果研究，在一定意義上，實爲一個問題。閱讀，是受眾的閱讀，效果也是在受眾閱讀後且通過受眾才能得以顯現。就閱讀來說，閱讀不僅僅是「人類的一種認知過程」、「知識的傳承與文化的延續」，它也是「人生的一部分」〔註91〕，也就是說，閱讀作爲一定時代和社會文化生活的體現，不是一種簡單的單向的接收行爲，它更是一種主動性的建構力量，也是一種社會歷史文化現象。就受眾來看，受眾也不是一種單純的被動的存在，而是一種主動的存在，總會通過各種形式的反饋與傳播主體發生互動，藉以影響傳播過程。就效果來看，也分爲認知、態度、行動三個層面的效果，這三個層面的效果是一種漸進、累積、深化和逐步擴大的過程。正因爲上述三個方面緊密交織的關係，所以不同的人閱讀同一份讀物，取得的效果肯定是不同的，正所謂「有一千個讀者，就有一千個哈姆雷特」，對《新青年》的閱讀也如此。所以無論是章清論文中深入挖掘出的金毓黻、惲代英、陳昌標、舒新城，還是《新青年》「通信欄」中「選擇性」呈現的王庸工、張永言、吳勤等讀者，甚或是鄧金明論文中列舉的蔣介石、許德珩、楊振聲等人的閱讀案例，每個人的「呈現」自當有所不同。從這一點來說，章清所論證的「身處不同地域、不同身份個體對《新青年》及新文化運動的『閱讀』，頗有差異」的觀點，是不證自明的；王奇生「《新青年》從一『普通刊物』發展成爲全國新文化的一塊『金字招牌』以及『新文化』由涓涓細流匯成洪波巨浪，都經歷了一個相當的『運動』過程」的闡述也僅是「恢復」了《新青年》及其引領的新文化運動的發展情狀。然而，不可否認的是，上述兩人的觀點又都具有一定的「創見性」。呈現這樣一種「矛盾」狀態的原因在於，這是對由「選擇性回憶」建構的「被創造的歷史」的一種「反動」，尤其是對具有強烈主流色彩的「被創造的歷史」的「反動」。

〔註90〕章清。五四思想界：中心與邊緣──《新青年》及新文化運動的閱讀個案〔J〕。近代史研究，2010，（3）：54～72。

〔註91〕王余光。關於閱讀史研究的幾個問題〔J〕。圖書情報知識，2001，（3）：8。

劉易斯將由人爲的裁減、回憶的需要建構的簡化的、有爭議的回憶歷史，稱爲「被創造的歷史」。他認爲，無論何時何地，這種「被創造的歷史」都是基於當權者某種特殊觀點的需要而創造出來的〔註92〕。事實上，無論是大陸、還是臺灣，關於五四新文化運動的歷史話語都多少帶有這種特徵。此處無意探討「回憶」與「被創造的歷史」之間的意識形態關聯，只想指出，儘管囿於意識形態，但這種「回憶」仍有其存在的價值。本質上，這種「回憶」同其他類型的「回憶」一樣，都是選擇性的回憶，都是在當下意識支配下的回憶。因此，需要追問的不是選擇性回憶的是與非，而是不同的人在不同的當下意識支配下所進行的持續不斷的「回憶」這一「集體」行爲本身所具有的意義。事實上，這正是《新青年》及其引領的五四新文化運動的意義所在，當然這也正是「回憶」的眞正價值。在這種意義上，舒衡哲得出的「『五四』的本來面貌：未竟的、充滿斗爭精神的反傳統運動」〔註93〕的結論，就是對五四新文化運動具有的「意義」的「眞正」探討。

「回憶」反映的是《新青年》閱讀的普遍意義與歷史價值，「記述」展現的則是《新青年》閱讀的當下情狀。因此，無論是之後的「回憶」還是當下的「記述」，對於研究《新青年》的閱讀都是同等重要的。在這個意義上，不同的「回憶」與「記述」反映的正是《新青年》對讀者產生了「眞正」的效果。

（三）「五四青年」的「分化」

通常認爲，所謂「五四青年」的分化，是指伴隨著《新青年》的「政治轉向」，《新青年》讀者群出現的左翼與右翼的分化〔註94〕。嚴格來說，這個

〔註92〕 Bernard Lewis：History: Remembered, Recovered and Invented, p.56。

〔註93〕 〔美〕舒衡哲。中國啓蒙運動——知識分子與五四遺產〔M〕。劉京建譯。北京：新星出版社，2007：291。

〔註94〕 比如王奇生認爲，「對於五四青年來說，因爲《新青年》的思想文學革新旗幟而形成的統一體，因爲《新青年》轉向宣傳社會主義，讀者群迅速出現分化：一批人重新回歸《東方雜誌》，另一批人則進一步成爲《嚮導》的熱心讀者，成爲徹底的左翼青年」（見王奇生：《新文化是如何「運動」起來的——以《新青年》爲視點》，《近代史研究》，2007年第1期第32頁。）；鄧金明在其博士論文中，第五章即以「《新青年》與激進閱讀」爲標題，其中第四小節「左翼青年的誕生」，引用毛澤東「被這個雜誌和五四運動警醒起來的人，後頭有一部分進了共產黨」（毛澤東：《「七大」工作方針》，《人民日報》，1981年7月16日第1版）的話，認爲，「這句話似乎坐實了《新青年》的政治性，也正式

論斷是存有問題的，《新青年》讀者群（五四青年）在 20 世紀 20 年代分化爲左翼與右翼確是人所共見的事實，但將其與《新青年》的「政治轉向」相互聯繫，則多少帶有決定論的色彩。作爲五四青年，閱讀過《新青年》，或多或少受到《新青年》的影響，應該是極有可能的事，但五四青年的分化卻未必單純地由《新青年》的「政治轉向」所決定。因此，有必要釐清《新青年》與讀者群分化的關係。此外，如果從五四青年分化爲左翼與右翼，意味著選擇激進、革命、投身現實與溫和、改良、躲進書齋兩種不同道路的話，那麼五四青年（尤其是青年學生）的分化（對改造社會的態度與方法的不同選擇）也具有劃時代的意義。因此，也有必要分析五四青年分化的原因。此處將從近代新式教育制度的確立，《新青年》對於左翼與右翼的共同影響兩個方面考察「五四青年」的分化。

1、近代學制教育為「五四青年」的分化提供了可能

中國近代新式教育制度的確立，始於 1905 年。1905 年科舉廢除後，清政府全面推行 1904 年制定的「癸卯學制」，1912 年 5 月，京師大學堂更名爲國立北京大學，成爲中國歷史上第一所國立大學，這標誌著新式教育制度的最終確立。新式教育與傳統教育在諸如內容、學制、目標等方面均存在較大差異。就制度層面來講，學制的差異則更爲明顯。

學制，是學校教育制度的簡稱，指國家對各級各類學校的組織系統和課程、學習年限的規定〔註 95〕。儘管中國封建王朝時期，學校的類別很多，而且也有系統，比如官學分爲社學、縣學、州學、府學、太學。然而，嚴格說來，學制教育是西方現代教育的主要特徵，中國的「學制」是舶來品。從上述學制的定義，可以歸納出學制教育具有以下幾個特徵：一，層級性，這是指縱向的由小學、中學、大學構成的各級教育；二，分工性，這是指橫向的，各類學校及不同專業構成的各類教育；三，時限性，這是指任一類型、任一層級的教育都有時間的限制，受教育者必須在規定的時限內完成學習任務，才能取得畢業資格；四，目標性，這是指任一類型、任一層級的教育都規定了要達到的目標，受教育者只有在達到這一目標後，才能取得畢業資格。由

宣告了在《新青年》的影響下，一代左翼青年的形成」（見鄧金明《從〈新青年〉到「新青年」——五四青年對〈新青年雜誌〉的閱讀研究》，首都師範大學博士論文，2008，第 125 頁）。

〔註95〕漢語大詞典編輯委員會，漢語大詞典編纂處。漢語大詞典（第四卷）〔M〕。上海：漢語大詞典出版社，1989：244。

上述四個特徵考察傳統教育制度，可以發現兩者是截然不同的。學制教育的施行，從根本上改變了傳統教育對儒學「終身學習」的執著，代之以階段性學習與專業性學習，與此同時，也催生了現代社會學生階層的產生。

傳統教育的辦學形式雖然多樣，但是其主要內容爲儒學經典，對儒學經典的學習也是「終身」的。儒學不僅是傳統士人晉升的工具，也是榮登高位、位極人臣的宰輔掌握權力的工具。各朝各代的學界領袖、文壇領袖與「廟堂」總是多有聯繫的，而「廟堂」之上的宰輔臣工對「儒學」也是多有參研的，這意味著封建時代的政界精英與學界精英是融合爲一的。從這個角度看，傳統教育對儒學的學習確是「終身」的。現代學制教育的施行，從根本上改變了學習的「終身制」。儘管學制教育通過層級制爲「終身學習」提供了一條通道，但是，學制教育的時段性和目標性，決定了如果不以「進學」爲目標，只以「畢業」爲目標的話，那麼學習就必然是「階段性」的，如果再考慮到「畢業」證書與「從業」資格的相關性，那麼這種「階段性」的學習又具有「終結性」的意味，而各類型的專業教育、高等院校專業教育的主要目標也確實是爲了讓學生獲取「從業」的資格。因此，就參研意義上的學習而言，學制教育是「階段的」，並不是「終身學習」，這與傳統教育是截然不同的。

以此考察「五四青年」的學習經歷，可以發現這批青年是「學制教育」的第一批「受惠者」，他們兒時在私塾、或在脫胎於舊式學堂的新式小學堂就讀，中學、大學是在「學制教育」下完成。他們既受傳統教育以參研爲學習旨趣的影響，也明確認識到了「畢業」與「從業」的意義。他們既認識到學習之於畢業的意義，也認識到實踐對於「從業」的意義，爲此他們在學習的同時，積極走進社會、理解社會。如當時還是北大學生的傅斯年就意識到，「我們將來的生活，總離不了教育界和出版界」〔註96〕，爲此他要組織新潮社創辦《新潮》，爲之後投身出版界積累經驗，儘管其後他並沒有投身出版界。從這個角度，也可以發現國民社與新潮社合作建立「北大平民教育演講團」，走進鄉村、工廠所具有的社會實踐意義。可以說，學制教育（尤其是高等教育與專業教育）的「階段性」，既要求學生走進社會以爲進入社會提供經驗，也爲學生預留了進入社會的「閑暇」。事實上，正是以學制教育爲基礎的近代教育制度爲《新青年》讀者群的分化提供了可能性。

此外，學制教育還促成了學生階層，尤其是青年學生階層的形成。「根據

〔註96〕傅斯年，《新潮之回顧與前瞻》，《新潮》2 卷 1 期，1919 年 10 月 30 日。

這個學制，青年期——相當於從中學到大學的年齡階段——在中國社會從制度上得以確立。」〔註97〕事實上，「五四青年」即是施行癸卯學制（1904～1912）、壬子癸丑學制（1912～1922）之後成長起來的青年一代。任何一個群體，只要能夠成為社會層級關係中的一員，就能夠形成自己的力量，以用於維持社會層級的「穩定性」。因此，青年學生作為一個社會階層，必然擁有自己的力量。雖然各派勢力認識到學生階層的「實力」是在五四運動之後，但是學生階層的「實力」卻不由「五四運動」所形成，「五四運動」只是提供了展示學生階層「實力」的舞臺。事實上，早在一年前，1918 年 5 月 21 日北京 2000 多名學生要求取消《中日軍事協定》的請願活動，以及隨後成立的學生愛國救國會，已經顯示了學生階層的力量。相較於其他階層，學生階層又是不穩定的，學生的身份是暫時的，離開學校踏上社會，就要選擇新的身份。而選擇新的身份，既受制於自己的主觀認知，也受各派勢力所影響。從這個角度看，《新青年》讀者群體（主要是青年學生為主的知識青年）的分化是必然的。

2、《新青年》開啟的理性之光促成了「五四青年」的「分化」

鄧金明在其研究中發現了一個「有趣」的現象，「即以我收集到的有限的資料來看，在自己的回憶錄、自傳、日記、文學作品中提到『《新青年》』的人，日後往往都左傾了，成為左翼文人、知識分子、政治家或者親左派，比如：許德珩、楊振聲、毛澤東……等等。考慮到這些人所接觸的往往是新文化運動時期（即政治轉向之前）的《新青年》，這就不得不令人深思了。」〔註98〕他認為，這是基於社會閱歷而生的現實關懷的結果〔註99〕。他的「發現」——真正對「左翼」產生影響的是前七卷以「哲學文學為是」的《新青年》〔註100〕

〔註97〕陳映芳。「青年」與中國的社會變遷〔M〕。北京：社會科學文獻出版社，2007，29。
〔註98〕鄧金明。從《新青年》到「新青年」——五四青年對《新青年》雜誌的閱讀研究〔D〕。首都師範大學文學院博士論文，2008，118。
〔註99〕鄧金明在其博士論文的 121 頁提出了這個問題。
〔註100〕需要指出的是，鄧金明「新文化運動時期（即政治轉向之前）的《新青年》」的論述不夠精確，將新文化運動時期與政治轉向之前等同，實際上割裂了新文化運動，就新文化運動而言，時間跨度較大，包含了《新青年》發行的始終。筆者根據鄧的論文，結合史實，將鄧的「政治轉向」修改以「哲學文學為是」為分期的標準。根據本書的論述，前七卷以「哲學文學為是」，後兩卷，以及季刊時期的《新青年》偏離了這一目標，轉向政治宣傳。

——確實是一個既有意思，且令人深思的現象。如果他的「發現」是一個真問題，那麼意味著《新青年》的政治轉向對上述讀者日後成為「左翼」的影響則比較小，甚至於無；如果對「左翼」的這種影響是「真實」的，那麼對日後成為「右翼」的讀者，是否也存在著這種「真實」的影響？如果說對「左翼」、「右翼」都造成了影響，那麼這種影響究竟是什麼呢？

（1）鄧金明的「發現」是否是一個問題呢

鄧的結論是建立在對上段列出的這些「左翼」讀者的「回憶錄」、「自傳」、「日記」以及創作的「文學作品」等文字表述的基礎上，這些文字資料除了「日記」屬於當下的「記述」外，其餘均不同程度帶有「回憶」的性質。需要進一步指出的是，鄧的論文一共使用了三本日記資料，分別為《蔣介石日記》、《吳虞日記》以及《惲代英日記》，其中《惲代英日記》作為論證惲代英成為「左翼」的論據。因此，事實上，鄧的結論基本建立在各種「回憶」的基礎上，這多少帶有以「有」證「有」的色彩〔註101〕。然而，「以有證有」並不妨礙鄧的結論的有效性，關鍵在於，回憶了什麼？在選擇性回憶的內容中選擇了哪些內容進行回憶？如果眾多回憶的內容都指向前七卷以「哲學文學為是」的《新青年》，就能證明這確實是一個問題。以這個角度考察鄧在論文中使用的資料，可以發現上述人的回憶及其文學作品均不同程度了指向了文學革命、反孔非儒、婦女解放等議題，而這正是前七卷《新青年》的重要內容，因此鄧的「發現」確實是個問題。

（2）這個「發現」是否也適用於轉為「右翼」的讀者呢

右翼與左翼是一對政治概念，有了左翼，勢必存在右翼，如果左翼意味著激進、革命的話，右翼則意味著溫和（保守）、改良。五四青年分化為左翼與右翼，意味著選擇了不同的「參與」現實政治的路徑，前者採取激進、革

〔註101〕 關於此，陳寅恪曾有精到的詮釋：「凡前人對歷史發展所流傳下來的記載或追述，我們如果要證明它為『有』，則比較容易，因為只要能夠發現一、二種別的記錄，以做旁證，就可以證明它為『有』了；如果要證明它為『無』，則委實不易，千萬要小心從事。因為如果你只查了一、二種有關的文籍而不見其『有』，那是還不能說定的，因為資料是很難齊全的，現有的文籍雖全查過了，安知尚有地下未發現或將發現的資料仍可證明其非『無』呢？」見羅香林《回憶陳寅恪師》，臺北：《傳記文學》第 17 卷第 4 期，1970 年 10 月，第 17 頁。轉引自章清《五四思想界：中心與邊緣——〈新青年〉及新文化運動的閱讀個案》（《中國近代史》，2010 年第 3 期）。

命的路線，後者選擇溫和、改良的線路。誰是右翼呢？以鄧文列舉的左翼人物為參照，右翼大概是指傅斯年、羅家倫、顧頡剛、俞平伯等人吧〔註102〕！如果上述人等屬於右翼範圍的話，那麼則可以斷言，「右翼」青年也深受前七卷《新青年》的影響。因為，這些人均有力參與了「五四新文化運動」，他們持論的態度也多與北京同人雜誌時期的《新青年》相同。鄧也是承認《新青年》的閱讀對五四青年成長為「新青年」（無論是日後的左翼還是右翼）是至關重要的，只是他驚訝地發現，左翼青年的成長更多的受益於前七卷「以哲學文學為是」的《新青年》，而不是主流話語所強調的轉向革命宣傳的後兩卷以及季刊《新青年》。五四「新青年」受到前七卷《新青年》的影響是毋庸置疑的，然而，對於日後成為「左翼」的「新青年」來說，其成為「左翼」的思想根源在於前七卷《新青年》，那麼另一批日後成為「右翼」的「新青年」轉為「右翼」的思想根源，是否也是受到了前七卷《新青年》的影響呢？

（3）《新青年》（前七卷）對於「五四青年」的共同影響

　　鄧在論文中，以鄭超麟、施存統、巴金為例，指出《新青年》閱讀對於五四青年個人意識覺醒的重要意義，「在個人閱讀中萌發了個人意識，這在五四青年身上，並不少見」，「閱讀為青年人提供了一個個體精神生活空間，這種內在的、個人、精神的自由生活，與外在的、家庭的、現實的倫理生活格格不入，前者始終遭到後者的壓制」〔註103〕。他進一步認為，「左傾的發生，與其說是黨派主義的吸引，不如說是基於社會閱歷而生的現實關懷的結果。」〔註104〕鄧的論文是一篇文藝學論文，從文藝學的視角得出這種結論有其一定的合理性，但是這個結論是否具有普遍的意義呢？老實說，鄧雖看到了《新青年》閱讀對於五四青年個人意識覺醒的重要意義，但將左傾的原因歸為「基

〔註102〕作為一對政治概念，左翼與右翼是二元對立的，互以對方為參照標準。因此，這種劃分必然過於簡單，絕對，只能反映一種大致的趨勢。右翼相較於左翼，只是參與政治的路線不同，並不代表脫離政治，更不代表同流合污，是一種有「主張」的政治參與，有時態度也相當激烈。因此，本書此處將上述一些人列為右翼，是冒很大風險的。需要指出的是，本書使用的「左翼」、「右翼」是中性的，不涉褒貶，將上述人列為右翼，主要是在參照的意義上使用，參照的標準在於是否主張階級革命。

〔註103〕鄧金明。從《新青年》到「新青年」——五四青年對《新青年》雜誌的閱讀研究〔D〕。首都師範大學文學院博士論文，2008：112。

〔註104〕鄧金明。從《新青年》到「新青年」——五四青年對《新青年》雜誌的閱讀研究〔D〕。首都師範大學文學院博士論文，2008：121。

於社會閱歷而生的現實關懷的結果」，多少有些偏頗。言下之意，似乎認為右傾的發生則與社會閱歷欠缺、現實關懷缺乏有關。其實，無論是左傾還是右傾，無論左翼還是右翼，都不缺乏社會閱歷與現實關懷，他們的區別不在於是否缺少社會閱歷，而在於選擇了不同的參與路徑，而這都基於對社會閱歷和現實關懷的獨立思考。個人意識覺醒之後的獨立思考，正是閱讀以「哲學文學為是」的前七卷《新青年》所帶來的。事實上，前期以「哲學文學為是」的《新青年》開啟了理性之光，五四青年之所以成為「新青年」，正在於他們敢於獨立思考。自由思想的種子已經埋下，收穫的必然是不同的參與道路，這正是《新青年》之於左翼與右翼的共同影響。

五、「民主」與「科學」，「罵人」與「激烈」

《新青年》作為新文化運動的「元典」，內容具有多面向的特點，涉及政治、經濟、文化、社會、教育、軍事、新聞、宗教等方面。事實上，中國現代人文社會科學的各個學科都能從中找到一些具有「發生」意義的「文字」。這就造成了《新青年》研究中「內容研究」的主導地位，不僅研究文獻汗牛充棟，而且也出現了過度闡釋的傾向。此處對《新青年》的內容研究，並不打算糾纏於微觀具體的內容，而從較為宏觀的角度探討二個問題，即《新青年》擁護的民主與科學問題，《新青年》的言論態度問題。

（一）「民主」與「科學」

主流話語的建構往往出於意識形態的需要，而主流話語的威力則在於為其所表徵的事物提供「合法性」，使之成為一種習焉不察的話語表達。「《新青年》高舉民主與科學兩面大旗，發起了五四新文化運動」的主流話語表述，已經使《新青年》擁護的「民主」與「科學」成為一種習慣性表達，這在一定程度上掩蓋了《新青年》擁護的「民主」與「科學」的本義。

1、「民主」與「科學」的提出

將「民主」與「科學」作為《新青年》擁護的對象，是陳獨秀在《〈新青年〉罪案之答辯書》中提出來的。如同題名所示，該文是為了駁斥反對者把雜誌「看作一種邪說、怪物，離經叛道的異端，非聖無法的叛逆」而作的。原文節選如下：

> ……他們（反對本志的人）所非難本志的，無非是破壞孔教，破壞禮法，破壞國粹，破壞貞節，破壞舊倫理（忠、孝、節、義）。

破壞舊藝術（中國戲），破壞舊宗教（鬼神），破壞舊文學，破壞舊政治（特權人治），這幾條罪案。

這幾條罪案，本社同人當然直認不諱。但是追本溯源，本志同人本來無罪，只因為擁護那德莫克拉西（Democracy）和賽因斯（Science）兩位先生，才犯了這幾條滔天的大罪。要擁護那德先生，便不得不反對孔教、禮法、貞節、舊倫理、舊政治。要擁護那賽先生，便不得不反對舊藝術、舊宗教。要擁護德先生又要擁護賽先生，便不得不反對國粹和舊文學。大家平心細想，本志除了擁護德、賽兩先生之外，還有別項罪案沒有呢？若是沒有，請你們不用專門非難本志，要有氣力、有膽量來反對德、賽兩先生，才算是好漢，才算是根本的辦法。……

西洋人因為擁護德、賽兩先生，鬧了多少事，流了多少血，德、賽兩先生才漸漸從黑暗中把他們救出，引到光明世界。我們現在認定，只有這兩位先生可以救治中國政治上、道德上、學術上、思想上一切的黑暗。若因為擁護這兩位先生，一切政府的壓迫，社會的攻擊笑罵，就是斷頭流血，都不推辭。〔註105〕

由上述節選內容，可以看出，該文雖是一篇答辯書，但兼具總結及宣言的性質，反對者反對的正是此前雜誌著力傳播的主要內容，引文末段則表明雜誌將繼續推進反對者所反對的內容，「斷頭流血，都不推辭」。

2、「民主」與「科學」的含義

當代對「民主」與「科學」的探討，已經具有了宏大敘事〔註106〕的色彩。宏大敘事提供了一種「連貫意義」的「民主」與「科學」的「發展史」，以這種「連貫」的視角考察「民主」、「科學」在各個階段的內涵，固然有益，但多少忽視、遮蔽了個體多樣性。這種情況也發生在對《新青年》擁護的「民主」與「科學」的含義的考察上。如前所述，這是陳獨秀面對一些人對《新青年》的攻擊而寫下的一篇辯駁性的報刊文字。辯駁性的報刊文字，意味著「態度」必須鮮明，「現場感」必須濃烈。因此，該文不是一篇態度平和、辯論學理的論文。這是在展開論述之前必須明確的。

〔註105〕《〈新青年〉罪案之答辯書》，《新青年》第六卷第一號，1919年1月。
〔註106〕宏大敘事本意是一種「完整的敘事」，用麥吉爾的話說，就是無所不包的敘述，具有主題性，目的性，連慣性和統一性。文藝理論批評中，經常使用這個詞語。

應該說，陳獨秀的上述論斷確實「簡單」，有淪爲「口號」、「方向」的嫌疑〔註107〕。然而，正如前文指出的，該文是一篇辯駁性的報刊文字，「簡單」不可避免而且必要。然而，問題不在於「簡單」與否，而在於《雜誌》所討論的孔教、禮法、貞節、舊倫理、舊政治、舊藝術、舊宗教、國粹、舊文學等問題能否與「民主」、「科學」直接「掛鉤」，具有「民主」、「科學」的意味，甚至於直接構成「民主」與「科學」的「質素」。

「民主」與「科學」，作爲一種觀念，本身並沒有單一準確和一致認同的涵義。實際上，在人類漫長的歷史中它們有著非常不同的意思和內涵，即使今天在不同社會和經濟體制下對它們的理解也存在著很大的差異。儘管概念難以確定，但是構成「民主」、「科學」的質素還是可以確定的。就民主來說，平等與自由；就科學來看，質疑與理性都是其構成的質素。不僅如此，如同「民主」與「科學」之間的緊密相關性，平等、自由與質疑、理性也是密不可分的，不平等的「自由」不是眞正的「自由」，喪失理性的「質疑」是「野蠻」的「質疑」，理性質疑的根基在於思想的自由與平等。以這個角度考察《新青年》，無論其討論的問題，還是討論的態度，還是體現了自由平等、理性質疑的精神的〔註108〕。作爲一份思想文化刊物，《新青年》構築的「話語空間」的開放性，在中國報刊史上即使算不上「無與倫比」，也算是「最開放」的刊物之一，這種開放性正是源於其「自由平等」、「理性質疑」的精神。事實上，《新青年》已經成爲探討「民主」、「科學」在中國發生、發展無法迴避的重要內容，如果僅是樹立了口號，沒有豐富內涵的話，這種「無法迴避」的特性也是不成立的。就內容來看，雖然其時爭議激烈，其後飽受詬病，但《新青年》討論的內容還是體現了「自由平等」、「理性質疑」的精神，即就「反

〔註107〕這是張全之在《在「民主」與「科學」的背後——重讀〈新青年〉》（《福建論壇·人文與社會科學版》2003 年第 1 期）提出來的。他認爲，《新青年》本身沒有大量的闡述「民主」與「科學」的文字，陳獨秀提出「民主」與「科學」，只是響應了「時代思潮」，利用已或廣泛支持的「民主」、「科學」的兩個權威性命題來打擊對手，因此他提出的「民主」與「科學」只是一種「口號」、「方向」，只能表明陳獨秀以後的立場，不能用來涵蓋整個《新青年》雜誌。應該說，當前這種觀點很有市場。

〔註108〕《新青年》的言論態度將在下文詳細展開，此處不做詳細說明。由於種種原因，有些問題批判錯了，比如戲劇問題，有些問題今天看來似無討論的必要，比如世界語問題，但是，並不能因此否定雜誌體現的自由平等、理性質疑的精神。

孔非儒」、「割裂傳統」的兩大「罪名」，新世紀以來的相關研究已經對此做出了澄清〔註109〕。

3、意義

《新青年》提出的「民主」與「科學」，是一種思想意義上的「民主」與「科學」，其蘊含的自由平等、理性質疑的精神不僅是「民主」與「科學」的基石，也是進入現代社會的要件。這既是《新青年》對五四「新青年」的影響，也是其於中國歷史的眞正意義。離開這個視角，討論《新青年》的「民主」與「科學」的局限是不合適的。

（二）「罵人」與「激烈」

作爲一段歷史公案，《新青年》四卷三號刊登的錢玄同、劉半農兩人所作的「雙簧信」，已經爲人所熟知，對此事件的評價至今也是褒貶不一。褒揚的人認爲「雙簧信」推進行了文學革命的進程，《新青年》的成功也多少受惠於此。反對的人則認爲「雙簧信」是《新青年》的一個「污點」，不僅批判《新青年》同人的罵人習慣，並且由此形成了對《新青年》及「同人」的「激烈」印象，甚至要求《新青年》爲此承擔「歷史責任」。而近年來，隨著國學熱的興起及對五四新文化運動的反思，《新青年》的「偏激」逐漸成爲一個「常識」。從新聞傳播學的視角聚焦《新青年》「雙簧信」的「造假」、同人的「罵戰」行爲以及「不容討論」的言論態度，可以發現，林紓及後世學者採用的道德評價視角是《新青年》「偏激」印象得以生成的重要原因。與林紓使用的「失效」的舊道德不同，後世運用的則是「隱匿」的「新」的「職業道德」，而在「新道德」的審視下，「雙簧信」的「公然造假」、「公器私用」以及同人「不容匡正」的言論態度必然呈現出「偏激」的「面相」，這就讓「偏激」逐漸演變爲關於《新青年》的「常識」。

1、問題的提出

自上世紀 60、70 年代林毓生在《中國意識的危機》與《中國傳統的創造性轉化》等著作中提出「五四激進反傳統」的命題以來，學界對《新青年》

〔註109〕 參見以下幾篇論文：嚴家炎，《「五四」「全盤反傳統」問題之考辨》，《文藝研究》2007 年第 3 期；李新宇，《新文化運動爲何「覆孔孟」——以陳獨秀爲例》，《東嶽論叢》2007 年第 1 期；何玲華《在歷史語境中審視——〈新青年〉雜誌陳獨秀反儒非孔再論》，《天府新論》2003 年第 2 期；黃林非，《論〈新青年〉的反孔非儒》，《北京青年政治學院學報》2005 年第 3 期。

的研究主要以「反思」、「祛魅」爲主，「祛魅」的結果是除去了意識形態因素加予《新青年》的「光環」，「反思」的結果則使《新青年》同人的「激進主義情緒」備受質疑，而近年來「國學熱」的興起則進一步讓「偏激」幾乎成爲《新青年》遺世的「唯一面相」。儘管也有論者提出商榷與質疑的意見，但由於意識形態方面的政治因素以及近年來「國學熱」的文化因素，相關論點並不占優，於是「偏激」幾乎成爲《新青年》同人遺世的唯一「面相」。

應該說，從純學理角度對《新青年》進行內容分析就可以很好地對《新青年》「激烈反傳統」問題甚至「全盤西化」問題展開批駁〔註110〕。然而，應該看到，真正的問題並不在於《新青年》的內容，而在於《新青年》同人「激烈」與「激進主義情緒」的「偏激」的態度。如果討論問題的態度是「偏激」的，那麼討論的內容理當沾染上「激烈」與「激進」的色彩，得出的結論也就偏離了「理性」的基調，這是一種合乎邏輯的推演。事實上，這也是《新青年》的「激烈反傳統」與《新青年》同人的「激進主義情緒」儼然成爲毋庸置疑的「常識」的重要原因。

然而，有些問題仍需要追問，《新青年》同人「激烈」、「激進」的「偏激」印象是如何生成的？與「雙簧信」的「造假」、同人的「罵戰」以及「不容討論」的言論態度存在什麼樣的關聯？又是什麼導致了「偏激」逐漸演變爲「常識」，成爲《新青年》的唯一「面相」？

此處的研究思路是從新聞傳播學的學科視角出發，通過分析「雙簧信」及其引發的「罵戰」以及同人「不容匡正」的言論態度與「偏激」印象「生成」、「固化」之間的關係，發現道德評價在《新青年》「偏激」印象生成固化中的重要作用。採用新聞傳播學的視角是因爲《新青年》是一本思想言論類刊物，報刊的媒介屬性對辦刊的言論表達有著內在的要求；聚焦於「雙簧信」、「罵戰」以及「不容匡正」的言論態度等方面則在於上述方面是當前學界論證《新青年》的「偏激」形象時普遍使用的立論基礎〔註111〕。

〔註110〕 比如嚴家炎、李新宇、何玲華、黃林非等人就此問題展開討論的論著。參見嚴家炎《「五四」「全盤反傳統」問題之考辨》，《文藝研究》2007年第3期；李新宇《新文化運動爲何「覆孔孟」——以陳獨秀爲例》，《東嶽論叢》2007年第1期；何玲華《在歷史語境中審視——〈新青年〉同人反「傳統」問題研究》，中國社會科學出版社2009年；黃林非，《論〈新青年〉的反孔非儒》，《北京青年政治學院學報》2005年第3期。

〔註111〕 參見陳長松。「罵人」與「偏激」：《新青年》「偏激」印象的歷史考察〔M〕。倪延年。民國新聞史研究（2014）。南京：南京師範大學出版社，2014：190～197。

　　展開討論之前，有幾點需要事先指出：首先，無論是錢玄同託名的王敬軒的來信，還是劉半農以記者身份作答的回信，均有「罵人」的詞句，亦即兩封信一開始即構成了「對罵」。其次，王敬軒的來信內容，確如鄭振鐸所言，只是「把舊文人們的許多見解歸納在一起」，其中雖牽涉林琴南，但並不等於將林琴南立為靶子，這也可以從劉半農的答信中看出來。「王敬軒」曾留學日本，學習過法政，潛心研究過「小學」，林琴南沒有這種經歷。劉半農回信的內容不僅涉及林琴南，還涉及嚴復，還將號稱「樊易」的樊增祥〔註112〕、易順鼎〔註113〕斥之為「淫棍」。林琴南一年之後才與《新青年》正面交鋒，這也表明其時林琴南本人也並不認為王敬軒的「原型」是其本人。因此，林琴南並不是錢、劉二君事先選定的靶子。既然不是事先選定的靶子，那麼也就談不上「雙簧信」是針對林琴南的人生攻擊。

　　2、緣起：「雙簧信」及引發的「罵戰」

　　「雙簧信」發表後，最初並沒有引起太大的反響，直到四卷6號「通信」欄刊發「崇拜王敬軒先生者」以《討論學理之自由權》為題的來信及陳獨秀的答信，雙方才就「罵人」與「討論學理」展開爭論。此後，五卷1號汪懋祖《讀新青年》的來信及胡適的答信；戴主一《駁王敬軒君信之反動》的來信及錢玄同的答信；五卷3號Y.Z《對於新青年之意見種種》的來信及劉半農的答信；五卷6號張壽朋《文字改良與孔教》的來信及周作人、劉叔雅、陳獨秀的答信；愛真《五毒》的來信及陳獨秀的答信；六卷2號彝銘氏《對於文學改革之意見二則》的來信及錢玄同的答信；六卷4號藍公武、胡適、周作人三人關於問學與辯難的通信，均對《新青年》「罵人」行為進行了論辯。應該說，上述來信及答信，反映了各方對於「罵人」問題的態度，這既是「原初」意義上的討論，也是其後各種「罵人」表述的「依據」。從上述來信、答信可以看出以下幾點：

〔註112〕　樊增祥（1846～1931）清代官員、文學家。原名樊嘉、又名樊增，字嘉父，別字樊山，號雲門，晚號天琴老人，湖北省恩施人。光緒進士。曾師事張之洞、李慈銘，為同光派的重要詩人，詩作豔俗，有「樊美人」之稱，著有《樊山全集》。

〔註113〕　易順鼎（1858～1920）清末官員、詩人，寒廬七子之一。字實甫、實父、中碩，號懺綺齋、眉伽，晚號哭庵、一廣居士等，湖南龍陽人。光緒元年舉人。袁世凱帝制失敗後，縱情於歌樓妓館。工詩，講究屬對工巧，用意新穎，與樊增祥並稱「樊易」，著有《琴志樓編年詩集》等。

（1）罵戰：既沒有純粹的叫罵方，也沒有單純的被罵方

「罵戰」，是指筆戰雙方在論辯過程中均有「叫罵」的行為，不僅「雙簧信」本身即是一場「罵戰」，其後相關來信、答信也是「愈罵愈烈」。表面看來，「雙簧信」似是「罵戰」的源起。然而，「雙簧信」王敬軒的來信，是「把舊文人們的許多見解歸納在一起」，對《新青年》同人的言行進行了「指責」。應該說，其時這些指責並不是空穴來風，而是客觀存在的。陳獨秀在《本志罪案之答辯書》中回應了「舊文人」的這些指責，魯迅「單是提倡新式標點，就會有一大群人『若喪考妣』，恨不得『食肉寢皮』」〔註 114〕的文字也可提供佐證。如果說陳獨秀、魯迅的文字尚有「自說自話」的嫌疑，那麼，五卷 6號張壽朋的來信無疑是「王敬軒來信」的絕佳「翻版」。張信列舉的「罪狀」雖沒有王信列舉的多，但在文筆、論證方式上都與王信相類。以此來看，《新青年》同人的「罵人」具有一種「迎戰」的意味。因此，「雙簧信」本身即是一場「罵戰」，只是「雙簧信」率先將這些「指責」見諸報端。

當然，「罵戰」雖是相互的，但「罵戰」總是有源起的，這個源起即是陳獨秀、錢玄同等人「十八妖魔」、「選學妖孽」、「桐城謬種」等論調。將古文宗師、古文流派斥為「妖魔」、「謬種」，必然引起其時師承古文流派且占主流地位的文壇（學界）的高度關注，觸犯眾怒勢所必然。然而，「罵戰」並非《新青年》同人的「獨創」，戰國時孟子即將揚朱、墨子等人斥為「禽獸」。由此來看，「罵人」作為一種「惡俗」，久已存在於思想論戰中。因此，「罵戰」是相互的，如果只將目光聚焦於《新青年》單向的「罵人」行為，這種考察將是一種偏向的考察。

（2）同人：「痛罵」與「討論學理」並行不悖

對《新青年》同人來說，「痛罵」與「討論學理」並不矛盾。陳獨秀認為「討論學理之自由，乃神聖自由也」，但對於「濫用此神聖自由」導致「是非不明，真理隱晦」的「妄言」，則「唯有痛罵之一法」。胡適認為，「主張儘管趨於極端，議論定須平心靜氣。一切有理由的反對，本報一定歡迎，決不致「不容人以討論」。表明上看，陳、胡二人態度相差很大〔註 115〕，事實上，兩

〔註 114〕魯迅：《憶劉半農君》，《魯迅全集》第六卷，北京：人民文學出版社，1981年第 71 頁。

〔註 115〕如陳平原認為胡適是「紳士腔調」，而陳獨秀等則是「性情直率」。賴光臨則認為胡適是同人中最具理性與民主素養的人。這種論斷都將陳、胡二人態度的差異放大了。

人的差異並不大。雖然胡適強調平心靜氣的論辯態度，但他沒有回答對「沒有理由的反對」應該採取何種態度？是聽之任之，即如「愛眞」、「彝銘氏」等人主張的對「無可救藥」、「將死」的人也不能將其罵醒，任其就死？還是採取「不容討論」的「討論態度」呢？事實上，林琴南成爲《新青年》重點關照的對象，正是源於胡適〔註116〕。可見，即使「溫和」如胡適，也非常關注那些「沒有理由的反對」。在此種意義上，陳、胡二人的差異並沒有這麼大。

應該說，《新青年》同人對待「妄言」選擇了「痛罵」的方法。這既與表達「不得不發的主張」相關，也與報刊媒介、報刊文章的媒介特性有關，還與其時用白話撰寫論文的不成熟有關〔註117〕。如果進一步考察《新青年》的內容，可以發現，雖然《新青年》在討論學理時，確實存在著如陳獨秀所說的「嘔氣」情形，但總體看來，《新青年》決不是靠「罵」出名，更不可能靠「罵」而爲五四青年所接受，《新青年》還是理性地探討了學理，這一點應該成爲不證自明的常識。

（3）反對者：反對任何形式的「罵人」

反對「罵人」的人可以分爲兩類，一類是汪懋祖、藍公武，他們因爲「罵人」有礙於「討論學理」而反對「罵人」，他們的來信也沒有「罵人」的詞句；另一類則是張壽朋、愛眞、彝銘氏等人，他們因爲「被罵」而反對「罵人」，主張即使對於「無可救藥」「將死」的人也不能「罵」，他們的來信不僅「罵人」，而且主動「討罵」。上述兩類人所持觀點雖有差別，但均否定《新青年》同人言論態度所具有的合理性的一面，他們反對《新青年》同人任何形式的「罵人」行爲。

從「雙簧信」及引發的「罵戰」來看，「罵戰」雙方雖各有持論，論辯中也都使用了「痛罵」法，但論辯本身僅就「罵人」是否利於「論辯學理」展開，在此意義上，「罵戰」只是雙方論辯學理的一個手段。因此，在「雙簧信」及引發的「罵戰」初始階段，並不涉及對論者的道德評價，「罵人」也與「偏激」無關。然而，對「行爲」的評價，總會與「道德」相聯繫，這預示了《新

〔註116〕早在三卷3號「通信」中，胡適即考察了林琴南《論古文之不當廢》一文，通過論證「方、姚卒不之踣」的「不通」，認爲「此則學古文而不知古文之『所以然』之弊也。」足見「古文之當廢也，不亦既明且顯耶？」（《新青年》第三卷第三期，1917年5月，胡適與陳獨秀的通信。）

〔註117〕陳長松：《陳獨秀前期報刊實踐與傳播思想研究（1897～1921）》，博士學位論文，暨南大學新聞學院，2012年，第137頁。

青年》的「罵人」行為也將接受道德視角的評價。

3、舊道德：林紓的「失敗」與「成功」

確如相關研究指出的，「『雙簧戲』事件直接引出林紓加入論戰的說法難以成立」[註118]，林紓雖是《新青年》同人重點「關注」的對象[註119]，「雙簧信」也點了林紓的名，但是，在「雙簧信」發表後的相當長時間內，林紓並沒有予以直接回應，他也沒有加入「雙簧信」所引發的「罵人」與「討論學理」的「論辯」。事實上，林紓是在「罵人」與「討論學理」的「論辯」快要結束之際，於 1919 年 2 月～4 月間以《荊生》、《妖夢》及《致蔡鶴卿太史書》（以下簡稱《致書》）等文字加入了「論戰」。

相較於「崇拜王敬軒先生者」、張壽朋、彝銘氏、「愛真」等人的來信，林紓的《荊生》與《妖夢》雖同為「罵人」之作，但用的是「影射」、「妖魔化」的文學寫作筆法──一種「高度藝術化」的「罵人」手法。這表明在林紓看來，《新青年》同人「痛罵」與「不容討論」的言論態度根本不是問題。相較於《荊生》、《妖夢》的「妖魔化」，《致書》則是一篇很「成功」的「道德文章」，不僅文氣貫穿始終，態度也很鮮明，強烈表達了林紓維護「名教道德」的決心。《致書》中，林紓將道德與大學的教學內容及教授的言行「掛鉤」，以其時外界「紛集」的「謠諑」為論據，指出《新青年》的言論及陳獨秀的言行違背了「名教道德」。可見，在林紓看來，喪失「道德」才是《新青年》同人最大的問題。

相較於《荊生》、《妖夢》的「妖魔化」，《致書》是一封公開信，既讓蔡元培致函回覆，也與陳獨秀的離職有著一定的關聯。因此，此處重點分析《致書》與蔡元培的《答函》。從「學理」層面來來看，《致書》是失敗的。林紓籠統羅列了一些現象作為論據對《新青年》同人進行責難，不僅缺少學理色彩，甚至根本算不上嚴格意義上的學理論辯的文字。這讓林紓在與《新青年》的論戰中，高下立現，這也預示著林紓與《新青年》的「論戰」必然以「失敗」而告終。然而，從「道德」層面觀之，《致書》又是「成功」的，不僅導

〔註118〕宋聲泉。林紓與《新青年》同人結怨考辨〔J〕。漢語言文學研究。2013（4）
　　　　3：36～43。

〔註119〕早在三卷 3 號「通信」中，胡適即考察了林琴南《論古文之不當廢》一文，通過論證「方、姚卒不之踣」的「不通」，認為「此則學古文而不知古文之『所以然』之弊也。」足見「古文之當廢也，不亦既明且顯耶？」（《新青年》第三卷第三期，1917 年 5 月，胡適與陳獨秀的通信。）

致了其後陳獨秀的去職，蔡元培的《答函》也落入了林紓設置的「道德陷阱」。

蔡元培的《答函》雖然在學理上遠勝於林紓的《致書》，但由道德視角觀之，《答函》又遜於林紓的《致書》。《答函》中，蔡元培首先即對林紓的責難進行了澄清，「惟謠諑必非實錄，公愛大學，為之辨正可也。今據此紛集之謠諑。而加以責備，將使耳食之徒，益信謠諑為實錄，豈公愛大學之本意乎？」〔註120〕這表明蔡元培本人也很重視外界「紛集」的「謠諑」；隨後蔡元培對北大教授校內外的言行進行了「剝離」——「對於教員，以學詣為主。在校講授，以無背於第一種之主張為界限。其在校外之言動，悉聽自由，本校從不過問，亦不能代負責任。」應該說，蔡元培的這種「剝離」既不旗幟鮮明，也不是論述的重點，多少具有迴避「問題」的傾向〔註121〕；蔡元培還以北大成立進德會為例，申明北大自身很注重「道德建設」，這也表明蔡元培本人也很重視「道德」問題，陳獨秀不久即因「嫖娼」問題而離職。

林紓是從道德視角審視《新青年》同人言行的，其使用的道德標準是「舊道德」，雖可以「攻擊」陳獨秀的私德而致陳獨秀去職，但卻無法提供據以批駁《新青年》內容的學理論據；不僅如此，因為林紓對「偉丈夫」的倚重，《新青年》得到了社會輿論的普遍支持，並很快在「論戰」中取勝。因此，林紓雖從道德視角審視《新青年》，但其時並沒有形成《新青年》的「偏激」形象。

4、新道德：「雙簧信」、「罵戰」、「不容匡正」與「偏激」

如前所述，當前學界在論證《新青年》的「偏激」形象時，普遍地將「雙簧信」及陳獨秀等人的「不容匡正」作為立論的基礎。比如賴光臨、陳平原等兩位學者的觀點。賴光臨用「議論激昂，態度剛愎」形容《新青年》同人的言論態度，認為「罵人」即是「武斷」，「不容討論」也是武斷，雜誌同人的言論是「偏激」的。陳平原也認為《新青年》同人是「偏激」的，「單從文本看，陳獨秀、錢玄同等人的偏激，可謂一目了然。」「明知罵人為惡俗，卻偏要採取如此『偏激』的言說姿態。」在此基礎上，兩位學者還進一步指出《新青年》的「歷史責任」問題。賴光臨認為，「《新青年》狂放的言論，趨於偏激，對識力不深，情感浮動的青年，難免誤解產生不良影響」，而且「這一份後果，顯然相當嚴重，而負責的人自是新青年作者」。陳平原則認為「矯

〔註120〕蔡元培。致《公言報》函並答林琴南函〔N〕。《公言報》，1919-4-1。
〔註121〕客觀地說，蔡元培對教授校內外言行的「剝離」是無法完成的，事實上，區分公德與私德仍是現代中國難以解決的大問題。

枉必須過正」的「革命家的思維方式」，雖有好的一面，但「過於講求『策略性』，追求最大限度的『現場效果』，未免相對忽視了理論的自洽與完整……」〔註122〕上述兩位學者的觀點在兩岸學界頗具代表性，其論述也有其一定的合理性。然而，需要質疑的是，爲何在其時《新青年》同人與林紓等人的「論戰」中，「雙簧信」、「罵戰」以及陳獨秀的「不容匡正」與《新青年》「偏激」與否無關，而到後世的研究中，「雙簧信」、「罵戰」以及陳獨秀的「不容匡正」則成爲「坐實」《新青年》「偏激」形象的佐證呢？

「雙簧信」是錢、劉二君「自問自答」的「秘密」在相當長一段時間內是不爲外人所知的，然而，隨著新文學運動的順利展開及取得「勝利」，這個「秘密」被逐步揭開〔註123〕，「雙簧信」成爲後世關注的焦點——在成就新文學史上一段「佳話」的同時，也必然成爲異議者「道德」審查的對象。如果在文學史上「雙簧信」尚可成爲一段「佳話」的話，那麼在新聞史上，「雙簧信」則違背了新聞業的職業道德——「公然造假」與「公器私用」，這種違背公德的行爲是現代社會所無法容忍的。事實上，這正是當代研究者將「雙簧信」視作陳獨秀及《新青年》同人爲了「吸引眼球」而使用的一個「媒介策略」的根本原因，更有部分研究者在此基礎上認爲《新青年》同人「大量僞造」讀者來信——「崇拜王敬軒先生者」、張壽朋、彝銘氏、「愛眞」等人的來信均是僞造的〔註124〕。站在新聞職業道德的角度，「雙簧信」確是《新青年》同人無法抹去的「污點」。

就論辯態度來看，《新青年》同人認爲「痛罵」與「討論學理」並行不悖，

〔註122〕 本段所引賴光臨的文字見於賴光臨《中國近代報人與報業》，第532～536頁；所引陳平原的文字見於陳平原《觸摸歷史與進入五四》，第94～104頁。

〔註123〕 「雙簧信」「秘密」的披露至今仍是一樁歷史迷案。雖有證據表明是胡適將這個信息透露給了朱經農、任鴻雋等美國留學生，但朱經農、任鴻雋等似乎又都遵守了「保密協定」。然而不管眞相如何，從「雙簧信」的發表到林紓「接戰」後的相當一段時間，「雙簧信」的「秘密」是不爲外人所知的。

〔註124〕 王奇生在《社會文化視野下的民國政治》（社會科學文獻出版社）中使用了「僞造讀者來信」的字句；鳳凰網歷史頻道摘錄王奇生的文字，但其標題改爲《陳獨秀辦雜誌炒作有道常「代寫」讀者來信》（鳳凰網歷史 http://news.ifeng.com/history/zhongguojindaishi/detail_2010_07/12/1756512_0.shtml）；而在路衛兵《民國亂象》（中國工人出版社）以及程巍《「王敬軒」案始末：寂寞，或以革命的名義》（《中華讀書報》2009年3月5日）的表述中則變爲「大量僞造讀者來信」。事實上，直至目前爲止，除了「雙簧信」外，學界無法提供確切的《新青年》同人大量僞造讀者來信的證據。

雜誌同人的「痛罵法」只針對特定的對象——「對於違背常識，閉眼胡說的妄人，不屑與辯，唯有痛罵一法」，亦即「痛罵法」的對象是論辯缺少學理、閉眼胡說的類似「崇拜王敬軒先生者」、張壽朋、彝銘氏、「愛眞」等一類人。「不容匡正」則出自陳獨秀給胡適的信，「改良文學之聲，已起於國中，贊成反對者各居其半。鄙意容納異議，自由討論，固爲學術發達之原則；獨至改良中國文學，當以白話爲文學正宗之說，其是非甚明，必不容反對者有討論之餘地，必以吾輩所主張者爲絕對之是，而不容他人之匡正也。」〔註125〕應該說，陳獨秀的「不容匡正」只是針對「是非甚明」的「白話文學」，並非針對所有問題，而且從文本語境視角，也更應看成是陳獨秀及《新青年》同人對推進「白話文學」的一種毅然決然的態度，離開文本語境作「過度」地「闡釋」和「無限」地「放大」是不合適的〔註126〕。然而，從現代學術論辯的職業規範角度來看，即使是「眞理在手」，「罵戰」及「不容匡正」都是現代學術論辯所堅決反對的。

　　如上所述，林紓是從道德視角審視《新青年》的，但他所用的「道德」是「舊道德」，用這個標準審視陳獨秀的「私德」非常有效，審視《新青年》同人的言論態度，效度則不大。然而，如果從「新道德」（職業道德）的視角「查照」《新青年》同人的言論態度，無論是「雙簧信」、「罵戰」還是「不容匡正」都存在嚴重的道德瑕疵，更重要的還在於，「新道德」（職業道德）的審視方式還是一種「學理」審視，克服了林紓「舊道德」「學理」審視上的「失效」。由此，「雙簧信」、「罵戰」以及「不容匡正」成爲「坐實」《新青年》「偏激」形象的佐證，《新青年》的形象也逐步「偏激」起來。

　　5、道德評價：評價視角的轉換與「偏激」形象的「固化」

　　道德評價是依據一定的道德標準對他人和自身行爲的評價。道德評價具有「先驗性」。儘管道德標準的形成具有一定的過程性，但在普遍意義上，相較於具體行爲，評價具體行爲的道德標準則是先驗的，因此，道德評價不僅

〔註125〕《再答胡適之（文學革命）》，《新青年》3卷3號。

〔註126〕事實上，其時其後致力於「匡正」陳獨秀「白話文學」主張的人層出不窮。胡適在《四十自述》安徽教育出版社，2006，28。中也曾講，「當年如果不是陳獨秀如此不容討論餘地，文學改革，白話文就不會有如今效果。」胡適在晚年《容忍與自由》一文中論及的「不容匡正」則帶有濃厚的政治反思色彩，雖不乏自由色彩，但已經脫離了陳獨秀「不容匡正」的語境，而且無限放大了。

是一種「事後評價」，還是一種依據「結果」進行的評價，表現出「先驗」的特徵。道德評價還具有一定的「隱匿性」。作爲一種評價事物的視角，道德評價因其普遍存在的特性——人們總是自覺不自覺地對外界事物進行道德評價——而具有了「隱匿性」，成爲一種習焉不察的評價視角。

與林紓訴諸「感性」色彩強烈的「舊道德」不同，後世採用的則是富有「學理」色彩的「新道德」（職業道德），表面看來，兩者沒有必然的關係，畢竟「新道德」（職業道德）不僅富有「學理性」，還隱含了「先進性」與「現代性」，這讓後世的相關評價與其說是「道德評價」，毋寧說是「學理評價」，以此「學理」的外衣「隱匿」了「道德評價」的實質。不僅如此，最大的弔詭之處還在於「新道德」與「舊道德」在本質上具有高度的相似性，都強調《新青年》需要對「世道人心」的「敗壞」負責，都要求《新青年》對中國傳統文化、中華文脈的「斷裂」負責。林紓自不必說，當前流行的《新青年》「激烈反傳統」、「導致中國傳統文化斷裂」的論調也多少如此。即如賴光臨、陳平原兩位學者對《新青年》「歷史責任」的「認定」也都使用了「隱匿」的道德評價視角。

賴光臨對《新青年》「狂放」、「趨於偏激」的言論對識力不深、情感浮動的青年產生的「不良影響」與「相當嚴重」後果的「論定」，以及陳平原對《新青年》因「罵戰」、「不容匡正」的「言論策略」而導致在理論「自洽與完整」方面的「缺憾」的「評價」，都具有道德評價的意味。事實上，《新青年》與部分青年的「偏激」是否沒有必然的關係，《新青年》在理論「自洽與完整」方面的「缺憾」與《新青年》同人「偏激」的言說姿態同樣也不存在必然的關係。就前者來說，《新青年》「點燃」了「五四青年」的「個體意識」，但「五四青年對不同道路（偏激與否的道路——筆者注）的選擇卻源於對現實的深刻思考」〔註127〕，要求《新青年》同人爲其時及其後的「社會偏激」承擔責任，多少是不合適的。就後者來說，《新青年》不僅提出了問題，還討論了學理，卓有成效地推動了中國學術由傳統向現代的轉型，如果缺失《新青年》這一環節，中國學術的轉型與發展也是無法想像的。因此，上述兩位學者的結論存在一定的「偏頗」，其因果邏輯也存在一定的問題——由後果倒推原因。事實上，正是由後果倒推原因，讓其結論在具有一定「合理性」的同時

〔註127〕鄧金明。從《新青年》到「新青年」——五四青年對《新青年》雜誌的閱讀研究〔D〕。首都師範大學博士學位論文，2008：121。

也表現出「偏頗」的特徵。由果到因的論證邏輯反映了論者對後果（「歷史責任」）的「重視」，評價過程中對後果的高度「重視」則具有典型的道德評價的意味。

　　從近年來，學界爲林紓的「翻案」也可以印證出學界對《新青年》同人「偏激」形象評價的「道德視角」。相關論文不僅從「雙簧信」中尋找林琴南的「影子」，而且也將胡適、劉半農等人在林琴南去世時發表的意見指爲《新青年》同人「幡然悔悟」的證據，「努力」「坐實」林琴南即是錢、劉二君樹立的靶子。事實上，「雙簧信」本沒有靶子，也沒有「獨罵」林琴南，胡、劉二人的意見與其說是「幡然悔悟」，倒不如說是對一位頗有氣節的老者的敬意。然而，站在道德評價的視角，林紓的「批判」確實具有「啓示」、「預言」的性質，不僅如此，林紓「古文大家」、「譯文前輩」的身份，頗爲「悲壯」的「氣節」以及「獨戰」《新青年》同人「失敗」後的「落寞」，這些都讓林紓成爲新舊道德評價的「結合點」，也正是在此意義上，可以認爲林紓「成功」引入了道德評價的視角。事實上，這也正是後世學者在論證《新青年》「偏激」形象時不忘給林紓「正名」的原因。唯一不同的是參與論辯的方式，林紓使用的是「痛罵」，後世學者使用的則是「學理」，在學理的「觀照」下，「雙簧信」以及《新青年》同人「不容匡正」的言論態度確實「構成」了《新青年》同人永遠無法抹去的「污點」。

　　道德評價作爲一種評價視角自有其社會合理性，然而道德評價具有主觀性和先驗性，雖能豐富社會對相關議題的認知，但無法提供對相關議題的「完整」認知，而當道德評價成爲隱匿的習而不察的考察視角時，對相關議題的考察則容易偏向主觀評價而背離對歷史「同情地理解」。《新青年》是在特定歷史環境下出現的，「偏激」理所當然地成爲雜誌眾多「面相」中的一個「面相」。然而，將「偏激」指爲《新青年》的重要「面相」甚至唯一「面相」，就讓《新青年》同人的「偏激」印象有逐漸演變爲「常識」的「危險」，而當前流行的《新青年》造成「中國傳統文化斷裂」的論調正是這種「危險」的反映。

　　表面看來，《新青年》「偏激」印象的生成似乎與道德評價無關。然而，起初「罵戰」雙方均使用了「痛罵法」論辯「學理」，論辯過程中也不涉及道德評價，甚至在林紓「接戰」後，「罵戰」也不是雙方關注的焦點。對林紓而言，《新青年》同人「罵人」根本不是問題，「背離」傳統道德才是問題。林紓的「接戰」雖然在學理上敗北，但因爲林紓的特殊身份及「獨戰」《新青年》

同人的經歷，讓他成功地爲後世「引入」了評價的道德視角。站在道德的視角，「雙簧信」的「公然造假」、「公器私用」以及《新青年》同人的「不容匡正」在「學理」的「查照」下，必然呈現出「偏激」的「面相」。然而，與林紓對道德的直接強調不同，後世普遍「隱匿」了批評的道德視角，這就讓《新青年》同人的「偏激」印象有逐漸演變爲「常識」的趨勢。

克羅齊說，「一切眞歷史都是當代史」，關於這句話存有多種解釋，其中一種爲「歷史正是以當前的現實生活作爲其參照系的」〔註128〕，這表明，歷史話語不同程度地嵌入了研究者對現實生活的「當代思想」。賴光臨、陳平原兩位學人雖身處兩地，年齡也相差一代，但均不同程度地見證了「偏激」的歷史。由這個角度看，「偏激」的印象還緣於後世的「當代思想」。問題是，其後「偏激」的歷史與《新青年》同人的「偏激」到底存在何種關係？如果這種關係是必然的，那麼，《新青年》當然要爲此承當歷史的責任。然而，兩者之間雖有一定的關係，但卻不是必然的關係，正如鄧金明的「發現」一樣，《新青年》雖啓發了五四青年的「個人意識」，但五四青年對不同道路的選擇卻源於對現實的深刻思考。因此，要求《新青年》爲其時及其後的「社會偏激」承擔責任，多少有點不合適。事實上，《新青年》還是充滿了理性的光輝，《新青年》同人既提出了問題，也討論了學理，而且頗有成效，推動了中國學術由傳統向現代的轉型，決不是「偏激」所能簡單概括的。

六、啓蒙刊物的典範

《新青年》作爲中國近代、現代的分界點，其意義不僅在於思想史、革命史，也在於報刊史，其在中國報刊史上所佔的地位也是值得探討的。事實上，《新青年》不僅是新文化運動的「元典」，也是中國新聞史上啓蒙報刊的「典範」。本部分即從新聞精神、新聞業務兩個方面探討《新青年》在中國報刊史上的地位。

（一）對新聞精神的貢獻

1、新聞精神的定義、表現

楊保軍將「新聞精神」界定爲，新聞活動者（主要是職業新聞活動者）對待新聞傳播業的態度、從事新聞工作的基本原理以及通過新聞傳播所要實

〔註128〕何兆武，陳啓能。當代西方史學理論〔M〕。上海：上海社會科學院出版社，2003：141。

現的追求和理想〔註 129〕。需要指出的是，他對「新聞精神」的「建構」是以
新聞專業主義爲起點〔註 130〕。這種考察有其一定的合理性，然而，這卻多少
忽視了近代中文報刊發展過程中存在的「特殊性」，尤其忽視了《新民叢報》、
《甲寅》、《新青年》等具有思想啓蒙性質的報刊實踐，因爲梁啓超、章士釗、
陳獨秀等人並非職業報人一種身份，其辦刊實踐也非嚴格意義上的新聞專業
主義的辦刊實踐。

　　胡適提出《新民叢報》、《甲寅》、《新青年》分別代表了「三個時代」，這
主要是從思想史的角度提出來的。從報刊發展史來看，這三份雜誌在中國報
刊史上也佔有重要的地位。中文近代報刊雖然是舶來品，但其在中國的生成、
發展卻有著自己的邏輯。首先，中文近代報刊的產生是作爲傳播西方文明的
載體而出現的。近代中文報刊最早源於傳教士所辦的中文報刊，與西學東漸
有著密切的關係，相較於傳播新聞信息，這些刊物更偏重於傳播西方文明。
傳教士刊物是如此，即使西方人辦的商業報刊也非常重視介紹西方文明，如
《申報》第四號《申江新報緣起》，即特別強調報紙在瞭解外國事務上的作用，
「如今歐羅巴諸國，其規模之日新月盛，得而知之」〔註 131〕。其次，西方現
代報刊的產生緣於政治鬥爭和經濟競爭的需要，近代國人辦報則與挽救民族
危局緊密聯繫在一起。這不僅提供了有限的合法性，一定範圍內的適當的議
論不僅爲統治階層歡迎，統治階層也通過各種形式支持辦報，甚至直接參與
辦報；而且也決定了通過報刊學習西方的「正當性」，既然學習西方已經成爲
挽救民族危局的必然途徑，那麼利用報刊向國人傳播西學知識無疑是最佳的
途徑。第三，利用報刊進行思想啓蒙的必然性。思想啓蒙的必然性緣自於由
技藝到制度再到文化的學習路徑，這已爲中國近代歷史的發展所證實。報紙
作爲大眾傳媒，經過數十年的發展，已經成爲國人瞭解西方、瞭解政事的主

〔註 129〕楊保軍。新聞精神論〔M〕。北京：中國人民大學出版社，2007：28。
〔註 130〕如他認爲，「社會公眾服務（或爲公共利益服務，爲人民服務）是其（新聞精
　　　　神——筆者注）總的目標，貫穿的基本精神是公共精神和民主精神，對於職
　　　　業的新聞活動者來說，這種精神既可以叫做新聞職業精神，也可以稱爲新聞
　　　　專業主義精神；但對於非新聞職業活動者來說，可以直接稱之爲公共精神。」
　　　　此外，該書第六章探討「新聞精神的歷史建構」時，無論是「新聞精神的西
　　　　方建構」還是「新聞精神的中國歷程」，起點均是「新聞專業主義」，這表明
　　　　他是以「新聞專業主義」作爲起點來探討「新聞精神」的建構的。
〔註 131〕《申江新報緣起》，《申報》，1872 年 5 月 6 日第 1 版，上海書店影印本 1983
　　　　年。

要管道，一定程度上培養了國人，尤其是士大夫的讀報習慣〔註132〕，這不僅為國人其後的兩次辦報高潮提供了基礎，也標示著利用報刊進行思想啟蒙的必然性。第四，報人身份的多重性。這裡的多重性是指辦報主體並不以辦報為唯一職業與終身目標，往往體現出報界、學界、政界的三棲性。無論是梁啟超、章士釗還是陳獨秀，都體現出這一特性，這一點與《大公報》諸位同人是判然有別的，也與《大公報》的新聞專業主義有所區別。這些都表明近代國人自辦辦刊的發生、發展有著自身的發展邏輯。

那麼，近代國人自辦報刊的「新聞精神」究竟有何表現呢？在探討近代國人自辦報刊的「新聞精神」之前，需要指出二點：一是此處對近代國人自辦報刊的考察，主要是從思想啟蒙的角度切入的，這既是因為思想啟蒙是其時報刊的一個主要任務，也是因為啟蒙報刊是其時報刊形態中的主流之一。二是本書對楊保軍「新聞精神」的概念是贊同的，對其將「公共精神」作為「新聞精神之總精神」也基本同意，畢竟上述兩個概念都可以做泛義的理解。由此出發，可以發現國人自辦報刊的「新聞精神」主要體現在以下幾方面：

（1）文人論政的議政精神

自古以來，文人「議政」都具有相當的合法性，這幾乎是「一件天經地義的事情」，「講學」、「雅集」、「黨爭」是歷代文人議政的方式。「文人論政」則是指由王韜 1874 年創辦《循環日報》開啟的利用報刊討論政治的「議政」方式。「文人論政」與古代文人議政，在本質上是相同的，都認為討論政事是讀書人理所當然的責任。在如下三方面則有所區別：一是「議政」使用的媒介是不同的，前者是人際傳播、群體傳播，後者則使用了報刊這一大眾傳播媒介，因此傳播範圍、影響範圍更為遠大；二是主體身份的不同，前者的主體身份是體制內的，「議政」本身即是「參知政事」的一種形式，後者的身份則是邊緣的，「論政」本身是為了希望引起權力中心的重視；三是讀者意識的不同，前者的讀者僅限於士大夫，後者的讀者範圍則擴大到了整個社會，往往能夠引發強烈的社會輿論，這表明後者有著很強的讀者意識。

〔註132〕 王維江在《「清流」研究》（上海世紀出版集團，2009 年）闢有專章，論述「清流」與《申報》的「清議」（輿論）互動，使用了較多的史料指出《申報》已經成為朝廷大員，底層官員瞭解西方、關於政事的必要途徑。在該章注釋部分，他還引用了多位外國學者關於《申報》的研究成果用以論證。事實上，國外學者對《申報》的關注和研究，正反映了《申報》已經進入了中國人的閱讀生活，表明大眾報刊逐步培養了國人的閱讀習慣。

　　「文人論政」也發啓了近代國人辦報的「政論」傳統，「政論報紙」成爲近代國人辦報的主流。相較於傳播事實信息，「政論報紙」更偏重於意見信息的傳播，甚至直接以意見信息作爲報紙主體內容，言論質量不僅是判定主筆水平高低的標準，也是判定刊物質量高低的標準。應該說，「文人論政」在中國近現代報刊發展史上的一個非常重要的傳統，從王韜 1874 年創辦《循環日報》首開「文人論政」之風算起，到 1948 年 12 月儲安平《觀察》被封，文人辦報論政的傳統至少綿延了 75 年﹝註 133﹞，王韜、梁啓超、章士釗、陳獨秀、于右任、宋教仁、黃遠生、陳布雷、張東蓀、胡適、張季鸞、胡政之、王芸生、徐鑄成、儲安平等人則是「文人論政」的代表性人物。因爲種種原因，這個傳統被迫中斷，但「文人論政」的議政精神卻是其時國人辦報的一個可貴的新聞精神。

　　（2）借鑒西方的學習精神

　　借鑒西方的學習精神，主要是指自覺地以西方作爲國家發展的參照系，要求學習、借鑒西方的發展道路，不僅介紹西學知識，更利用西方知識資源﹝註 134﹞作爲「文人論政」的論政依據，希望以此擺脫國家面臨的危局，實現富國強國的目的。鴉片戰爭之後，西學東漸，無論國人對西方持何種態度，學習西學已經成爲不可避免的事實。洋務運動、戊戌變法、辛亥革命都是學習借鑒西方知識資源的結果，如果視域放得的更寬一些，可以發現，之前的太平天國運動以及後來的共產主義運動也都借鑒了西方的知識資源。在西學東漸的過程中，報刊充當了非常重要的角色，無論是早期的傳教士刊物，還是王韜以還近代國人的辦刊活動，「西學」都是這些報刊實踐的主要內容。不僅如此，西學已經逐漸成爲報人、主筆進行「文人論政」的知識資源，晚清王韜、梁啓超論證變法合理性的根據之一即是西方的知識資源，《清議報》、《新民叢報》、《民報》、《甲寅》也是如此，而且引證的西方知識資源更爲豐富。

　　章清在分析了《新青年》文本之後，指出，「五四一代關於傳統的立場，主要體現在不把傳統作爲政治制度合法性的知識資源，傳統也因此呈現由『知

﹝註 133﹞如果算上雷震、殷海光等人在臺灣的言論活動，這一傳統延續的時間更長。

﹝註 134﹞本書對「知識資源」的使用，源於章清《傳統：由「知識資源」到「學術資源」——簡析 20 世紀中國文化傳統的失落及其成因》(《中國社會科學》，2000 年，第 4 期) 一文。他認爲，「知識是對事實或思想的一套有系統的闡述提出合理的判斷或者經驗性的結果」。因此，「知識資源」乃是指對社會合法性進行辯護的論證資源。

識資源』向『學術資源』的過渡。自五四迄於今，文化傳統由各種『經典』向抽象化的象徵符號過渡。」〔註135〕應該說，這是個頗具創見的論斷。不過，本書認為，中國傳統的知識資源向學術資源的過渡並不肇始於《新青年》，這個源頭應起自王韜的《循環日報》，或者說國人辦報的同時，即意味著傳統知識資源開始向學術資源過渡。近代國人辦報及其開啓的「文人論政」的傳統，不僅引進了西方知識，而且也是據以「論政」的思想資源，這必然對傳統的儒家知識資源的「一統」地位帶來衝擊。這種衝擊是巨大的，章太炎的《訄書》追溯的是先秦諸子的知識資源；譚嗣同的《仁學》則將儒家的仁、墨家的兼愛、耶穌教佛教的教義、西方科學中的「以太說」相互融合；康有為的《新學偽經考》、《孔子改制考》是在尊孔的名義下，討論西方民主思想與平等理念；張之洞的《勸學篇》雖再次強調「中體西用」，但他已重視到西學的重要性，這種「強調」具有回應「西學」挑戰的意義。因此，借鑒西方的學習精神也是此時新聞精神的重要體現。

（3）思想啟蒙的批判精神

如前所述，批判不僅是啓蒙的內在要求，也是展開啓蒙的前提。所有的事物必須經由批判的態度加以檢驗，才能被拋棄或接受。批判性則是指對現實保持一種質疑的態度，並且通過報刊實踐活動對所批判的思想和言行予以批判，是一種「回顧性反思」活動，不要要求批判者本人富於洞察力、辨別力、判斷力以發現問題，而且需要批判者引進新的知識資源從新的視角展開批判。由此出發，所謂思想啓蒙的批判精神，是指運用新的知識資源，通過報刊活動對社會現實展開質疑並予以批判的自覺性的批判實踐。

以此角度考察近代國人的辦刊實踐，可以發現，思想啓蒙類報刊都體現了這一精神。王韜已經開始從事「建議性」的批評，第一次辦報高潮中，梁啓超等人開始大張旗鼓地為「變法」進行「辯護」，這種「辯護」已經明顯有別於王韜的「建議性」的「批評」，已經呈現出批判性的色彩。在第二次辦報高潮中，興辦的許多報刊直接以「新民德、開民智」作為辦報宗旨，批判性逐漸成為一種自覺的辦刊實踐，呈現出鮮明的批判精神。如前述《安徽俗話報》的批判性精神，《國民日日報》體現的批判性的啓蒙面向，《中國白話報》劉師培、林獬的激烈主義，《京話日報》彭翼仲直面權貴的言論態度，《大公

〔註135〕章清。傳統：由「知識資源」到「學術資源」〔J〕。中國社會科學，2000，（4）：190～203。

報》英斂之批判性的話語實踐。《清議報》、《新民叢報》、《甲寅》的思想啓蒙的批判性實踐更是人所共知。

應該說，上述三種精神是緊密聯繫的。實際上，「文人論政」的議政精神，是在引進西方知識資源作爲論證依據的基礎上，通過報刊批評性的話語實踐展開的，而當這種批評性的話語實踐，達到一定規模，成爲一種自覺的話語實踐之後，不僅西方知識資源逐步代替了傳統儒家的知識資源，批評性的話語實踐也成爲一種思想啓蒙意義上的批判精神。

2、《新青年》的新聞精神

（1）理性的啓蒙精神

關於《新青年》引領的五四新文化運動是否具有啓蒙的性質，少數觀點認爲五四新文化運動並不是一場啓蒙運動，但當前絕大多數觀點認爲五四新文化運動是一場啓蒙運動，只是不夠徹底。那麼，作爲引領五四新文化運動的《新青年》，具有思想啓蒙精神當屬無疑。思想啓蒙的特徵之一，就是理性。《新青年》是否具有理性的啓蒙精神呢？前文已經針對部分認爲《新青年》「偏激」，割裂傳統的觀點作了答覆。不過問題依然存在，《新青年》的言論有時確實相當激烈，有些問題的討論並沒有太大的學理價值，比如世界語問題、廢除漢字問題、廢除舊戲問題，據以立論的基礎是簡單的進化論。比如，陳獨秀、魯迅雖沒有參與世界語的討論，但他們都在通信中簡單地表示了態度，相信討論世界語的必要性在於語言的進化。但是，存在的這些問題並不能否定《新青年》具有的理性的啓蒙精神。

如前所述，《新青年》存在的這些問題，緣於時代的局限。如就文化而言，文化是具有保守性和排他性的，「文化的傳統愈深厚，這種保守性與排他性就愈嚴厲」〔註136〕，魯迅「鐵屋子」的比喻指向的正是這種文化的保守性和排他性，而「鐵屋子裏的吶喊」也正是《新青年》的言論態度。就「救國」與「啓蒙」而言，李澤厚已經指出了「救亡壓倒啓蒙」之於其後歷史的重要意義，事實上，「啓蒙」也是緣於「救國」的迫切需要，正是《新青年》同人深刻的「救國」情懷，才讓他們聚集在《新青年》旗下，利用其時有利但很短暫的社會環境，展開了一場並不徹底的思想啓蒙運動。在迫切的心態下進行

〔註136〕余英時。五四文化精神的反省〔C〕//王躍、高力克編。五四：文化的闡釋與評價——西方學者論五四。太原：山西人民出版社出版，1989。

爲時短暫的文化反思，這是《新青年》同人的實際境遇。僅從以上兩點而言，《新青年》存在的問題也是可以予以同情地理解。

如果對《新青年》存在的問題予以同情的理解，那麼我們就能承認《新青年》理性的啓蒙精神。比如對儒學孔教的批判與反思，對婦女問題的關注，對青年自覺、覺醒的強調，對個人主義的倡導，對白話文學的學理探討與文學實踐，對美學、宗教、教育的探討，對西方哲學、社會科學的引介等等。事實上，《新青年》之所以能成爲新文化運動的元典，成爲各方爭奪利用的「符號」，這與《新青年》理性的啓蒙精神是分不開的。此外，從讀者的角度來看，無論是日後的左翼，還是日後的右翼，其在青年時代都受到了前七卷「以哲學文學爲是」的《新青年》的影響，這種對道路的不同選擇，正是緣自《新青年》的理性光輝。

如前所述，報刊雜誌與書籍是兩種不同的傳播媒介，書籍可以在「封閉」的環境下「從容」地建構完整的敘事，報刊雜誌則是開放的、即時的，需要對外界話語保持高度的對話性，雖能取得「即時」的傳播效果，但必然對敘事的完整性造成負面影響。因此，《新青年》及其引領的五四新文化運動存在的一些缺點，與報刊媒介這一載體形式也有一定的關聯。然而，這並不能否定報刊作爲啓蒙工具的正當性。一方面，報刊媒介興起之後，書籍的媒介主導地位即被報刊媒介所取代，另一方面，眾多報刊的參與，不同人士的參與可以從不同視角豐富報刊的啓蒙面向。因爲種種原因，報刊的啓蒙功能被「遺忘」了，但我們還是應該看到，《新青年》理性的啓蒙精神在中國新聞傳播史上的重要地位。

（2）自由主義的辦刊精神

自由主義作爲一個術語，涵義極其廣泛。此處並不打算對自由主義下個定義，而是採用殷海光對自由主義性質的描述以及由此確定的自由主義者的考察標準。殷海光在《自由主義的趨向》說：「中國的自由主義迄未定型。因此，我們要決定誰是徹頭徹尾的自由主義者，這是辦不到的事。值此社會文化激變的時代，沒有任何人的思想從少到老始終一貫不變，而且也沒有這個必要。自嚴復以降，就我所知，在中國思想界可以做代表人物的人物裏，沒有任何人的思想是從頭到尾像化石一樣不變的。既然如此，我們也就沒有理由把他們的思想硬裝進一個固定的範疇裏。我記述或類分思想變動的方法，是列出由六種性質構成的一個組。我所選擇的人，當他在某一個階段的思想

合於這一組性質中的四種時，我就將他放進『自由主義』欄裏。這一組性質是：一，抨孔；二，提倡科學；三，追求民主；四，好尚自由；五，傾向進步；六，用白話文。」〔註137〕作為中國自由主義人物譜系中的殿軍之將，殷海光的結論是值得借鑒的。

以殷海光的界定標準考察《新青年》及其同人，可以發現，這一組性質正是《新青年》倡導與呈現的主要內容，在此意義上，《新青年》同人幾乎都可以稱為「自由主義者」。不寧唯是，與其他同時期的報刊雜誌相比，《新青年》同人也是「完整」、「徹底」的自由主義者。之前，無論是嚴復的辦刊活動，還是梁啟超的辦刊活動，甚至章士釗的辦報活動，他們所辦的刊物在「自由主義」的呈現上都遠遜於《新青年》。這意味著《新青年》自由主義的辦報精神已經達到了新的高度，自由主義已經成為報刊同人的自覺追求。儘管由於陳獨秀的革命轉向，導致了《新青年》偏離了「以哲學文學為是」辦刊宗旨，報刊同人出現了「分裂」，但我們仍要看到胡適其後的自由主義的辦刊實踐及其影響。《新青年》同人分裂後，胡適從不談政治到談政治，發起創辦《努力週報》、《新月》、《獨立評論》、《自由中國》、《學文》，儲安平、雷震、殷海光等人的辦報實踐也都深受胡適的影響。

可以說，《新青年》的自由主義的辦刊精神，把近代中國的自由主義精神推向了一個新的高度，不僅影響了其後自由主義者的報刊實踐，也培養了其後的自由主義者。因為各種原因，自由主義的辦刊精神被「遮蔽」了，然而這畢竟是現代報刊實踐的一個「重要」組成，其於思想史的意義也不容忽視。因此，《新青年》自由主義的辦刊精神理應在中國新聞傳播史上佔有一席之地。

（3）「徹底全面」的批判精神

如前所述，近代國人的辦刊實踐中，尤其是在清末的下層社會啟蒙運動中，思想啟蒙的批判精神逐漸成為一種自覺的辦刊實踐。然而，由於時代的局限，這種批判既不徹底，也不全面。下層啟蒙運動將啟蒙對象聚焦於下層社會，其批判的論域只能圍繞民眾的生活視域展開，如民俗、國民性、迷信、婦女的教育及裹腳等等，這種批判既缺乏全面性，也缺乏深刻性。當然，這也與啟蒙運動是由士紳集團發起，旨在提高底層民眾素質，以為清政府實行預備立憲作打下群眾基礎的啟蒙目的有關。無論是清政府、還是士紳集團，

〔註137〕殷海光。自由主義的趨向〔C〕//史華慈等。近代中國思想人物論：自由主義。臺北：時報文化出版事業有限公司，1985。

雖然認識到下層啓蒙的必要性，但目的如果僅在於提高底層民眾素質的話，那麼勢必無法對傳統文化進行較爲徹底、全面地反思。

在五四新文化運動中，《新青年》將思想啓蒙的批判精神發展到了一個新的高度，對思想文化領域展開了較爲全面的、徹底地批判，這一點是學界所公認的，此處不再繁述。此處要指出的是這種批判的價值取向之於報刊實踐的意義。批判之於人類社會的必要性，就在於世界上遠沒有完美無缺的事物，爲了推動事物由低級向高級不斷地發展，就需要用批判的視角去觀察世界。從這個意義上看，《新青年》、陳獨秀們留給後世的最可寶貴的，就是勇敢而徹底的批判精神。中國啓蒙運動的載體是報刊這一大眾傳播媒介，報刊的批評功能也與啓蒙運動也多有關聯，這意味著利用大眾傳播媒介進行批判的歷史正當性，也意味著大眾報刊批判價值取向的合理性。然而，由於諸種原因，大眾報刊的批判功能被「忽視」了，或者被娛樂化所淹沒，或是淪爲「建議」的批評，甚至連對「國民性」的批判也是阻力重重。在中國新聞傳播史上，《新青年》確實體現了徹底而全面的批判精神，甚至可以說是空前絕後的，這也是《新青年》留給中國報刊實踐的精神價值之一。

應該說，上述《新青年》的三種新聞精神也是緊密相關的，是與其引領的五四新文化運動的啓蒙性緊密相關的。如果承認啓蒙是思想進入現代的必要條件，如果承認五四新文化運動並不是一場徹底的思想啓蒙運動的話，那麼上述《新青年》的三種新聞精神不僅體現了中國近代報刊的發展邏輯，而且仍需要予以合理地繼承和發展。

（二）對新聞業務的貢獻

1、促成了白話和新式標點的廣泛應用

早在戊戌變法及清末下層社會啓蒙運動，白話報紙已經出現，並獲得了較爲廣泛地使用。但是，正如前文所述，戊戌變法時期的白話報無論在數量、地域分佈以及思想內容方面，都存在局限，不能眞正深入「底層社會」，維新時期白話報刊更多體現爲開拓意義。晚清下層啓蒙運動中，白話報刊雖較爲有效地進入了底層社會，但語體文的色彩較濃，白話的地域色彩也很明顯。當然，這些白話實踐都爲《新青年》推行語言革命，推廣白話文積累了經驗。《新青年》創辦前，整個文化界仍然視文言文爲寫作的合法文體，白話文的正當性仍有待證明。

　　這種情況，直到《新青年》創刊，發起文學革命後才發生了比較大的變化。《新青年》公開提倡白話文，反對文言文，並且身體力行，從最初第一卷全部為文言文，到第二卷刊登了少量篇幅的胡適用白話翻譯的小說和創作的新詩，第三卷第六號，錢玄同倡議既然主張白話文體做文章，那麼雜誌便應漸漸的改用白話文。第四卷起，雜誌刊登的白話文迅速增多，到第六卷幾乎完全採用了白話文。《新青年》的白話文實踐在以下兩個方面取得了突破，一是文學創作，魯迅的小說以及陳獨秀、魯迅等人的隨感錄的成功證明了白話文的文學性；二是說理文，陳獨秀的駁論文、胡適、周作人等人的論文，以及其他刊登於《新青年》的討論學理的文章，證明了白話語言的邏輯性。《新青年》在白話文實踐方面所取得的成功，迅速對其他報刊產生了影響，這一時期數百種白話報刊紛紛湧現，僅 1919 年就達 400 多種〔註138〕，一些全用文言的報刊雜誌，如《國民公報》、《晨報》、《東方雜誌》，或開始採用白話文，或創辦白話文副刊，或使用半文半白的文體。這樣白話文運動影響整個新聞文化界，白話文在報刊文字中佔有了優勢。

　　《新青年》在推廣白話文的同時，還倡導新式標點符號以及橫行書寫問題。新式標點符號最終推行成功，橫行書寫沒有取得理想的效果。文言文很少分段，也無標點，只在句讀處加圈，或用空一格的方法表示句讀，不僅看起來不方便，內容也很難懂。《新青年》三卷三號劉半農提出文章不僅應該分段，而且應該使用標點符號，並具體提出了「句讀與符號」，「圈點」的使用問題。經過《新青年》同人以及眾多讀者的討論，《新青年》最終擬定了十多種標點符號公佈報端，並首先使用。值得注意的是與標點符號一起討論的橫行書寫問題，沒有取得理想的結果，不僅《新青年》沒有完全使用，民國時期的書報仍然沿用傳統的豎行。其中原因在於，標點符號本身具有表情達意的功能，白話文棄用了文言文的語氣助詞，使用標點符號可以彌補白話的這一缺點，當然標點符號的另一功能在於分清段落層次，這有利於閱讀與理解。橫行與豎行則基本是閱讀習慣的問題，對文章的理解並不造成很大的困難。由此，足可見標點符號的優越性。事實上，《新青年》推出新式標點符號不久，其他報刊也陸續使用，並逐步擴大到整個報界。

〔註138〕陳昌鳳。中國新聞傳播史：傳媒社會學的視角〔M〕。北京：清華大學出版社，
　　　　2009：163。

2、「隨感錄」對報刊文體的創新

《新青年》從四卷四期設立「隨感錄」，至九卷六期，共發表 133 則「隨感」。起初各篇只標明序號，沒有單獨的篇名，從第 56 篇《來了》（六卷五號，1919 年 5 月）起，每篇隨感之前加標文題。在 133 則「隨感」中，陳獨秀獨佔 58 則，魯迅 27 則，錢玄同 15 則，這三人發表隨感共計 100 則，成為名副其實的「三駕馬車」。

在晚清報刊中，一些報紙的副刊已經設有「叢談」、「閒評」、「雜感」等欄目，發表篇幅短小、語帶調侃的「文藝性時評」，比如梁啟超 1899 年 8 月於《清議報》開闢的「飲冰室自由書」欄目，即刊載梁啟超讀日文書刊後的感受及社會關係方面的「短評」。然而，這種「短評」並沒有成為一種相對穩定且為廣泛接受的文體。直到《新青年》「隨感錄」的問世，「短評」才被提升為「文藝性時評」的報刊文體。這種文體後由魯迅經營為「雜感」，正式成為一種文學體裁。

此處將「隨感錄」界定為「文藝性時評」，原因在於，這種文體是將文學的手法與新聞評論的內容結合起來，採取文學化的筆法評論時事。就文學化的筆法而言，「隨感」善用「預/喻/寓言」〔註 139〕，嬉笑怒罵，既尖銳潑辣，又深刻幽默；就評論性而言，「隨感」緊扣時事，無論「大事」、還是「小事」，只要是現實生活中的「病態」現象，都可以拿來一評。事實上，「隨感錄」正是在以嬉笑怒罵的文筆評論時事方面，才遠超前人，才受到其時、其後無數追隨者的簇擁。從這個角度看，《新青年》確實開創有功。《新青年》推出「隨感錄」專欄後，很快就被其他新文化報刊所模仿，「李辛白主持的《新生活》，瞿秋白、鄭振鐸主持的《新社會》，邵力子主持的《民國日報》副刊《覺悟》等，都開闢了『隨感錄』專欄。」〔註 140〕至於以「隨筆」、「雜感」為名師其意者，更是不勝枚舉。

值得注意的是，陳平原認為，「『隨感錄』的橫空出世，凸現了『五四』新文化人的一貫追求——政治表述的文學化。晚清以降，有志於改革社會者，往往喜歡借助文學的神奇魔力。這一將文學工具化的思路，日後備受非議。」

〔註 139〕陳平原語，他認為「（隨感錄）作家巧用預／喻／寓言，『三言』聯手，不難令讀者『拍案驚奇』」。（見陳平原《觸摸歷史與進入五四》，第 91 頁）

〔註 140〕參見錢理群等《中國現代文學三十年》，北京大學出版社，1998 年，第 147～148 頁。

〔註141〕與此相關的另一個現象是，「雜文」在其後的發展更偏重於文學，而逐漸遠離了新聞評論，尤其是時評。這既與新聞專業主義的專業要求相關，也與文學工具化的理路相關，新聞專業主義要求客觀，摒棄主觀色彩濃厚的文學詞匯，文學工具化則規定文學的活動指向和活動區間，「雜文」的「殺傷力」被規制在一定的空間。然而，無論如何，「隨感」確是《新青年》留給後人的一筆寶貴的遺產，也確如陳平原所說，八十多年後的今天，餘香未盡，依舊值得再三回味。

3、推動了報紙副刊的革新

五四新文化運動之前，許多報紙儘管都出版副刊，但副刊的格調不高，內容也多為文人雅士附庸風雅之作，一些副刊甚至刊登低級趣味的、黃色的內容，成為名副其實的「報屁股」。

作為一份思想文化刊物，《新青年》以「哲學文學為是」，即使轉向革命的八卷、九卷也強調「仍以哲學為學為是」。這個內容定位決定了《新青年》在五四新文化運動中的引領地位，必然對報刊媒介產生重要的影響，尤其是對報紙副刊的影響。事實上，在五四新文化運動的衝擊下，報紙副刊很快就發生了突破性的革新。

從形式上來看，既有綜合性副刊，也有系列副刊，還有大批的特刊和專刊。綜合性副刊如《民國日報》的《覺悟》、《時事新報》的《學燈》、《晨報》的《晨報副鐫》，以及《京報副刊》等，這是著名的五四時期的四大副刊。系列副刊如天津的《新民意報》的系列副刊，馮並將這種副刊格局成為「四大一系列」。儘管嚴格說來，特刊、專刊並不都是副刊，但五四時期的特刊與副刊是緊密相連的，「標誌著副刊同現實生活發生了更加廣泛、更加深入的聯繫，同時也說明了新文化運動的俞來愈深入的發展。」〔註142〕從內容上來看，《新青年》提出的各個子命題在這些副刊上均有所表現，新思想、新知識、新文藝稱為副刊刊登的主要內容，副刊成為五四思想啟蒙的重要陣地。從價值觀念上來看，對副刊的性質和社會作用也有了新的認識，主張革新副刊的人明確地提出，報紙是代表社會的言論機關，「凡是社會上的人們，都可以把自己的意見儘量地寫出來」，所以，副刊的任務在於：（1）介紹「關於政治的社會的文化的論著或品評」；（2）「介紹各國民眾的思潮到中國來」；（3）「要

〔註141〕陳平原。觸摸歷史與進入五四〔M〕。北京：北京大學出版社，2005：91。
〔註142〕馮並。中國文藝副刊史〔M〕。北京：華文出版社，2001，177。

以藝術的力量去滋潤」讀者〔註143〕。可以說，副刊從此不再是可有可無的報屁股，而成為報紙必不可少的組成部分。

值得注意的是，《新青年》同人還積極參與報紙副刊的改造工作。孫伏園即在李大釗、魯迅等的支持下，將《晨報副刊》編輯成為參加新文化運動和宣傳社會主義思潮的園地。《覺悟》、《學燈》、《京報副刊》等副刊上，也常能見到《新青年》同人，如陳獨秀、李大釗、魯迅的身影。

總之，《新青年》引領的五四新文化運動造成了報紙副刊的巨大變化，不僅寫下了我國報紙副刊史上光輝燦爛的一章，也為我國報紙副刊的發展，開闢了一條寬廣的道路。

第三節　創辦《每周評論》，引領評論性報刊新潮流

在新的國際、國內形勢背景下創刊的《每周評論》以「公理戰勝強權」為宗旨，不僅注重對各式公理的輸入，而且積極評論政治現實，不僅標誌著《新青年》同人由不談政治轉為大談政治，而且引領了其時評論性報刊的辦刊潮流。然而，隨著國際形勢的風雲變幻，以及中國外交遭遇的失敗，《新青年》同人擁護的「西方公理」「破滅」了，《新青年》同人面臨著真實的道路選擇問題，而輸入的各式公理則提供了道路選擇的可能性。

陳獨秀作為報紙的主編，雖只主編了前25號，但已經為《每周評論》奠定了成功的基礎。針對國內外重大政治事件，陳獨秀在《每周評論》上發表了大量的政治性意見，引導讀者關心現實政治，不僅為讀者帶來了「光明」，也推動了新文化運動的深入發展。與此同時，陳獨秀也「完成」了對各式公理的「甄別」，開始形成並宣傳自己的政治主張，並為此被捕入監。主編《每周評論》的經歷實際上已成為陳獨秀從精神領袖向政治領袖過渡的「第一步」。

一、新的政治環境需要「談政治」

雖然《每周評論》是在《新青年》發行期間創辦的刊物，但是《每周評論》是在新的國際、國內形勢下創辦的，創辦背景有其一定的特殊性。

（一）一戰之後，世界性社會思潮的興起

第一次世界大戰的結束和俄國十月革命的勝利，不僅形成了新的世界格

〔註143〕馮並。中國文藝副刊史〔M〕。北京：華文出版社，2001，175。

局，各種新的社會思潮也在世界範圍內興起。就第一世界大戰而言，協約國的勝利以及威爾遜的宣言及倡立國際聯盟的建議，多少帶有「公理戰勝強權」的意味，以及國家平等的色彩，對其時中國的知識精英頗有吸引力。就俄國十月革命來講，這場革命是社會主義實踐的一次偉大「嘗試」，不僅資本主義各國嚴防「社會主義」，並爲此而改善勞工待遇，修正國內民主，中國的政府也在積極防止「過激主義」。事實上，這一時期，民族自決、社會主義、勞工神聖、平民主義等各種社會思潮已經成爲世界性的社會思潮。

　　以陳獨秀爲首的《新青年》同人，敏銳地感覺到了這股世界性的社會思潮，在一戰結束後不久即創辦了《每周評論》，輸入其時流行的各種世界性的社會思潮，揭露強權的罪惡，宣示公理的正義，期望以此爲中國的民族自決、軍閥內亂的結束，以及民眾的覺醒提供思想的資源。

（二）和平統一呼聲的高漲與南北和議的「形成」

　　一戰結束，在世界渴望和平的大背景以及國內民眾渴望和平的國內環境下，國際、國內要求南北雙方息爭、召開和議、進而實現和平統一的呼聲越來越高。戰後，西方各國重返中國，要求打破日本一戰期間形成的獨霸中國的局面。爲此，他們積極扶持直系軍閥及其提出的「和平統一」政策，寄希望於南北雙方進行和議，從而達到「和平統一」的目的。其時，北洋軍閥的派系鬥爭也暫時讓直系的「和平統一」主張戰勝了皖系的「武力統一」政策，「文治總統」徐世昌雖由皖系操縱的安福國會選舉爲總統，但爲了自己的利益，也積極支持直系的和平運動。南方廣州軍政府也因爲改組，孫中山離職，領導權落到了西南實力派，尤其是桂系手中。軍政府逐漸由「眞護法」轉爲「假護法」，淪爲桂系爲首的西南軍閥與北洋軍閥妥協靖和的工具。當然，就國內民眾而言，穩定、和平的國內環境，則是辛亥革命以來民眾渴望憧憬的生活環境。

　　儘管「南北和議」必然以失敗而告終，但正如徐樹錚所說：「今日之局，和爲必不可能，明眼人皆知之；而不許人言和，又爲情理所不宜。惟我輩主戰之人，只好姑從默爾。」〔註144〕可見，其時「南北和議」確是民眾的眞實呼聲。《每周評論》的創辦也緣於這種現實的政治關懷。因此，這也是《每周評論》的創辦背景之一。

〔註144〕近代史資料專刊：《徐樹錚電稿》，第 351 頁。

（三）《新青年》同人「談政治」的需要

通常認為，創辦《每周評論》，是陳獨秀、李大釗、張申府等人談政治的需要，因為《新青年》作為一份月刊，出版週期長，多為理論文章，而且以「哲學文學為是」，並不主張牽涉現實政治。這種論點具有一定合理性，但這個觀點誇大了談政治與不談政治的界限。《新青年》也是談政治的，只是從思想、文化的角度討論政治，對評論現實政治的興趣並不大。《每周評論》開始評論現實政治，但這種評論是以「公理戰勝強權」，以及「輸入新思想、提倡新文學」的宗旨為基礎的。因此，與其說是直接的介入政治，不如說是通過評論實現政治社會思潮的思想啟蒙。換句話說，評論是政治思想啟蒙的一種手段。從這個角度出發，可以發現，創辦《每周評論》其實也緣於《新青年》同人深入開展思想啟蒙的需要。

事實上，從政治角度展開思想啟蒙，既是《新青年》從文化角度展開思想啟蒙的延續和必然，也是思想啟蒙的內在要求，對於肩負啟蒙與救亡雙重任務的五四新文化運動而言，尤其如此。當然，政治思想啟蒙並不等於赤裸裸的政治宣傳，《每周評論》不僅輸入了形式各樣的世界性的社會思潮，報刊同人的主張不盡一致的特點，正反映了《每周評論》的思想啟蒙的特性。在這一點上，《每周評論》與《新青年》確實存在不同的啟蒙分工。

二、「公理」與「強權」

1918 年 12 月 22 日，《每周評論》的創刊號刊載了陳獨秀寫的發刊詞。在發刊詞中，陳獨秀把「主張公理，反對強權」八個大字作為《每周評論》的辦報宗旨。那麼何謂公理，何謂強權呢？陳獨秀認為，「凡合乎平等自由的，就是公理；倚仗自家強力，侵害他人平等自由的，就是強權」〔註145〕，他以德國的失敗作為「公理戰勝強權」的例證，並且認為威爾遜是「世界上第一個好人」的原因在於他主張的兩主義——「第一不許各國拿強權來侵害他們的平等自由。第二不許各國政府拿強權來侵害百姓的平等自由」——也是講公理不講強權的。簡單地理解，公理即平等自由，強權即利用自身強力干涉他國、或干涉本國百姓的平等自由。在此基礎上，也可以進一步理解為，一切合乎平等自由的行為即為公理，凡是強力干涉平等自由的行為即為強權。

〔註145〕《發刊詞》，《每周評論》第 1 號，1918 年 12 月 22 日，本段中的相關引用均出自《發刊詞》。

儘管這種解釋缺乏嚴密性，但由此可見陳獨秀將平等自由放在非常重要的位置，將「公理戰勝強權」作為辦報宗旨，等於將「平等自由」作為辦報的追求。

值得注意的是《新青年》五卷六號刊載的《每周評論》的出版廣告〔註146〕，具體內容如下：

看《新青年》的，不可不看《每周評論》。

1.《新青年》裏面，都是長篇文章；《每周評論》多是短篇文章。

2.《新青年》裏面所說的，《每周評論》多半沒有；《每周評論》所說的，《新青年》裏也大概沒有。

3.《新青年》是重在闡明學理；《每周評論》是重在批評事實。

4.《新青年》一月出一冊，來得慢；《每周評論》七天出一次，來得快。

照上邊所說，兩種出版物是不相同的。但是，輸入新思想，提倡新文學，宗旨卻是一樣，並無不同。所以，看《新青年》的，不可不看《每周評論》。〔註147〕

這則廣告有以下幾點值得注意：首先，《新青年》與《每周評論》是有差別的，在篇幅、內容、側重點、發行時間等四方面均存在差異，因此兩個刊物是不同的。其次，兩者雖存在差別，但這只是形式上的差別，在「輸入新思想、提倡新文學」的宗旨上卻是一致的。第三，這種形式上的差異，與其說是差異，不如說是互補，尤其值得注意的是「闡明學理」與「批評事實」的比照，這既是一種分工，也是一種話語表達方式。因此，這則廣告表明了《每周評論》的宗旨也是「輸入新思想，提倡新文學」，只是《每周評論》偏向於採取「批評事實」的話語表達方式，這是兩者最大的「不同」。

那麼《發刊詞》中的「公理戰勝強權」的八字宗旨與發行廣告中的「輸入新思想，提倡新文學」是否一致呢？本書認為，兩者表達雖有差異，但在本質上卻是一致的，就「平等自由」是啟蒙運動的本質追求而言，兩者恰恰是一致的。如何看待《發刊詞》中表達的具體差異呢？首先，從媒介特性來

〔註146〕這則廣告的重要性在於，它是《每周評論》正式刊出之前的出版廣告，代表了《新青年》同人的認可態度，如果考慮到此時《新青年》尚未實行輪編制，且即將推行輪編制的情況，那麼這則廣告就代表了主編陳獨秀的意見，甚至就出於陳獨秀之手。

〔註147〕《〈每周評論〉出版廣告》，《新青年》第五卷第六號，1918年12月。

看，《每周評論》是份週報，《新青年》則是月刊，報紙和雜誌的媒介特性，決定了《每周評論》發行週期較短，文章篇幅也以短篇爲宜，內容要有較強的現實針對性。《每周評論》作爲一份週報，時效性無法與日報相比，那麼這種現實針對性只能通過新聞述評的方式得以實現。其次，從辦刊旨趣來看，採取「批評現實」的話語表達方式，不僅是思想啓蒙的內在要求，也是《新青年》同人的善舞之處。事實上，學理的闡明離不開對現實的批評，《新青年》能夠成爲一代名刊，引領一場運動，《每周評論》也確實做了不小的貢獻。值得注意的是，「批評現實」與「談政治」的關係。《每周評論》的確談了政治，但是「談政治」並不能完全等同於「批評現實」，換句話說，「談政治」只構成了「批評現實」的一部分。這個判斷通過閱讀《每周評論》文本即可以得出。由此出發，所謂「即便是『談政治』，也還是有所保留。這種潛意識裏的保留，反映到實際中，就是無法徹底劃分思想啓蒙與政治時評的界限」〔註148〕的結論，多少顯得偏頗。《每周評論》的「批評現實」是一種思想啓蒙意義上的批評，思想啓蒙的立腳點決定了這種評論必然有別於新聞專業主義視角或是政治學視角的政治時評。

事實上，正是因爲是從思想啓蒙的視角討論「政治」，才確立創刊之初「公理戰勝強權」的宗旨，而對「公理」與「強權」的聚焦，也必然出現由「公理戰勝強權」到「強力擁護公理」的轉變，這表明了《每周評論》的宗旨實是討論「公理」與「強權」。

三、欄目及內容

因爲胡適接辦《每周評論》後，對《每周評論》的體例作了調整，採用了《新青年》的刊物體例。因此，此處的欄目簡介，採取兼顧的方式，對於胡適接辦後的《每周評論》的欄目內容，能夠放在前期欄目中的，則放在前期設置的欄目中進行介紹，對不能兼顧的內容，則予以單獨介紹。

《每周評論》創刊號《本報簡章》中，列出了報紙擬辦的一些欄目：（1）國外大事述評；（2）國內大事述評；（3）社論；（4）文藝時評；（5）隨感錄；（6）新文藝；（7）國內勞動狀況；（8）通信；（9）評論之評論；（10）讀者

〔註148〕尤小立。五四新文化派的政治轉向及其思想差異——以《每周評論》時期爲中心的分析〔J〕。南京大學學報：哲學人文科學社會科學版，2006，（6）：87～96。

言論；（11）新刊批評；（12）選論。在辦報過程中，報紙又根據實際需要增加了「名著」及「旅歐記者特別通訊」兩個欄目。以下對國外大事述評、國內大事述評、社論、文藝時評、隨感錄、新文藝、國內勞動狀況、評論之評論等欄目及內容作簡要地介紹。

（一）國外大事述評

「國外大事述評」共刊發了 69 篇文章。

由數量來看，關於巴黎和會的報導最多，至少為 23 篇；關於德國的報導次之，至少為 9 篇；關於新興國家及民族獨立的報導至少有 7 篇；關於英國的報導約有 6 篇；關於日本的報導約有 4 篇；關於俄國的報導約有 2 篇。這表明巴黎和會最受關注，其次，德國、新興國家及殖民地的民族獨立、民族自決也很受關注，在主導巴黎和會的五大國中，對英國和日本關注較多，對美國、法國、意大利關注較少，且關於美國、法國的報導主要集中於威爾遜總統、克里孟梭總理身上。值得注意的是，單獨報導俄國的新聞只有兩篇，其他與俄國相關的新聞或在巴黎和會的相關報導中，或者在《世界各國勞農界的勢力》的新聞述評中。這表明，俄國雖然被關注，但關注度並不大。

由內容來看，報紙最為關注巴黎和會，這不僅是其時的國際大事，而且與中國的切身利益密切相關。對巴黎和會的關注較為全面，會議的各方面議題均有所關注。值得注意的是，對和會處置德國、成立國際聯盟、國際勞動立法的三項議程給予了較高的關注度。對德國的新聞述評關注點主要在於德國國內的政治亂象、革命情況、以及圍繞議會選舉展開的政黨紛爭。報紙對波蘭、愛爾蘭、埃及、朝鮮、菲律賓等新興國家及殖民地的民族獨立、民族自決運動進行了新聞述評，其中對波蘭、朝鮮的新聞述評篇幅較多，波蘭是亡國後的復國，朝鮮則是日本野蠻統治下的民族自決運動，既有現實的參照意義，也有很強的地域接近性。對英國的新聞述評，焦點集中於議會選舉及相關活動，勞工集會，以及解兵問題。對日本的關注點，則在於戰後出現的新的政治思潮、勞動者覺悟及要求實行普選權的示威運動。對俄國的新聞述評關注的則是「混沌」與「過激」。

由上可見，國外大事述評，不是單純的評價新聞事件本身，重點在於通過新聞事件的評價，引導讀者關注戰後興起的世界性的政治社會思潮。

（二）國內大事述評

「國內大事述評」共刊載了 35 篇文章。其中，「南北和談」是「國內大事述評」一欄的主要聚焦點。此外，裁兵問題、山東問題、由五四運動引發的對學生運動的壓迫及對集會出版的查禁問題、鐵路問題等也成爲該欄的評述對象。值得注意的是，「南北和談」是南北軍閥迫於國際、國內輿論壓力而被迫召開的，在當時的條件下，「南北和議」根本沒有實現的可能。然而，「南北和議」已經足以表明其時軍閥混戰對中國內政外交帶來的危害，事實上，其他諸如裁兵問題、山東問題、鐵路問題、八年公債問題、煙土問題，甚至由五四運動引發的對學生運動的壓迫及對集會出版的查禁問題，都是與其時的軍閥混戰，爭權奪勢的政局密切相關的。

在此種意義上，「國內大事述評」的重點實是批評、揭露軍閥派系爭鬥給中國內政外交帶來的罪惡。這種揭露與批評，讓人們充分認識到在軍閥當道的背景下，將和平的期望寄託於南北軍閥的和議是根本無法實現的，必須做到像陳獨秀所說的那樣，「除三害」、打倒軍閥，社會才有可能進步。這種揭露與批評是思想啓蒙意義上的，與其時派系報紙的攻訐有著嚴格的區分。通常認爲，軍閥造成的國家混亂的局面，爲思想的多樣化提供了絕好的「機遇」，五四新文化運動的發生確實也受益於這種「機遇」。然而，辯證地來看，五四時期思想的多樣化未嘗不是對於袁世凱肇始的軍閥割據政局的強烈地「反動」和深刻地「反思」，「從一定程度上來看，這也是軍閥主義弊端的反應」〔註149〕。

（三）社論

「社論」共刊載了 40 篇文章。《每周評論》的「社論」，並不是嚴格的新聞專業主義意義上的代表報紙編輯部意見的社論。首先，「社論」欄表達的意見傾向於報刊同人各自主張的自由表達，如陳獨秀的《我的國內和平意見》的六篇文章，以及《我們究竟應不應當愛國》，表現出鮮明的個體意識，換句話說，他表達的是他的個人意見。再如王光祈（若愚）、李大釗（明明、常）的論點傾向於社會主義的主張，周作人（仲密）、張申府（赤，赤子）的論點則偏重於思想、文化、哲理方面的「革命」主張。其次，「社論」欄的意見表達的現實針對性也是不一樣的，陳獨秀（隻眼）、高一涵（涵廬）的社論是對

〔註149〕〔美〕費正清編。劍橋中華民國史 1912～1949（上卷）〔M〕。楊品泉等譯。北京：中國社會科學出版社，1994：314。

現實政治的意見表達，具有很強的現實針對性，而周作人、張申府的現實針對性就沒有前者強烈，是一種思想、文化、哲學主張的表達。第三，「社論」的話語表達方式也存在差異。應該說，《每周評論》的社論都體現了「批評現實」的話語表達方式，在此基礎上又存在明顯的差異，如高一涵、周作人、張申府的社論偏嚮於學理的闡釋，李大釗、王光祈、一湖的社論則偏重於主義的宣傳，陳獨秀社論的話語表達，既有別於學理的闡釋，也有別於主義的宣傳，是對現實政治的直接發問，是一種更爲純粹的批評話語。

如果說，「國外大事述評」、「國內大事述評」兩欄的觀點表達是通過新聞述評的方式，且代表少數編輯觀點的話，那麼「社論」欄的觀點不僅是個人觀點的直接、完整地表達，也是眾多觀點的百花齊放。胡適在《歡迎我們的兄弟──〈星期評論〉》（《每周評論》第 28 號）中，認爲「每周評論雖然是個有主張的報，但是我們的主張是個人的主張，是幾個教書先生忙裏偷閒雜湊起來的主張，從來不曾有一貫的團體主張。」﹝註150﹞ 這話雖有自謙的成分，但卻是事實，《每周評論》的社論恰好印證了胡適的觀點。《星期評論》一貫的團體主張的背後有著黨派背景，《每周評論》觀點的百花齊放卻是出於思想啓蒙的需要，在這一點上，胡適的指認錯了。

（四）文藝時評

「文藝時評」共刊載了 8 篇文章。「文藝時評」，是對其時文藝的當下評論，「文藝」是評論的對象，「時評」是評論的形式。由此出發，胡適的《文學的考據》並不能稱爲「文藝時評」，稱其爲「學術批評」勉強合適。因此，「文藝時評」實際上只有兩位作者──高一涵與周作人。高一涵三篇評論的對象都爲戲劇問題，其中兩篇評論評價的是兩齣戲劇──《一念差》與《是可忍》，一篇評論則詳細闡述了他的戲劇觀，並以此澄清外界的誤解。周作人的四篇評論中，三篇評論的評論對象都爲小說及其社會影響問題（甚至「平民文學」的主要實踐也是小說），具有很強的現實針對性，《平民文學》重在闡釋平民文學的理論問題，這是文學革命在理論方面的實踐，該文與《人的文學》（《新青年》5 卷 6 號）成爲文學革命在理論建設方面的重要論文。

應該說，「文藝時評」一欄發表的文章既不多，評論的文藝對象也不廣泛，

﹝註150﹞ 胡適。《歡迎我們的兄弟──〈星期評論〉》，《每周評論》第 28 號，1919 年 6 月 29 日。

主要集中於戲劇（高一涵所評的戲劇不是純粹的舊戲，而是其時新舊雜糅的戲劇——筆者注）、小說兩個方面。這既與其時新文藝實踐不夠發達有關，也表明文學革命的理論建設本身並不是一件容易的事。應該看到，文藝是五四新文化運動展開啓蒙的重要手段，戲劇和小說從清末以來則是思想啓蒙的重要媒介，在這個意義上，「文藝時評」欄的設置及發表的文章，均體現了《每周評論》的啓蒙色彩。

（五）隨感錄

「隨感錄」共刊登了 250 篇「隨感」，排在前三位的是陳獨秀（127 篇）、李大釗（42 篇）、高一涵（32 篇），前三人的數量遠遠超出排名第四的胡適（17 篇）。因此陳獨秀、李大釗、高一涵成為《每周評論》「隨感錄」欄的名副其實的「三駕馬車」。

前文在《新青年》一章中，已經指出「隨感錄」的「文藝性時評」的性質，這種文體是將文學的手法與新聞評論的內容結合起來，採取文學化的筆法評論時事。並且論述了《新青年》「隨感錄」對其時報刊實踐的影響。此處需要進一步論述的是，《每周評論》的「隨感錄」與《新青年》「隨感錄」的差異。《每周評論》的「隨感錄」起始即有篇名，如第 1 號「隨感錄」的第一則「隨感」即是陳獨秀的《兩團政治》（1918 年 12 月 22 日），而《新青年》的「隨感錄」則遲至第 56 篇魯迅的「隨感」《來了》（六卷五號，1919 年 5 月）才有篇名。對《新青年》來說，篇名的有無似乎並不重要，對《每周評論》來說，篇名則是重要的。這個差別既緣於報紙和雜誌不同的媒介特性，也與《每周評論》的評論性有關。《每周評論》作為一份以「批評現實」為主的週報，既需要「刻意」地尋求批評的「對象」，以符合「批評現實」的話語表達方式，從而實現報紙的辦刊宗旨；也需要講求評論標題的製作，而且要求標題製作的旗幟鮮明。新聞述評的標題製作受制於新聞報導的客觀性，不能充分體現編輯的評論觀點，而「隨感錄」的標題製作則充分體現了「批評現實」的特點。

《新青年》作為一份偏於闡釋學理的月刊，「隨感」起初只是作為調節氣氛的「小品」而出現。與通信、讀者論壇等欄目的精心設置不同，這個欄目的設立如其名稱一樣，並不是雜誌同人深思熟慮後的結果，多少具有一種隨意性和突發性。而且，最初的「隨感」也確是雜誌同人「隨發」的感受，雖

也偏重批評，但並不像《每周評論》那樣「刻意」尋求批評的對象，批評的著力點也不在於現實政治，而在於社會文化現象的批評，尤其是與刊物論域相關的社會文化現象的批評，如果再考慮到讀者閱讀雜誌的深度閱讀狀態，《新青年》的「隨感」確實沒有命名的必要。在這個意義上，《新青年》的「隨感」確實受到了《每周評論》「隨感」的影響。事實上，兩者是難以截然分開的，「隨感錄」對於其時及其後報刊實踐的影響是兩份報刊共同作用的結果。

（六）新文藝

「新文藝」共刊發了 33 篇文藝作品，發表的作品集中於新詩、小說（包括翻譯的小說以及創作的小說），這並沒有超出《新青年》所刊的文藝類型，創作的文學性也沒有《新青年》文藝作品的文學性高。然而，在以下兩點仍值得注意：一是文藝作品的現實性大為增強，這與《每周評論》的「批評現實」的話語表達方式是相關的；二是小說創作關注於底層民眾，如程生的《當兵》、《名節》、《出氣》、《白旗子》，涵廬的《逃兵》，胡適的《一個問題》，雖在思想的深刻性上不如魯迅發表於《新青年》的小說，但這是「平民文學」、「人的文學」的可貴的實踐。

（七）國內勞動狀況

「國內勞動狀況」共刊發了 7 篇文章。從內容來看，欄目名稱表明內容是反映國內勞動階層工作、生活狀況的，但是這 7 篇報導主要集中在對城市勞動階層（工人、車夫、傭工）的報導，農民（佃戶）的報導只有一篇；從體例來看，有的是作者的見聞觀感，如善根的兩則來稿，有的則類如新聞通訊，如植《上海人力車夫罷工》，有的則類似社會調查，如《北京剃頭房與理髮店之今昔》、《山東東平縣的佃戶》，有的則是根據他人的敘述撰寫而成，如李大釗（明明）《唐山煤廠的工人生活》。這個欄目的設立主要是喚起大家「關心勞動問題」，研究勞工情況，這為其後知識青年走進底層社會，發動社會革命做了準備。

（八）評論之評論

「評論之評論」共刊發了 5 篇「評論」。這五篇文章，就評論對象來看，除了張申府的《鬼學》是針對英國出版的《科學雜誌》中提及的「精靈論」的評論外，其餘四則都是針對其時國內報紙所刊新聞評論的評論。王光祈《無

職業的人不得干預政治》是針對張東蓀於上海《時事新報》所持「精神開放說」的評論，陳大齊（世紀）的《破壞與建設》是針對上海《時事新報》所載論說《破壞與建設，是一不是二》的評論，陳獨秀的《關於北京大學的謠言》是針對上海報界關於北京大學的謠言的評論的評論，《孔教研究》則是針對北京《順天時報》所載論說《孔教研究之必要》的評論，這表明《每周評論》對輿論界的關注。就評論內容來看，除了王光祈的評論是闡釋《每周評論》主張之一的「勞農主義」之外，其他四篇評論均是對《新青年》所持論點的進一步地闡釋，其中《破壞與建設》、《孔教研究》兩文具有較強的學理色彩。如果從思想啓蒙的角度，這五篇評論文章都是針對其時的社會思潮而作，體現出了報刊同人思想啓蒙的報刊宗旨。

（九）胡適接辦時期（第 26～37 號）內容簡介

1919 年 6 月 11 日，陳獨秀在北京城南新世界遊藝場散發《北京市民宣言》被捕，由此胡適從第 26 號（6 月 15 日）開始接辦《每周評論》，直至第 37 號（8 月 31 日）被封。這一時期的內容主要有如下幾點：

1、第 26、27 號為杜威思想專號

《每周評論》第 26 號專門介紹杜威的民治思想，以《美國之民治的發展》爲題分三部分發表了由高一涵、胡適整理的杜威在北京學術講演會所做演講的內容。

《每周評論》第 27 號則專門介紹杜威德教育思想，在《現代教育的趨勢》的標題下，分《教育的天然基礎》（由高一涵整理）、《對於知識的新態度》（由胡適整理）、《教育的現代化》（由高一涵整理）三部分對杜威在北京美術學校所作的演講做了介紹。

2、18 篇偏重學理闡釋的論說

從 28 至 37 號，共發表 18 篇論說。嚴格說來，這 18 篇論說，除了《俄國的新銀行法》、《歡迎中山先生脫離軍政府》、《評徐佛蘇的〈西南自治與和平〉》以及《中日怎樣才能親善》等少數文章具有新聞評論或社論的色彩外，其餘論說更偏重於學理的闡釋。當然，這並不是說這些論說沒有評論的成分，而是指這些論說以闡明學理爲主，並不重在批評事實，這與陳獨秀主編《每周評論》時期的批評事實的話語方式是判然有別的。然而，話語表達方式雖然不同，但是思想啓蒙的實質卻是相同的，而且閃耀出理性的光輝。如張慰

慈對俄國出臺的各種法律政策的分析，既指出其具有的時代意義，也明確表示對其效果的評價應看其具體的實踐，不能過早得得出結論，具有聽其言，更要觀其行的評價意義。又如李大釗對階級競爭與互助的論說，高一涵對克魯泡特金互助說的解釋，也有助於讀者從理論的角度增強對各種社會主義學說的瞭解。

3、「問題與主義之爭」的五篇文章

中國近現代史上有名的歷史公案「問題與主義之爭」，由五篇文章構成，即胡適的《多研究些問題，少談些「主義」！》（第 31 號）、藍志先（知非）《問題與主義》（第 33 號）、李大釗《再論問題與主義》（第 35 號）、胡適《三論問題與主義》（第 36 號）、《四論問題與主義（論輸入學理的方法）》（第 37 號）。這五篇文章除藍志先的文章最初發表於《國民公報》，後由胡適轉載於《每周評論》（有刪減）外，其餘四篇文章均刊發在《每周評論》。

應該說，「問題與主義之爭」並非是嚴格意義上的馬克思主義與實驗主義的論戰。這是「新興論界」同志之間正常的學理辯論，甚至嚴格意義上說，這場辯論也不是「成功」的辯論〔註 151〕。因此，並不具有「論戰」、「鬥爭」的「戰鬥」色彩。馬克思主義也沒有成為這場辯論的主要內容，李大釗對馬克思主義的表述不僅是「自我的」，且是「單向的」，胡適只是在闡述學理輸入的方法上以馬克思及馬克思學說作為例證，這也表明胡適對馬克思主義是有所研究的〔註 152〕。胡適雖是杜威「實驗主義」的信徒，但胡適文章中並沒有「實驗主義」的內容，而且也很難將胡適強調的輸入學理的「歷史的態度」以及由此出發的「少談些主義，多解決些問題」的主張打上「實驗主義」的標籤。值得注意的是，胡適的言論是針對「新興論界」的，他要求輿論家要以「考察社會的實在情形」作為「第一天職」，「一切學理、一切『主義』，都是這種考察的工具。」這種要求雖然有忽視報刊媒介特點的一面，但仍是一個「真實」的問題。「研究問題」、「發現問題」、「報導問題」的確為輿論界的「第一天職」，對一切學理與「主義」採取「歷史的態度」所體現的「理性」

〔註 151〕參見董國強：《論「問題與主義」之爭前後李大釗思想》，鳳凰網·歷史頻道，http://news.ifeng.com/history/zhuanjialunshi/dongguoqiang/200907/0713_7314_1246728_3.shtml）。

〔註 152〕胡適在《四論問題與主義——論輸入學理的方法》也提到了馬克思主義，而且從學理角度作了一些闡述，表明胡適對馬克思主義是有所研究的。具體內容可參見該文。

精神也確是輿論界人士所需要的「眞精神」。這是胡適對於輿論界的貢獻。

《每周評論》刊載的欄目與內容除了上文介紹的內容外，還刊載了以下一些內容：3 次特別附錄，其中兩次是「對於新舊思潮的輿論」，收錄了 27 篇報刊言論，一次是「對於北京學生運動的輿論」，收錄了 9 篇報刊言論；「名著」一欄，主要發表了 3 篇譯文；「通信」欄共刊登了 23 篇通信；「選論」（選錄）欄共選登了 10 篇論說，「讀者論壇」共發表了 7 篇讀者言論；關於「山東問題」共刊發了 16 篇文章；「書報評價」欄共刊登 6 篇文章；此外陶孟和的《旅歐記者特別通訊》連載了 13 期。

四、「百花齊放」的評論性特徵

《每周評論》是一份評論性週刊，以評論見長，不僅所設欄目多以評論爲主，而且評論形式也多種多樣，更因爲評論所使用的論證資源的「豐富多樣」，帶來了評論觀點的「百家爭鳴」，由此呈現出「百花齊放」的評論性特徵，這對當時的評論報刊以及報刊評論產生了重要的影響。

（一）評論形式的豐富多樣

這表現在兩個方面，首先《每周評論》設立的欄目以評論欄目爲主，在該報《本報簡章》中所列的 12 個欄目中，評論類的欄目有 9 個，爲「國外大事述評」、「國內大事述評」、「社論」、「文藝時評」、「隨感錄」、「評論之評論」、「讀者言論」、「新刊批評」、「選論（選錄）」。此外，三期「特別附錄」收錄了其時報界的相關言論共 36 篇，這也表明報紙對社會輿論的重視。其次，評論的形式也不拘一格，有新聞述評、社論、文藝時評、「隨感」式的文藝性時評，「評論之評論」，以及「讀者言論」等形式。新聞述評通過對國際、國內新聞大事的述評，指出事件的性質、意義以及它對中國前途的影響。社論則是報社同人對政治現實的個人觀點的直接的、較爲完整的表達，就個人來說，這是一種自我表達，就報社來說，這是報社同人觀點的百花齊放。文藝時評是針對文藝實踐的觀點表達，雖然文章不多，論域也主要集中於戲劇、小說兩個方面，但將文藝評論上升爲「時評」，則表明評論的當下性和迫切性，這反映了報刊同人借文學介入社會、介入人生的文學關懷。隨感錄，作爲一種文藝性時評，不僅「刻意」地尋求批評的「對象」，標題的製作也很旗幟鮮明，對時事的評論不僅「一針見血」，而且具有很強的「殺傷力」。「評論之評論」則是一種針對報刊評論的再評論，雖具有商榷的意義，但更偏向於糾偏，是

一種旗幟鮮明的言論批評，在一定意義上，甚至具有「觀點市場」的意味，表明報刊同人引領輿論的信心與決心。「讀者言論」刊發的是讀者發表的言論，是報刊對於社外意見的一種選擇性地呈現，這個欄目有利於引導讀者關注報刊所持論點，並將相關討論推向深入。

（二）觀點表達的「百花齊放」

因爲報刊評論多爲報刊同人論點的自我表達，不僅評論時用於論證的思想資源是「豐富多樣」的，也因此帶來了評論觀點的「百花齊放」。如前所述，《每周評論》與《新青年》宗旨是一樣的，只是存在分工的不同，《每周評論》以批評現實的方式從政治角度進行思想啓蒙。因此報社同人的思想觀點肯定不盡一致，也確如胡適所說，《每周評論》「從來不曾有一貫的團體主張」，所發言論只是報社同人的「個人的主張」。事實上，其時各種世界性的社會思潮都可以在《每周評論》同人的言論中有所表現，以至於可以用「不遺餘力」來形容報刊同人對輸入「新思潮」的重視，在這一點上，《每周評論》甚至超過了《新青年》。由此，也帶來了評論觀點的百花齊放。比如，陳獨秀以「自由平等」的「公理」作爲立論的基礎，李大釗將社會主義作爲關注的焦點，胡適對杜威的思想哲學給予了較高的關注，周作人對平民文學的理論和創作實踐的投入，高一涵從法理角度對政治事件的評析，張慰慈對俄國法律政策的分析與評價所透出的學理精神，王光圻對克魯泡特金互助共產主義的強調，一湖對馬克思主義中國化的表述等等。

（三）影響

應該說，《每周評論》的這種「百花齊放」的評論性特點，對其時的評論報刊與報刊評論產生了重要的影響。比如，《每周評論》的「國外大事述評」、「國內大事述評」、「社論」、「隨感錄」等評論類欄目，一時成爲仿傚的楷模。五四運動中湧現出來的許多報紙，如《星期評論》、《錢江評論》、《湘江評論》、《武漢星期評論》等模仿了《每周評論》的版式，「大體採用了類似的分欄」。1920 年 12 月 25 日，北京大學「評論之評論社」即出版了名爲《評論之評論》的學生刊物，刊載評論各種學說和主義的文章，對馬克思主義、無政府主義、工團主義、新村主義等都進行了批評。再如「新聞述評」的新聞體裁，雖然新聞述評在民國初年即已出現，但在當時並沒有得到新聞界的廣泛注意，這一題材的廣泛運用是在五四時期，而這則與《每周評論》的新聞述評所做的

貢獻是分不開的，不僅許多報刊均以「述評」爲主要新聞體裁，諸如「世界大事述評」、「西方大事述評」、「東方大事述評」及「國內大事述評」的欄目也成爲當時報刊的主要欄目。

五、馬克思主義的傳播

（一）馬克思主義的「界定」

此處將其時傳播的「馬克思主義」界定爲對馬克思主義的三大學說的引介及俄、德兩國革命實踐的評介。這個界定，雖然在學理上有欠嚴密，但主要目的是爲分析《每周評論》傳播馬克思主義的文章及內容提供一個考察「標準」。確定這樣一個「標準」，主要是因爲當前對《每周評論》、《新青年》傳播馬克思主義的研究存在泛化的傾向，如將報刊中反帝反封建的所有內容籠而統之地都稱爲傳播馬克思主義，再如將五四學生運動也籠而統之地稱爲傳播馬克思主義。事實上，新民主主義革命與舊民主主義革命的區別既在於革命的內容，也在於領導革命的階級，在一定意義上，後者顯得更爲重要，籠而統之地將革命的內容指稱爲傳播馬克思主義既不準確，也不科學。

眾所周知，馬克思主義的唯物史觀，主要論述的經濟基礎與上層建築的關係，尤其強調經濟基礎的決定作用；馬克思的階級競爭理論，主要強調的是階級鬥爭理論，尤其是無產階級專政（勞農專政）；剩餘價值理論，分析的是資本主義的生產過程，尤其是資本對勞動的剝削。俄國十月革命及其開創的社會主義實踐，一戰后德國由卡爾·李卜克內西、羅莎·盧森堡等人領導的德國社會民主黨的活動，兩者都是以馬克思主義作爲指導思想的革命實踐，這一點也是眾所周知的。因此，此處對《每周評論》傳播馬克思主義的文章及內容的考察，是在上述較爲嚴格意義上的馬克思主義三大學說的標準下進行的，凡是內容涉及到馬克思主義三大學說，及以馬克思主義作爲指導思想的「革命」實踐，無論是褒是貶，都被認作是在傳播馬克思主義。這個「界定」排除了「國內勞動狀況」一欄發表的文章，因爲該欄雖是爲了喚起大家「關心勞動問題」，研究勞工情況，但並沒有運用馬克思主義三大學說對勞工情況進行研究。這個界定也排除了一些並非是在馬克思主義思想指導下的民族自覺、民族自治等「革命」實踐。這個界定也對相關術語的使用做出了規定，只有在體現馬克思主義意涵的前提下，相關術語才能被確認爲是在傳播馬克思主義，如「階級」、「資本家」、「地主」、「勞工」等術語，只有在

內涵無產階級專政（勞農專政）意義的前提下，才被認爲體現了馬克思主義精神。

（二）傳播的特點

以上述標準考查《每周評論》刊登的相關文章，共統計出 41 篇涉及馬克思主義的文章〔註153〕，具體篇目如下表所示：

號數	欄目	文章	作者	號數	欄目	文章	作者
1	國外大事述評	德國政狀		16	國外大事述評	匈牙利的情形	
	社論	國際社會之改造	若愚		名著	共產黨的宣言（摘譯）	舍
2	國外大事述評	德國內政之紛擾			隨感錄	綱常名教	隻眼
3	國外大事述評	俄羅斯之混沌狀態				混充牌號	常
		柏林之騷動		18	國外大事述評	各國勞農界的勢力	
	社論	新紀元〔註154〕			社論	無政府共產主義與國家社會主義	若愚
4	國外大事述評	俄國包圍過激派之運動					
5	國外大事述評	不靖之柏林			隨感錄	二十世紀俄羅斯的革命	隻眼
6	國外大事述評	德國之消息		19	社論	貧民的哭聲	隻眼
	隨感錄	平民獨裁政治	明明		隨感錄	克倫斯基與列寧	隻眼
		過激乎？過惰乎？		20	社論	中國士大夫階級的罪惡	一湖
		放棄特殊地位		28	論說	俄國的新憲法	慰慈
		興三利	赤	29	論說	俄國的土地法	慰慈

〔註153〕此處的統計除了依據文中確立的選擇標準外，還考慮到被普遍認爲是在傳播馬克思主義的作者及其文章，比如王光祈、李大釗、陳獨秀、張申府、一湖等人的文章。

〔註154〕原文並沒有標注作者，但該文被收入《李大釗全集》，故本書認爲該文作者爲李大釗。

7	國外大事述評	日本政治思想的新潮流				階級競爭與互助	守常
8	隨感錄	公理何在	隻眼		隨感錄	赤色的世界	守常
		光明與黑暗		30	論說	俄國的婚姻制度	慰慈
	讀者言論	新時代之根本思想	一湖	31	論說	俄國遺產制度之廢止	慰慈
9	國外大事述評	社會黨國際大會			隨感錄	俄羅斯	赤
	選錄	勞動教育問題	守常	32	論說	俄國的新銀行法	心
10	社論	國際的革命	若愚	35	論說	再論問題與主義	李大釗
15	名著	近代社會主義與烏托邦社會主義的區別	舍				
				37	論說	論輸入學理的方法	胡適

由上表可以看出，涉及馬克思主義的話語實踐主要集中於「社論」、「國外大事述評」、「隨感錄」、「名著」等欄目。以下即從這幾個欄目展開分析。

1、「國外大事述評」對德、俄革命實踐給予了較高的關注

「國外大事述評」欄刊登的相關文章是以德、俄等國的革命實踐爲主，但這種評價既受「公理戰勝強權」的宗旨影響，也受欄目的新聞性特點影響，評價沒有表現出鮮明的傾向性，以「過激派」指稱德國、俄國的革命實踐即是例證之一。當然，沒有鮮明的傾向性並不等於對德、俄的革命實踐不關注。事實上，「國外大事述評」一欄，共刊登了5篇關於德國的新聞述評，2篇關於俄國的新聞述評。可見，「國外大事述評」對德、俄兩國的革命實踐還是予以了較高的關注。此外，如果再算上有關日本、第二國際、匈牙利及各國勞農界勢力等4篇述評，文章篇數則占該欄所刊述評總數的16%，可見，各國的社會主義運動受到了較高地關注。

2、「隨感錄」馬克思主義話語實踐的三駕馬車：李大釗、陳獨秀、張申府

「隨感錄」作爲一種文藝性時評，其短小精悍的特點，決定了「隨感錄」或對俄、德等以馬克思主義爲指導的「革命」實踐進行評價，或以馬克思主義作爲批評現實的論據，不可能展開對馬克思主義及俄、德革命實踐的詳細闡述。在12篇「隨感」中，李大釗的「隨感」具有很強的辯護色彩，而且這種辯護立場是一貫的，如《平民獨裁政治》、《過激乎？過惰乎？》、《混充牌

號》、《赤色的世界》。陳獨秀的「隨感」體現出「過渡」的色彩，在前3篇《公理何在》、《光明與黑暗》、《綱常名教》中，馬克思主義及相關實踐主要是以論據出現，用以評價、比較國內事件；後2篇《二十世紀俄羅斯的革命》、《克倫斯基與列寧》評價的則是俄國革命實踐本身，且給予了很高的評價，如「十八世紀法蘭西的政治革命，二十世紀俄羅斯的社會革命，當時的人都對著他們極口痛罵，但是後來的歷史家，都要把他們當作人類社會變動和進化的大關鍵。」〔註155〕「克倫斯基本是俄國溫和派的首領，現在居然致電勞農政府，說他的思想漸漸和布爾札維克主義接近。可見世界上溫和的人都要漸漸地激烈起來了，這是什麼緣故呢？」〔註156〕張申府的2篇「隨感」《興三利》、《俄羅斯》，主要是以論據出現。有意思的是，這三個人既是《每周評論》的發起創辦人，也是中國共產黨的三個主要創始人。

3、兩篇譯文在傳播「科學社會主義」方面的「發生」意義

「名著」共刊發了三篇譯文，其中兩篇為舍（成舍我）的譯文，即《近代社會主義與烏托邦社會主義的區別》（譯自 August Bebel 的著作）、《共產黨的宣言》（摘譯）。《共產黨的宣言》雖是摘譯，但這是第一次將馬克思的《共產黨宣言》翻譯到中國。《近代社會主義與烏托邦社會主義的區別》一文，則具有劃清空想社會主義與馬克思主義的意義，在一定意義上也是針對其時各種小團體的具有實驗性質的「社會主義」而發，如「新村主義」、「工讀互助主義」等等。因此，成舍我翻譯的兩篇文章，不僅具有「發生」的意義，也是真正的「科學社會主義」的傳播。

4、16篇社論對馬克思主義的「引介」

社論（論說）欄共有14篇文章對馬克思主義及其在各國的革命實踐有所涉及，約占《每周評論》所刊社論、論說總數的24%〔註157〕，此外，如果再加上一湖刊於「讀者言論」的《新時代之根本思想》，李大釗刊於「選錄」的《勞動教育問題》等兩篇論說性質的文章，這一比例將更高。考察這16篇文字的內容，可以發現，這些文字以學理方式從不同角度傳播了馬克思主義。

〔註155〕隻眼：《二十世紀俄羅斯的革命》，《每周評論》第18號，1919年4月20日。

〔註156〕隻眼：《克倫斯基與列寧》，《每周評論》第19號，1919年4月27日。

〔註157〕此處論說，是指胡適接辦《每周評論》時期，《每周評論》所刊的18篇論說以及胡適、李大釗撰寫的「問題與主義」的4篇文章。

（1）以學理的方式引介馬克思主義

這是指大多數文章以輸入學理的態度引介馬克思主義，對俄國革命實踐的分析評價也主要採用了這一態度。如就引介馬克思主義而言，李大釗、一湖的文章都表現出這個特點，甚至具有較強的鼓吹、推廣色彩的王光祈的文章，也表現出輸入學理的態度，如李大釗《階級競爭與互助》中對馬克思階級競爭學說與克魯泡特金的互助共產主義學說的「調和」，王光祈《無政府共產主義與國家社會主義》對克魯泡特金「互助無政府主義」與馬克思「國家社會主義」的比較。再如一湖《新時代之根本思想》、《中國士大夫階級的罪惡》〔註 158〕這兩篇文章所表現出的論證結構和論證邏輯。事實上，這也是由《每周評論》的讀者定位決定的，在知識分子，尤其知識精英中，引介任何「主義」和「思潮」都必須採用學理輸入的方式，引介帶有「偏激」色彩的馬克思主義更需以理服人。張慰慈的 4 篇論說鮮明體現出這一點，通過考察俄國新出臺的「憲法」、土地法、婚姻法、遺產法等法律，既指出俄國新法律所具有的時代意義，如「差不多全憲法的三分之一，是講到這種爲『會議共和國』所根據的主義。就此一層，俄國總算是在政治史上開一破天荒的事業」〔註 159〕，也表示新法律效果究竟如何應以實踐的結果爲標準，如「此刻俄國是一個極好的政治試驗場，看他這種新法子試驗出來結果如何」〔註 160〕，這種評價既具學理性，也具客觀性，對於傳播馬克思主義及其在俄國的革命實踐是所貢獻的。

〔註 158〕 費正清主編的《劍橋中華民國史，1912～1949（上卷）》（中國社會科學出版社，1994 年）中，認爲這篇文章很可能是由陳獨秀、李大釗兩人共同執筆（第500 頁）。根據文筆及內容來看，本書肯定不是陳獨秀、李大釗兩人共同執筆。可以肯定的是，一湖應該不是《每周評論》、《新青年》的報刊同人，至少在該文發表以前不是兩份報刊的報刊同人。首先，因爲《每周評論》刊登的他的第一篇文章是在「讀者言論」欄，表明其是社外作者；其次，根據已有對報刊同人思想及相關文字的研究，報刊同人中沒有一位同人其時的思想表現出如此的複雜性；第三，根據行文結構及所持觀點，該作者極有可能是留歐、留日的留學生，受過嚴格的學術訓練，陳、李二人雖具備這一經歷，但行文結構及所持觀點存在較大差異。「一湖」實是彭一湖（1887～1958），名蠡，字忠恕，筆名伊甫，曾兩度赴日留學，1919 年回國，《晨報副刊》改版後不久，彭一湖即加入了《晨報副刊》的作者隊伍。參見王憲明，楊琥《五四時期李大釗傳播馬克思主義的第二陣地──〈晨報副刊〉傳播馬克思主義的貢獻與意義》，《安徽大學學報：哲學社會科學版》，2011 年第 4 期，第 321～334 頁。
〔註 159〕 張慰慈《俄國的新憲法》，《每周評論》第 28 號，1919 年 6 月 29 日。
〔註 160〕 張慰慈，《俄國遺產制度之廢除》，《每周評論》第 31 號，1919 年 7 月 20 日。

（2）多個角度「引介」馬克思主義

這 16 篇文章從多個角度對馬克思主義進行了引介。首先，馬克思主義的三大學說被系統地予以介紹，並且開始嘗試用馬克思主義分析中國的社會問題，李大釗的文章最爲典型。其次，馬克思主義的引介與其他各種形式的社會主義，如無政府共產主義、工團主義、互助主義等相互「融合」，部分文章甚至開始了馬克思主義中國化〔註161〕的嘗試，李大釗調和克魯泡特金的互助論與馬克思的社會主義理論的努力，甚至王光祈對互助的無政府主義的強調，這些都可以看作是對馬克思主義的中國化進行地有益探索〔註162〕。第三，部分文章的相關論述中國革命話語具有的「發生」、「啓發」意義，如一湖《中國士大夫階級的罪惡》對歐洲革命前後兩個時期的劃分以及在此基礎上對中國革命兩個時期的劃分，對中國革命的主力（勞農階級）及革命對象（士大夫階級）的界定，對中國將來實行歐洲新式革命（社會主義革命——筆者注）便利之處的論述，都可以在其後的革命話語中找到〔註163〕。又如王光祈《國際的革命》有關中國百姓頭上三重強權，及以革命推翻國內強權的論述，對中國革命的話語表述，也具有相當的參照意義。

應該說，《每周評論》不遺餘力地引介了「馬克思主義」，不僅散佈於各個欄目，而且主要採用了學理輸入的方式，更爲重要的是報刊同人已經注意到科學社會主義與其他形式社會主義的區分，並努力傳播科學社會主義，使得科學社會主義從此成爲傳播馬克思主義的重點。《每周評論》被封後，在《新青年》上，馬克思的科學社會主義成爲傳播的重點，其他主義，尤其是無政府主義開始成爲批判的對象〔註164〕，這正是《每周評論》之於傳播馬克思主

〔註161〕此處的馬克思主義中國化，是指將馬克思主義與中國的社會實際相結合，探尋解決中國問題的馬克思主義道路。

〔註162〕此處將李大釗、王光祈有關克魯泡特金的互助無政府主義的論述，看作是馬克思主義的中國化的原因在於：根據李、王二人的文章，可知他們對於馬克思主義與克魯泡特金的互助無政府主義的區別是有所認識的，他們調和、強調互助無政府主義的重要原因，是他們認爲「互助」對於其時中國的國際、國內問題的「根本解決」具有重要的意義。而且從「互助」與「階級鬥爭」也並非存在根本矛盾，而中共奪取政權的三大法寶之一的統一戰線，就具有聯合互助的含義。

〔註163〕甚至即使是革命對象「士大夫階級」，也可以看成是官僚、地主、資本家等三大中國革命對象的高度「濃縮」。

〔註164〕根據劉維的考證，《新青年》第六卷第五號刊面標注的出版時間是 1919 年 5 月，而實際出版時間爲 1919 年 9 月；再從李大釗論文中引用了 1919 年 8 月

義的最大貢獻。當然，這一點與《新青年》傳播馬克思主義的貢獻並不矛盾。事實上，《每周評論》與《新青年》一起，促進了國人對馬克思主義的選擇與接受。

六、「隻眼」帶來「光明」

《每周評論》的創辦標誌著陳獨秀開始「談政治」，雖然不到六個月，但他以「隻眼」為名對國內外政治發表了大量的言論，在 40 篇「社論」中，陳獨秀獨撰 17 篇，在 250 篇「隨感」中，陳獨秀以 127 篇獨佔鰲頭，另有 4 篇論述山東問題的論說。1919 年 6 月 11 日，陳獨秀被捕入監。李大釗於《是誰奪了我們的光明》引用一位讀者的來信說，「我們對於世界的新生活，都是瞎子。虧了貴報的『隻眼』，常常給我們點光明，我們實在感謝。現在好久不見『隻眼』了。是誰奪了我們的光明？」〔註165〕陳獨秀以「隻眼」即能給讀者帶來「光明」，表明他已經成為名副其實的「輿論領袖」，不僅如此，這一時期的言論實踐也反映了陳獨秀的思想軌跡，這是他由輿論領袖向政治領袖過渡的「第一步」。

（一）對外：由「公理戰勝強權」到「強力擁護公理」

就國際政治而言，陳獨秀的言論呈現出由「公理戰勝強權」到「強力擁護公理」的轉變。

「公理戰勝強權」是陳獨秀為《每周評論》設定的一個宗旨。發刊詞中，陳獨秀認為第一次世界大戰協約國對同盟國的勝利是公理戰勝了強權，他非常認同威爾遜主張的兩個主義——「第一不許各國拿強權來侵害他們的平等自由。第二不許各國政府拿強權來侵害百姓的平等自由」，據此他也認為威爾

---

3 日「《每周評論》第三十三號歐洲記者明生君通信」的內容來推論，可知到 8 月 3 日為止，李大釗的這篇論文尚在寫作之中。（參見劉維，《一個必要的考據》，1960 年 8 月 4 日《光明日報》）。這表明《新青年》馬克思主義號，發行時間是在《每周評論》被封之後的 9 月份。由此，《新青年》旗幟鮮明地討論馬克思主義理論應在《每周評論》被封後。儘管馬克思主義專號中，含有批評馬克思主義的話語，但專門討論馬克思主義理論本身已經表明了馬克思主義成為《新青年》重點關注的對象。事實上，此後的《新青年》不僅注重馬克思主義本身的傳播，而且注重俄羅斯革命實踐的介紹，更為重要的是，已經自覺運用馬克思主義相關理論批判其他各種形式的社會主義，尤其是無政府主義。這實際上正是《每周評論》於馬克思主義傳播的最大貢獻。

〔註165〕《是誰奪了我們的光明》，《每周評論》第 30 號，1919 年 7 月 30 日。

遜是「世界上第一個好人」。確實，世界大戰的結束，中國作為戰勝國之一，理應收回德國在戰前佔據的青島及其他特權。而一戰後興起的民族獨立、民族自覺風潮也讓陳獨秀等報刊同人充滿期待，陳獨秀在《戰後東洋民族之覺悟及要求》甚至主張「我們東洋各國列席的委員，應該聯合一起，首先提出『人類平等一概不得歧視』的意見，當做東洋各國第一重大的要求。此案倘能通過，他種歐美各國對亞洲人不平等的待遇，和各種不平等的條約，便自然從根消滅了。」〔註166〕由此可見，陳獨秀最初是主張「公理戰勝強權」的。

　　然而，隨著1919年1月18日巴黎和會的召開，陳獨秀開始認識到巴黎和會不過是帝國主義的分贓會議罷了，認識到威爾遜所提出14條和平意見「多半是不可實行的理想」，並嘲笑威爾遜是「威大炮」〔註167〕，這與陳獨秀將威爾遜稱為「世界上第一個好人」前後相隔不到兩個月。陳獨秀對西方公理的幻想破滅了，先後發表《揭開假面》、《公理何在》、《理想家哪裏去了？》等文字揭露、批判西方「公理」的「虛偽」。隨著青島問題成為國人關注的焦點，陳獨秀先後發表了《兩個和會都無用》、《對日外交的根本罪惡——造成這根本罪惡的人是誰？》、《為山東問題敬告各方面》、《山東問題與上海商會》、《山東問題與國民覺悟》等文章。在《兩個和會都無用》中，陳獨秀將巴黎和會、南北和會斥為「分贓會議」，這表明陳獨秀對公理戰勝強權幻想的徹底破滅。而在《為山東問題敬告各方面》一文中，他宣告「現在還是強盜世界！現在還是公理不敵強權時代！」主張用「強力擁護公理」，實行民族自衛主義，「若因民族自衛，就是起了黑暗的無人道的戰爭，我們都不反對」。〔註168〕這表明陳獨秀五四事件後不久即開始強調「強力擁護公理」。

（二）對內：由「幻想和平解決」到「平民征服政府」

　　就國內政治而言，陳獨秀的言論呈現由「幻想和平解決」到「平民征服政府」的轉變。

　　如前所述，1919年2月20日開始的「南北和平會議」，是在世界渴望和平的大背景以及國內民眾渴望和平的國內環境下被迫召開的，反映了國內民眾的「真實呼聲」，《每周評論》的創辦也緣於這種現實的政治關懷。在和議正式召開前，陳獨秀提出了「除三害」（軍人害、官僚害、政客害）的主張。

〔註166〕　《戰後東洋民族之覺悟及要求》，《每周評論》第2號，1918年12月29日。
〔註167〕　《隨感錄》，《每周評論》第8號，1919年2月9日。
〔註168〕　《為山東問題敬告各方面》，《每周評論》第22號，1919年5月18日。

這表明陳獨秀認識到「三害」實是南北和議的眞正阻礙，他的宣告具有爲南北和議設置議程的功能，在此基礎上，陳獨秀陸續發表六篇《我的國內和平意見》，分別就和議的先決問題、廢督問題、裁兵問題、國防軍問題、國會問題、憲法問題發表意見。應該說，陳獨秀對國內問題發表的意見基本針對南北和議，表明他試圖通過新聞報導對南北和議形成輿論壓力，能夠切實取得一些進步，儘管希望不大，但這多少表明陳獨秀對南北和議還是抱了一點期望。

　　和議的破裂，讓陳獨秀的批評成爲了現實，陳獨秀最後一絲期望破滅了。由此陳獨秀必須提供一條新的救國道路。儘管他早就指出要除「三害」，「第一，一般國民要有參預政治的覺悟，對於這三害，要有相當的示威運動。第二，社會中堅分子，應該挺身出頭，組織有政見的有良心的依賴國民爲後援的政黨，來掃蕩無政見的無良心的依賴特殊勢力爲後援的狗黨。」〔註 169〕解決的根本途徑，則在「剷除南北軍閥」〔註 170〕，但是這些要求離旗幟鮮明地提出「平民征服政府」尚有一定的距離。事實上「平民征服政府」與「強力擁護公理」一起出現在《山東問題與國民覺悟》一文中，陳獨秀認爲，國民因爲山東問題，應該有兩種徹底的覺悟：「（一）不能單純依賴公理的覺悟；（二）不能讓少數人壟斷政權的覺悟」，就公理而言，「我們不可主張用強力蔑棄公理，卻不可不主張用強力擁護公理。我們不主張用強力壓人，卻不可不主張用強力抵抗被人所壓。」就國民的生存權利、自由權利而言，「根本救濟的方法，只有『平民征服政府』。由多數的平民一學界，商會，農民團體，勞工團體一用強力發揮民主政治的精神（各種平民團體以外，不必有什麼政黨），叫那少數的政府當局和國會議員都低下頭來聽多數平民的命令。無論內政外交，政府國會，都不能違背平民團體的多數意思。」〔註 171〕而到了《北京市民宣言》，陳獨秀開始提出「倘若政府不顧和平，不完全聽從市民之希望，我等學生、商人、勞工、軍人等，惟有直接行動，以圖根本之改造」〔註 172〕。

　　應該說，陳獨秀的轉變是快速的，這既緣於風雲變幻的國際、國內形勢，也緣自他作爲思想家思想的敏銳性。在國人尚對兩個「和會」充滿期望時，陳獨秀即已指出這些期望不切實際。相較於西方公理，陳獨秀對南北和議還

〔註 169〕　《除三害》，《每周評論》第 5 號，1919 年 1 月 19 日。
〔註 170〕　《爲什麼要南北分立》，《每周評論》第 14 號，1919 年 3 月 23 日。
〔註 171〕　《山東問題與國民覺悟》，《每周評論》第 23 號，1919 年 5 月 26 日。
〔註 172〕　《北京市民宣言》，《陳獨秀選集：第二卷》，第 114 頁。

是抱有了一絲期望，然而，隨著巴黎和會對山東問題的討論，以及南北會議的最終破產，陳獨秀最終轉向了「以強力擁護公理」、「平民征服政府」，號召市民「直接行動」，「以圖根本之改造」。應該看到，在報刊同人中，陳獨秀的批評性話語是對現實政治的直接發問，既能鞭闢入裏，又能直擊要害，具有很強的可讀性。由此，陳獨秀的這種快速轉變，通過其批評性話語實踐傳播給了廣大讀者，尤其是五四青年。陳獨秀「隻眼」即能帶來「光明」，表明他已經成為名副其實的「輿論領袖」。

值得注意的是，陳獨秀此時主張的「平民征服政府」、「強力擁護公理」，甚至「以圖根本之改造」之「直接行動」，雖具有一定的暴力色彩，但並不是暴力革命，當然更不是嚴格的馬克思主義的社會革命，但是在「直接行動」的意義上，他已經邁出了由精神領袖向政治領袖過渡的「第一步」。

小結

五四新文化運動時期是陳獨秀報人生涯的巔峰，他以《新青年》與《每周評論》掀起了中國近代史上最為動人的思想革命。「汝南晨雞，先登壇喚」，《愛國心與自覺心》預示著陳獨秀將以思想家的身份，迎來屬於他的時代，新文化運動即將全面展開。隨後創刊的《新青年》，對中國傳統文化進行了「徹底而全面」地反思，不僅引領了新文化運動，也造就了新文化運動的「元典」，這也讓中國傳統知識資源最終淪為學術資源。《每周評論》的創辦，標誌著陳獨秀開始談論現實政治，這是思想啟蒙意義上的「談政治」，「隻眼」即能帶給讀者「光明」，陳獨秀的迅速「覺醒」帶動了五四青年的快速「覺醒」，而五四運動的發生也讓陳獨秀看到了「直接行動」的希望。經過近一年的「思索」，陳獨秀最終於 1920 年 5 月～8 月，「系統」接受了馬克思主義，成為一名馬克思主義者，八九兩卷《新青年》也隨之成為中共上海發起組刊物，「顏色越來越濃」，這不可避免地造成了北京同人的分裂，而陳獨秀報刊實踐的思想啟蒙色彩也逐漸消退。

救亡與啟蒙既是近代中國的歷史難題，也是陳獨秀們面臨的真實困境。應該說，「啟蒙」也是緣於「救國」的迫切需要。正是因為深刻的「救國」情懷，報刊同人才聚集在《新青年》旗下，展開了一場中國近代史上影響深遠的思想啟蒙運動。然而，一戰結束後，西方列強重返中國，要求分享日本攫取的各項利益，更為嚴重的是，國內軍閥割據也因列強的插手愈趨嚴重。如

果說此前的歷次危機，尚有中央政府可以「依恃」，國家尚可保持「完整」的話，那麼這次危機將更為嚴重，中國面臨「分裂」的危險。軍閥割據不僅是歷代中國文人最為恐懼的事，外部勢力的介入更讓中國知識分子對軍閥割據憂心忡忡。事實上，這才是真正「亡國滅種」的危機。李澤厚已經指出「救亡壓倒啟蒙」之於中國歷史的重要意義，這在陳獨秀身上體現得最為明顯。因此，陳獨秀的轉向是必然的，是中國知識分子面對危機的必然選擇。在此種意義上，陳獨秀不僅是一位思想啟蒙者，也是一位革命家，其社會活動的終極目標都是為了救國救民。

需要指出的是，陳獨秀轉向馬克思主義的原因固然有很多，但最重要的原因則在於，馬克思主義的勞農專政學說與其謀求絕大多數國民幸福安康的追求相契合。《愛國心與自覺心》一文鮮明提出了國家可愛與否應以能否謀益國民幸福為標準，一戰後俄國建立的勞農專政，以及西方各國因防範「過激主義」而改善勞工待遇的各項舉措，讓陳獨秀看到了國家謀益多數國民幸福的可能性。《貧民的哭聲》對中國、西方貧富懸隔原因的分析，對貧民悲慘生活狀況的關注以及對軍閥、官僚、政客的批判，也表明陳獨秀一旦轉向政治，謀求大多數人的幸福，他就必然會選擇馬克思主義，這事實上是其轉向革命的思想根源。

第四章　「一枝獨秀」：陳獨秀傳播思想評析

　　在近代報人中陳獨秀的傳播思想可謂「一枝獨秀」、獨具特色。陳獨秀從事報刊實踐活動的根本追求是挽救國家、拯救民眾，但他鮮明地將多數民眾的幸福安康作爲國家可愛與否的前提，這不僅是對傳統愛國主義的發展，也是他先後兩次轉向革命的思想根源。思想啓蒙則是陳獨秀開出的救國救民的文化藥方，他希望通過報刊對傳統文化進行反思，改造國民思想，提高民眾素質，以此扭轉國家頹勢，建設國家於新世紀。自由主義是陳獨秀前期傳播思想的重要特徵，這是一種具有崇高社會責任感的自由主義，其負責的對象不是一黨一派，也不是少數群體，而是處於清末民初中國社會轉型期的絕大多數思想混沌而易盲從的底層民眾。

第一節　愛國憂民的傳播主題

　　考察陳獨秀前期的報刊實踐，可以發現愛國憂民的主題是貫穿其報刊實踐的一條主線。從維新時期刻印散發《揚子江形勢論略》到拒俄運動期間發起的兩次演說會活動，從參編《國民日日報》到創刊《安徽俗話報》，從參編《甲寅》到創刊《新青年》與《每周評論》，都鮮明地體現了出其愛國憂民的主要特點。

一、愛國當以憂民爲先

　　愛國是指熱愛國家，憂民是指心憂黎民，愛國憂民，是指建立在對民眾

生存予以人道主義關懷之上的一種愛國主義情結。憂民是對普通民眾生存狀態的一種人道主義關懷，是中國儒家思想、傳統文化的一個重要內容，「仁」的思想內涵、施「仁政」的要求，就體現了這種基本訴求。愛國主義，作為一種個人或集體對「祖國」的積極和支持的態度，既暗示「祖國」是道德的標準和價值，也暗示個體應將個人或團體利益置於國家利益之下，必要時甚至獻出自己的生命。應該說，愛國主義在近代中國民族獨立、國家解放的過程中起到了積極作用。

儘管傳統中國也有所謂的「愛國主義」，但其主要表現為對封建王朝及其皇帝的忠誠。與其說是「愛國主義」，不如說是「忠君主義」。嚴格說來，「愛國主義」與近代中國國家危機的空前嚴重，以及與此相伴的近代西方國家理念的輸入有著密切的關係。在此種意義上，愛國主義也是一種「舶來品」。愛國主義的對象是國家，但國家只是一個「想像的共同體」，這就決定了愛國主義必然有多種表現。換句話說，愛國主義的內容是極其寬泛的，政府、土地、文化、主權等等都可以成為愛國主義的對象，而對上述對象的積極態度也都可以看成是愛國主義的表現。事實上，這也是人們對愛國主義至今褒貶不一的重要原因。

愛國憂民的傳播主題，是指將憂民作為愛國的前提，認為國家是否可愛應以其能否謀益民眾幸福為標準，這既繼承了中國傳統文化中心憂黎民的人道主義關懷，又突破了傳統「忠君主義」及其現代變種「愛政府」的愛國主義，不但在其時具有鮮明的時代意義，而且對後世也具有一定的啟發意義。這不僅是陳獨秀報刊實踐的根本追求，也貫穿了陳獨秀報刊實踐的始終。

二、演變：「忠君主義」──「愛國拒俄」──「憂民先於愛國」

作為一條主線，愛國憂民的傳播主題雖貫穿了陳獨秀報刊實踐的始終，但這並不表明陳獨秀對愛國主義的認識是固定不變的，其愛國憂民的傳播主題經歷了一個發展變化的過程。

（一）維新時期：「忠君主義」

如前所述，1897 年底刻印散發的《論略》是陳獨秀由「選學妖孽」轉變為「康、梁派」的「心理調適」的反映。文末「時事日非，不堪設想，爰採舊聞旅話暨白人所論，管蠡所及，集成一篇，略述沿江形勢，舉辦諸端，是引領於我國政府也，勉付梨災。願質諸海內同志，共抱杞憂者」的論述，表

明了陳獨秀對不斷惡化的時局的焦慮心情，希望通過他的著述能夠引起政府官員的注意，積極籌劃，以「勉付梨災」。對時局的焦慮表明其憂國憂民的心態，但將改變時局的希望寄託於清政府，則表明此時陳獨秀的愛國主義主要表現為傳統的「忠君主義」。

（二）清末新政時期：愛國拒俄

清末新政時期，陳獨秀的報刊實踐主要為先後發起兩次演說會，參編《國民日日報》以及創刊《安徽俗話報》。在這些活動中，愛國憂民的傳播主題表現出過渡的特徵，一方面他將救亡的希望寄託於民眾，倡導愛國拒俄；另一方面他並不反對清政府，反清排滿的革命宣傳並不是陳獨秀的傳播旨趣。

1902 年，陳獨秀發起愛國演說會，演說會的主旨為愛國宣傳，並非革命排滿，其矛頭指向的是外患沙俄。這從擬辦的《愛國新報》的宗旨即可看出，「有某某志士糾合同人擬開一報館名曰《愛國新報》。其宗旨在探討本國致弱之源，及對外國爭強之道，依時立論，務求喚起同胞愛國之精神。」〔註1〕

1903 年，陳獨秀發起安徽愛國社。他在《安徽愛國會演說》中，描述了「俄約」的橫暴無理，並且以沙俄在東三省的惡行，印度、波蘭亡國之民的慘狀，告誡國人「滅國為奴之慘」。希望國民「今日當力戒此弊（指貪生畏死的國民性，筆者注），闢平日跑反之狂言，當盡死守土地之責任；除平日為己之私見，當守合群愛國之目的；改平日罵官之淺見，以振獨立尚任之精神」〔註2〕。此外，《會啓》「皖之國民，寂無聞焉。豈以此事為僞而非眞耶？抑以為政府之責任而無關於人民之利害耶？」〔註3〕《安徽愛國社擬章》「本社既名愛國，自應遵守國家秩序，凡出版書報，惟期激發志氣，輸灌學理，不得訕謗詆毀，致涉叫囂。」〔註4〕這些文字均表明，陳獨秀並不反對清政府，在某種意義上，陳獨秀還是維護清政府的。但是與維新時期相比，陳獨秀已將挽救國家的希望寄託在了國民身上。

1903 年 8 月，陳獨秀與章士釗、張繼等發起創辦的《國民日日報》，則以「圖國民之事業」為宗旨。由陳獨秀、章士釗合撰的《發刊詞》指出，由於專制君主的長期統治，使得國人根本不知「國民」二字為何物，只能一任「獨

〔註1〕《紀愛國新報》，《大公報》第 286 號，1902 年 4 月 19 日。
〔註2〕《蘇報》，1903 年 5 月 26 日。
〔註3〕《蘇報》，1903 年 5 月 25 日。
〔註4〕《蘇報》，1903 年 6 月 7 日。

夫民賊」「以國爲牧場，以民爲畜頭」。因此，必須要向國民輸發「國民」概念，提高「國民之程度」，希望通過「國民的重生」帶來民族、國家的新生。可見，向國人灌輸「國家」觀念，闡發「國民」概念，激發「愛國主義」，是《國民日日報》的根本使命。這再次表明了陳獨秀將救國的希望寄託於國民身上。

《安徽俗話報》作爲第一份「眞正」貫徹陳獨秀傳播思想的報紙，愛國憂民的傳播主題不僅貫穿了該報的始終，而且更爲鮮明地表現出了過渡性。《安徽俗話報》從反抗外來侵略、維護國家利益、啓蒙民眾愛國救亡意識的角度出發，首先，對國家的概念、亡國與改朝的區別作了解說，向讀者闡發了現代國家觀念，希望藉此幫助國人實現從傳統天下觀、王朝觀到近代國家觀的轉變；其次，對存在於民眾生活視域的諸多惡俗展開批判，其目的也在於再建科學、合理的現代生活理念，以此提高民眾、民族的素質；第三，對民眾曉喻瓜分危機，要求各階層民眾都要努力做到「明白時事」和「通達學問」，只有這樣，才能從容應對即將到來的瓜分危機；第四，對中國的歷史、地理，安徽的地理、名人進行介紹，不僅讓讀者瞭解國家、省域的歷史、地理以及人文情況，更能激發讀者愛國、愛省的意識。應該說，《安徽俗話報》的各個欄目從多個角度傳播救亡意識、鼓吹愛國主義，這表明陳獨秀將國民作爲挽救國家危亡的對象。另一方面，儘管《安徽俗話報》也有一些批評清政府（北京政府）的報導，然而，無論從報導的數量，還是報導的質量（激烈程度），這些批評並不能構成《安徽俗話報》的一個報導重心，況且晚清新政也提供了一個較爲開放的報刊批評空間。此外，《俗話報》還對其時中央新政舉措以及「鼓舞民氣」的人事做了爲數不少的報導。因此，《俗話報》儘管存在批評清政府的行爲，但這並不構成反清排滿的面向，這與同期的《警鐘日報》、《中國白話報》的「激烈主義」，還是存在很大不同的。

（三）五四前後：憂民先於愛國

陳獨秀在《甲寅》上只發表了唯一篇論說《愛國心與自覺心》。文中，陳獨秀提出了「殘民之禍，惡國家甚於無國家」的論點，這表明「憂民」已成爲「愛國」的前提條件。如前所述，該文對愛國主義的認知，不僅在其時具有強烈的現實意義，引起知識精英對愛國主義的深刻反省，而且對後世對愛國主義的認知，也深具啓發意義。

如前所述，《新青年》與《每周評論》的報刊宗旨，在本質上是相同的，都是思想啟蒙報刊，體現了陳獨秀「介紹西方學說」，「改革青年思想」，進而「改造社會」的報刊宗旨，其中，改造社會是陳獨秀報刊實踐活動的根本目的，也是介紹西方學說，改革青年思想的根本原因，而輸入西方學說，改革青年思想則是改造社會的路徑。將思想的改造與國家社會的改造緊密地結合在一起，表明其積極探討愛國憂民的實現路徑，這就讓陳獨秀愛國憂民的傳播主題具有了實踐性的意義。

這一時期，陳獨秀在《新青年》與《每周評論》上先後發表了 3 篇直接討論國家與國民關係的文章，分別為《我之愛國主義》、《我們究竟應不應當愛國》、《國慶紀念底價值》。這三篇文章均承繼了《愛國心與自覺心》一文所提的觀點，但又有所發展。由這三篇文章不僅可以管窺兩份刊物所體現的愛國憂民的傳播主題，也可以發現陳獨秀由辦刊到轉向革命的思想軌跡。

與《愛國心與自覺心》一文相比，《我之愛國主義》雖沒有進一步闡釋國家是否可愛應以國家能否謀益國民幸福為標準的觀點，但是該文具有以下三方面意義：一是延續了對國民性的批判，認為國家滅亡的根本原因不在強敵、獨夫，而在「國民之行為與性質」；二是指出保國為民的烈士行為固然可貴，但這種愛國行為「乃一時的而非持續的，乃治標的而非治本的」，更為重要的是國民自身的道德建設；三是該文具有道德改造的意味，他認為，愛國主義「不在為國捐軀，而在篤行自好之上，為國家惜名譽，為國家弭亂源，為國家增實力」，要求青年注重勤、儉、廉、潔、誠、信等倫理道德修養。應該說，陳獨秀將國民尤其是青年的道德建設，作為真正的、持續的、治本的，能夠挽救國家危亡的愛國主義行為，不僅是對愛國主義行為的新的解釋，也具有思想改造的意義。〔註5〕

《我們究竟應不應當愛國》是在五四運動發生後，愛國聲浪陡然高漲，愛國主義成為「天經地義」、「不容討論」的背景下發表的。該文旨在批判盲動的愛國主義，倡導理性的愛國主義，從這一點看，該文沿用了《愛國心與自覺心》一文的相關論述。針對「我們究竟應不應當愛國」，陳獨秀在文末給出了自己的回答，就國家而言，「我們愛的是國家為人民謀幸福的國家，不是人民為國家做犧牲的國家」；就民眾而言，「我們愛的是人民拿出愛國心抵抗

〔註5〕《我之愛國主義》，《新青年》，第二卷第二號，1916 年 10 月，本段引文均見於此文。

被人壓迫的國家,不是政府利用人民愛國心壓迫別人的國家」。應該說,這個觀點既對國家提出了要求,也對民眾提出了要求,這就突破了《愛國心與自覺心》一文對國家的單向要求,也體現出對民眾盲動愛國主義的批判色彩。〔註6〕

《國慶紀念底價值》發表於《新青年》八卷二期,這時的《新青年》已經成為中共共產主義小組機關刊物。文中,陳獨秀提出了「國家應該造成多數幸福」的國家觀,不僅認為這才是國慶紀念的真正價值,而且認為只有「社會主義的政治」才主張「實際的多數幸福」。應該說,這種國家觀雖承繼《愛國心與自覺心》,但已將「為國人共謀安寧幸福」的觀點發展為「多數人的自由幸福」,而且更進一步,認為社會主義是造成多數人自由幸福的必然道路。

應該說,上述三篇文章內容雖不同,但其主旨均與其愛國憂民的思想密切相關,對國家、民眾兩者關係的探討,既反映了陳獨秀愛國憂民思想的發展軌跡,也標誌著陳獨秀愛國憂民傳播思想的最終形成。事實上,無論是將國民尤其是青年的道德建設作為「治本」的愛國主義行為,還是要求民眾講求理性的愛國主義,都具有國民思想改造的意味。而且這種探討具有道德改造的實踐性意義,尤其引人注意的是,陳獨秀將國民的自由幸福作為社會形態發展演變的唯一條件的論述,雖缺乏嚴密的學理推演,但這個論點充分表明了造成多數國民的自由幸福是陳獨秀一生的追求,這就將其愛國憂民的思想觀點發揮到了極致。與此同時,這個論點也為陳獨秀轉向社會主義,從事實際的革命運動,提供了內在的思想根據,將社會主義作為造成多數人自由幸福的必然路徑,則意味陳獨秀轉向社會主義的必然性,這就使陳獨秀的愛國主義的傳播主題體現出了積極的現實意義。

總體來看,愛國憂民的傳播主題,貫穿陳獨秀報刊實踐的始終,經歷了由忠於清政府,到輸入國家、國民理念,激刺國民的愛國心,再到批判盲動愛國主義,提倡理性愛國主義,最終將愛國主義與改造國家、自我改造聯繫在一起的發展演變軌跡,體現出從認識到批判再到改造的發展意義。將民眾的自由幸福作為愛國及國家合法性的前提,則使得陳獨秀的愛國憂民思想具有強大生命力,至今仍有一定的啟迪意義和現實針對性。

〔註6〕 《我們究竟應不應當該國》,《每周評論》第25號,1919年6月7日。

第二節 思想啓蒙的傳播宗旨

本書在「啓蒙運動」的含義上使用「啓蒙」一詞。本書的啓蒙運動是指18 世紀發生在歐洲的啓蒙運動，以及以此作爲參照，近代中國發生的兩次具有啓蒙運動性質的文化、思想運動——一次是爲配合清末新政，由清政府主導的，社會各界參與的面向底層社會的思想啓蒙；一次是五四時期，《新青年》引領的，諸多新文化刊物參與的面向知識青年的思想啓蒙。

在 18 世紀歐洲啓蒙運動中，不斷湧現的新思維與理性主義一起啓發人們反對封建傳統思想和宗教的束縛，提倡思想自由與個性發展，促進了人們的思想解放，推動了歐洲社會的快速發展。應該說，西方啓蒙運動的發生具有一定的內生性，中國的兩次啓蒙運動則更偏向於外生性，既出自於救亡圖存的需要，也受制於由技藝到制度再到文化的「學習路徑」。這決定了中國的啓蒙運動，主要通過輸入西方知識資源，推動社會的思想、文化改造，這表明獲取的新思維主要以西方知識資源爲主。這也意味著，中國傳統的知識資源不得不接受西方知識資源的檢驗。在西方現代文明的視角下審視中國的落後與愚昧，批判必然成爲重要的「審視」方式。這種「審視」是「殘酷」的，導致了中國傳統知識資源的式微，最終淪爲「學術資源」。然而，批判既是啓蒙的內在要求，也是理性主義的一種表現，更具有一定的歷史必然性。

就近代中國的兩次啓蒙運動而言，輸入西方知識資源以獲取新思維，批判傳統知識資源以改造思想文化，構成了啓蒙運動的兩個主要內容。以此考察陳獨秀前期的報刊實踐，可以發現，思想啓蒙的傳播宗旨是貫穿陳獨秀報刊實踐的另一條主線，其主張的知新主義，對國民性及傳統文化的批判，構成了啓蒙運動的兩個主要方面。

一、知新主義的傳播理念

如前所述，「時務知新主義」是指通過報刊通曉時務，獲得新的知識，以此有利於個人、社會的發展，它在兩個方面符合了晚清「開民智」的要求，一是蘊涵了對新知識的追求；二是這種知識的追求可以通過白話報刊來實現。如果考慮到《孔子之道與現代生活》一文的「回憶」性質〔註7〕，再根據

〔註 7〕 《孔子之道與現代生活》一文是陳獨秀 1916 年底所做，發表於《新青年》第二卷第四號（1916 年 12 月），因此相關論述具有回憶的性質。該文與 1930 年代寫於獄中的《實庵自傳》一起構成了其對維新時期社會活動的「回憶」。事實上，這兩處文字表述已經成爲學界論述陳獨秀維新時期活動的主要依據。

陳獨秀寫於維新時期的《揚子江形勢論略》所反映出的他對《時務報》所刊「白人所論」的接受並予以刻印散發的傳播行為，以及該文對作為《時務報》內核的康梁維新變法思想的「忽略」，我們可以認為，「時務知新主義」中的「時務」只是一個限定詞，服務於「康梁派」這一論述對象，因此「知新主義」才是重點，這反映了陳獨秀個人的傳播認知。當然，無論是「時務知新主義」還是「知新主義」，其基本含義是相同的，即要通過報刊通曉時務，獲得新的知識，以此有利於個人、社會的發展。

應該說，知新主義是指導陳獨秀報刊實踐的一個重要的傳播理念，貫穿了陳獨秀出任中共總書記之前報刊實踐的始終。就知新主義的內容而言，呈現出由「學問」、「時事」到「學說」、「公理」的演變；就知新主義的受眾而言，呈現出由士族子弟到學堂學生到國民到下層民眾再到青年學生的發展。

（一）內容：由「學問」、「時事」到「學說」、「公理」

就知新的內容來看，呈現出由知「學問」、知「時事」到知「學說」、知「公理」的發展演變。做這樣的區分，並不意味著「學問」、「時事」與「學說」、「公理」判然有別。事實上，無論是「學問」、「時事」，還是「學說」、「公理」，都屬於新知識。只是前者「學問」與「時事」更偏重於知識的輸入，後者「學說」、「公理」則偏重於思維的輸入。這既體現了陳獨秀報刊實踐的一貫追求，也表明陳獨秀報刊實踐的不斷深入，這也是由學技藝到學制度再到學文化的學習西方的內在規定性所決定的。

如前所述，《揚子江形勢論略》一文，已經體現出陳獨秀強烈的知新主義的傳播傾向。1902 年春，第一次發起演說會期間，發起創設的旨在以西學書籍「傳播新知、牖啟民智」的「西學藏書樓」，以及擬辦的以「探討本國致弱之源，及對外國爭強之道，依時立論，務求喚起同胞愛國之精神」為宗旨的《愛國新報》，都表明陳獨秀「知新主義」的傳播理念。1903 年 4 月，第二次召開演說會期間，擬辦的《愛國新報》的辦報主張更為具體，他草擬的《安徽愛國社擬章》中，「凡出版書報，惟期激發志氣，輸灌學理」〔註8〕的論述，也表明陳獨秀「知新主義」的傳播理念。而《國民日日報》的「舒緩」特徵、啟蒙面向也與陳獨秀的「加盟」密切相關，這也多少反映出他主張的「知新主義」的傳播理念。

〔註 8〕《蘇報》，1903 年 6 月 7 日。

　　作為第一份由陳獨秀獨立主編的報紙，《俗話報》尤其是前 15 期，全面貫徹了陳獨秀「知新主義」的傳播主張。在《開辦安徽俗話報的緣故》中，陳獨秀明確表達了懂得「學問」、通達「時事」的重要性。《俗話報》的多個欄目也都貫徹了「知新主義」的傳播理念，「論說」欄《亡國篇》對時事的介紹，「時事新聞」與「本省的新聞」欄中對新聞、時事的報導，地理、實業、衛生、格致、博物等欄對自然科學、養蠶、造紙等實用知識的介紹，教育欄中對婦女、兒童教育方法的關注，兵事欄中對水雷、槍法使用的介紹，甚至小說、戲曲、閒談等文學欄目中也為讀者展示了「異域情境」。

　　就內容來看，《俗話報》傳播的新知主要為「學問」與「時事」。「學問」是為了增強底層社會的生存技能，「時事」是為了促進底層社會關心國家「事體」，這既與啟蒙對象為下層社會有關，也與愛國救亡的啟蒙目的有關。儘管《俗話報》也嘗試性地對西方學說予以了介紹，但這種介紹多作為論證依據而出現，這表明「學說」本身並不是傳播的重點。比如《亡國篇》對土地、權利、主權等國家主權要素的論述，《婚姻篇》中對歐美、日本的婚俗的介紹。這種偏重於「學問」與「時事」的輸入情狀，表明對西方的學習仍停留在技藝、制度層面的學習，雖能促進思維方式的轉變，但這種轉變主要體現在少數新式學堂的學生身上，對於絕大多數底層民眾來說，則表現為提供了談資，增加了識見。

　　五四新文化運動時期，「知新主義」更偏重於「學說」、「公理」的輸入。雖然學說與公理，很難截然分開，但相對來說，《新青年》偏重於輸入「西方學說」，採取了「以哲學文學為是」的輸入標準，《每周評論》偏重於輸入「西方公理」，傾向於社會、政治思潮的輸入。儘管存在上述區別，但兩份報刊共同推進了五四新文化運動的發生與發展，不僅為讀者帶來了新的知識，而且也解放了思想，促進了讀者思維方式的轉變。

　　《新青年》創刊之初，即「以改革青年思想，輔導青年修養」為本志「天職」，又以「介紹西方學說，改造社會」為「本志唯一之宗旨」。可見，「介紹西方學說」成為改革青年思想，改造中國社會的利器。這也表明輸入學說，改變思想，成為《新青年》時期「知新主義」的主要內容。應該說，陳獨秀的這一主張貫穿了《新青年》的始終。

　　在發刊詞《敬告青年》一文中，陳獨秀旗幟鮮明地提出了「六義」，不僅要求青年人學習西方文化，成為「自主」、「進步」、「進取」、「世界」、「實利」、

「科學」的「新青年」，以此建設國家於二十世紀；而且要求青年人改變「奴隸」、「保守」、「退隱」、「鎖國」、「虛文」、「想像」等傳統崇古的思維方式，樹立中西對比的現代思維方式。由此，拉開了《新青年》「介紹西方學說」，「改造青年思想」，進而「改造社會」的序幕。

《青年雜誌》時期，相較於輸入學理，雜誌更偏重於思想性。陳獨秀、高一涵、易白沙、汪叔潛、李亦民、高語罕等人的論說，均以改革青年思想為主要目的。即使是探討學理的文章，也或是譯介西方學說，或是挖掘中國傳統學說，或是中西對比，其目的仍在於思想的改革與批判。從第二卷開始，《新青年》在注重思想性的同時，加大了西方學理的輸入，而且文章的思想性也注重通過思想的爭辯得以展現。既有直接面對青年發言，提出思想革新主張的論說；也有針對儒學孔教的學理性的批判文章，且批判力度更強，傳播效果更好；還有「純粹」的學理性文章，而且在學理輸入的範圍及深度上也有了拓展。同人雜誌時期，不僅學理的輸入更為系統，而且更加多樣化。專號的設立有助於系統探討相關學說。輸入的學理幾乎囊括當時盛行的各種哲學、社會思潮。《新青年》八九兩卷雖為中共發起組的機關刊物，但如果從輸入學理，教育青年，改造社會的角度考察，仍然遵從了創刊之初的宗旨。總體來看，《新青年》的確實現了陳獨秀希望通過西方學說的輸入，改革中國青年的思想，進而實現改造社會的辦刊目的，反映了陳獨秀「知新主義」的傳播理念。

如前所述，《每周評論》更傾向於針對現實政治採用批評的話語表達方式對青年讀者進行思想啟蒙。關注政治現實、批評政治現實，輸入世界性的政治社會思潮，引導青年讀者關注政治，關注國家，進而尋求改造政治的方法，這是「主張公理，反對強權」的本意。儘管《每周評論》發行時間較為短暫，共發行了 35 號以及 3 號特別附錄，但其時主要的世界性社會思潮，如民族自決、社會主義、勞工神聖、平民主義等主要的世界性社會思潮都被予以引介，並被積極予以討論，而且這種輸入也是頗有成效的，不僅在傳播馬克思主義方面頗有成效，而且與五四運動的發生、發展也有著密切的關係。

（二）受眾：士族子弟——學堂學生——國民——下層民眾——青年學生

任何傳播活動都離不開受眾，受眾不僅是傳播活動的參與者，也是評價

傳播效果的重要因素。考察陳獨秀的報刊實踐活動，可以發現，陳獨秀具有很強的受眾意識，其知新主義傳播理念面對的受眾，呈現出由士族子弟到學堂學生到國民到下層民眾再到青年學生的演變趨勢。這種演變是與知新內容由「學問」、「時事」到「學說」、「公理」發展相適應的，反映出陳獨秀報刊實踐活動的不斷深入。

維新時期刻印散發的《揚子江形勢論略》一文的預期讀者是政府官員與「海內同志」，而選擇不涉政治改革的長江防務題材以及對「太平天國運動」的刻意迴避，都表現出鮮明的讀者意識。

1902 年春，第一次演說會期間，陳獨秀在聯合何春臺、潘贊華、張伯寅等士族子弟創設「藏書樓」的同時，又「復於張伯寅家組織青年勵志學社……每周聚會，則各出所得錄為筆記，以相勉勵。」〔註9〕這種組織學社，定期學習，提交心得的做法，頗具現代意義，甚至可以稱為「組織傳播」。這種組織方式也透露出，學社成員是由士族子弟組成，具有一定的排外性。然而，如果考慮到在 1902 年的安徽傳播西學，這種方式也有其必然性和合理性。在風氣閉塞的安徽地區，要開風氣、要學西學，就必須選擇士族弟子作為傳播對象，也必須採取結社這一傳統文人唱和的組織形式。從革命宣傳的視角，這次傳播實踐雖沒有產生太大的影響，但如果從開風氣的視角，依然有其首創意義。

1903 年 4 月，陳獨秀與潘縉化、葛溫仲、張伯寅等籌組「安徽愛國社」。5 月 17 日，在藏書樓發起第二次具有三百多人規模的演說會。與上次創設藏書樓、組織「勵志學社」相比，這次演說會以及「安徽愛國社」不再局限於士族子弟，而是面向全社會開放：演說事前有《會啓》並在安慶城內張貼宣傳，凡是關心國運，立志愛國的人都可以參與；當日的演說會也不是陳獨秀個人演說秀，而是由潘縉化、王君植、葛光廷等「二十餘人」組成的多聲部演說；演說也不是事先安排的，而是即興演說，「今晨由滬歸皖」的潘旋華也結合自己的返程經歷發表了即興演說。這次演說也主要面對省城各學堂的學生，參會者「合計三百人以外」，而其中「大學、武備、桐懷公學各學堂學生約二百人」；公舉「啓草會章」的七人（陳君仲甫、潘君縉華、大學二君、武備二君、桐城學堂體操教習楊君）中有 5 人任職或就讀於學校；「演說會」之

〔註9〕闕名。《安慶藏書樓革命演說會》，抄本，藏安徽省博物館。轉引於沈寂《陳獨秀傳論》第 62 頁。

後旋即發生了安徽省城大學堂學生退學事件，武備學堂、桐城學堂隨後也發生了衝突事件。此次演說會的影響很大，是一次成功的傳播實踐，號稱「安徽革命的第一聲」，這表明了以學堂學生為主，但同時又面向全社會開放的受眾（聽眾）策略的成功。

1903 年 8 月，陳獨秀參與創辦、編輯《國民日日報》。《國民日日報》面向的讀者應為「國民」，雖然「國民」是個寬泛的概念，並不明確指向哪一類特定人群，但這並不表明《國民日日報》受眾定位的不成功。事實上，《國民日日報》是一份很有影響的報紙，清政府想盡辦法要絕其銷路，這從反面證明了《國民日日報》受眾定位的成功。

1904 年 2 月，陳獨秀創辦《安徽俗話報》。在《開辦〈安徽俗話報〉的緣故》中，陳獨秀將《俗話報》讀者定位為讀書的、教書的、種田的、做手藝的、做生意的、當官的、當兵的、婦女小孩、有錢的以及做小生意的人。這種讀者定位是寬泛的，囊括了安徽地區的整個社會群體。從晚清社會啓蒙的視角考察這一定位，可以發現，這個讀者定是極為成功的。因為開民智與愛國救亡的啓蒙宗旨是全社會各個階層都必須面對的嚴肅話題，需要讀書的、教書的、種田的、做手藝的、做生意的、當官的、當兵的、婦女小孩、有錢的、做小生意的等各色人等廣泛參與。當然，面向整個社會人群與重點傾向讀書的、教書的、當兵的以及本地士紳等讀者人群並不矛盾。不管《俗話報》的語言如何通俗，只有對於識文斷字的人來說，才能有效果，而且在清末下層啓蒙運動中，「婦孺盲塞」也只有通過識文斷字之人的二級傳播也才能取得啓蒙效果。由上可以看出，《俗話報》的讀者定位確實是準確的。因此，該報存在時間雖然不長，但傳播較廣、影響較大，尤其於安徽省，確實開了一省的風氣。

《新青年》與《每周評論》作為姊妹刊物，不僅辦刊宗旨相同，受眾人群也是相同的。兩份報刊的目標受眾均為以青年學生階層為主的知識青年，因此，此處僅對《新青年》的受眾定位予以分析。

如前所述，就刊物受眾定位來看，《青年雜誌》（《新青年》）成立之初，即以「青年」為五四時代以青年學生階層為主的知識青年預期讀者群。事實上，「青年學生階層」不僅是五四運動的主流，也是《新青年》閱讀的主流。《新青年》將目標讀者設定為青年學生為主的知識階層，表明「青年」成為知識精英、思想界關注的重點。陳獨秀們希望雜誌能夠到達全國——無論中

心城市還是邊遠鄉村——的知識青年手中，進入他們的閱讀生活，藉以改造他們的思想。五四新文化運動的發生，已經證明《新青年》對青年的改造是有成效的，五四之後，經過改造的「新青年」成為國共兩黨看重的國民革命的生力軍，這又再次證明《新青年》改造青年的有效性。

應該說，知新的內容與知新的受眾是緊密聯繫的，兩者共同構成了陳獨秀知新主義的報刊傳播理念，這也反映了陳獨秀愛國憂民的傳播主題。事實上，無論是知新的內容演變，還是知新的受眾演變，都源於陳獨秀愛國憂民的傳播主題，反映出陳獨秀希望通過新知識、新思維的輸入，改造民眾思想，實現救國愛民的目的。

二、「全面徹底」的批判精神

陳獨秀作為中國近代著名的報刊活動家，其前期報刊實踐不僅主要集中在兩次啟蒙運動期間，而且都鮮明地表現出全面而徹底的批判精神。就批判的對象而言，文化不僅是陳獨秀批判的重點，而且呈現出由國民性到傳統文化的發展演變；就批判的方式而言，中西對比、講求邏輯是其主要的批判方式，但又呈現出由簡單到複雜的發展變化，理性色彩愈趨濃厚。

（一）對象：由國民性到傳統文化

總體來看，批判對象呈現出由國民性，到將國民性與民間文化相聯繫，再到將中國傳統文化與輸入的公理相聯繫的發展演變，不僅表明文化是陳獨秀批判的重心，而且也讓這種批判表現出由淺入深的特點，反映出陳獨秀思想啟蒙，文化改造的志趣。

1903 年 4 月，陳獨秀在愛國演說會的演說中指出，與西方人相比，中國人具有「只爭生死，不爭榮辱，但求偷生苟活於世上，滅國為奴皆甘心受之」的性質。他對「國賊」、「逆黨」，「無深謀遠慮之紳商」，「似開通而不開通之士流」，「草野愚民（鄉鄙農民）」等四種「漠視國事之徒」進行了批判，認為，「國中人士，十有八九不出此四種，國安得不亡！種安得不滅！」這段論述表明國民性已經成為陳獨秀批判的對象。

《國民日日報》期間，陳獨秀作為創辦人之一，與章士釗一起總理編輯事務。《國民日日報》具有啟蒙的面向，批判的內容也較多，但囿於社說多不署名，所以無法詳細分析陳獨秀批判的內容。然而，根據陳獨秀撰寫的《近四十年世風之變態》以及帶有濃厚陳獨秀色彩的《論增祺被拘》等兩篇文章，

仍可以發現陳獨秀批判的價值取向及所批判的內容。如《近四十年世風之變態》一文批判《清議報》、《新民叢報》時，所使用的「揭」、「攻」、「詆」、「罵」、「嗤」、「眊眊」等詞所表現出的批判態度。又如《論增祺被拘》一文，「不觀夫背祖國殺同胞以圖富貴者，非波蘭之貴族乎？其後受俄人之虐待也奚若？……吾國人抱增祺之目的者，不知其幾千萬也。吾願若獻媚外人，以冀瓜分後仍得保其官祿者，若學習外國語，以冀瓜分時仰外人保護者，若入外國籍，以冀與外人得平等之權益者，若存銀於外國銀行，以冀亡國後，尚不失爲富翁者，若不知愛國獨立之道，惟定計瓜分時執順民旗以偷生者。」〔註10〕這段文字與上一段陳獨秀的演說雖有差異，但所用論據是相同的，這再次表明陳獨秀對國民性批判的堅持。

　　《安徽俗話報》，作爲第一份由陳獨秀獨立主編的報紙，讓陳獨秀批判的價值取向得以全面貫徹。從批判對象來看，民俗、迷信以及國民性成爲陳獨秀批判的主要對象。底層民眾構成了社會的大多數，而民俗、迷信既是底層社會日常生活的「文化規範」，也是國民性得以形成的一個重要原因。因此，上述批判對象的選取與啓蒙對象爲下層社會是密切相關的，在此種意義上，對民俗、迷信以及國民性的批判就有了文化批判的意味，而且這種文化批判針對的主要是民間文化。不僅如此，如果考慮到國民性的形成與民俗、迷信等民間文化存在的密不可分的關係，這就意味著陳獨秀不再單純地批判國民性，而是努力探尋國民性生成的文化原因，並積極予以批判。這表明陳獨秀報刊批判實踐及思想的不斷深入。

　　儘管對民俗、迷信以及國民性等方面的報刊批判，陳獨秀並不是濫觴者，但他卻是較早全面、系統進行文化批判的報人之一。這種批判是全面的，婚姻、風水、迷信、婦女裝飾、教育、兵魂、國民性等都成爲被批判的對象，甚至可以說，底層民眾的日常生活都被予以了批判性的反思。這種批判也是系統的，不僅陳獨秀的批判文章是系列文章，而且報刊同人也積極予以唱和，以致於這些文章構成了報刊的主要篇幅。陳獨秀還是第一個以淺顯的方式展開文化批判，並且成功地將這種批判性反思傳播給安徽民眾的報人。陳獨秀選取民眾習以爲常的生活場域作爲批判對象，運用「俗話」這一直白淺顯的語言進行寫作，這既有利於增強民眾的閱讀興趣，也便於民眾的順利閱讀。這一切都促進了近代安徽風氣的大開。不僅如此，陳獨秀對文化的批判也是

〔註10〕《論增祺被拘》，《國民日日報》，1903 年 11 月 15 日。

深刻而新穎的，既有時代意義，也具歷史意義，已經初步展現了作爲一名思想家思想所具的敏銳性和穿透力的特點。可以毫不誇張地說，在直面國民尤其是下層社會，展開國民性批判的意義上，陳獨秀是引領國民性批判歷史潮流的報人之一。

《甲寅》時期，陳獨秀發表了《愛國心與自覺心》。該文所具有的批判色彩是毋庸置疑的，事實上，該文是一篇面向知識精英的批判文章，其時知識精英對該文由叱責到接受的轉變態度，既預示著陳獨秀創辦《新青年》面向青年展開啓蒙的必然性，也預示著陳獨秀即將從事的文化批判必然是阻力重重。

《新青年》時期，陳獨秀將思想啓蒙的批判精神發展到了一個新的高度，《新青年》對思想文化領域展開了較爲全面的、徹底地批判。目前學界幾乎一致認爲，文學革命、反孔非儒、白話文運動、提倡民主和科學、反對迷信構成了《新青年》的主要內容。而上述內容的展開均與對中國傳統思想文化，尤其是儒家思想的批判有關，文學、白話文作爲現代思想的傳播媒介，挑戰了古文、儒家經典的正統地位；民主、科學作爲現代文明的發生器，則挑戰了孔教、儒學的三綱五常；封建迷信作爲傳統文化的附生物，反對迷信也意味著對傳統文化的挑戰。此外，胡適的無後觀，周作人的貞操觀，《新青年》同人對靈學、舊戲的批判，也都對中國傳統文化，尤其是儒家文化進行了挑戰。最爲重要的是，陳獨秀、魯迅、吳虞、易白沙等人對孔教儒學的直接開火。可以說，中國傳統思想文化尤其是儒家文化的各個方面，都被納入《新青年》批判的範圍，這直接導致了儒家傳統思想文化由傳統中國的「知識資源」淪爲「學術資源」。可以說，在中國新聞傳播史上，《新青年》對中國傳統文化進行的批判具有「惟一性」，甚至可以說是空前絕後的。作爲雜誌主編與靈魂，《新青年》的批判精神無疑最鮮明地體現在陳獨秀身上。

《每周評論》，作爲《新青年》的姊妹刊物，也貫徹了《新青年》的這種批判精神。需要特別指出的是，這種批判精神在《每周評論》及《每周評論》被封後《新青年》輸入「公理」的過程中，也有所體現。兩份刊物對「公理」的輸入，並不是單純、被動地「接受」，其中也包含了對西方「公理」的評價，這種評價本身也具有批判的意義。馬克思主義在中國的傳播就體現了這一過程，《每周評論》對馬克思主義的引介，到《新青年》六卷五號所謂「馬克思主義專號」對馬克思主義的「爭鳴」〔註11〕，再到《新青年》八、九兩卷對

〔註11〕 具體情況可參見，韓晗：《「被中心」還是「被邊緣」？——以〈新青年·第

馬克思主義的獨尊與對各種無政府社會主義的批判，這些都表明新青年同人批判的接受態度，而這種批判的接受態度在陳獨秀身上也有鮮明的表現。

（二）方式：中西對比與講求邏輯

此處所謂批判的方式，主要是指批判所使用的方式方法，更具體地說，是指陳獨秀進行文化批判時所使用的方式方法。透過陳獨秀的文章，可以發現，中西對比、講求邏輯是他採用的最主要的批判方式。

1、中西對比

中西對比，是指將西方的知識資源作爲參照系，以此考察中國的社會發展問題。知識的獲取可以通過多種途徑予以實現，但是，認知的深化卻一定要通過比較的思維方式，無論是古今對比的縱向比較，還是中西對比的橫向比較，都可以促進認知的深化。

中國傳統文化的崇古特徵決定了古今對比是中國人主要的思維方式。鴉片戰爭的爆發，讓傳統中國認識到西方世界的「眞實存在」，但這種存在更多地體現在「船堅炮利」上，西方並沒有成爲中國社會發展的參照系。甲午戰爭雖讓日本及日本仿傚的西方的政治文明進入了中國士人的思考視野，並以此作爲變法維新的理論來源之一。但是，這種對比既不全面，而且也因爲戊戌變法的曇花一現而沒有廣泛普及。事實上，眞正自覺以西方文明作爲參照系，利用西方的知識資源考察中國的社會發展問題，是陳獨秀及其創辦的《新青年》所引領的五四新文化運動。需要指出的是，與前述批判對象由國民性，到將國民性與民間文化相聯繫，再到傳統文化與西方公理的發展演變一樣，中西對比的批判方式也經歷了一個由淺入深的演變過程。

早在組織愛國演說會及其後的《國民日日報》時期，陳獨秀就已經運用中西對比的方式對國民性進行了批判。但是，這種中西對比主要表現爲「簡單」地羅列，並沒有展開深入地批判分析。比如，愛國會演說及《論增祺被拘》中，對中國國民重生死、輕榮辱的國民性與西方輕生死、重榮辱的國民性進行的「簡單」對比。《俗話報》時期，陳獨秀開始嘗試性地對西方學說予以介紹，但這種介紹多作爲「現成」的論證依據而出現，西方學說本身既不是傳播的重點，也沒有對西方學說予以必要的分析。比如《亡國篇》對土地、權利、主權等西方國家主權理論的簡短論述，主要是爲論證中國亡國的寫作

主題提供一個分析架構，西方國家主權理論並沒有成為分析研究的對象。又如《婚姻篇》中對歐美、日本婚俗的介紹，也主要是為了反證中國婚俗的不合理。儘管這種中西對比也能促進思維方式的轉變，但這種轉變主要體現在少數新式學堂的學生身上，對於絕大多數底層民眾來說，效果則很微弱。

作為一篇面向知識精英的批判文章，《愛國心與自覺心》以歐美人的國家觀——「為國人共謀安寧幸福之團體」——為前提，對國人盲動的愛國主義進行了批判，提出愛國心必須建立在自覺心的基礎上，倡導理性的愛國主義。值得注意的是，陳獨秀在文中，不僅對「為國人共謀安寧幸福之團體」的歐美人的國家觀進行了詳細闡釋，還以此分析了德意志、奧地利、日本、塞爾維亞、比利時、朝鮮、土耳其、墨西哥、中國等國國民的「愛國心」，指出「德、奧、日本之國民」是「不知國家的目的而愛之者」，朝鮮、土耳其、日本、墨西哥、中國是「不知國家之情勢而愛之者」，塞爾維亞、比利時則是「以國民之福利為目的者也」。儘管文中有些論述存有偏頗之處，但文章本身不僅反映出陳獨秀世界主義的分析視角，而且也表明陳獨秀對西方知識的接受與批判的態度，他不僅對西方國民的愛國心進行了分析，也對殖民地、附屬國的國民的愛國心進行了分析，並指出兩者的不同之處。在此基礎上，分析中國人的愛國心，提出「殘民之禍，惡國家甚於無國家」這一發人深省的結論，這也讓陳獨秀中西對比的批判方式具有了「深度性」，這也預示著中西對比的批判方式將在《新青年》上成為主導的批判方式。

《新青年》開篇文字《敬告青年》中，陳獨秀旗幟鮮明地提出了「六義」。陳獨秀認為，「自主」、「進步」、「進取」、「世界」、「實利」、「科學」為西方文明的特徵，「奴隸」、「保守」、「退隱」、「鎖國」、「虛文」、「想像」則為東方文明的特徵。這種對比雖有些簡單，但如果從思維方式的角度考察「六義」，「六義」要求青年人改變傳統崇古的思維方式，樹立中西對比的現代思維方式；如果從思考視野的角度來看，「六義」則要求青年人擴大思考的視野，要具有世界主義的眼光。在這個列國競爭的世界沒有實現大同之前，陳獨秀的「六義」仍有其參考借鑒的意義。

中西對比的批判方式與《新青年》及《每周評論》「介紹西方學說」、「改革青年思想」、進而「改造社會」的報刊宗旨，是一致的。改革青年思想，進而改造社會，確實需要引進西方知識資源，而中國傳統文化的根深蒂固，也意味著中西兩種知識資源必然存在激烈的「碰撞」，這也決定了中西對比的批

判方式的有效性。《新青年》同人也確實讓這種中西對比的批判方式成爲批判中國傳統文化的主導方式。無論是《新青年》倡導的內容，如文學革命、白話文運動、民主和科學，還是《新青年》所批判的內容，如反孔非儒、反對迷信、婦女貞操，都是在中西對比的視角下展開的，都是以西方的知識資源作爲參照系，來審視中國的社會問題，這最終造成了中國傳統知識資源淪爲學術資源，也促進了西方知識資源在中國的「接受」，在此過程中，陳獨秀雖不是肇始者，但卻是里程碑式的人物，而這確與其中西對比的批判方式存有密切的關聯。

2、講求邏輯

邏輯文，是 20 世紀初形成的一種政論文體，該文體最突出的特徵是「爲文時具有明確自覺地邏輯意識」〔註 12〕，這也是劃分這一派的根本依據，章士釗是邏輯文最典型的代表作家。胡適曾說，「自一九〇五年至一九一五年，這十年是政論文章的發達時期。這一個時代的代表作家是章士釗」〔註 13〕，他把這一時期的政論文稱爲「章士釗一派的政論的文章」。胡適認爲，章士釗創辦的《甲寅》（包括月刊，日刊──筆者注）聚集了一批作者，「大家不知不覺的造成一種修飾的、謹嚴的、邏輯的有時不免掉書袋的政論文學」，「幾乎形成一個甲寅派」〔註 14〕。錢基博認爲，「甲寅派」使邏輯文「別張一軍，翹然特起於民國紀元之後」〔註 15〕。李大釗、高一涵因爲與《甲寅》月刊，《甲寅》日刊的密切關係也被時人稱爲「甲寅派」的代表作家。

如前所述，陳獨秀雖參與編輯《甲寅》，也起到了相當重要的作用，但其眞正爲《甲寅》撰稿的文章只有一篇──《愛國心與自覺心》，這不僅與《甲寅》其他作者判然有別，而且反映了陳獨秀不同的價值主張。然而，參編《甲寅》的經歷，對陳獨秀還是有影響的，這種影響主要表現在其後陳獨秀文字中所表現出的明確自覺的邏輯意識，尤其是在駁論文中。

應該說，在清末啓蒙運動時期陳獨秀的報刊實踐中，並沒有體現出明確自覺的邏輯意識。他的《安徽俗話報》時期的論說文雖具有思想新穎深刻、論證系統有力的特點，但是這些特點並不是通過明確自覺、完整自洽的論說

〔註 12〕 徐鵬緒，周逢琴。論章士釗的邏輯文〔J〕東方論壇，2002，（5）：13～22。
〔註 13〕 胡適，《五十年來中國之文學》，《胡適文集》第 4 卷。
〔註 14〕 胡適，《五十年來中國之文學》，《胡適文集》第 4 卷。
〔註 15〕 錢基博。現代中國文學史。緒論〔M〕。北京：東方出版社，2008：7。

邏輯得以呈現的。思想的新穎深刻主要歸功於其作為思想家的思想的敏銳性以及中西對比批判方式的運用，論證的系統有力則要歸功於其對論說對象的批評是「完整」的。

《愛國心與自覺心》是一篇具有分水嶺意義的文章。與章士釗、張東蓀等人撰寫的結構嚴密的邏輯文相比，該文是一篇頗具文學色彩的論說，論說邏輯並不嚴密，給讀者留下了較多的想像空間。但是，對於結構嚴密的邏輯文來說，這種想像空間則是需要努力規避的。需要引起注意的是，該文已經表現出一定的邏輯意識，文章花了約五分之三的篇幅對愛國心與自覺心的關係進行邏輯推演，即所謂「假令前說為不謬，吾國將來之時局，可得而論定矣。」

《新青年》時期，陳獨秀的文章體現出鮮明的邏輯意識。如《再論孔教問題》，「吾國人學術思想不進步之重大原因，乃在持論籠統，與辨理之不明。近來孔教問題之紛吵不決，亦職此故。余故於發論之先，敢為讀者珍重申明之。」〔註16〕又如《答佩劍青年》「來書捧誦數四，一一訴諸邏輯之境，覺不犯矛盾律者幾希矣。」〔註17〕又如《駁康有為〈共和評議〉》文末，陳獨秀對康有為的「忠告」，「（一）凡立論必不可自失其立腳點，康氏倘直主張其君主制，理各有當，尚未為大失；今不於根本上反對共和，而於現行制度及目前政象，刻意吹求，是枝葉之見也，是自失其立腳點也。（二）凡立論必不可自相矛盾，他人攻之，猶可曰是非未定也；自相矛盾，是自攻也，論何由立？今之青年，論事析理，每喜精密，非若往時學究可欺以籠統之詞也。康氏倘欲與吾人尚論古今，慎勿老氣橫秋，漠視余之忠告。」〔註18〕再如《質問〈東方雜誌〉記者——〈東方雜誌〉與復辟問題》，「以上疑問（指文中陳獨秀提出的 16 個『敢問』——筆者注），乞《東方》記者一一賜以詳明之解答，慎勿以籠統不中要害不合邏輯之議論見教；籠統議論，固前此《東方》記者黃遠庸君之所痛斥也。」〔註19〕又如《再質問〈東方雜誌〉記者》，「……但以《東方》記者珍重徵引辜氏生平所力倡之言論宗旨，且稱許之，遂推論其與辜為同志。倘謂此二者內包外延自不相同，所推論者陷於謬誤；則此等邏輯，

〔註16〕 《再論孔教問題》，《新青年》第二卷第五期，1917 年 1 月 1 日。
〔註17〕 《答佩劍青年》，《新青年》第三卷第一期，1917 年 3 月 1 日。
〔註18〕 《駁康有為〈共和評議〉》，《新青年》第四卷第三期，1918 年 3 月 15 日。
〔註19〕 《質問〈東方雜誌〉記者——〈東方雜誌〉與復辟問題》，《新青年》第五卷第三期，1918 年 9 月 15 日。

非記者淺學所可解矣。」「《東方》記者謂可以邏輯之理審察之，則所謂邏輯者，其《東方》記者自己發明之形式邏輯乎？……若舉前二者以喻後者爲之例證，所謂因明與邏輯，得謂爲不謬於事實之喻與例證乎？」〔註20〕

上述引文雖多爲駁論性文字，但這些駁論性文字恰好證明了邏輯意識已經成爲陳獨秀爲文時的自覺實踐。因爲，陳獨秀在以邏輯作爲批判武器的同時，也必然要求自己講求邏輯，注意行文邏輯的完整自洽。考慮到陳獨秀的駁論文也是《新青年》大獲成功的重要原因，我們可以說邏輯意識已經成爲陳獨秀《新青年》時期作文的自覺實踐。相較於章士釗用古文寫作的以時事政治爲對象的邏輯文，陳獨秀以白話文寫作的討論思想文化的邏輯縝密的文章也應佔據一定的歷史地位。

總的來看，批判內容的發展演變與批判方式的由淺入深是緊密聯繫的，既反映了陳獨秀批判價值取向的一貫性，也表明陳獨秀報刊實踐活動的不斷深入，這在《新青年》及《每周評論》兩份刊物上，表現得最爲明顯。儘管兩份刊物對傳統的批判，存在諸多爭議，但不可否認的是，這種批判不僅具有歷史正當性，而且這種批判精神也是陳獨秀及《新青年》同人，留給後世的最可寶貴的精神遺產。

第三節　自由主義的傳播思想

雖然陳獨秀是中國近現代史上最富爭議的人物之一，但將其稱爲自由主義思想家則是眾口一詞的。的確，陳獨秀確是中國近現代史上最傑出的自由主義思想家之一，其報刊實踐也貫穿了自由主義精神，這是陳獨秀傳播思想中最爲精彩的部分。

一、自由主義的特徵及自由主義報刊理論的要義

本書不打算對自由主義以及自由主義報刊理論的內涵作嚴格的界定，原因在於：自由主義作爲一個術語，涵義極其廣泛，任何一種對「自由主義」的「嚴格界定」都是徒勞的，而且殷海光也指出，不僅「像西方自由主義者那樣的自由主義者，在中國眞是少之又少」，而且「中國的自由主義迄未定型」。因此，與其探討自由主義的定義，還不如描述自由主義的要義，而在這

〔註20〕《再質問〈東方雜誌〉記者》，《新青年》第六卷第二期，1919年2月15日。

方面可供借鑒的觀點頗多（如殷海光的論斷就可爲這種描述提供理想的架構）。自由主義報刊理論雖源於自由主義理論，但一直飽受爭議與批判，事實上，自由主義報刊理論自身也處在不斷的「修正」之中，所以，對該理論的界定多少帶有「階段性」（即相對性）。特徵是對已有實踐的歸納，自由主義報刊理論的特徵也源自對已有自由主義報刊實踐的歸納，這種歸納不僅可能，而且更爲「科學」。

殷海光在《自由主義的趨向》說：「……嚴格地說，像西方自由主義者那樣的自由主義者，在中國眞是少之又少。一個眞正的自由主義者，至少必須具有獨自的批評能力和精神，又不盲從權威的自發見解，以及不依附任何勢力集體的氣象。……中國的自由主義迄未定型。因此，我們要決定誰是徹頭徹尾的自由主義者，這是辦不到的事。值此社會文化激變的時代，沒有任何人的思想從少到老始終一貫不變，而且也沒有這個必要。自嚴復以降，就我所知，在中國思想界可以做代表人物的人物裏，沒有任何人的思想是從頭到尾像化石一樣不變的。既然如此，我們也就沒有理由把他們的思想硬裝進一個固定的範疇裏。我記述或類分思想變動的方法，是列出由六種性質構成的一個組。我所選擇的人，當他在某一個階段的思想合於這一組性質中的四種時，我就將他放進『自由主義』欄裏。這一組性質是：一，抨孔；二，提倡科學；三，追求民主；四，好尚自由；五，傾向進步；六，用白話文。」〔註21〕

作爲中國自由主義人物譜系中的殿軍之將，殷海光不僅自稱是「五四之子」，而且其報刊實踐也深深地嵌入了自由主義精神。因此，殷海光的上述論斷是「可靠」的。殷海光給出了成爲一個「眞正的自由主義者」「至少」需要的三大特徵：必須具有獨自的批評能力和精神，又不盲從權威的自發見解，以及不依附任何勢力集體的氣象。以這個特徵考察中國的自由主義者，確實是少之又少，無論是早期的梁啓超、嚴復等第一代「自由主義者」，還是陳獨秀、胡適、魯迅等第二代「自由主義者」，甚至也包括了以殷海光爲代表的第三代「自由主義者」。所以殷海光提出了六種性質，並且認爲只要具備六種性質中的任意四種，就可以將其稱爲「自由主義者」。

以殷海光的「三個特徵」、「六個性質」來考察陳獨秀及其擔任中共總書記之前的報刊實踐，可以發現，陳獨秀既符合「三大特徵」，也具備「六個性

〔註21〕殷海光。自由主義的趨向〔C〕//史華慈等。近代中國思想人物論：自由主義。臺北：時報文化出版事業有限公司，1985。

質」，是最為典型的自由主義者，甚至可以稱為自由主義的旗手。就「三大特徵」來說，前兩個特徵自不待言，而後一個「不依附任何勢力集體的氣象」而言，陳獨秀在出任中共總書記之前，也確實沒有依附過任何勢力集體。就「六個性質」來看，陳獨秀更是當仁不讓地成為五四時期自由主義的旗手，事實上，抨孔、提倡科學、追求民主、好尚自由、傾向進步、用白話文等六個性質正是陳獨秀及其《新青年》努力提倡的內容。

自由主義報刊理論誕生於西方，賽博特、施拉姆等人在《報刊的四種理論》中，依據西方自由主義思想以及自由主義報刊實踐，「完整」地提出了「自由主義報刊理論」。應該說，與西方自由主義的不斷發展一樣，自由主義報刊理論也處於不斷的「修正」之中，《報刊的四種理論》在成為新聞傳播學「經典」的同時，也時刻面對著各種評論，出版於 1995 年的由尼羅、貝里、布拉曼等著的《最後的權利：重議〈報刊的四種理念〉》一書，即對《報刊的四種理論》進行了「解構性」地評析。儘管如此，自由主義報刊理論仍然是當今西方世界占主導地位的媒介規範理論，其確立的基本原則（要義）仍然是新聞媒介的基本信條。國內學者對自由主義報刊理論的基本原則（要義）概括如下：

李良榮認為自由主義報刊理論的要義有：1，報刊不受政府的干涉；2，報刊擁有對政府的監督權；3，「意見自由市場」和「自我修正」理論；4，對事實的信念。〔註 22〕郭慶光認為報刊的自由主義理論（自由主義媒介規範理論），其核心觀點是「觀點的自由市場」，「是實行自律的自由企業」，自由主義理論的主要原理原則包括：1，任何人都擁有出版自由而不必經過政府當局的特別許可；2，除人身攻擊以外，報刊有權批評政府和官吏，這種批評是正當合法的；3，新聞出版不應該接受第三者的事先檢查，出版內容不能受到任何強制；4，在涉及觀點、意見和信念的問題上，真理和「謬誤」的傳播必須同樣得到保證。〔註 23〕應該說，兩人對自由主義要義或主要原則的概括基本相同，事實上，這也是國內學者的共識。

能否用自由主義報刊理論的要義來考察陳獨秀擔任中共書記之前的報刊實踐活動呢？陳獨秀是個自由主義者，甚至在出任中共總書記之前，是最為典型的自由主義者，這一點是毫無疑問的。他在晚年自述自己一生的大部分

〔註 22〕 李良榮。新聞學導論〔M〕。北京：高等教育出版社，2006：177～178。
〔註 23〕 郭慶光。傳播學教程〔M〕。北京：中國人民大學出版社，2003：136。

生涯，都與文字打交道，這在其轉向馬克思主義之前也更爲突出。一個自由主義者的報刊著述、辦刊思想，必然呈現出鮮明的自由主義精神，這是一個符合邏輯地推演。上述兩本著述對自由主義報刊理論的歸納，都是建立在梳理自由主義理論、及自由主義報刊理論的基礎上，而且這種梳理是在審視西方報刊理論發展史的意義上進行的，且帶有一定的批判色彩。

以上述殷海光自由主義的三大特徵，以及中國新聞學者概括的自由主義報刊理論的基本原則作爲參照標準，可以發現陳獨秀自由主義的傳播思想表現出如下特徵。

二、獨自的批評能力和批判精神

在殷海光給出的自由主義的「三大特徵」中，獨自的批評能力和精神居首位。獨自的批評能力，應該是指從事批評的主體不僅應該具備發現問題的能力，還要具備將發現問題轉化爲批評問題的能力，而且這種轉化能力是依靠主體獨立完成的，反映出主體獨立思考的印跡。批判精神，則是指這種獨自的批評能力不是偶發性的，而是一種常態性的存在，反映出主體從事批評實踐的內在自覺性，只有自覺地常態地批評實踐，才能稱爲批判精神。

以此考察陳獨秀的報刊實踐，可以發現，陳獨秀不僅具備獨自的批評能力，而且其報刊實踐活動中貫穿了批判的價值取向，由此呈現出一種批判的精神。作爲中國近現代史上最傑出的啓蒙思想家之一，陳獨秀不僅個性鮮明，而且具有很強的獨立思考的能力，這是毋庸置疑的。如前所述，清末啓蒙運動中，無論是其發起的兩次愛國演說會，還是其後的《國民日日報》以及《安徽俗話報》的報刊活動，反清排滿都不是陳獨秀的志趣。這是陳獨秀相較於「暴得大名」的章士釗、劉師培、林獬等人，顯得默默無聞的重要原因，否則以陳獨秀的才思文筆，要想「暴得大名」是件輕鬆的事，這足以表明陳獨秀有自己的追求、堅持與思考。又如發表於《國民日日報》的《近四十年世風之變態》一文，他對以《格致彙編》、《經世文牘編》、《盛世危言》、《時務報》、《清議報》、《新民叢報》爲代表的近四十年的世風進行了批判。其中對《時務報》、《清議報》、《新民叢報》的批判，已經具有了嚴格意義上的媒介批評的意味。在《新民叢報》大行其道之時，陳獨秀卻對此進行批判，陳獨秀獨立批評的能力由此可見一斑。至於陳獨秀創辦並主編的《俗話報》、《新青年》以及《每周評論》三份報刊，更是顯示出陳獨秀獨自的批評能力和批

判精神，這已在前文相關章節以及本章批判的價值取向部分作了論述，此處不贅。此外，陳獨秀於 1937 年《給陳其昌等的信》中，「我只注重我自己獨立的思想，不遷就任何人的意見」的文字，胡適也將陳獨秀稱為「終身的反對派」，這也頗能體現陳獨秀思考的獨立性。總體來說，陳獨秀的報刊實踐表現出了獨自的批評能力和批判精神。

三、發人深省的自發見解

不盲從權威的自發見解，是殷海光描述的自由主義「三大特徵」的第二個特徵。這個特徵上承「必須具有獨自的批評能力和精神」，提出了兩個更高的要求：首先要求主體在從事批評性話語實踐時，對所批評的對象以及所運用的論證資源必須有著「完整」地理解；其次要求主體的批評話語，必須具有一定的原創性。惟其如此，產生的見解才能體現出「不盲從權威」的色彩。當然，這兩個要求又是密切關聯的，任何批評性的話語實踐，要得出具有原創性意義的「創見」，就必須對其所批評的對象以及所運用的論證資源有著「完整」的理解，否則不僅無法產生「創見」，反而容易產生「謬見」。要獲得對所批評的對象以及所運用的論證資源的「完整」理解，就必須採用批判性的接受態度（亦可稱為討論學理的態度）。當然，這並不意味著採用批判性的接受態度，就必然能夠獲得「完整」的理解，但這確是獲得「完整」理解的正確路徑〔註 24〕。

以此考察陳獨秀的報刊實踐，可以發現，陳獨秀的批評性話語實踐不僅是「不盲從權威的自發見解」，而且往往能夠發人深省，體現出很強的原創性。陳獨秀能夠成為中國近現代最傑出的啟蒙思想家之一的重要原因，即在於其思想的創見性，這也是其報刊實踐能夠引領時代潮流的重要原因。前文相關章節對此有所分析，此處無意重複引證。本書此處想通過他人對陳獨秀的「評價」，證明陳獨秀對中國思想界的貢獻，以此從側面論證「發人深省的自發見解」的論點。毛澤東在 1919 年 7 月《湘江評論》創刊號上撰寫了《陳獨秀之被捕及營救》一文，讚揚陳獨秀「為思想界的明星」，並高喊「我祝陳君萬歲！我祝陳君至堅至高精神萬歲！」傅斯年於 1932 年陳獨秀被捕之後，發表《陳獨秀案》，稱陳獨秀為「中國革命史上光焰萬丈的大彗星」；陳獨秀逝世後，

〔註 24〕 需要指出的是，有些批評性話語實踐只對批評對象本身展開反思和追問，並不需要引入新的論證資源。

昔日政敵吳稚暉在輓聯中說他「思想極高明」而「政治大失敗」；高語罕的輓聯爲，「喋喋毀譽難認！大道莫容，論定尙須十世後；哀哀蜀洛誰悟！慧星既隕，再生已是百年遲。」陳銘樞的輓聯爲「言皆新制，行絕詭隨，橫覽九州，公眞健者！謗積邱山，志吞江海，下開百劫，世負斯人！」高語罕又在《哭獨秀》中寫道：「獨秀，你死了！獨秀你死了！你是獨行傳中的好老。你事事識得機先，你句句說的到靠，你的言和行沒有什麼不相當，四十年來的社會鬥爭史，會給你寫下一幅幅眞的小照！」程演生的挽詞中有，「健筆開聾聵，英聲動市廛」的文字。王森然聽聞陳獨秀死訊後，也寫下了「嗚呼先生！滿腔熱血，灑向空林，一生有毅力，無用武之地，吾不反爲先生惜，吾驚爲民族哭矣。」上述人物身份各不相同，發表文字的時間也前後不一，但均認爲陳獨秀於中國的思想界多有貢獻，這也足以表明陳獨秀批評性話語實踐所具有的「發人深省的自發見解」的特點。

這裡還有一個問題需要檢討，即殷海光所說的「五四的父親太淺薄，無法認眞討論問題」。殷海光給他的學生張灝的一封信中這樣說道，「這種人堅持獨立特行，不屬於任何團體，任何團體也不要他。這種人，吸收了五四的許多觀念，五四的血液在他的血管裏奔流，他也居然還保持著那一代傳衍下來的銳氣和浪漫主義色彩。然而時代的變動實在來得太快了，五四的兒子不能完全像五四的父親。這種人認爲五四的父親太淺薄，無法認眞討論問題，甚至被時代的浪潮衝退了色，被歲月磨掉了光彩。而五四的父親則認爲他是一個欠穩健的時代的叛徒，有意或是無意的和他疏遠起來。」〔註25〕應該說，殷海光作爲中國自由主義人物譜系中的殿軍之將，不僅是深受「五四的父親」影響的「五四的兒子」，而且其報刊實踐也深深地嵌入了自由主義精神。因此，他的這種體認具有一定的合理性。確實，「五四的父親」，如陳獨秀、胡適、魯迅等人的思想也存在這樣，那樣的不足，他們對中國問題的「體認」，對西方知識資源的「接受」也存在一定的「盲區」。然而，這是一種任何人都無法避免的「認知局限」，「先知先覺」固然可能存在，但「全知全覺」則根本不存在。因此，陳獨秀等人留給後世的最可寶貴的財產是他們的批判精神，而且，如果他們提出的問題在現代社會仍然是一個「問題」的話，那麼他們的思想命題也必然是有效的，仍需要後世予以「認眞」地「對待」。

〔註25〕殷海光。殷海光書信集〔M〕。賀照田編。上海：上海三聯書店，2005：195～196。

應該說，對陳獨秀、胡適、魯迅、李大釗等「五四父親」的「淺薄」、「無法認眞討論問題」進行討論是必要的。然而，在缺乏批評性話語實踐以及缺少對中國問題深刻認知的情況下，對陳獨秀等人所進行「純粹」的學理批評，多少具有「後見之明」的意味，既缺乏「效度」，也算不得「眞正的對話」。在這一點上，殷海光的結論與當下的一些批評存在根本的差異。

四、辦刊實踐從不依附於任何勢力集體

殷海光界定自由主義者的第三個特徵，是「不依附任何勢力集體的氣象」。何謂「勢力集體」呢？對這個詞語的解釋，關鍵在於「勢力」。「勢力」，本質上是指主體擁有的一種力量，但這種力量又具有「威勢」的意味，即這種力量能夠妨礙其他主體的正當權利。因此，凡是能夠妨礙主體行使正當權利的集體，都可以被稱爲「勢力集體」。自由主義認爲，言論自由是人的基本權利之一。因此，殷海光所謂「勢力集體」，可以理解爲妨礙主體言論自由的集體。需要指出的是，勢力集體不僅對集體之外的言論自由施加影響，也對集體內部個體言論的自由表達施加壓力。這就決定了此處需要考察的內容是，陳獨秀的報刊實踐與其參與的政治組織活動在時間上是否存有交疊之處？如果存有交疊之處，其參與的政治組織是否對其報刊實踐產生了組織性的壓力，進而妨礙了他人（無論組織內外）的言論自由表達？

作爲近代中國社會革命的先行者，參與和組織政治團體、發起社會革命與從事報刊實踐是陳獨秀從事的兩項主要的社會活動。以下是這一時期陳獨秀從事的主要社會活動的簡介：1901 年 11 月，第一次赴日本留學期間，與張繼等人參加留學生團體「勵志社」，但很快因政見不同脫會。1902 年 3 月，陳獨秀與何春臺等人發起演說會。同年冬，他與張繼、蔣百里、潘贊化、蘇曼殊等人在日本發起「青年會」。1903 年 4 月，陳獨秀因「剪辮」事件「被遣返回國」，在安慶與潘縉化、葛溫仲、張伯寅等人籌組「安徽愛國社」，創設藏書樓。同年夏，陳獨秀於上海參與創辦、編輯《國民日日報》。1904 年初，陳獨秀與房秩武、吳守一等人商議辦報，同年 3 月 31 日，《俗話報》出版。同年 11 月赴上海參加暗殺團。同年底陳獨秀由上海返皖後，編輯《俗話報》的同時，主要精力則集中於辦學以及組織「岳王會」。1907 年春，陳獨秀再次赴日，與章太炎、劉師培、蘇曼殊、日人幸德秋水、印人鉢羅罕.保什等發起「亞洲和親會」。1914 年參編《甲寅》。1915 年創辦《新青年》。1918 年底創辦《每周評論》。1920 年 7 月組建上海共產主義小組，1921 年 7 月中共一大召開，

被推為總書記，在此一年間，陳獨秀除為《新青年》撰稿外，還指導創辦《勞動界》、《夥友》等工人刊物，《共產黨》月刊、《廣東群報》等進步刊物。

由上可知，除了後期的《俗話報》（第 15～22 期，1905 年 3 月～1905 年 8 月），以及從 1920 年 7 月組建上海共產主義小組到 1921 年 7 月擔任中共總書記這一年間的報刊實踐與其政治組織活動在時間上存在交集外，其餘的報刊實踐與其政治組織活動是交替進行的，而且這構成了陳獨秀前期報刊實踐的主要部分〔註 26〕。可見，陳獨秀的報刊實踐與其參與的政治組織活動在時間上確有交疊之處。那麼，這兩個時段陳獨秀參與的政治組織活動對其報刊實踐是否產生了組織性的壓力，並進而妨礙了他人（無論組織內外）的言論自由表達呢？

首先，分析第一個交疊之處，即後期的《俗話報》。如前所述，從 1904 年 3 月 31 日《俗話報》創刊，直至 11 月陳獨秀赴上海參加暗殺團，這一段時間陳獨秀專心於辦報，《安徽俗話報》因之大獲成功。陳獨秀在上海呆了一個月後，1905 年 1 月回蕪湖。返蕪後的陳獨秀儘管仍為《俗話報》撰稿，但其工作重心已經由辦報轉向革命活動了，積極動員旅湘公學遷返蕪湖，並發起組織革命組織「岳王會」。事實上，《俗話報》第 16 期（1905 年 3 月）發行時，安徽公學已經正式開學，岳王會已經初步成型了。陳獨秀的革命轉向對《俗話報》產生了重要影響，《俗話報》因此停停歇歇，終至停刊。這段史實不僅表明陳獨秀之於《俗話報》辦刊的重要性，也表明陳獨秀一旦革命轉向，《俗話報》就成了「雞肋」，以至於汪孟鄒「無論怎麼和他商量，說好說歹，只再辦一期，他始終不答應，一定要教書去了」〔註 27〕。由此可見，陳獨秀在這個時期的政治組織活動雖然對《俗話報》產生了重要影響，但這種影響與言論自由表達無關。

〔註 26〕 需要指出的是，兩次愛國演說會，陳獨秀的報刊實踐活動，主要表現為廣義的報刊實踐，雖有辦報的主張，但並沒有成為現實，故本書沒有將此納入分析對象。此外，有論點認為同人雜誌時期的《新青年》構成了一種話語霸權，也有論點從北大的進德會分析蔡元培的道德主張對陳獨秀及《新青年》的影響。雜誌同人雖不能稱為團體，但「霸權」的結論多少意味對自由表達的妨礙；進德會雖不是政治組織，但確是一個團體組織，也多少意味著妨礙自由表達的組織性壓力的存在。儘管這兩個問題確實值得討論，但是無論是雜誌同人，還是進德會，都不是嚴格意義上的妨礙自由表達的勢力集體，因此本書此處不予討論。

〔註 27〕 汪原放。回憶亞東圖書館〔M〕。上海：學林出版社，1983：16～17。

　　其次，分析第二個交疊之處，即從 1920 年 7 月組建上海共產主義小組到 1921 年 7 月擔任中共總書記的一年時間，其參與的共產主義組織對報刊實踐是否產生了組織性的壓力，而且這種壓力又是否妨礙了他人（無論組織內外）的言論自由表達的問題。與第一次交疊《俗話報》成為「雞肋」不同，這次交疊，陳獨秀參與的共產主義組織對其報刊實踐產生了組織性的壓力。與「岳王會」倡導岳飛的精忠報國的愛國精神不同，共產主義的指導思想是西方的馬克思主義，這決定了利用刊物宣傳馬克思主義的必要性，這是報刊實踐中組織性壓力存在的一個重要原因。事實上，陳獨秀傳向共產主義之後，其報刊實踐迅速改變了「顏色」。《新青年》自八卷一號起，成為上海共產主義小組的機關刊物，傾向於共產主義宣傳。胡適敏銳地察覺到這種變化，並將之稱為「顏色過於鮮明」。此外，陳獨秀不僅積極指導創辦《勞動界》、《夥友》、《廣東群報》、《共產黨》月刊等刊物，還在上述刊物尤其是《勞動界》、《廣東群報》發表了數量頗多的文章。這些文字也都具有濃厚的馬克思主義色彩。這些都可以表明，陳獨秀參與的共產主義組織對其報刊實踐確實產生了組織性的壓力。然而，組織性壓力的存在，是否必然妨礙他人（無論組織內外）的言論自由表達呢？

　　應該說，這種組織性壓力的存在，並沒有對他人（無論組織內外）的言論自由造成妨礙。比如，針對《新青年》「顏色過於鮮明」的問題，陳獨秀也「不以為然」，表示要仍以「哲學文學為是」，陳望道也有「抹淡顏色」，北京同人的文字也照樣可以發表。雖然北京同人的文字大幅度減少，但這並不是編輯的把關造成的，而是北京同人緣於不同主張的「自覺」行為。又如，積極指導創辦新的刊物並為之撰寫文章的行為，也表現出陳獨秀對言論自由的重視，而陳獨秀這一時期的報刊批評，尤其是對區聲白代表的無政府主義的批判，也主要是從學理討論的角度展開，顯示出客觀、理性的討論態度，與其後你死我活的階級鬥爭的批判話語判然有別。再如，這一時期為中共的組織發起時期，參與組織的則是少數傾向於馬克思主義的知識分子，維繫組織的是共同的信仰〔註 28〕，不是嚴密的組織紀律，中共的組織紀律是在一大後

〔註 28〕 美國學者周邦奇在《血路：革命中國中的沈定一（玄廬）傳奇》（江蘇人民出版社，1999 年版），也對中共共產主義小組的成立作了描述，「這七個最初小組裏的人並未與世隔絕。隨著許多青年人的加入和退出，上海的革命團體在不斷擴張或收縮。」「如果說這一團體的成員組成是多變的，其活動區域則是極為確定的」（見該書「沈定一與上海共產主義小組：1920 年春夏」部分，第 73～78 頁）。這些也都表明共產主義小組時期組織、紀律並不嚴密。

逐漸形成的。這批早期的中共黨員出現分歧，甚至退黨，也是在一大之後才出現。因此，沒有證據顯示這一時期的報刊實踐對共產主義小組內部的言論自由造成了妨礙。

總體來看，不依附任何勢力集體從事辦報實踐，是陳獨秀擔任中共總書記之前報刊實踐活動的主要特徵。即使退一步講，相較於梁啓超、章士釗的報刊實踐，陳獨秀的報刊實踐還是努力做到了不依附任何勢力集體。

五、對思想自由、言論自由的高度關注

通常認為，思想作為主體的一種心理活動，是一種自在的思維活動，任何形式的外力都無法干預。而且，言論作為主體思想的一種外在表現，保障主體的言論自由等同於保護主體的思想自由。因此，思想自由通常被內含於言論自由之中，沒有予以突出的強調，這也是言論自由被突出強調的重要原因。應該說，這種「常識性」的見解，有一定的合理性。但是，絕對意義上的思想的自在性與思想自由還是有所區別的，主體任何形式的自在思想行為，都存有思想的藩籬，這決定了思想並不是自由的，因此，自在的思想並不能簡單地等同於自由的思想。要想實現思想的自由，首先必須認識到思想藩籬的存在，進而突破思想的藩籬，獲得新的思想。這才是真正的自由思想，也只有在這個意義上，才能稱得上思想自由。思想的藩籬，是指阻礙自由思想的一種類似集體無意識的慣性思維，文化和意識形態是形成慣性思維的最主要的因素。對於大部分人來說，自由思想並不是件容易的事情，否則，思想家就沒有存在的必要了。

言論自由是自由主義報刊理論的核心觀點。自由主義報刊理論強調「意見的自由市場」和「意見的自我修正」，認為觀點愈辯愈明，人們最終會選擇「真理」。為此，自由主義報刊理論反對政府干涉報刊，反對事先檢查制度。應該說，「意見的自由市場」是建立相信人類具有理性、相信理性、選擇理性的基礎上，惟有如此，觀點才會愈辯愈明。然而，理性並不是人類的唯一特性，這就容易出現觀點難以辯明，或者人們並不接受被辯明的意見的情形。換句話說，「意見的自由市場」，「意見的自我修正」，不僅依賴於辯者的理性傳播，還決定於受者的理性接受。從社會學角度來講，理性是指主體具有的識別、判斷、評估實際理由以及使人的行為符合特定目的等方面的智慧，是一種通過邏輯推演，為自己行為尋找合法性的真理發現活動。嚴格意義上，

並非所有的理性活動都能帶來眞理的發現，然而，眞正的眞理發現卻一定是一種理性活動。應該說，眞正的思想自由可以幫助主體突破思想的藩籬，認識到存在於認識過程中的慣性思維，從而讓自己的邏輯推演更爲嚴密，以達到嚴格意義上的眞理發現。在這個意義上，思想自由與言論自由有了眞正的「交集」。應該說，思想自由與言論自由的關係是緊密聯繫的，言論自由的保護對象與最終目標是思想自由，思想自由則是言論自由的前提與基礎。

　　儘管陳獨秀專門論述思想自由、言論自由的文字並不多，但是我們依然可以從相關文字中，看到陳獨秀對思想自由與言論自由的高度關注——不僅思想自由與言論自由常常同時出現，而且呈現出這樣一個發展趨勢，從清末時期的「思想言論」到《每周評論》創辦前《新青年》的「思想自由」，再到《每周評論》的「言論思想自由」，以至《每周評論》被封後的「言論自由」〔註29〕。但是，「思想言論，事實之母」的基本含義沒有變，都在強調思想言論所具有的改造社會的意義。因此，我們可以做出這樣的判斷：陳獨秀非常重視思想言論自由，因爲思想言論具有改造社會，再造文明的功用；相較於言論自由，陳獨秀更看重思想自由；陳獨秀由思想自由「轉向」言論自由，與其批評時政，介入現實政治是有密切關聯的，而這些判斷均在陳獨秀的報刊實踐中得到了體現。

　　思想啓蒙是陳獨秀開出的救國救民的藥方，他希望通過對國民的思想改造以改變中國落後挨打的局面。爲此，陳獨秀批判國民性、啓發個體意識，輸入西方學理，強調學術自由，最終引領報刊同人發起了一場志在「重新估定一切價值」的五四新文化運動。需要再次強調的是，與梁啓超、章士釗以及于右任等人的報刊實踐不同，陳獨秀在清末不以反清排滿爲辦報志趣，在民初不以批評時政爲宗旨，不僅自覺與現實政治拉開距離，而且努力堅持思想啓蒙的辦報路線。他創辦的《俗話報》是清末下層啓蒙運動中啓蒙報刊的佼佼者，《新青年》、《每周評論》則引領了五四新文化運動，這在中國新聞史上、中國報人中都是獨一無二的。如上所述，思想自由是言論自由的前提與基礎，只有思想實現了自由，觀點才能眞正做到「愈辯愈明」，也才能眞正實現理性地傳播與接受。在此種意義上，陳獨秀「思想言論，事實之母」的觀

〔註29〕　這裡依據的文本是《會啓》、《國民日日報發刊詞》、《近四十年世風之變態》、《袁世凱復活》、《答吳又陵》、《舊黨的罪惡》、《法律與言論自由》以及《討論社會實際問題底引言》等8篇相關文字。

點，以及內含的思想自由、言論自由的思想，不僅「超逾黨派政見，且具有普世性價值意義的」〔註30〕，而且也是一枝獨秀的。

六、對「輿論」、「黨見」的批判

所謂輿論，是指多數人的意見；所謂黨見，是指政黨意見。如上所述，相對於通常意義上的言論自由，陳獨秀更看重思想自由。對陳獨秀而言，言論自由固然重要，但思想自由更爲重要。只有思想自由了，言論自由才更有價值，否則，言論自由只能是「黨見」的自由，「盲見」的自由。這就決定了陳獨秀在提倡思想言論自由的同時，對輿論與黨見展開了批判。需要指出的是，此處的「批判」，不是全面否定，而是建立在對輿論、黨見合理性進行確認的前提下展開的批判。前提有兩個：第一爲政黨必須謀益多數人的幸福，否則政黨言論只是一黨之見，並不代表輿論，需要予以批判；第二，思想必須自由，否則代表多數意見的輿論雖號稱多數，但只是盲見，同樣需要予以批判。這就可以解釋一些「矛盾」現象，陳獨秀既反對「輿論」，又重視「輿論」，陳獨秀批判政黨運動、政黨言論，但只要政黨運動能夠與國民運動結合起來，能夠謀益多數人的幸福，他就能夠接受，這顯然是他轉向馬克思主義，組建中共的一個重要的原因。

如前所述，1903 年 4 月陳獨秀在提出「思想言論，事實之母」觀點的同時，還表達了「本社既名愛國，自應遵守國家秩序，凡出版書報，惟期激發志氣，輸灌學理，不得訕謗詆毀，致涉叫囂」〔註31〕的辦報主張。這個主張不是囿於環境壓力所作的違心之論，而是陳獨秀的自覺體認。陳獨秀《近四十年世風之變態》一文中，也在「思想言論，事實之母」的視角下，對梁啓超的報刊實踐，尤其是《清議報》與《新民叢報》進行了批判。陳獨秀爲何要將梁啓超的辦報實踐歸爲「訕謗詆毀，致涉叫囂」呢？

梁啓超在 1901 年 12 月《本館第一百冊紀辭並論報館之責任及本館經歷》中提出了「一人之報」、「一黨之報」、「一國之報」、「世界之報」等概念，所謂「一黨之報」即「以一黨之利益爲目的者」；所謂「一國之報」即「以國民之利益爲目的者」。梁認爲，《時務報》「殆脫一人報之範圍而進入於一黨報之

〔註30〕張育仁。自由的歷險──中國自由主義新聞思想史〔M〕。昆明：雲南人民出版社，2002：225～239。

〔註31〕《蘇報》，1903 年 6 月 7 日。

範圍也」，亦即《時務報》應爲「一黨之報」，而《清議報》「全脫離一黨報之範圍，而進入於一國報之範圍」，亦即《清議報》爲「一國之報」。根據梁的上述論述，繼《清議報》之後創辦的《新民叢報》應該屬於「世界之報」。應該說，梁的論述反映了梁的辦報主張。儘管梁認爲他創辦的《清議報》、《新民叢報》不是「一黨之報」，而是「一國之報」、「世界之報」，但陳獨秀並不這樣認爲，陳獨秀認爲梁的報紙只不過是在「愛國」的幌子下，宣傳一黨之見，如前文所引的他對《清議報》、《新民叢報》的批判性文字。應該說，陳獨秀的評價並不全面，但結論本身還是有相當的思想意義，反映了陳獨秀對思想言論，尤其是報刊言論的重視，對梁啓超辦刊實踐的批評，既含有對「黨見」的批判，也透露出對輿論的批判。

在清末新政時期的報刊實踐中，陳獨秀努力將報刊實踐與政治組織活動進行區隔。上文已經指出《俗話報》對於革命轉向之後的陳獨秀具有的「雞肋」的象徵意義，還指出陳獨秀雖組織岳王會，但當岳王會集體加入同盟會時，會長陳獨秀卻選擇了退出。在日本期間，雖與章太炎、劉師培、蘇曼殊等同盟會會員過從甚密，但仍然沒有加入同盟會，也沒有爲同盟會刊物撰寫過革命論說。民元初年，他雖在安徽軍政府擔任要職，但遭到新老同志的打擊，最終亡命上海。這多少表明陳獨秀對政黨組織的「排斥」。無獨有偶，章士釗是另一個與同盟會拉開距離的人。陳、章二人作爲《國民日日報》的總理編輯，這種相似的經歷，也表明《國民日日報》的革命宣傳，並非「黨見之論」，而更像是知識分子的自由發聲〔註 32〕。

在五四時期，在《答汪叔潛》、《答李亨嘉》、《爲什麼要南北分立？——南北人民分立呢？還是南北特殊勢力分立呢？》、《國慶紀念底價值》、《反抗輿論的勇氣》等幾篇文字中，陳獨秀對「輿論」、「黨見」展開了鮮明地批判。

在《答汪叔潛》（《新青年》第二卷第一期，1916 年 9 月）中陳獨秀提出了三個觀點：一是近世國家是建立在國民總意的基礎上，憲法的制定必須反

〔註 32〕 陳獨秀強調書報應該遵守國家秩序，章士釗大力宣傳革命派滿；兩人雖都有實際的革命活動，但都沒有加入同盟會；兩人文筆出眾、擅長論說，但都沒有爲《警鐘日報》撰寫過論說；劉師培、林獬兩人也曾與陳、章兩人合作共事於《國民日日報》，劉、林兩人又擔任《警鐘日報》主筆，又創辦《中國白話報》，全力從事革命宣工作，但劉師培於民元前即已「變節」，林獬則最終選擇自由報人的身份。這些足已證明《國民日日報》所發之論非「黨見之論」，而是知識分子的自由發聲。

映國民總意，憲政的實施必須尊重輿論。二是憲政國家，實行政黨政治是必然的，但各政黨的黨見並不等同於輿論，黨見只是輿論中的一小部分而已，黨見雖能引發輿論，但黨見並非輿論本身。三是憲政實施有二要素，即「庶政公諸輿論」與「人民尊重自由」，否則即使是優秀政黨掌權，也不能稱立憲政治，因為其與多數國民無關。需要指出的是：陳獨秀是在國民運動與政黨運動的層次上討論「黨見」與「輿論」的，因此文章是在國民總意的意義上使用輿論這個詞，亦即輿論必須代表國民總意；二是國民總意指的是一種「尊重自由」條件下的多數國民的民意，因此也是理性的國民總意。

在《答李亨嘉》（《新青年》第三卷第3號，1917年5月）中，陳獨秀認為，因為國民偷安苟且、目光短淺，所以不可能產生真正的民意。如果定要採用少數服從多數的施政方式，結果只能導致「布舊除新」。陳獨秀宣稱「重在反抗輿論」為雜誌宗旨，他認為李亨嘉所謂的「代表輿論」是「同流合污媚俗阿世之卑劣名詞」，因此《新青年》拒絕這一稱謂。可見，陳獨秀反抗的輿論並不是真正的民意，而是因民眾素質低劣產生的「同流合污媚俗阿世」的虛假的「多數民意」。

在《為什麼要南北分立？——南北人民分立呢？還是南北特殊勢力分立呢？》（《每周評論》第14號，1919年3月23日）中，陳獨秀認為，「若真正是多數民意，或者還可以分立。若是少數野心家不正當的政見，便萬萬沒有分立的理由了。」可見，陳獨秀是在「真正的多數民意」的意義上使用「輿論」一詞。

在《國慶紀念底價值》（《新青年》第八卷第二期，1920年11月）一文中，陳獨秀為了論證共和政治並不能造成多數人的幸福，只有社會主義才能造成「實際的多數幸福」，對資本主義社會的輿論進行了批判。他認為，共和政治的金錢政治本質限制了真正的多數民意的表達，也使得資本家可以操縱輿論、製造輿論。與《答汪叔潛》一文相比，這種論述是典型的馬克思主義式的政治話語，在某種意義上，陳獨秀已將輿論等同於資本家的意見，這多少也意味「黨見」具有轉化為「輿論」的可能性。當然，陳獨秀討論輿論的前提並沒有變，即真正的輿論必須反映多數人的意見，必須保證多數人的自由幸福。

《反抗輿論的勇氣》是一篇隨感，發表於中共一大召開前夕。陳獨秀當時還在廣州，一面忙於批判無政府主義，以宣傳馬克思主義；一面忙於闢謠，與廣州、上海報界的造謠作鬥爭。該篇文章批判的對象是群眾輿論，他認為，

群眾輿論因群眾心理的盲目性也表現出盲目性的特徵，雖能造就事功，但大半是不合理的，有害於社會進步，因此需要「公然大膽反抗輿論」。這表明陳獨秀理想中的群眾輿論應是合理性的，能夠推動社會進步。當然，這也暗示了陳獨秀本人即是公然大膽反抗群眾輿論的人。

可以看出，陳獨秀雖然在不同時期對「輿論」、「黨見」進行了不同的論述與批判，但其論述與批判的前提則是一以貫之的，即輿論必須是多數國民的理性民意，能夠謀益多數人的幸福。應該說，他對黨見與輿論的區分，對輿論與民意的區分，對群眾輿論盲目性的批判，都具有鮮明的現實針對性，不乏灼見真知；他的國家、政黨應該謀益多數人幸福的理想追求，則讓他勇於反抗輿論的行為也具有了引領輿論的意味，為其革命轉向後將「黨見」轉化為「輿論」提供了可能性。

七、強烈的社會責任意識

所謂強烈的社會責任意識，是指陳獨秀的報刊實踐中所表現出的對社會、對國家、對國民的強烈的責任感。在陳獨秀自由主義的報刊實踐中，滲透了強烈的社會責任意識，而且這種社會責任意識指向的不是某個特定的階層，而是「真正」的絕大多數的民眾。

由於種種原因，「自由主義」一詞在中國往往是貶義的，與「放任」、「散漫」聯繫在一起，成為「不負責任」的代名詞。事實上，自由主義，作為一種主義，也是講求責任的，只是其負責的對象更偏重於「個體」。當然，這並不意味著自由主義不關心甚至反對「集體」的存在，而是希望以「個體」的真實存在實現「集體」的更高存在。這是自由主義的一個基本涵義。

通常認為，自由主義報刊理論之所以需要社會責任理論的修正，是因為自由主義報刊理論在社會責任方面是有所欠缺的，社會責任理論的核心要點即是「強調大眾傳播媒介對社會和公眾應該承擔一定的責任和義務」〔註33〕。然而，這並不意味著自由主義報刊實踐先天就是缺乏責任的。如果自由主義報刊實踐先天就是缺乏責任、自私自利的，那就失去了合法性和存在的價值，也根本沒有「修正」的必要。應該說，自由主義報刊理論對言論自由的強調，只為其滑向自私自利提供了理論的和政策的可能性，自由主義報刊實踐真正「喪失」社會責任，主要與其對市場的追求有關，而這又與新聞專業主義有

〔註33〕郭慶光。傳播學教程〔M〕。北京：中國人民大學出版社，2003，138。

著千絲萬縷的聯繫。

如前在探討《新青年》的新聞精神時指出，中文報刊在近代中國雖是舶來品，但是近代國人自辦辦刊的發生、發展有著不同於西方新聞專業主義的發展邏輯，比如近代國人辦報實踐與愛國救亡之間的密切關聯，這與西方現代報刊產生於政治鬥爭和經濟競爭的需要就存在很大的不同。這就讓近代國人的辦刊實踐往往表現出強烈的社會責任感。事實上，無論是《新民叢報》、《甲寅》、《新青年》等具有思想啓蒙性質的報刊實踐，還是文人論政的報刊精神，都充分證明了這一點。

當然，報刊實踐具有強烈的社會責任感，並不意味著從事報刊實踐的主體是自由主義者，但是就陳獨秀自由主義的報刊實踐來看，確實充滿了強烈的社會責任感，而且這種社會責任感指向的不是某個特定的階層，而是絕大多數的民眾。陳獨秀愛國憂民的傳播主題，思想啓蒙的傳播宗旨，以及上文分析的有關自由主義新聞實踐的表現，都可以證明陳獨秀的報刊實踐中所體現出的強烈的社會責任感。此處將對陳獨秀關於新聞傳播問題的「具體」論述進行分析。

應該說，陳獨秀雖是著名的報刊活動家，但是他專門論述新聞傳播問題的論述非常少，已有論述多爲論述其他問題時順便提及。以下是五四新文化運動時期陳獨秀對新聞傳播問題的相關表述。

在《元曲》（《新青年》第四卷第四期，1918 年 4 月）這篇隨感中，陳獨秀認爲，新聞記者是「國民之導師」，需要具備「常識」，不能聽風是雨，傳載謠言。根據文中的表述，「常識」首先是指基本的現代科學知識，即歐美日大學均設有戲曲科目，以及西醫的科學實驗證明；其次「常識」是指基本的推理能力（邏輯思維能力），如果記者既不具備基本的現代科學知識，也無法獲取第一手信息，那麼就要對所報導的對象進行邏輯推理，以此斷定報導對象的眞僞。如果「元曲」爲「亡國之音」，那麼「周秦諸子、漢唐詩文」均無「研究之價值」，而印度、希臘、拉丁文學，「更爲亡國之音」。

在《關於北京大學的謠言》（《每周評論》第 13 號，1919 年 3 月 16 日）中，陳獨秀對張厚載「傳播謠言來中傷異己」的行爲進行了批評，指出「據理爭辯」是記者應有的言論態度，記者應該尊重事實，不能「閉著眼睛說夢話」，否則喪失了「新聞記者的資格」。不光如此，如果使用「倚靠權勢」、「暗地造謠」這「兩種武器」，那麼只能表明記者「發生人格問題了」。

在《討論社會實際問題底引言》（《廣東群報》，1921 年 2 月 12 日）中，陳獨秀認爲，「在言論上指導社會是新聞家一種職務」，但是記者的言論態度應該嚴肅、合法，不能「時常造謠言攻擊個人的陰私」，報導的問題也必須是「實際問題」，「若是離開了實際問題，專門空發議論」，那麼這種新聞自由是一種「滑稽的假的言論自由」，不要也罷。只有「敢於」討論「實際問題」，並且「堂堂正正地發表主張」，才是「眞的言論自由」。

《影畫戲院問題》（《廣東群報》，1921 年 2 月 19 日）是「討論社會實際問題」中的一篇。陳獨秀認爲，影畫戲院問題之所以重要，是因爲它是一種社會教育形式，然而，偵探片熱映則是不好的現象，因爲它不僅能養成機詐作惡的心理，還能教人機詐作惡的方法，如「上海閻瑞生殺害妓女蓮英底案中，完全是模仿影戲」，所以需要禁止。

在《答馮菊坡先生的信》（《廣東群報》，1921 年 1 月 11 日）的首段，「因爲不幸我所見過廣州報，不是無關重要的記載，便是發訐反對方面的陰私，或是用無條理的詭辯、謾罵來出風頭，像馮先生這樣有理性的討論，我第一次見著，所以我格外歡迎。」表明陳獨秀贊成理性的討論態度，反對不關痛癢、攻訐陰私以及詭辯謾罵的言論態度。

在《新出版物》（《新青年》第七卷第二期，1920 年 1 月）這篇隨感中，陳獨秀首先強調新雜誌應說「人」話，討論「人」的實際問題；其次辦刊要講求「經濟」，在同一地區創辦相同的刊物，是一種人力、財力的浪費，「象北京、上海同時出了好些同樣的雜誌，人力上財力上都太不經濟了」；第三辦刊要有創造性，「許多人都只喜歡辦雜誌，不向別的事業底方面發展，這也是缺少創造力底緣故」，不能千篇一律，如果「看雜誌的同是那一班人」，就「未免太重複了」；第四，辦雜誌必須要有「一種不得不發的主張」，像這種「沒有一定的個人或團體負責任，東拉人做文章，西請人投稿」的「百衲雜誌」，「實在沒有辦的必要」。

由上述幾篇文字分析可知，陳獨秀對新聞從業者提出了以下要求：就記者職責言，記者是國民的導師，通過言論指導社會；就報導內容言，記者必須尊重事實，討論社會實際問題，杜絕傳播謠言；就報導態度言，記者必須理性立論，反對詭辯漫罵和依靠權勢；就創辦報刊言，既要有一種不得不發的主張，也要有創造性，百衲雜誌不僅沒有創造性，也是一種人力、財力的浪費。應該說，陳獨秀提出的這些要求可以歸納爲一點，即要求記者要有強

烈的社會責任感，既要在對國家、國民負責的心態下從事報刊工作，也要通過負責任的言論、報導推動社會的進步。

總體來看，陳獨秀自由主義的報刊實踐中，滲透了強烈的社會責任意識，不僅滲透於陳獨秀本人的報刊實踐中，也表現在陳獨秀對新聞從業者所提的要求中。這既是陳獨秀自由主義報刊實踐的出發點，也是其自由主義傳播思想的最可寶貴之處。

小結

儘管陳獨秀專門論述傳播問題的文字非常少，與其擁有的豐富的報刊實踐形成了鮮明的對比。但稍稍放大「傳播思想」的考察範圍，我們就可以發現陳獨秀前期傳播思想的獨特之處。

在陳獨秀前期的傳播思想中，愛國憂民的傳播主題與思想啟蒙的傳播宗旨，作爲兩條主線貫穿了陳獨秀前期報刊實踐的始終，而自由主義則是其前期傳播思想的最重要的特徵。近代報人中，只有陳獨秀的報刊實踐將這三者水乳交融地糅合在一起，他鮮明地將多數民眾的幸福安康作爲國家可愛與否的前提，這既是他報刊活動的根本出發點，也是他先後兩次轉向革命的思想根源；他對中國問題開出了文化啟蒙的藥方，試圖通過思想文化的改造，再造新國民，再造新國家，爲此積極投身於近代中國的兩次思想啟蒙運動，《俗話報》成爲清末下層啟蒙報刊的佼佼者，《新青年》與《每周評論》則成功掀起了中國近代史上最爲動人的思想革命。陳獨秀的批評性話語實踐不僅表現出「徹底全面」的批判精神，得出的見解也往往能夠「警醒國民」。陳獨秀的報刊實踐反映出他極爲重視思想自由、言論自由，爲此他既對黨見、輿論展開批判，又努力規避任何勢力集體產生的組織性壓力。更重要的是，這是一種具有崇高社會責任感的自由主義傳播思想，其負責的對象既不是一黨一派，也不是少數群體，而是絕大多數帶有盲目心理的民眾。其創辦的《新青年》與《每周評論》不僅是中國自由主義報刊實踐的「典範」，而且引領了評論性報刊的新潮流，對其後的自由主義報刊實踐影響很大。所以，用「一枝獨秀」來概括評價陳獨秀前期的傳播思想，的確是實至名歸。

結　語

　　鴉片戰爭一役，西方殖民者憑藉堅船利炮，打破了清政府閉關鎖國的天朝迷夢，中國被強行拖入資本主義主宰的「現代世界」，遭遇到亙古未有之「大變局」。雖有少數開明的官吏與率先覺醒的士人，敏銳地察覺到了這種「不尋常的變化」，但直至維新運動期間，康梁等維新志士運用報刊宣傳變法維新思想主張，「危局」意識才逐漸成爲廣大讀書人共有的「論域」。這不僅喚醒了一批先進的知識分子，也使「新式」報刊成爲知識分子「救亡圖存」的重要手段，從而拉開了近代中國三次國人辦報高潮的「序幕」。事實上，每一次國人辦報高潮出現，都是與日趨嚴重的「國家危局」息息相關，它折射出先進知識分子的責任意識與愛國情懷，也成就了中國近現代報刊史的輝煌篇章。在三次辦報高潮中，湧現出一批又一批出類拔萃的報人，他們利用其創辦的報刊，宣傳各自不盡相同的救國主張，形成了各具特色的報刊實踐和傳播理念，陳獨秀無疑是其中一個頗具代表性的人物：第一次辦報高潮中已經出現了他「躍躍欲試」的身影，而在第二次、第三次辦報高潮中，他更以「引領者」的姿態指點江山，激揚文字，躍上了報人生涯的巔峰。

　　縱觀陳獨秀前期的報刊實踐活動，我們可以發現，陳獨秀前期的報刊實踐不僅與其社會革命活動基本交替進行，而且表現出鮮明的思想啓蒙的特性。雖然「啓蒙」與「救亡」是近代中國的歷史難題，也是陳獨秀們面臨的眞實困境，但是，陳獨秀不僅直面困境，而且努力破除困境，並且終其一身。事實上，無論是其報刊實踐，還是其革命活動，都是爲了「救亡」的需要，都緣於其深沉的「愛國情懷」。在這個意義上，其報刊實踐與社會革命活動交替進行的特性，不僅反映了「救亡」與「啓蒙」的歷史意義，更表現出知識

分子「救國救民」的愛國熱忱，這在同時代報人中也是獨特的。不僅如此，陳獨秀對思想啓蒙的執著，在中國新聞傳播史上也是獨一無二的。在清末新政時期，當昔日的《國民日日報》同人章士釗、張繼、劉師培、林白水等人，或投身實際的革命組織活動，或繼續激烈的革命宣傳之時，陳獨秀選擇了面向底層民眾開展思想啓蒙，創辦《安徽俗話報》。在五四新文化運動時期，陳獨秀的《愛國心與自覺心》被章士釗譽爲「汝南晨雞，先登壇喚」，創辦的《新青年》與《每周評論》，更是以思想啓蒙爲宗旨，不僅引領了五四新文化運動，也成就了中國新聞傳播史上啓蒙報刊的「典範」。

儘管陳獨秀的報刊實踐不可避免地存在一定的「缺陷」，但如果我們放寬考察的視域，擺脫革命的話語方式，就能發現陳獨秀創辦的《安徽俗話報》、《新青年》、《每周評論》，以及他參與並扮演重要角色的《國民日日報》與《甲寅》月刊等報刊所貫穿的思想啓蒙特徵，如果承認這些報刊對中國思想文化以及中國新聞傳播實踐都產生了重要的影響，那麼，我們就能發現陳獨秀的報刊實踐在中國新聞傳播史上所具有的「唯一性」。

如前所述，指引陳獨秀報刊實踐的是其獨具特色的傳播思想，在其「一枝獨秀」的傳播思想中，愛國憂民的傳播主題與思想啓蒙的傳播宗旨是貫穿其報刊實踐的兩條主線，自由主義則是其傳播思想的重要特徵。就愛國憂民的傳播主題來看，陳獨秀鮮明地將大多數民眾的幸福安康作爲國家可愛與否的前提，不僅繼承了傳統文化中「心憂黎民」的精髓，更將愛國主義推到了一個新的歷史高度，這事實上也是陳獨秀從事報刊實踐的根本追求，而且是其畢生的追求。在此種意義上，陳獨秀確爲近代中國偉大的愛國主義者。就思想啓蒙的傳播宗旨來看，其本質就是通過報刊對民眾進行思想文化啓蒙，這是陳獨秀開出的救國救民的文化藥方，也貫穿了陳獨秀前期的報刊實踐。如果我們承認思想文化的改造是進入現代社會的必要條件，那麼我們就能理解陳獨秀對思想啓蒙的執著，在此種意義上，陳獨秀實是近代中國的思想巨人。就自由主義的傳播思想來看，陳獨秀本人不僅是眾所周知的自由主義者，其前期的報刊實踐也鮮明了表現出自由主義這個特徵，更爲重要的是，陳獨秀的自由主義報刊實踐是一種具有崇高社會責任感的傳播實踐，其負責的對象不是一黨一派，也不是少數群體，而是絕大多數帶有盲目心理的普羅大眾，因而這種崇高的社會責任感又具有了壯烈的犧牲與悲劇精神。在此種意義上，陳獨秀的自由主義新聞思想不僅是「一枝獨秀」的，而且也確具「普世的價值」。

　　應該看到，這種「唯一」性是由具體的「質素」構建起來的。陳獨秀的報刊實踐表現出了高度的開放性，他以「百家平等，不尚一尊」的自由平等精神指導辦報，渴望社外文字加入討論，努力擴大作者隊伍，不僅其主辦的《新青年》與《每周評論》是中國新聞史上最具開放性的思想言論性報刊，而且他對章士釗主辦的《國民日日報》、《甲寅》（月刊）的開放性面向也有很大的貢獻，甚至連早期的《論略》也表現出尋找「海內同志」的「渴望」。陳獨秀有著很強的受眾意識，不僅其報刊實踐的受眾呈現出由士族子弟到學堂學生到國民到下層民眾再到青年學生的發展趨勢，內容也呈現出由「學問」、「時事」到「學說」、「公理」的演變，由最初的開通一省風氣，到最終掀起中國歷史上最為動人的思想革命。這充分表明其報刊實踐成功地將受眾定位、內容定位與地域定位結合在了一起，這對於思想性刊物尤為難得。陳獨秀的報刊文字也是獨領風騷的，其《俗話報》時期的白話實踐已經多有創造，到了五四時期，則成功引領了白話文實踐，「隨感錄」的文采飛揚與一針見血，論說文的條分縷析與講求邏輯。事實上，陳獨秀不僅僅是白話文運動的發起者，他也從藝術性與邏輯性兩個維度成功證明了白話文的「優越性」。陳獨秀的報刊實踐也是極富創造力的，「隨感錄」的設立，《每周評論》的「評論性」特徵，「通信」欄在《新青年》時期的發揚光大，《國民日日報》的「舒緩」與格式創新，這些都與陳獨秀存在密切的聯繫，反映出其報刊實踐的創造性，甚至連創設西學藏書樓、發起「勵志學社」與愛國演說會，也都具有鮮明的創新色彩。事實上，這也是其報刊實踐能夠引領報界潮流，「開通」「轉變」風氣的重要原因。最為重要的是，陳獨秀身上體現出的獨立思想的品格，只注重「自己獨立的思想，不遷就任何人的意見」。這既讓他的早期言論新穎而又深刻，也讓他「隻眼」就能帶來「光明」。不僅如此，陳獨秀往往能於舉國喧囂之時，發出冷靜、客觀的「警告」，在勇於引領輿論的同時，敢於批判各式各樣的「輿論」與「黨見」。由此看來，陳獨秀確是立於清末民初轉型期中國這一「破漏之船」「船頭的瞭望者」，這也足以表明他是中國新聞史上最為「成功」的報人之一。

　　如果我們承認近代中國的兩次思想啟蒙運動不夠徹底，為此需要在某種程度上進行再次啟蒙的話（正如不少有識之士所指出的那樣）；如果我們承認，五四時期陳獨秀、胡適、魯迅等先賢提出的思想命題對於現代中國仍需要認真對待的話，我們就能「發現」陳獨秀前期報刊實踐及其傳播思想的長

效價值。因為不僅在清末民初的特定語境中，它曾經起到了振聾發聵的警醒作用，而且對於轉型期的中國社會而言，在邁向現代化的征程中，它仍然具有某種借鑒意義和啟迪作用。

不必諱言，陳獨秀在中國近代史上是個「悲劇性」的人物。就其報刊實踐來看，近代中國兩次思想啟蒙運動的不徹底性，讓陳獨秀所服務的普羅大眾，難以走近、接受陳獨秀；他對傳統文化徹底、絕不妥協的批判精神，則注定要為近代中國傳統文化的「斷裂」接受後世的「清算」；他為五四青年開啟了理性之光，相應地也「應該」對五四青年日後的左傾或右傾，選擇不同的道路，承擔一定的「歷史責任」。而從其投身革命實踐的效果特別是結局看，他以書生的理想主義從事殘酷的政治鬥爭，其結果必然以「失敗」而告終，他在舊民主主義革命時期及新民主主義革命當中的兩次「落伍」，也充分印證了這一點。中國傳統文化的「成敗論」無疑加劇了「悲劇性」的色彩。最為「可悲」的是，當其他《新青年》同人忙於跑馬圈地、從事學術著述的時候，他將其主要時間和精力都投入了寫作報刊「時文」以及從事實際的革命工作，當他轉入學術著述時，選擇的又是冷僻過時的「小學」，這不可避免地造成了他在中國學術史上的地位「闕如」。此外，陳獨秀將其一生的絕大部分時間都投身於中國革命，生前被捕五次〔註1〕，晚年困死江津，身後更是飽受爭議，這導致了陳獨秀研究資料的不足，除了報刊文字之外，不僅陳獨秀本人少有其他存世的文字，而且其時、其後論及陳獨秀的真正具有史料價值的文字也不多，甚至即使存世的部分報刊文字，其作者也存在爭議。由此形成了在陳獨秀研究中陳獨秀本人話語的「缺席」狀態，這也導致了後來有關陳獨秀的研究眾說紛紜，因為不同的研究者往往可以作出各種「合理性解釋」，甚至憑著主觀臆斷就隨意塗抹。

然而辯證地看，這些「可悲之處」未必真正「可悲」。陳獨秀的報刊實踐與其社會革命活動二者交替進行的事實表明，他是近代中國知識分子「知行合一」的踐行者和表率。其不乏真知灼見的「知」，體現了知識分子獨立思考追求真理的可貴品質，其不計得失、義無反顧的「行」，則彰顯出執著率真的人格魅力。可以毫不誇張地說，陳獨秀不僅是近代中國轉型期的思想巨人，也是變革社會的行動巨人，他不僅在領導革命活動、推動社會進步方面功不

〔註1〕具體被捕時間可參見強重華、楊淑娟等人編的《陳獨秀被捕資料彙編》（河南人民出版社，1982 年版）

可沒，而且也給中國思想史、文化史和新聞史等諸多領域留下了一筆寶貴遺產。

　　隨著時間的推移和研究的不斷深入，歷史人物的真正價值終究是會被發掘和認識的。事實上，新世紀以來興起的陳獨秀研究讓我們有理由相信，陳獨秀由於種種原因而被「封存」「遮蔽」的「本色」，將會在客觀公正全面的歷史研究與評價中逐步「顯影」，而他光彩的一面也將被越來越多的人所認識和認同！我們對此充滿信心。

參考文獻

一、報刊雜誌

1. 《杭州白話報》
2. 《中國白話報》
3. 《國民日日報彙編》
4. 《安徽俗話報》
5. 《京話日報》
6. 《甲寅》（月刊）
7. 《新青年》
8. 《每周評論》

二、著作

1. 王觀泉《被綁的普羅米修斯——陳獨秀傳》，臺灣業強出版社，1996 年版。
2. 任建樹《陳獨秀傳（上）——從秀才到總書記》（上），上海人民出版社，1989 年版。
3. 唐寶林《陳獨秀傳（下）——從總書記到反對派》（下），上海人民出版社，1989 年版。
4. 鄭學稼《陳獨秀傳》，臺灣時報文化出版企業有限公司，1989 年版。
5. 沈寂《陳獨秀傳論》，安徽大學出版社，2007 年版。
6. 朱文華《陳獨秀評傳——終身的反對派》，青島出版社，2005 年版。
7. 唐寶林、林茂生《陳獨秀年譜》，上海人民出版社，1988 年版。
8. 王光遠《陳獨秀年譜：1897～1942》，重慶出版社，1987 年版。

9. 任建樹《陳獨秀大傳》，上海人民出版社，1999 年版。

10. 石鍾揚《文人陳獨秀：啓蒙的智慧》，陝西人民出版社，2005 年版。

11. 朱文華《陳獨秀傳》，紅旗出版社，2009 年版。

12. 袁亞忠《陳獨秀的最後十五年》，中國文史出版社，2005 年版。

13. 祝彥《晚年陳獨秀》，人民出版社，2006 年版。

14. 張寶明、劉雲飛《飛揚與落寞——陳獨秀的曠世悲情》，東方出版社，2007 年版。

15. 陳璞平《陳獨秀之死》，青島出版社，2005 年版。

16. 朱洪《陳獨秀傳》，安徽人民出版社，2003 年版。

17. 陳萬雄《新文化運動前的陳獨秀》，香港中文大學出版社，1982 年版。

18. 陳東曉《陳獨秀評論》，亞東書局，1933 年版，國家圖書館縮微膠卷。

19. 沈寂主編《陳獨秀研究，第 3 輯》，安徽大學出版社，2007 年版。

20. 張湘炳《史海抓浪集：陳獨秀並辛亥革命問題研究》，天津社會科學院出版社，1993 年版。

21. 劉永謀、王興彬《驚醒中國人：走近陳獨秀》，中國社會出版社。

22. 郭成棠《陳獨秀與中國共產主義運動》，臺北：聯經，1992 年版。

23. 方漢奇《中國新聞史通史第一卷》，中國人民大學出版社，1997 年版。

24. 寧樹藩《中國新聞史通史第二卷》，中國人民大學出版社，1997 年版。

25. 方漢奇《中國近代報刊史》，山西人民出版社，1981 年版。

26. 丁淦林，《中國新聞事業史》，高等教育出版社，2002 年版。

27. 曾建雄《中國近代新聞評論史》，廣西師範大學出版社，1996 年版。

28. 劉家林，《中國新聞通史》，武漢大學出版社，1995 年版。

29. 蔡銘澤《嚮導週報研究》，福建人民出版社，2004 年版。

30. 秦紹德《上海近代報刊史論》，復旦大學出版社，1993 年版。

31. 賴光臨《中國近代報人與報業》，臺灣商務印書館，民國 76 年版。

32. 丁守和主編《辛亥革命時期期刊介紹》，全 5 集，人民出版社 1982～1987 年版。

33. 戈公振《中國報學史》，三聯書店，1955 年版。

34. 胡太春《中國近代新聞思想史》，上西人民出版社，1987 年版。

35. 閭小波《中國早期現代化中的傳播媒介》，上海三聯書店，1995 年版。

36. 張靜廬《中國近代出版史料初編》，中華書局，1957 年版。

37. 陳玉申《晚清報業史》，山東畫報出版社，2003 年版。

38. 吳廷俊《中國新聞史新修》復旦大學出版社，2008 年版。

39. 張育仁《自由的歷險——中國自由主義新聞思想史》，雲南人民出版社，2002 年版。

40. 關紹箕《中國傳播思想史》臺北：正中書局，2000 年版。

41. 陳昌鳳《中國新聞傳播史：傳媒社會學的視角》，清華大學出版社，2009 年版。

42. 黃瑚《中國新聞事業發展史》，復旦大學出版社，2009 年版。

43. 胡正強《中國現代報刊活動家思想評傳》，新華出版社，2003 年版。

44. 金冠軍、戴元光主編，戴元光著《中國傳播思想史（現當代卷)》，上海交通大學出版社，2005 年版。

45. 唐寶林《中國托派史》，臺北：東大圖書股份有限公司，民國 83 年版。

46. 彭明《五四運動史》，人民出版社，1998 年版。

47. 朱漢國、汪朝光主編《中華民國史》（第一冊），四川人民出版社，2006 年版。

48. 張憲文等著《中華民國史》（第一卷），南京大學出版社，2005 年版。

49. 葛兆光《中國思想史》，復旦大學出版社，2004 年版。

50. 李澤厚《中國近代思想史論》，天津社會科學院出版社，2003 年版。

51. 李澤厚《中國現代思想史論》，東方出版社，1987 年版。

52. 王爾敏《中國近代思想史論》，社會科學文獻出版社，2003 年版。

53. 王爾敏《中國近代思想史論續集》，社會科學文獻出版社，2005 年版。

54. 李龍牧《五四時期思想史論》，復旦大學出版社，1990 年版。

55. 郭湛波《近五十年中國思想史》，上海古籍出版社，2005 年版。

56. 常乃德《中國思想小史》，中華書局，1930 年版。

57. 胡繩《從鴉片戰爭到五四運動》，人民出版社，1997 年版。

58. 高力克《歷史與價值的張力——中國現代化思想史論》，貴州人民出版社，1992 年版。

59. 侯宜傑《二十世紀初中國政治改革風潮——清末立憲運動史》，中國人民大學出版社，2009 年版。

60. 汪榮祖《晚清變法思想論叢》，新星出版社，2008 年版。

61. 王奇生《革命與反革命：社會文化視野下的民國政治》，社會科學文獻出版社 2010 年版。

62. 張耀傑《北大教授——政學兩界的人和事》，臺北：秀威信息科技股份有限公司，2007 年版。

63. 邵建《二十世紀的兩個知識分子：胡適與魯迅》，臺北：秀威信息科技股份有限公司，2008 年版。

64. 哈佛燕京學社編《啓蒙的反思》，江蘇教育出版社，2005 年版。

65. 金觀濤、劉清峰《觀念史研究：中國現代重要政治術語的形成》，香港中文大學出版社，2008 年版。

66. 蕭公權等著《近代中國思想人物論——社會主義》，臺北：時報文化出版事業有限公司，民國 71 年版。

67. 楊念群《「五四」就是週年祭——一個「問題史」的回溯與反思》，世界圖書出版公司北京公司，2009 年版。

68. 陳平原《觸摸歷史與進入五四》，北京大學出版社，2005 年版。

69. 李孝悌《清末的下層社會啓蒙運動：1901～1911》，河北教育出版社，2001 年版。

70. 羅志田《權勢轉移：近代中國的思想 社會與學術》，湖北人民出版社，1999 年版。

71. 高瑞泉、山口久和主編《中國的現代性與城市知識分子》，上海古籍出版社，2004 年版。

72. 桑兵《清末新知識界的社團與活動》，三聯書店，1995 年版。

73. 桑兵《晚清學堂學生與社會變遷》，三聯書店，1995 年版。

74. 張朋園《知識分子與近代中國的現代化》，百花洲文藝出版社，2002 年版。

75. 王森然《近代二十家評傳》，書目文獻出版社，1987 年版。

76. 歐陽哲生《新文化的傳統——五四時期人物與思想研究》，廣東人民出版社，2004 年版。

77. 蕭廷中等編《啓蒙的價值與局限——臺灣學者論五四》，山西人民出版社，1989 年版。

78. 鄭匡民《梁啓超啓蒙思想的東學背景》，上海新世紀出版股份有限公司，2009 年版。

79. 閆潤魚《自由主義與近代中國》，新星出版社，2007 年版。

80. 張寶明《啓蒙與革命——「五四」激進派的兩難》，學林出版社，1998 年版。

81. 鄒小站、鄭大華《傳統思想的近代轉換》，社會科學文獻出版社，2007 年版。

82. 李仁淵《晚清的新式傳播媒體與知識分子——以報刊出版爲中心的討論》，稻鄉出版社，民國 94 年版。

83. 高力克《五四的思想世界》，學林出版社，2003 年版。

84. 王曉明主編《批評空間的開創》，東方出版中心，1998 年版。

85. 陳萬雄《五四新文化的源流》，三聯書店，1997 年版。

86. 王躍、高力克主編《五四：文化的闡釋與評價——西方學者論五四》，陝西人民出版社，1989 年版。

87. 譚彼岸《晚清的白話文運動》，湖北人民出版社，1956 年版。

88. 張寶明《多維視野下的〈新青年〉研究》，商務印書館，2007 年版。

89. 〔加〕馬歇爾‧麥克盧漢《理解媒介——論人的延伸》，何道寬譯，商務印書館，2003 年版。

90. 〔美〕伊麗莎白‧愛森斯坦《作爲變革動因的印刷機：早期近代歐洲的傳播與文化變革》，何道寬譯，北京大學出版社，2010 年版。

91. 〔美〕費正清編《劍橋中華民國史》上卷，中國社會科學出版社，1994 年版。

92. 〔美〕費正清、劉廣京編《劍橋中國晚清史》上、下卷，中國社會科學出版社，1993 年版。

93. 〔美〕徐中約《中國近代史：1600～2000，中國的奮鬥》（第六版），計秋楓、朱慶葆譯，世界圖書出版公司北京公司，2008 年版。

94. 〔美〕周策縱《五四運動：現代中國的思想革命》，周子平等譯，江蘇人民出版社，1996 年版。

95. 〔美〕海登‧懷特《後現代歷史敘事學》，陳永國、張萬娟譯，中國社會科學出版社，2003 年版。

96. 〔法〕米歇爾、德‧塞爾托《歷史與心理分析——科學與虛構之間》，邵煒譯，中國人民大學出版社，2010 年版。

97. 〔意〕克羅齊《歷史學的理論和歷史》，田時綱譯，中國社會科學出版社，2005 年版。

98. 〔美〕周策縱等著《五四與中國》臺北：時報文化出版事業有限公司，民國 71 年版。

99. 〔美〕舒衡哲《中國的啓蒙運動——知識分子與「五四」遺産》，劉京建譯，新星出版社 2007 年版。

100. 〔法〕朱利安、班達《知識分子的背叛》，佘碧平譯，上海人民出版社，2005 年版。

101. 〔美〕理查德‧A‧波斯納《公共知識分子：衰落之研究》，徐昕譯，中國政法大學出版社 2002 年版。

102. 〔美〕馬克、里拉《當知識分子遇到政治》，鄧曉菁、王笑紅譯，新星出版社，2010 年版。

103. 〔美〕阿爾文‧古爾德納《新階級與知識分子的未來》，杜維眞等譯，人民文學出版，2000 年版。

104. 〔美〕林毓生《中國意識的危機——「五四」時期激烈的反傳統主義》，

穆善培譯，貴州人民出版社，1986 年版。

105. 〔美〕李歐梵《未完成的現代性》，北京大學出版社，2005 年版。

106. 〔美〕林毓生《中國傳統的創造性轉化》，三聯書店，1988 年版。

107. 〔美〕麥奎爾《麥奎爾大眾傳播理論》，崔保國，李琨譯，清華大學出版社，2006 年版。

108. 〔德〕哈貝馬斯《公共領域的結構轉型》，曹衛東譯，學林出版社，1991 年版。

109. 〔英〕諾曼・費拉克拉夫《話語與社會變遷》，殷曉蓉譯，華夏出版社，2003 年版。

110. 〔美〕巴蘭，戴維斯《大眾傳播理論：基礎 爭鳴與未來》，曹書樂譯，清華大學出版社，2004 年版。

111. 〔法〕讓納内《西方媒介史》，段慧敏譯，廣西師範大學出版社，2005 年版。

112. 〔美〕西伯特，彼得森，施拉姆《傳媒的四種理論》，展江，戴鑫譯，中國人民大學出版社，2008 年版。

113. 〔美〕新聞自由委員會《一個自由而負責的新聞界》，展江，王徵，王濤譯，中國人民大學出版社，2004 年版。

114. 〔美〕尼羅，貝里，布拉曼等《最後的權利：重議〈報刊的四種理念〉》，周翔譯，汕頭大學出版社，2008 年版。

三、期刊論文

1. 沈寂，辛亥革命時期的岳王會，歷史研究，1977（19）。

2. 楊早，京滬白話報：啓蒙的兩種路向——《中國白話報》、《京話日報》之比較，北京社會科學，2003（3）。

3. 本傑明、史華慈，論陳獨秀的西方主義，新史學（第七輯），大象出版社，2007 年版。

4. 羅志田，他永遠是他自己——陳獨秀的人生和心路，四川大學學報（哲社版），2010（5）。

5. 楊早，啓蒙的新形態——晚清啓蒙運動中的《京話日報》，中國文學研究，2003（3）。

6. 呂鳳裳，白話報刊的歷史演進及其特徵，出版發行研究，2003（9）。

7. 阿英，白話報——辛亥革命文談三，人民日報，1961-10-16。

8. 鄭師渠，陳獨秀與反省現代性（上），河北學刊，2007（6）；陳獨秀與反省現代性（下），河北學刊，2008（1）。

9. 鄭超麟，陳獨秀與《甲寅雜誌》，安徽史學，2002（04）。

10. 黃旦，五四前後新聞思想的再認識，浙江大學學報，2000（04）。

11. 楊琥，《新青年》與《甲寅》雜誌之歷史淵源，北京大學學報（哲社版），2002（6）。

12. 楊琥，同鄉、同門、同事、同道：社會交往與思想交融——《新青年》主要撰稿人的構成與聚合途徑，近代史研究，2009（1）。

13. 高力克，革命進化論與陳獨秀的啓蒙激進主義，華東師範大學學報（哲社版），2010（3）。

14. 章清，民初「思想界」解析——報刊媒介與讀書人的生活形態，近代史研究，2007（3）。

15. 章清，1920年代：思想界的分裂與中國社會的重組——對《新青年》同人「後五四時期」思想分化的追蹤，近代史研究，2004（6）。

16. 章清，五四思想界：中心與邊緣——《新青年》及新文化運動的閱讀個案，近代史研究，2010（3）。

17. 閭小波，論世紀之交陳獨秀的思想來源與文化選擇，社會科學研究，2002（4）。

18. 嚴家炎，「五四」「全盤反傳統」問題之考辨，文藝研究，2007（3）。

19. 歐陽哲生，《新青年》編輯演變之歷史考辨——以1920～1921年同人書信爲中心的探討，歷史研究，2009（3）。

20. 王福湘，「革命的前驅者」與「精神界之戰士」——陳獨秀與魯迅啓蒙思想的比較（一）、「革命的前驅者」與「精神界之戰士」——陳獨秀與魯迅啓蒙思想的比較（二），魯迅研究月刊，2005（1）（2）。

21. 鄭師渠，從反省現代性到服膺馬克思主義——李大釗、陳獨秀思想新論，史學集刊，2010（1）。

22. 何玲華，在歷史語境中審視——《新青年》雜誌陳獨秀反儒非孔再論，天府新論，2003（2）。

23. 尤小立，五四新文化派的政治轉向及其思想差異——以《每周評論》時期爲中心的分析，南京大學學報（哲社版），2006（6）。

24. 高力克，新文化運動之綱領——論陳獨秀的《吾人最後之覺悟》，天津社會科學，2009（4）。

四、學位論文

1. 鄧金明，《從〈新青年〉到「新青年」——五四青年對〈新青年〉雜誌的閱讀研究》，2008年博士論文，首都師範大學藏。

2. 李憲瑜，《〈新青年〉雜誌研究》，2000年博士論文，北京大學藏。

3. 丁苗苗，《安徽俗話報研究》，2005年碩士論文，安徽大學藏。

4. 黃曉紅，《〈安徽俗話報〉研究》，2010 年博士論文，安徽大學藏。

五、文集

1. 梁啓超《飲冰室合集》，中華書局，1989 版。
2. 章士釗《章士釗全集》，上海文匯出版社，2000 年版。
3. 《陳獨秀著作選編》，上海人民出版社，2009 年版。
4. 《殷海光哲學與文化思想論集》，南京大學出版社，2008 年版。

後 記

　　高語罕在給陳獨秀的輓聯中有「大道莫容，論定尚須十世後」的文字，言下之意，中國人對陳獨秀的公允評價當在十代或三百年後，這表明中國人對陳獨秀的認識與評價必將是一個長期的過程。確實如此，陳獨秀作爲近代中國最具爭議的歷史人物之一，其逝世的時間距今雖只有「短短」的七十二年，但他的歷史行跡已然「模糊不清」，對他的評價也「飽受」意識形態的侵擾。此種狀況，一方面讓本選題具有了較高的研究價值，一方面也對我提出了更高的要求。既要求努力發掘新的史料，也需要「重新」解讀現有的史料，更需要對已有的各種評價進行辯證的析取。這對於毫無史學背景的我來說，是個不小的挑戰。不寧唯是，生於 70 年代的我，年紀已然不小，但讀史識世的閱歷仍屬淺薄，這也必然給博士論文寫作帶來一定的困難。前任陳獨秀研究會會長、安徽大學歷史系沈寂教授即對我表示了這種擔心。幸運的是，本人最終勉力完成了博士論文的寫作。本書即是在博士論文的基礎上修改完成的。

　　本書採取了在梳理陳獨秀前期傳播實踐的基礎上，以傳播主題、傳播宗旨以及自由主義的傳播思想爲架構，歸納陳獨秀前期傳播思想的結構方式，對陳獨秀前期傳播思想生成的政治、經濟、文化等社會背景著墨不多，也沒有探究其產生的各種原因，這讓本書多少缺少了深度感和歷史感。然而，在我看來，相較於分析、探究陳獨秀傳播思想的社會背景及產生原因，描述陳獨秀前期傳播思想的各種「表現」更爲重要。就本研究而言，社會背景作爲已然的事實，不僅不可「還原」，實現「時空倒轉」，而且也無法提供「完整」的歷史認知，這就讓「表現」顯得更爲重要，事實上，這才是真正值得「借

鑒」的地方，體現了「以史爲鑒」的本義。陳獨秀傳播思想的生成，肯定存在諸多的原因，也存在一定的來源，探討原因與來源也是一件很有意義的研究。然而，就本研究而言，「原因」與「背景」一樣，都是已然的事實，也不可能提供「完整」的認知。陳獨秀的思想是複雜的，堅持自己的見解，批判性的接受態度，讓探究陳獨秀傳播思想的來源，存在很大的難度，在一定意義上，也不可能「完整」呈現陳獨秀傳播思想的來源。相形之下，探討陳獨秀傳播思想的「表現」及內涵的價值，無疑更具有研究的價值，也更具有強烈的現實意義。

本書也沒有檢討陳獨秀前期報刊實踐活動及傳播思想中存在的「缺憾」。表面上看，這是一種缺失，但我認爲，「缺憾」的生成不僅嚴格受制於歷史境遇，「缺憾」的尋找也必須源自對歷史境遇的真實考察，任何由僵化的「一體兩面」的哲學觀念而找尋到的「缺憾」，不僅考察的視角是「全知全能」的，而且極易淪爲「後見之明」，這是一種「不合理」的「批評」。當然，學理商榷本身也有助於恢復歷史的本來面目，正因如此，本書花了相當篇幅對當前流行的一些頗有影響的觀點進行了學理商榷，甚至這構成了部分章節的主體，這是本書沒有檢討「缺憾」的另一個原因。

當然，探討背景、原因、來源以及缺憾，確是件很有意義的事情，能夠讓陳獨秀真正成爲一位「歷史人物」。但解決上述問題，需要一個更爲嚴密，更爲可行的分析架構，還要努力擺脫簡單的因果決定論。這需要更多的時間，更爲深入的思考，以及更好的研究條件。我相信，這些「憾事」都將在今後的研究道路中得到比較好的解決。

我要感謝我的導師曾建雄教授。在人生苦悶抑鬱之時，我的導師再次將我收入門下，入讀暨大，受教於範以錦、林如鵬、劉家林、董天策、蔡銘澤、蔣建國等諸位教授，開始了我嚴格意義上的學術道路。在博士論文寫作過程中，我的導師精心指導，嚴格要求，爲此我頗受「折磨」，然而，導師「嚴肅求真」的學術品格已經深深影響了我，在未來的學術道路上，我也必將「嚴肅求真」作爲學術研究的座右銘。我還要感謝蔡銘澤、蔣建國兩位教授，他們對論文的選題、寫作也提供了寶貴的意見。我還要感謝安徽大學歷史系沈寂教授，沈老不僅啓發了我的研究思路，也堅定了我的某些判斷。感謝安慶圖書館古籍室的三位女士，及淮陰師院圖書館陳慧鵬老師提供的幫助。讀博的生活是清苦的，因此我還要感謝胡漢斌、左文衛、沈天舒、莊東明、李紹

元等諸位友朋，感謝暨南大學新聞學院的諸位老師，感謝我的同班同學，感謝我的諸位同門，謝謝他們提供的各種幫助。

我要感謝我的家人，尤其是我的母親，我的岳母，我的妻子，正是她們對小甫的照顧，才讓我能夠全身心投入論文的寫作，完成本書！

陳獨秀是中國近現代史上最富爭議性的人物之一，這決定了將陳獨秀還原為有血有肉的「歷史人物」必將是一個長期的過程。本書只是參與這一長期過程的一個小小的階段性研究，儘管存在種種不足，但仍期望本書能夠「豐富」讀者對陳獨秀的認知。

陳長松
6 月 11 日凌晨於交通路公寓

補 記

　　1914 年陳獨秀初以「獨秀」爲名發表《愛國心與自覺心》一文，與該文遭受「詰問斥責」一樣，「獨秀」一名也引起一番議論。儘管陳獨秀事後解釋，這一筆名取自安慶家鄉的獨秀山，但仍給讀者留下「狂傲」的印象。相較於本書簡體字本，此次繁體字本書名中添加了「一枝獨秀」，因此，似有必要對「一枝獨秀」予以簡單地說明。

　　從思想啓蒙的視角審視陳獨秀前期的報刊實踐，可以發現，陳獨秀前期報刊實踐的最爲突出的特徵是其對思想啓蒙的高度關注，無論是清末新政時期面向安徽底層社會創辦的《安徽俗話報》，還是五四新文化運動時期面向「青年」群體創辦的《新青年》以及《每週評論》，也因如此，《安徽俗話報》、《新青年》以及《每週評論》成爲討論中國思想啓蒙運動無法繞開的「經典」的報刊文獻。值得進一步指出的是，陳獨秀前期的報刊實踐與其從事的革命活動基本呈交替進行的狀態，這不僅讓陳獨秀的報刊實踐具有反思性的特徵，也表明陳獨秀前期的報刊實踐「自覺」地與現實政治革命保持了相當的「距離」，這與梁啓超、章士釗等報刊活動家從事的帶有啓蒙色彩的報刊活動與現實政治存在的密切的勾連是截然不同的，更遑論于右任等革命報人的革命報刊實踐了。事實上，即使是陳獨秀後期轉向共產主義後的革命報刊實踐，也顯示出了「可貴」的「啓蒙色調」（本人的博士後出站報告對此有所論述）。因此，站在啓蒙的視角，可以毫不誇張地說，陳獨秀前期的報刊實踐與思想在中國新聞傳播史上是一種「獨特」的「存在」。也因此，本書繁體字本進一步將用以描述陳獨秀前期傳播思想特徵的「一枝獨秀」添加到書名中，用以描述、概括陳獨秀前期報刊實踐與傳播思想的總體特徵。

　　除了書名的改動外，繁體字本還增加了部分陳獨秀所撰文字的考證，目的在於爲書中的相關論斷提供更爲可靠的「佐證」。

　　感謝花木蘭文化事業有限公司提供的出版機會，讓本書繁體字本得以面世，感謝花木蘭文化事業有限公司高小娟女士、楊嘉樂女士、王筑女士的多次聯絡與寶貴意見，感謝南京大學丁柏銓先生爲本書作序，也再次感謝我的導師曾建雄先生的殷殷叮囑！

陳長松
2018 年 12 月 21